창의성과 감성교육

김재은 · 홍순정

창지사

머리말

창의성과 감성을 주제로 1999년 이후 수년에 걸쳐 필자와 전문가들을 중심으로 집중적인 세미나가 이루어져 왔다. 즉 『창의성과 유아교육』, 『감성과 예술교육』, 『인성과 감성: 음악, 미술 문학교육과 치유』에서 창의성과 감성문제를 함께 다루었는데 이것이 이 책이 탄생하게 된 기초가 되었다. '창의성'과 '감성'은 원래 친족관계에 있었으나 학자들이 별로 관심을 갖지 않았던 문제이다. 매우 창의적인 사람들의 심리적 속성에는 '감성'이 깃들여 있고, 반대로 아주 감성 수준이 높은 사람은 창의적인 과제에 잘 뛰어들어 훌륭한 성과물로 만들어 낸다. 왜냐하면 창조 과정에서는 번뜩이는 영감 같은 중요한 구실을 하듯이, 감성에서도 이런 요소가 작용하기 때문이다.

인간의 정신적 속성은 '지(知), 정(情), 의(意)'라는 세 가지 차원으로 구별되는데 교육학에서는 '지(知)'는 인지적 영역으로 '정(情)'과 '의(意)'는 정의적 영역으로 묶어서 다룬다. 그런데 자세히 분석해 보면 감성은 지적 요소와 정의적 요소를 다 지니고 있다. 예컨대 근래에 와서 '감성지수(EQ)'란 말을 쓰는데, 이것은 골만(Goleman)의 정서지능에서 발전된 개념이다.

'정서도 지능이다'라고 하는 것이 이상할 수도 있지만, 이것은 감정을 읽고, 거기에 어울리게 대처하는 능력을 지능의 한 기능으로 본 것이다. 마찬가지로 감성은 지성과 대치되는 말이기는 하지만 감지하는 능력, 즉 사물과 자극에 대해서 감지하고 반응하는 능력은 인간의 지각 능력에 기초하기 때문에 다분히 인지적 기능을 갖는다.

다음 에피소드 세 가지를 보기로 하자.

에피소드 1 : 우리가 백화점 같은 곳에 가서 신상품을 고를 때, 쇼윈도나 쇼케이스에 진열된 상품을 쭉 훑어보고는 6초 안에 살 상품을 결정한다고 한다. 짧은 시간에 뭘 보고 판단할까? 디자인, 색상, 크기, 가격, 편의성, 품위 등을 보겠지만 그걸 분석적으로 보는 것은 아니고, 아주 짧은 시간 안에 그 모든 정보를 함께 처리한다고 한다. 이것이 일종의 소비자의 감성이다.

에피소드 2 : 미국 뉴욕 줄리아드 음악원에는 한국 유학생이 엄청 많다. 그렇다고 그 모든 학생이 다 일류 솔리스트가 되는 것은 아니다. 거기에 유명한 바이올린 교수 한 분이 있다. 로저티 딜레이라고 하는 나이 많은 여자 교수인데, 그녀는 한국 학생을 많이 가르친다고 한다. KBS 기자가 인터뷰에서 한국 학생의 실력에 대해서 질문을 하자, 딜레이 교수는 "한국 학생들은 기교가 뛰어나고 곡을 읽는 능력도 대단합니다. 그런데 한 가지 문제는 감성이 부족해요. 즉, 음악적 감성(음악성)이 부족하다는 말은 손가락으로 줄을 누르고 활을 긋기는 잘하는데 감정이 뒤따르지 못한다는 것입니다"라고 말했다고 한다.

에피소드 3 : 어떤 기관에서 일하고 있는 간부가 하루는 CEO가 불러서 사무실에 들어갔다. "자네 그 정도 많이 했으니깐 집에 가서 좀 쉬게"라는 CEO의 말에 이 간부는 '내가 일을 잘해서 포상 휴가를 주는 구나'라고 생각하고 사무실에 돌아와서 그 이야기를 했더니 모두 그를 외면했다. 알고 보니 그것이 포상휴가가 아니고 해직 통보였다. 이 간부는 이른바 눈치, 코치가 없는 사람이었다. 이런 사람은 감성이 모자란 사람일 것이다.

21세기는 창의성과 감성이 같이 가는 세기이다. 그래서 창의성과 감성 교육을 학교교육에서 어떻게 다룰지를 살펴봄으로써 더 풍부한 인간성을 지닌 인재들을 많이 배출하기를 기대해 보면서 이 책을 세상에 내놓게 되었다.

Ⅰ부는 김재은이 주로 맡아서 썼다. 특히 다른 여러 나라의 창의성 교육 환경을 살펴본 점과 그동안의 우리나라 창의성 교육 연구를 통합하는 데 강조를 두었다. Ⅱ부는 감성의 발달과 교육을 중심으로 홍순정이 주로 집필했다. 감성의 개념과 의미, 발달 과정들의 관련 연구들을 기저로 논의했으며, 감성 교육의 원리와 방략, 창의성과 감성의 관계, 감성과 예술, 교육과 치료의 문제들을 다루었다. 이를 통해 창의성과 감성에 대한 교육이 보다 통합적이고 효율적으로 이루어질 수 있기를 기대한다.

그동안 창의성과 감성 관련 세미나에 함께 참여해 준 전문가들과 학생들에게도 감사의 마음을 전한다. 특히 '감성과 예술치료'에는 세미나에서 미술치료와 독서치료를 맡아 주었던 장은경, 전방실 님의 연구가 많은 도움이 되었음에 감사한다. 이와 함께 연구 자료의 수집과 원고의 초안 정리 등을 마련해 준 품성교육문화연구회 회원들에게도 감사의 뜻을 전한다. 또한 많은 양의 원고를 아름답고 보기 좋게 만들어 주신 창지사 여러분에게도 감사의 말씀을 드린다.

2012. 7.

저자 일동

차 례

머리말 __ 3

제 I 부 창의성 교육 / 11

1장. 창의성 교육의 필요성과 문제점 ······ 13

1. 창의성 교육의 필요성 ······ 13
2. 창의성 교육에 대한 요청 ······ 16
3. 사회·문화·시대와 창의성 ······ 22

2장. 창의성의 개념 및 연구 동향 ······ 28

1. 창의성의 개념 ······ 28
2. 창의성에 대한 정의 ······ 39
3. 창의성 연구의 문제와 동향 ······ 46

3장. 창의적 사고 과정과 창의성 테스트 ······ 74

1. 창조의 과정 ······ 74
2. 창의적 문제 해결 과정 ······ 80
3. 개인적 체험 분석을 통해 본 창의적 과정 ······ 84
4. 창의성과 성격 ······ 86
5. 창의성 검사 ······ 94

4장. 창의성 교육과 지도 ······ 106

1. 창의성 교육의 문제점 ······ 106
2. 호기심 기르기와 동기화 ······ 111
3. 창의적 학습 활동의 지도 방법 ······ 118
4. 창의성 개발 프로그램 ······ 121
5. 각 교과별 창의성 지도 방법 ······ 126
6. 창의성 기르기 일반적 기법 ······ 134

5장. 세계의 창의성 교육 ······ 142

1. 일본의 창의성 교육 ······ 142
2. 중국의 창의성 교육 ······ 149
3. 미국의 창의성 교육 ······ 156
4. 영국의 창의성 교육 ······ 162
5. 핀란드의 창의성 교육 ······ 170

6장. 창의성 교육의 과제 ······ 176

1. 창의성 교육 연구의 동향 ······ 176
2. 창의성 연구상의 문제 ······ 184
3. 창의성 육성의 기법 문제 ······ 187
4. 학교에서의 창의성 육성 전략-독일의 예 ······ 190

제 II 부 감성 교육 / 197

7장. 감성의 개념과 의미 ······ 199

1. 감성의 정의 및 특성 ······ 199
2. 정서(감정)와 정서적 경험 ······ 203
3. 감성의 의미 ······ 206
4. 정서지능 ······ 212
5. 감성과 대인 관계 ······ 218

8장. 감정과 정서의 발달 ······ 226

1. 정서의 유형과 정서이론 ······ 226
2. 정서의 발달 ······ 233
3. 애착 ······ 246
4. 이타적 행동 ······ 251

9장. 감성과 자아 개념 ········ 255

1. 자아 개념의 의미와 특성 ········ 255
2. 자아 개념 발달과 감정의 지도 ········ 260

10장. 감성 교육과 연구 ········ 276

1. 감성 교육 연구 ········ 276
2. 정서 중심의 교육과정 ········ 284
3. 감성 기르기 ········ 290
4. 감성 교육 및 지도 방안 ········ 300

11장. 감성과 예술 ········ 306

1. 창조적 감성과 예술 ········ 306
2. 예술과 감성 치료 ········ 314
3. 미술과 감성 ········ 326
4. 문학과 감성 ········ 338

참고문헌 ········ 355

제Ⅰ부 창의성 교육

01. 창의성 교육의 필요성과 문제점

02. 창의성의 개념 및 연구 동향

03. 창의적 사고 과정과 창의성 테스트

04. 창의성 교육과 지도

05. 세계의 창의성 교육

06. 창의성 교육의 과제

1장. 창의성 교육의 필요성과 문제점

1. 창의성 교육의 필요성

창의성(創意性)은 최근에 와서야 인간의 지적(知的) 자산 중에서 가장 중요한 항목으로 인식되게 되었다. 이와 같은 인식의 변화는 새로운 과학·기술의 개발에 최대의 관심을 가지고 있는 기업 쪽에서 두드러진다. 그 까닭은 자유무역, 시장 개방, 다국적 기업의 확산, 지적 재산권 강화, 치열한 국제경쟁력 강화 등이 큰 동인이 되고 있기 때문이라고 할 수 있다. 그래서 기업에서는 독자적 기술 개발의 필요성이 크게 제고되고 있다. 경쟁 체제가 급속히 심화되면서 새로운 기술과 서비스의 개발을 계속해 나가지 않으면 생존해 갈 수 없게 되었기 때문이다.

이런 상황 변화에 효과적으로 대처하면서 계속 생존해 가기 위해서는 무엇보다도 새로운 기술과 서비스를 개발해야 하고, 조직과 경영에 혁신을 가져와야 하며, 인재 교육을 충실히 해야 한다. 그러나 그런 개혁을 해낼 수 있는 인적 자원이 부족하게 되면 경쟁에서 밀리고 결국 낙오자, 낙오기업, 낙오대학, 낙오사회, 낙오국가가 될 수밖에 없다. 그래서 그런 혁신을 주도하거나 새롭고 가치 있는 것을 창조할 수 있는 인물들을 길러 내야 한다.

여기서는 지금 창의적인 사람, 창의성을 가진 사람, 창의적으로 사고하고 창의적인 태도를 가지고 일할 수 있는 사람을 왜 길러 내야 하는지를 검토하려고 한다.

냉전체제가 무너지면서 1980년대 후반 이후 신자유주의의 확산으로 세계 경제의 흐름은 무한경쟁체제 속으로 빠져 들어가고 있다. 생산성, 마케팅, 서비스, 유통, 금융, 무역, 문화산업, 심지어 교육기관에 이르기까지 세계가 완전개방체제로 나가면서 경쟁은 더욱 첨예화되었다. 이 와중에서 살아남고 계속 발전해 가려면 기존의 시스템도 바꿔야 하지만 그것보다 그런 일을 감당할 수 있는 인재의 육성이 무엇보다도 중요한 국가적 과제가 되어야 한다. 그런 인재의 수요는 비단 경제 분야뿐 아니라 정치, 사회, 기술, 학문, 예술 심지어 레저산업에 이르기까지 모든 분야에서 일고 있다.

경제학자이며 저명한 경영학자인 피터 드러커(P. Drucker)는 그의 저서 『경영자의 조건』에서, 지금은 육체노동보다 지적 노동, 창조활동을 중시하는 경향, 즉 두뇌를 활용하는 지식노동자 쪽으로 그 비중이 옮겨 가고 있는데, 그 까닭은 육체노동보다 지적 노동의 생산성과 부가가치가 훨씬 높기 때문이라고 하였다. 그 예의 하나로 한때 우리나라가 1년에 자동차를 생산, 수출해서 얻는 이윤이 스티븐 스필버그 감독이 영화 「쥬라기 공원」을 만들어 수출해서 얻은 이윤보다 못했다는 사실을 들 수 있다. 바로 창의적 지적 노동(즉, 이것을 지식산업 혹은 정보산업이라고 하는데)의 부가가치가 엄청나게 크다는 사실을 실례로 보여주는 예이다.

그와 같은 사정에서 인적 능력의 계발이 국가정책으로 다루어지게 되었으며, 특히 과학기술자의 창의성 계발이 중요시되게 되었다. 따라서 창의성에 관한 기초 연구와 창의성의 발견과 육성 문제에 관련된 연구가 활발하게 이루어지게 되었다. 그런 능력 개발의 움직임은 교육기관이나 연구기관에서만이 아니라 경영자, 관리자, 과학자, 기술자, 기능인, 고급 사무직 종사자에 이르기까지 일고 있다. 특히 고급 인력 개발 프로그램에서 창의성의 계발이 가장 중요한 목표가 되고 있다.

일본 경영인들은 이러한 인재를 기르는 데 있어서 학교교육에만 의존할 수가 없다고 판단해서 기업이 재교육을 통해서 길러 내야 한다고 주장했다. 민간기업에서는 신기술 개발을 위해서 연구 개발에 힘을 쏟고 있으며, 국가정책으로는 고급 과학기술 인력의 양성을 위한 투자와 교육시설의 확충에 힘쓰고 있다.

동시에 우주 개발, 해양 개발, 대체에너지 개발, 녹색사업, 바이오 사업, 부가가치통신이나 위성사업 등과 같은 방대한 기술 관련 사업과 연구에도 국가가 막대한 자원을 투입하고 있다. 이런 국책사업을 수행하는 데는 우수한 창의적인 두뇌집단이 자연히 필요하게 된다. 그래서 어떻게 하면 과학기술자의 창의성을 계발하고, 독창적인 연구를 하게 할 수 있는지, 또는 창의적인 기술자를 양성하려면 어떻게 해야 하는지와 같은 문제가 남는 것이다.

이와 같은 급박한 상황에 처하게 되자 우리나라에서도 이 문제에 정면승부를 걸기 시작했다. 왜냐하면 과학기술 계통의 국제 학술지에 발표되는 논문 수나 국제특허 건수에서 우리가 선진국에 많이 못 미치고 있으며, 세계적 순위가 매우 뒤처져 있어서 우리의 창의성 수준이 아직 매우 낮다는 것을 알게 되었기 때문이다. 여기에는 여러 가지 이유가 있겠으나, 기초교육의 문제, 기업의 풍토, 정부의 정책, 문화 풍토 등에 검토하고 개선해야 될 문제점이 많다는 것을 시사하는 것이다. 최근에는 직장에서도 교육훈련 과정에 창의성 개발, 능력 개발, 자기 개발 등의 제목을 넣고 있으나 몇 시간의 강의로 끝나는 경우가 대부분이고, 실습 실행 과정을 넣어 제대로 하고 있는 데가 별로 없다.

교육계에서는 정부의 교육정책으로 이 문제가 채택되는 경우가 있으나 일관된 정책이 아니고 연구수업 발표 행사 정도로 끝나는 경우가 대부분이다. 우리의 전통적 수업 개념, 교육행정 체제, 교사교육, 학부모의 압력 등으로 인해서 일선 학교 학습에서는 창의성 수업이란 거의 불가능한 형편에 있다.

눈부신 기술 혁신에 수반해서 직장의 분위기는 급속히 변화하고 있고, 이미 습득한 지식이나 기술은 이내 쓸모가 없는 것이 된다. 기술의 진보에 따라서 새로운 지식과 기술은 끊임없이 학습해 가야 한다. 어떤 환경에서도 적응해 갈 수 있는 능력을 가진 인간, 이것이 창의적 인간의 하나의 중요한 특징이다. 이런 인재가 오늘날 절실하게 요구되는 것이다.

2. 창의성 교육에 대한 요청

1) 시대적 요청

21세기에 들어선 지도 이미 10년이 지났다. 그 사이 세계의 교육 경쟁력의 국가적 순위가 많이 바뀌었다. 핀란드가 2010년에는 세계 1위의 경쟁력을 갖춘 교육 강국이 되었다. 미국의 오바마 대통령은 여러 번 미국이 한국 교육을 본받아야 한다고 강조한 바도 있는데, 우리나라의 교육 경쟁력은 과연 어떤 상태에 있을까? 스위스에 있는 국제경영개발원(IMD)이 발간한 「2011년도 국가 경쟁력 보고서」에 보면, 교육 부분 분석 결과에서 한국의 경쟁력은 59개국 가운데 29위에 위치했다. 1위는 덴마크, 2위는 아일랜드, 3위는 핀란드로 되어 있다. 연구보고서마다 조금씩 다르지만 유럽 국가가 10위권에 7개나 들어 있다. 그런데 이 분석을 보면 교육제도, 대학교육, 경영교육, 언어 능력, 과학교육, 인력 양성 기여도, 국내 총생산(GDP) 대비 교육 관련 공공 지출, 중등학교 취학률, 초·중학교 교사 1인당 학생 수, 영어 숙달도 등과 같은 교육의 외적 조건들이 주 평가 항목으로 되어 있다.

이것과는 대조적으로 2011년 7월에 터키 앙카라에서 있었던 국제 화학 올림피아드에서 한국 학생들이 종합 1위를 차지하였으며, 태국 방콕에서 열린 물리 올림피아드에서도 한국 학생들이 종합 1위를 차지하였다. 또 타이완 타이베이에서 열렸던 생물 올림피아드에서는 6위를 차지했다. 이것으로 보면 우리나라의 학교교육 경쟁력이 국가 경쟁력에서보다는 월등히 높은 최상위권에 속한다고 할 수 있다.

대체로 국가 경쟁력을 기초로 한 교육 경쟁력은 유럽이 우세하나 학생들의 실력이나 학업 성취 면에서 보면 한국을 비롯한 싱가포르, 타이완, 홍콩 등 아시아 국가가 최상위권에 순위하고 있다.

21세기에 들어서면서 모든 나라들이 국가 발전과 생존을 위해서 교육의 중요성을 종전보다 더욱더 강조하게 되었다. 교육의 성공 여부가 나라의 흥망성쇠와 직결되어 있다는 점을 지도자들이 인식하게 된 것이다. 그런 사정은 영국 정부가 발행한 「교육백서」(1997)에 명확하게 들어나 있다. 그중 한 구절을 인용하면 다음과 같다.

> 21세기의 성공을 위해서 우리가 준비해야 할 일이 있다면 그것은 단순히 읽고, 쓰고, 셈하는 기능(skill)을 향상시키는 것 이상의 것이 있어야 한다. 모든 어린이의 재능을 인정하고 나아가 모든 어린이가 가지고 있는 수월성(秀越性: excellence)을 꽃피울 수 있는 폭넓고 유연한 교육, 다시 한 발 더 나아가 동기화(motivation)를 높일 수 있는 교육이 필요하다.
>
> (White paper; Excellence in Schools, 1997)

창의성 교육이야말로 여기서 말하는 수월성과 동기화를 보증해 주는 교육의 일환이라 할 수 있다. 영국에서는 이 「교육백서」의 취지를 받들어, '창의성과 문화의 교육에 관한 국가권고위원회'가 결성되었고 242쪽에 이르는 답신서를 제출하였다(All our Futures: Creativity, Culture and Education, 1999). 이 보고서의 정신을 살려서 초등학교 단계부터 창의성 교육이 개시되기에 이른 것이다.

이와 같이 창의성 교육은 비단 국가적 필요성에 의해서만 문제가 제기되는 것이 아니고 글로벌 시대의 세계적 문제 해결에도 절실히 요구되는 과제가 되었다. 예를 들면 지구의 온난화 문제, 환경파괴 문제, 에너지 고갈 문제, 국가 간 종교 간 종족 간의 분쟁 문제, 기아·질병의 문제, 특히 새로운 전염성 질병(에이즈, 조류바이러스, 슈퍼박테리아 등) 문제, 문명 충돌의 문제, 핵 문제 등 해결해야 될 엄청난 과제가 기다리고 있는데, 이런 문제의 해결에는 뛰어난 창의적인 지도자, 국제기구, 정부조직, 인재가 요구되는 것이다. 그래서 왜 이 시대에 창의성 교육이 각별히 더 요구되는지를 살펴보기로 한다.

2) 교육 내적 필요성

세계화된 사회에서 나라가 살아남아서 선진국가가 되려면 그 나라의 인재들이 창의적인 두뇌와 그런 성격 특성을 가질 때 가능한 것이다. 그러니까 지금의 후진국이나 개발도상국가가 선진국이 되려면 과거보다 훨씬 더 힘들어지게 될 것이다. 일본이 미국이나 유럽을 따라잡을 수 있었던 시대보다 한국이나 대만이 일본을 따라잡으려면 몇십 배 더 노력하지 않으면 안 되는 어려운 시대에 직면해 있는 것이다. 왜냐하면 선진국이 독창적 기술 개발과 인력 자원의 훈련을 위해 투자하는 규모를 개발도상국가가 결코 따라갈 수 없을 뿐만 아니라 선진국은 더 빠른 속도로 계속 발전하기 때문이다.

이런 목표를 전제로 교육 면에서 다음 몇 가지 점을 해결해야 한다.

① 교육의 효율성을 높여야 한다. 지금 우리는 정부의 교육 예산 외에 그 예산에 맞먹을 만큼의 엄청난 사교육비를 지출하고 있음에도 교육의 효율성은 매우 낮다. 그 이유는 학교교육이든 학교 외 교육이든 모두가 궁극적으로 대학 입학을 위한 준비 교육적 성질을 띠고 있기 때문이다. 준비 교육이란, 그것 자체가 목적일 때엔 입시가 끝나면 효력을 상실하는 결과를 가져오기 때문에 투자의 효율성이 매우 낮은 것은 당연하다. 우리 학생들은 세계에서 유례가 드물 만큼의 많은 학습량(시간)을 사용하고 있지만, 그 성과는 매우 적다. 특히 창의력과 문제 해결력에서 교육 선진국 학생들에 비해 크게 떨어지는 것으로 평가되었다.

② 앞의 논의와 관계가 있지만, 주입식 학습 지도와 기억 재생 능력 측정식 평가 모델에서 벗어나야 한다. 우리가 이대로 가면 지식의 기억은 잘하는데 새로운 과제의 해결 현장, 모험 상황, 창의력을 발휘해야 하는 상황에서는 전혀 머리가 작동하지 않게 되는 것이다. 전자를 두뇌의 '이해적 기능'이라고 한다면 후자는 두뇌의 '창조적 기능'이라고 할 수 있다. 우리의 교육은 주로 지능의 이해적 기능을 존중하는 측면에서 이루어져 왔으며, 지능의 창조적 기능은 전혀 무시해 왔다고 할 수 있다. 두뇌의 기능 분화

의 입장에서 말한다면, 지금까지의 교육이 주로 '좌뇌 교육'이었다고 하면 앞으로의 교육은 '우뇌 기능'에도 관심을 갖는 교육이어야 한다.

③ 우리의 교육은 공교육이든 사교육이든 그 목표가 한 개인이 가지고 있는 잠재적 능력을 개발해서 최대한 자기실현을 하도록 도와주는 데 있었던 것이 아니고, 출세주의를 부추기고 경쟁에서 이기는 사람을 길러 내는 교육, 점수 지상주의적 교육을 해 왔다고 할 수 있다. 우리나라는 공교육과 사교육의 이념적·현실적 괴리가 너무 커서 청소년들로 하여금 분열적·이중적 가치관을 갖게 만들고 있다. 한 개인이 가지고 있는 잠재 능력, 소질, 적성이란 쉽게 이해될 수 있는 것이 아니고, 실제로 그들이 자기를 실험해 볼 수 있는 기회가 주어지지 않는 한, 학생 자신도 정확하게 알지 못하는 것이 보통이다. 장차 한 시민으로 직업을 가지고 살아가는 데 있어서 가장 하고 싶고, 가장 잘할 수 있고, 보람을 느낄 수 있는 일을 함으로써 자기를 실현할 수 있도록 도와주는 것이 중요한 임무임에도 이 점을 소홀히 해 온 것이 사실이다. 자기실현에 있어서 가장 중요한 요소가 창의적인 사고 능력, 창의적인 문제 해결력, 창의적으로 아이디어를 생산해 내는 힘일 것이다.

④ 미래의 대학입시 제도에 적응하기 위해서도 창의성이 요구된다. 2008~2009학년도부터 국내 몇몇 유력 대학에서는 입시에서 전형 방법의 하나로 논술(논술은 이미 수년간 시행해 오고 있다)과 함께, 면접 비중을 높이면서 그 속에 인성, 적성, 창의성을 평가하는 심층면접을 실시하고 있다. 그 대표적 대학이 KAIST이다. KAIST의 서남표 총장은 대학 개혁의 일환으로 학생들의 인성과 창의성의 중요성을 강조하면서 이것을 전형에 반영하고 있다. 많은 대학들이 이런 경향으로 나가고 있다. 입학사정관 제도가 생기면서 이런 정책으로 선발하겠다는 대학도 계속 늘어나고 있다. 그래서 창의성이 지금까지와는 달리, 대학 전형의 중요한 선발 기준이 될 전망이 크다. 이런 관점에서도 창의성 육성 교육은 중요하다.

3) 국가의 교육정책의 입장에서

지금 우리가 맞고 있는 정보화 시대야말로 창의적인 사람이 가치 있는 일을 더 잘할 수 있고, 사회의 발전과 인간의 복지에 이바지할 수가 있는 시대이다. 사람의 머리(지식과 정신의 소유)는 점점 평준화된다. 컴퓨터나 스마트폰 같은 하드웨어를 가지고 사용하는 한 지식과 정보는 소수인의 독점물이 아니라 만인의 것이 된다. 이때 살아남을 수 있고(이때 교육은 생존을 위한 도구가 된다), 더 발전할 수 있고(이 경우 교육은 문화 창조의 원동력이 된다), 복지화된 사회를 만들 수 있으려면(국가의 이념 실현), 새로운 정보와 지식, 그리고 보다 높은 가치를 만들어 내야 한다. 그런 사회만이 또한 그런 개인만이 살아남을 수가 있고, 인간답게 살아갈 수 있다. 그러기 위한 힘이 바로 창의성이다.

이런 효율성 좋은 인간을 기르려면 교육을 개혁해야 한다. 우리 교육은 초등학교 때부터 '좋은 대학' 입학이라는 궁극적 목표에 노력을 집중해 왔다. 모든 학생을 하나의 이념적 틀, 인간형의 틀이나 능력 개념 틀 속에 묶어 두는 교육을 해 온 것이다. 이러한 틀로 인해서 개성이 뚜렷하고 다소 이질적이고, 속된 말로 '튀고 별난' 학생은 항상 교사와 학교로부터 지목당하고 일탈자로 다루어졌던 것이다. 별난 학생, 괴짜 학생, 개성이 뚜렷한 학생들로 하여금 숨을 죽이게 하는 교육 풍토에서는 결코 창의적인 학생이 생존할 수가 없고, 성장해 갈 수가 없다.

한국인의 집단 지향성과 높은 동조 성향(comformity) 때문에 자연히 가정, 학교, 사회가 획일적인 틀에 묶이게 된다. 이 획일적인 틀에 들어가지 못하는 학생들이 좌절되고 소외당함으로써, 개인적으로 더욱 성장할 수 있는 잠재력을 가졌음에도 불구하고 그 가능성을 박탈당하게 된다. 이런 각도에서 교육 개혁은 획일화를 극복하고 개성화와 다양화로 방향을 잡아야 할 것이다.

지금까지의 학력 중시 교육이 고학력 인플레 현상을 가져와서 고학력 실업 사태를 불러일으키고 있지 않은가? 교육제도, 대학입시 제도, 거기에 가족 이기주의가 상승해서 고학력 풍토를 부추겼다고 할 수 있다.

미래 사회는 다분히 학력 파괴 사회가 될 것으로 본다. 거기에는 네 가지 이유가 있는데, ① 학력이 높다고 그만큼 창의적이라고 할 수 없고, ② 고학력에 투자한 비용만큼 효율성을 발휘하지 못하고, ③ 공공기관이나 기업에서 사원 채용 지원서에 학력란을 없앴고, ④ 정보화 시대 스마트 시대에 사는 오늘날, 정보 접촉이 완전히 개방되어 있고 자유로이 유통되기 때문이다. 몇몇 전문직(예컨대 의사, 과학자, 교수 등)을 제외하면 학력보다 능력이나 업적, 창의력을 중시하게 될 것이고, 이에 따라 점차 고학력에 대한 매력은 줄어들게 될 것이다.

4) 교육의 위기 극복을 위한 방략으로서의 창의성

우리나라 교육이 지금 위기에 처해 있다는 것은 누구나 인정한다. 그 위기의 양상은 두 가지 측면에서 살펴볼 수 있다. 그 하나는 학교나 교사가 학생들로부터 신뢰를 받지 못하고 있다는 점이다. 교사의 교권은 흔들리고, 교실 통제 능력을 상실해 가고 있다. 학생들이 교사를 두려워하지 않을 뿐 아니라 존경하지도 않는다. 여기에는 두 가지 원인이 있다. 정보화 시대에 들어서면서 과거에 지켜 왔던 교사의 지식 전달 권능이 약화되었다는 점과 또 다른 한 가지는, 민주화가 실질적으로 현실화되면서 교사의 권위주의적 학생 통제 방식이 무력화되었음을 들 수가 있다. 이런 분위기를 반영한 것이 '학생조례' 제정이다.

교육 위기의 또 다른 양상은 교육, 특히 학교교육이 학교 밖으로 빠져나갔다는 점이다. 즉, 학생들이 학교 안에서는 공부를 잘 하지 않고, 학원이나 그룹 지도나 개인 교습에 열중하고 있기 때문에 학교가 공동화되어 가는 것이다.

이 위기의 문제를 학생의 입장에서 생각해 보자. 교사에게서 지식을 배우기보다는 CD-롬이나 인터넷, 기타 학습 애플리케이션을 통해서 배우는 것이 더 편하고 재미있고, 자료도 풍부해서 효과적이라고 생각하는 것이다. 그뿐 아니라 학교에서 배운 내용, 지식이나 기술이 사회에서 별로 쓸모가 없다는 데에도 학교교육 불신의 원인이 있다. 그래서 학교의 교육력이 약화되기 시작했다고 할 수 있다.

이러한 교육 위기의 배경에는 더 근본적인 문제가 도사리고 있다. 그것은 교육이 학생 개인의 목표와 재능, 포부와 적성 따위와 별로 관계없이 행해져 왔다는 점이다. 과거의 교육은 전체주의적 관념에 사로잡혀서 국가나 사회의 이념, 정치적 목표 더 구체적으로는 입시제도 등 때문에 개인은 교육의 중심이 되지 못했다. 그러나 사회의 민주화가 진전되고 경제가 시장 원리에 따라가게 되고, 온 세계가 세계화라는 틀 속으로 빨려 들어가면서 점점 교육은 개성, 개인의 목표, 적성, 재능, 창의성 등을 살려 주는 쪽으로 변해 가기 시작한 것이다. 이렇게 해야 궁극적으로 사회와 국가가 발전한다는 논리이다. 그 근거가 바로 '창의적인 인재나 영재 한 사람이 10만 명을 먹여 살릴 수 있다'는 논리에 있다. 그러니까 21세기 교육은 바로 이러한 개개인의 적성과 포부와 창의성을 길러 주는 데 초점을 맞추어야 한다는 당위성이 나오는 것이다.

3. 사회·문화·시대와 창의성

고도의 창의성을 지닌 인간, 곧 천재가 어느 일정 시기나 일정 장소에 많이 나타난다는 것은 역사적 기록을 통해 알 수 있다. 그래서 다음과 같은 질문을 제기하게 된다.

> "천재는 과연 문화·시대, 사회의 소산인가 아닌가?(Arieti, 1976)" 유태인 연구, 미국의 소수민족 간의 비교연구, 특히 아시아인의 우수성에 관한 연구, 혹은 역사의 발전과 인재의 연대기적 관련성을 조사한 연구를 보면 몇 가지 뚜렷한 결론을 내릴 수가 있다. 지금까지 천재가 일정한 역사적 시기와 일정한 지리학적 영역 내에서 많이 배출되었다는 것은 사실이다. 이러한 불균등한 분포는 순수한 생물학적 요인보다는 특수한 여러 환경적 상황이 창조성의 발생을 결정한다는 것으로 결정짓고 있다.
>
> (Arieti, 1979: 김재은, 1991, pp.191~206)

서양을 중심으로 살펴보면, 시대적으로 고대 희랍 시대, 이탈리아의 르네상스 시대, 미국의 독립전쟁 시대, 다수의 유태인 천재의 업적에 힘입은 19세기 후반~20세기 초의 넷으로 나누어 고찰해 보았을 때, 그 전후 시기가 다른 어떤 세기보다도 창의적 인물이 많았다는 것을 알 수 있다. 아시아에서도 비슷하다. 석가모니, 공자, 맹자, 증자, 노자 등이 거의 동시대 사람들이고 공자와 석가모니가 거의 같은 시대 인물들이란 것도 흥미 있다.

이러한 예들을 보면, 창의성은 우연히 나타나는 것이 아니고, 환경 요인에 의해서 고조된다는 것을 말해 주는 것이다. 이와 같이 천재는 규칙적으로 나타나는 것이 아니라 집단적으로 나타난다는 것은 고대로부터 잘 알려진 사실이다. 일일이 여기에 역사적 인물을 열거하지는 않겠고, 그 배경에 대해서만 검토해 보겠다. 몇 가지 가설을 설정할 수 있을 것 같다.

① 천재의 출현은 경쟁에 의해서 촉진된다. 사람들은 자기 동시대의 천재와 필적하고 싶은 경쟁심을 갖는다. 상찬과 동시에 질투의 대상이 되는 것이다. 그들의 성취를 부러워하기도 하지만, 하나의 모델로 삼아 모방하게 된다.

② 창의적인 인물이 왜 동시대에 무리지어 나타나는가 하면, 천재란 문화가 발전해 가면서 그 논리적 패턴이 현실화되어 우리에게 주어지기 때문이다. 예컨대 백남준 같은 인물은 미술의 새로운 장르를 만들어 제시해 주면서 미술이 나아갈 하나의 방향을 모델로 보여주었다. 그러면서 비디오아트 신봉자가 계속 생겨나고 그중에서 또 뛰어난 인재가 배출된다. 이 무리들은 불규칙적으로 때로는 긴 간격을 두고 나타난다.

그레이(Gray, 1966)와 크뢰버(Kroeber, 1944) 두 사람의 연구를 종합해 보면, 이런 창의적인 인물이 무리지어 나타나는 것은 바람직한 경제적·사회적·정치적 요인이 촉진하기 때문이라는 결론을 얻을 수 있다. 창의적인 천재가 무리지어 나타났다가 사라지게 해서는 안 되고 계속 나타나게 하려면, 사회가 개방체제가 되어야 하고, 지나치게 보수적 풍토와 전통주의에 사로잡혀 있어서는 안 된다. 사고의 자유, 자유로운 표현, 그리고 너그러운 사회의 수용 등이 있어야 된다. 개인과 사회, 조직이 전반적으로 개방적이 되어야 하고 그 사회나 조직이 혁신의 요소, 혁신의 풍토를 제공해 주어야 한다.

창의성을 제대로 길러 주는 교육을 해야 한다는 주장에는 앞에서 말한 순수한 교육적 필요성뿐 아니라 사회적, 문화적 필요성 내지 요청이 그 배경에 있다.

그러나 창의성은 기업에서 새로운 경영 기술을 개발한다든지, 새로운 과학 기술을 개발하거나 발명한다든지, 예술가들이 새로운 작품을 창작한다든지, 스포츠맨들이 새로운 경기 기술을 창안해 내고, 광고인들이 새로운 광고 기법을 창안해 낸다든지 하는 모든 행위가 곧 창의성과 관련되기 때문에, 넓은 관점에서 보면 창의성은 우리의 일상생활 전반과도 관계가 있는 것이다.

1) 과학·기술 분야에서의 창의성 교육

우리가 창의성을 논할 때 제일 먼저 생각하게 되는 분야가 과학과 예술 분야이다. 과학 기술에서의 창의성(scientific creativity)은 협의로는 "자연과학의 영역에서의 아직 해결되지 못한 이론적 기술적 문제를 독창적으로 해결하는 능력"이라고 정의할 수 있다. 그러나 넓은 의미로는 그것이 자연과학이나 기술의 역사상 이미 해결된 문제라 할지라도 독창적인 문제 해결 방법이면 창의적이라고 할 수 있다. 따라서 과학 학습에서 학생들이 교사로부터 배운 대로 해결하는 방법을 쓰지 않고, 자기 나름으로 독특한 사고 방법이나 문제 해결 방법으로 연구해서 해결이 가능했다면 그것이 이미 과학에서 해결된 문제라 하더라도 괜찮은 것이다. 이런 관점에서 학습 과정상의 창의적 산출과 어른들 세계의 창의적 산출에는 차별이 지어지는 셈이다.

과학적 창의성과 예술적 창의성 사이에는 공통점도 있고 차이점도 있다. 공통점을 새로운 문제 해결 방법이란 점에서 보면, 과학에서도 어떤 번득임(영감)이나 상상력에 의해서 발명이 이루어진다. 한편 차이점도 있다. 과학의 창의성은 자연 인식의 문제이고, 원인 결과의 관계를 어떻게 법칙화해서 파악하느냐의 문제이다. 결국 과학자들은 합법칙적(合法則的)으로 사고를 한다. 자연과학에는 예술에서와 같은 양식상의 문제 같은 것은 전혀 없으며, 자연현상의 원인과 결과를 어떻게 법칙화하느냐 하는 문제가 있을 뿐이다.

전문 분야에 들어가면 창의성의 기준이 조금씩 달라질 수 있음으로 궁극적으로는 전문 영역으로 나누어 논의하게 된다. 하지만 그것들의 공통점은 새로운 것, 동시에 가치로운 것에 대한 지속적인 호기심과 관심을 가진 사람들이 새로운 것을 만들어 내는 과정에 관계된다는 점이다.

앞으로 우리가 선진화된 기술을 가진 국가가 되어 남에게서 기술을 사서 쓰고 로열티를 주게 되는 기술 예속 국가가 안 되려면 어릴 때부터 어린이들에게 과학교육에서 창의성 육성 교육을 제대로 해야 한다.

2) 문학과 예술, 스포츠 분야에서의 창의성 교육

과학 기술 분야의 새로운 기술 개발이나 발명에는 굉장히 많은 연구비가 든다. 그리고 그런 연구를 위해서 하는 실험이 반드시 성공한다는 보장이 없고 실패할 가능성도 있다. 그러나 연구비도 그리 많이 들지 않고 부가가치가 높은 것이 문학과 예술 분야이다. 그런데 우리나라의 학교교육에서는 이 문학과 예술 분야의 교육을 지극히 무시해 왔다. 고등학교에 가면 예능 과목 시간을 국어, 영어, 수학으로 매우는 사례가 많다.

3개월 만에 60억 원의 음원(音源) 판매 수입을 올린 18세 정도 되는 가수가 있다. 이런 것이 예술적 부가가치다. 2011년 여름을 뜨겁게 달군 K-Pop 물결도 그렇다. 2011년 봄, 세계의 출판계를 강타한 신경숙 씨의 소설 『엄마를 부탁해』라는 한 작품이 거둔 부가가치는 엄청난 것이 되었다.

예술과 문학에는 과학에서처럼 정형이 없고, 옛날 업적에 의존할 필요가 없다. 발상이 훨씬 더 자유롭다. 문학은 똑같은 낱말과 문법 구조를 가지고도 남들이 미처 꾸며 내지 못한 어떤 이야기를 만들어 내서 사람들을 감동시키며, 특히 남들이 흔히 쓰지 않는 새로운 언어와 문장을 만들어 냄으로써 독자들을 울리기도 하고, 위안도 주고, 웃기기도 하지 않는가?

이렇게도 문학·예술이 우리의 삶에 중요한 몫을 차지하고 있고 또 학교 교육에서도 교육과정상 중요한 교과로 다루어지게 되어 있다. 그럼에도 불구하고 교사들의 훈련도 부족하고, 학부모나 학교 당국도 소홀히 여겨 왔음은 사실이다. 교무실의 칠판에는 음악 수업, 미술 수업, 체육 수업이 시간표에 올라 있으나 실제로는 그 시간에 다른 공부를 시키는 예가 많다. 왜냐하면 '교과과정 시간 배당 기준 령'에 의해 수업을 하게 되어 있지만 학생들 중에 예체능 과목을 싫어하는 학생도 있고, 입시 준비를 위해서 예체능 과목들은 아예 무시해 버리게 되기 때문이다.

3) 자기실현의 입장에서

지금 우리 주변에는 방송매체를 통해서 널리 알려진 대성한 젊은 사람이 여럿 있다. 일부 탤런트, 가수, 운동선수, 작가, 기술자 등의 성장 배경을 분석해 보면 시골 태생, 가난한 집에서 성장한 사람, 이름 없는 학교 출신이거나 고교 졸업 정도의 학력을 가진 사람, 외길을 계속 추구해 온 사람, 나이트클럽 보이, 자장면 배달, 신문 배달, 호떡장사 등 다양한 경력을 가진 사람도 있다. 그런데 우리는 여기서 단순히 돈을 많이 벌었다는 점만 평가하는 것이 아니라 '남다르게' 성취했다는 점에 주목해야 한다. 그들은 남다른 방식으로 공을 던진다든지, 공을 찬다든지, 골프 스윙을 한다든지, 노래를 짓고 부른다든지, 자장면을 만든다든지, 춤을 춘다든지 등과 같이 남이 미처 생각하지 못했거나 시도해 보지 못한 것을 생각해 내고 만들어 내는 능력을 가졌고 그 능력이 그들을 있게 한 것이다. 즉, 그것이 바로 창의성이다. 이들을 분석해 보면 그들은 자기가 하고 싶어 했고 잘하는 것을 함으로써 만족감을 느끼면서 살아가고 또 사회적으로도 인정을 받은 것이다. 이런 상태를 우리는 자기실현이라고 한다.

이런 관점에서 교육을 생각해 보면 우리의 학교들은 확실히 무엇을 성취하도록 하기 위해서(achievement-oriented) 교육을 한 것이 아니고 무엇이 되도록 하기 위해서(status-oriented) 교육을 해 왔다고 할 수가 있다. 그러니 무엇이 되기만 하면 그때부터는 교육이 중단된다. 평생교육은 없는 것이다. 그러나 무엇을 하기 위한 교육이면 죽을 때까지 계속 교육해야 한다. 그것이 바로 자기실현과 연계되는 것이다.

그래서 앞으로의 교육은 다음과 같은 과제를 해결해야 한다.

① 교육이 개인의 문제에 더욱 관심을 가져야 한다. 개인의 자기실현을 위해서 교육 프로그램이 다양화되고 개별화되어야 할 필요가 있다.

② 학교교육이든 평생교육이든 진도(進度) 개념을 버려야 한다. 학습의 진도란 편의상의 편제이지 절대적인 기준이 아니므로 아주 융통성 있게 운영하든지 프로그램의 개별화를 통해서 해결하든지 해야 한다. 진도에 집착하면 그 진도에서 밀리는 학생은 학습에서 영영 낙오자가 되기 쉽다.

③ 학생 개인이 잘할 수 있는 것, 갖고 싶은 직업, 취미, 소질, 발휘하고 싶은 적성 같은 것을 적성·특기 활동, 특별활동 등을 통해서 개인의 잠재 능력을 최대한 키워 주는 일이 중요하다.

2장. 창의성의 개념 및 연구 동향

1. 창의성의 개념

1) 창의성, 창조성

'창의성'이란 도대체 무엇인가?

'창의성(創意性)'이나 '창조성' 모두 영어로는 'creativity'로 쓴다. 한국에서는 '창의성'이라고 표현하고, 일본, 중국, 대만 등지에서는 '창조성'이라고 표현한다. '창조하는 능력'을 강조할 때는 '창의력' 또는 '창조력'이라고 표현하며, 영어로는 'creative ability'이다. '창조'란 전에는 없던 것을 처음으로 만드는 것, 새로운 업적이나 가치를 이루어 내거나 만들어 내는 것을 말한다. 이 세상의 어떠한 창조적 작업도 앞에서 말한 뜻으로 새긴다면 신의 '천지 창조' 이래 전적으로 새로운 것이란 없다. 엄격히 말해서 천지 창조 이후의 창조는 재창조나 변형이나 모방이나 응용에 불과하다. 그래서 '창조'를 두 번째 뜻인 새로운 업적이나 가치를 이루는 것으로도 해석해야 창의성의 용어 해석상의 문제가 비교적 쉽게 해결된다. 그래서 본 장에서는 창의성이 무엇이며, 왜 우리가 문제 삼으려 하며, 왜 창의성이 사회나 교육에서 요구되는지를 생각해 보기로 한 것이다.

2) 지능 연구와의 친족관계

'창의성'에 대해서 전문가들은 누구나 제각기 자기 목소리를 내려고 한다. 교육 비전문가들도 그렇다. 그래서 그들이 파악하고 있는 창의성에 대한 개념의 스펙트럼은 굉장히 넓다.

스턴버그(R.J. Sternberg)는 1988년에 낸 *The nature of creativity* 라는 책 서문에 이렇게 썼다. "창의성에 관한 연구는 지능 연구의 방탕한 이복동생과 같은 역할을 해 왔다. 왜냐하면, 같은 가족에 속하면서도 가족의 규칙을 따르지 않았기 때문에 의붓자식처럼 되어 버렸다."

심리학 역사상으로 보아서 창의성이 연구 대상으로 부상하게 된 것은 한국에서 6·25전쟁이 일어난 해인 1950년 이다. 당시 미국의 사우던 캘리포니아 대학교 교수였던 길포드(J.P. Guilford) 박사가 미국심리학회 회장 취임 연설로 '창의성'을 주제로 삼은 것이 계기가 되었다. 그 전까지만 해도 미국을 중심으로 한 창의성 연구는 미약하였다. 1920년대 중반 이후 23년 동안 *Psychological Abstracts*에 실린 12만 1,000건의 연구물 목록을 분석한 결과 그중 186개의 논문·저서만이 창의성에 관련된 것이었다. 즉, '창조성', '상상력', '독창성', '사고', '창의성 테스트' 등에 관한 저서와 논문이 그 정도로 빈약했다는 것이다. 이 시기 동안 출판된 '일반심리학' 교과서 중 단 두 책에서만 '창의성'을 다루고 있었다고 했다. 길포드 박사의 이야기를 들어 보자.

> 정부 산하기관 중 과학, 기술 분야 인력을 많이 고용하고 있는 기관의 고위급 인사들은 발명적 잠재 능력을 가진 사람들을 가려내는 방법에 대해서 늘 궁금하게 여기고 있었다. 이런 고위직 인사들이 우리 대학(미국 대학을 말함) 졸업생들에 관해서 하는 불평의 말을 들은 적이 있는데, 그들의 공통된 불평은 "우리의 대학 졸업생들과 관련해서 내가 가장 자주 들었던 불만은 … 이들이 이미 배운 기술들을 이용해 주어진 과제를 해낼 수 있지만, 새로운 해결 과정이 요구되는 문제를 해결해야 하는 상황에서는 전혀 손을 쓰지 못한다"는 것이었다.
>
> (앞에 든 길포드의 취임 연설문 p.446에서)

이런 문제 제기 후 창의성에 대한 연구가 촉발되어 반세기 동안 엄청난 진전을 본 것은 사실이나, 창의성이 무엇이냐와 같은 개념 정의는 아직 지능 개념만큼 정리되어 있지는 않다.

지능에 대한 연구는 20세기 전후 프랑스 소르본느 대학교의 비네(A. Binet, 1896)와 미국 스탠포드 대학교의 터먼(L.M. Terman, 1916)이 연구를 시작할 때 이미 어느 정도 개념이 정착되었고, 근 80년 동안 안정된 합의하에 지능문제가 다루어져 왔다. 최근에 와서 스탠포드 대학교의 가드너(H. Gardner, 1983) 박사가(후일 하버드 대학교로 자리를 옮겼다) 다중지능이론을 내세우면서 종전의 지능구조이론에 커다란 충격을 던져주고 있다. 이 지능 다중이론이 지금 확산일로에 있지만, 전통적 지능이론도 그대로 유지되고 있다.

이러한 지능 개념에 대한 논의에도 불구하고 아직까지 창의성에 관한 개념 정의는 광범위하고 다양해서, 한두 가지의 개념 정의로는 미흡하다는 느낌을 준다. 그 증거로는 1950년대만 해도 테일러(I.A. Taylor, 1959)가 조사한 정의가 100가지가 넘는다고 하고, 지금도 여전히 개념 정립이 확실히 서 있지 않다. 그러나 다음과 같은 점에서는 상당한 합의를 보고 있는 듯하다. 즉, “창의성이란 새롭거나 독창적인 아이디어, 통찰, 재구조화, 발명 혹은 예술적 작품을 만들어 내는 잠재역량(capacity)이다. 다만 그런 것들이 과학적으로, 심미적 입장에서, 사회적으로나 기술적 면에서 가치가 있다고 전문가들이 인정하는 것이어야 한다.”와 같은 정도는 합의가 되어 있다. 길포드 박사조차도 그 후까지 창의성을 지능의 영토 속에 포섭해 두려고 애썼다.

그러나 게첼스(K.J. Getzels)를 비롯한 몇몇 학자들은 창의성을 지능과는 심리학적으로 완연히 구별되는 하나의 실체라고 주장했다. 또 어떤 학자들은 창의성과 지능의 연관성은 무시해도 좋을 정도라고 보았다. 1960년에 버논(P. Vernon)이 그간의 이 분야의 연구들을 요약한 내용을 *Creativity*란 제목으로 책을 냈고, 그 후 1980년대 초반까지 창의성에 관한 중요한 연구 업적들이 여러 각도에서 많이 나왔다. 1989년에 와서 글로버(J.A. Glover) 등이 편집한 *Handbook of Creativity*를 냄으로써 그간의 연구가 총정리되었다고 할 수 있다. 그 10년 후 1999년에 스턴버그(R.J. Sternberg)가 *Handbook of Creativity*를, 런코(M.A. Runco) 등이 *Encyclopedia of Creativity*를 냄으로써 20세기 창의성 연구 성과가 총정리되었다.

3) 접근 방법의 입장에서

글로버(J.A. Glover) 등이 편집한 *Handbook of Creativity*에는 창의성에 접근하는 입장에 네 가지를 들었다.

(1) 지능의 한 측면으로서의 창의성

1896년 비네와 앙리(Binet et Henri)가 지능검사에 관한 논문을 발표했을 때 테스트로 잴 수 있는 지능으로 상상력을 포함해서 열 가지 내용을 제안했다. 비네는 어린이들에게 잉크 얼룩이(Ink Blot)를 보이고 그 속에서 무엇을 보았는지를 적게 했다. 이것은 상상력을 재기 위해서였다. 그러나 그들은 적절한 채점 방식을 찾지 못했다. 그래서 그 검사를 폐기했다.

1905년 비네는 소아과 의사인 시몽(B. Simon)과 함께 창의성을 자극해서 밖으로 내보이게 한다고 생각되는 개방형 검사 문항 3개를 만들었다. 즉, '낱말에 운(韻) 맞추기', '문장 완성하기', '주어진 3개 낱말로 문장 만들기' 등이다. 20세기 초기는 이런 유형의 검사 만들기가 창의성 연구의 주류였고, 후일 길포드가 1967년에 제안한 확산적 사고(divergent thinking)의 측정 수단으로 이 방법들이 채택되기도 했다. 그리고 길포드도, 앞에서 말했듯이 창의성을 어디까지나 지능의 영역의 한 하위 요인으로 보려고 했고 지금도 이런 개념은 주류를 이루고 있다. 예컨대 피아제(J. Piaget)도 지능에 두 가지 큰 기능이 있는데 하나는 이해하는 지능이고, 다른 하나는 창조하는 지능이 있다고 했다. 넓은 의미로 인간의 지적 능력의 총체를 지능이라고 한다면 창의성도 창의적 지능인 셈이 된다. 즉, 영어로는 creative intelligence가 되는 것이다.

(2) 무의식 과정으로서의 창의성

프랑스 수학자 프엥카레(H. Poincare, 1913)는 그의 수학적 발견에 대해서 자주 인용되는 과정을 다음과 같이 적었다.

> 나는 방금 캥(Caen, 프랑스의 서부도시)을 떠났다. 나는 그때 거기에 살고 있었다. 광산대학의 후원 아래 지질조사 연구차 떠났다. 여행 일정의 변경으로 나는 내 수학 연구에 대해 잊고 말았다. 쿠탕스(Coutance)에 도착하자 거기서 다른 곳으로 가기 위해서 버스로 갈아탔다. 내가 버스에 올라타려고 발판에 발을 올려놓은 순간 한 생각이 번개처럼 떠올랐다. 그(수학) 문제 해결을 위해 이전에는 전혀 미리 준비해서 생각해 둔 바도 없는 것인데, 늘 내가 프크시안 함수(Fuchsian Function)라고 정의해서 쓰고 있었던 변환(transformation)이 비유클리드기하학(non-Euclidean geometry)과 동일하다는 아이디어가 내 머릿속을 문득 스쳐간 것이다. 그 아이디어를 내가 증명하지는 못하고 있었던 것이다. 그래서 나는 버스에 올라타고 앉아서 시간을 보낼 수가 없었다. 그럼에도 이미 시작한 동료 교수들과의 대화도 계속하고 있었다. 그러나 나는 완전한 확신을 갖게 되었다. 캥에 돌아오자 시간을 내서 그 아이디어를 즉시 증명하였다.

그런 일이 있은 후 프엥카레는 창의적 아이디어의 생성에 관한 이론에 큰 영향을 미친, 새로운 이론을 제안하게 되었다. 즉, "돌연한 조명(sudden illumination)의 출현은 길고도 무의식적인 사전 작업의 결과가 나타낼 징후이다"라는 이론이다. 얼마 동안의 확실한 휴식 동안에 굉장히 많은 여러 아이디어의 조합(combination)들이 잠재의식 속에 있던 자아에 의해서 맹목적으로 만들어진다는 것이다. 그 아이디어 중 대부분은 무용지물로 무의식 속에 남아 있지만, 특별히 '조화롭고', '유용하고', '아름다운 것들'은 의식 속으로 스며들게 된다. 프엥카레는 다시 이렇게 적고 있다.

> 해결하고자 하는 그 문제에 대한 초기의 강력한 의식적 작업은 자신에게 필요하고 관련성이 있는 아이디어를 고착된 상태로부터 풀어 주는 데 필요하며, 그렇게 함으로써 무의식적 과정 속에 있는 동안에도 자유롭게 서로 얽힐 수 있

게 되는 것이다.

무의식에서 생성된 해법이란 것은 결국 의식적으로 평가를 받게 된다. 그렇게 해서 프엥카레처럼, 문제 해결을 위해서 의식적이지만 성공적이 아닌 노력이 무의식 속에 갇혀 있던 아이디어들의 무작위적 조합(random combination)을 하도록 무의식적 과정을 발동시키게 된다. 그런 무작위적 아이디어의 조합 중 한두 가지가 결국 적절한 창의적 해법으로 나타나게 되는 것이다. 실제로 모차르트도 작곡을 할 때에 이와 비슷한 경험을 했다는 글을 친구한테 보낸 편지 속에 적고 있다. 그는 무의식이라는 말 대신 '보이지 않는 신의 손'이 5선지 위에 흔적을 만들도록 내 손을 이끌어 주었다고 했다.

(3) 문제 해결의 요소로서의 창의성

초기(1920~30년대)의 몇몇 문제 해결 모델(problem salving models)들은 창의성이론과 응용프로그램 연구에 영향을 주었다. 그 대표적 사례가 월라스(Wallas, 1926)의 창의적 생산의 4단계 모델이다(여기에 대해서는 제3장에서 설명하겠다). 그 밖의 존 듀이(Dewey, 1910)의 문제 해결 모델 등이 그 대표이다.

이들 모델들은 모두가 비연속적 단계의 직선형 틀로 되어 있다. 예컨대, 월라스의 부화(incubation) 단계 같은 개념은 프엥카레가 제시한 무의식적 과정보다 좀 더 구조화되어 있고 지시적이다. 그리고 월라스의 준비(preparation) 단계는 개인의 사전 교육이 여기에 포함되어 있는데, 당장 발등에 떨어진 문제 해결만을 생각하는 것이 아니라 문제 해결을 위한 일반적 태세로도 이해되는 부분이다. 근래에 와서 과학적 창의성 연구가들은 로스먼(J. Rossman)이 제시한 발명 모델과 유사한 연구 단계를 밟게 된다는 결론을 내리고 있다. 이 밖에 많은 연구자들이 제안한 문제 해결 단계들이 있는데, 좀 이색적인 것으로 토드(R.D. Todd, 1996) 등의 것이 있다.

(4) 연합 과정으로서의 창의성

스피어먼(C. Spearman, 1931)은 신기한 아이디어를 생성하는 것은 세 가지 '신유전학적 과정(neo-genetic processes)'으로 설명할 수 있다고 했다. 즉, 다음의 세 가지 과정이 새로운 정신적 콘텐츠를 생성할 수 있다는 이론이다.

① 경험의 원리 : 사람들은 자기 자신의 감각, 감정, 노력을 알고 싶어 하고 확인하고 싶어 하는 경향이 있다.

② 관계의 원리 : 두세 가지 이상의 아이템(아이디어, 지각 대상)이 주어진다면 사람들은 그것들이 서로 어떤 모양으로든지 관계가 있다고 지각하는 경향이 있다.

③ 상호 상관의 원리 : 어떤 아이템이 마음속에 떠오르면 그 아이템과의 관련성이 마음속에 떠오르게 된다. 그러면 우리의 정신은 그런 식으로 또 다른 아이템을 만들어 낼 수가 있다. 그러니까 연쇄적으로 계속 새로운 아이템이 만들어진다는 원리이다.

스피어맨의 이 기초 모델은 최초의 아이디어가 떠오르면 그것과의 관련성에서 자유로워지면서 전적으로 새로운 또 다른 관련성과 연합하는, 아주 적극적 과정이 포함된다고 했다. 말하자면 관념연합이론(association of ideas)의 일종이다. 이들 과정은 의식적인 과정이다. 스피어맨은 예비적 창조의 작업에서는 정신적 피로가 온다고 보았다. 그 피로감이 지나가면 기적처럼(다소 상상만의 부화 과정을 거쳐서) 정신적 발전이 피로로 인해서 보류되어 있다가 갑자기 나타나게 된다는 것이다.

이와 비슷한 연합 과정으로 창의성을 설명하는 것이 테일러(C.W. Taylor, 1949)의 이론이다. 그는 지능의 요인 이론 연구를 하다가 두 개의 요인을 분리해 냈다. 즉, 지능의 요인 중 아이디어의 유창성(fluency)과 표현의 유창성이 그것이다. 이 두 가지 요인은 서로 창의성에 관련되어 있으며, 결국 확산적 사고에 관한 후속 연구에 반영되었다.

4) 산출물로서의 창의성

예술작품, 과학적 발견, 기술적 발명, 기타 여러 가지 일의 실현 등과 같은 업적 사이에는 어떤 차이가 있을까? 어떤 다른 심리적 과정이 개입되는 것일까? 창의적 생산의 유형을 정의할 때 이들 업적 사이의 다양성을 어떻게 설명할 수가 있을까?

아주 일반적인 방법으로는 기셀린(B. Ghiseline, 1955)이 두 수준의 작업의 질을 구별할 때 시도한 바가 있는 높은 수준의 작업의 질과 낮은 수준의 작업의 질이다.

얼마나 창의적이냐를 따질 때 궁극적으로는 그 사람의 산출물, 즉 작품, 언행, 수행, 연기, 표현, 제품, 서비스의 질로 따지게 된다. 그 산출물이 시대적 트렌드로 보나 동시에 역사성으로 보아서 가치가 있느냐 없느냐로 따지게 되고, 결국 그 산출물을 만든 사람의 창의성이 평가를 받게 되는 것이다.

그렇다면 과연 그 다양한 '작품'의 가치를 어떻게 평가할 수 있을까? 베토벤, 슈베르트, 모차르트 등의 작품들도 그들이 죽은 후에 인정받고 평가받은 것이 많다. 윌슨, 길포드, 크리스텐슨(Wilson, Guilford & Christenson, 1954) 등은 실제로 창의적 산물의 질을 평가하는 데 대해 다음과 같은 세 가지 가능한 척도를 제시했다.

① 반응, 즉 산출물이 해당 모집단(母集團) 중에서도 희귀하면 할수록 더욱 독자적인(혹은 독창적인) 것으로 간주될 수 있다.

② 반응이 판정자 그룹에 의해 '정교하다'고 평가될수록 보다 독자적(독창적)이라고 할 수 있다.

③ 반응이 보다 원격적 경험(즉, 직접적 경험이 아닌 경우를 말함)이나 지식의 요소와 연합되어 있으면 있을수록 더욱 독자적(독창적)이라고 할 수 있다. 물론 여기서 독자적(독창성)이란 엄밀하게 말해서 창의성과 외연(外延)에서 같은 개념을 가리키는 것인지 어떤지는 명확하지 않다.

이 산출물의 가치평가에 대한 것으로는 잭슨과 메식(Jackson and Messick, 1967)의 연구가 있다. 그들의 결론은 이렇다.

다른 어떤 긍정적 특질(qualities)이 있다 해도 그것과는 관계없이, 자기들은 창의적 산출물의 평가 규준에 대해서 첫 단계로 "그 산출물이 무엇보다도 '창의적이다'라고 부르기 전에 먼저 '참신해야(novel)' 한다"고 주장했다. 이 참신성과 창의성을 결합하는 문제는, 이 두 사람으로서는 아주 심각하게 고려하고 있는 문제라고 했다. 물론 반대 의견도 있다. 폭스(H.H. Fox, 1963)는 이에 대해 반대한다. 즉, '창의적임(creativeness)'은 참신성만 가지고는 안 된다는 것이다. '비상함(unusualness)'에 '적합성(appropriateness)'이 합쳐져야 한다고 했다. 산출물은 상황(사회, 기업, 고객, 기술, 발전 등)의 요구에 부합해야 하고 창조인 자신의 요구에도 흡족함이 있어야 한다고 했다.

가끔 예술가들, 과학자들, 발명가들은 그들이 죽은 후에 재평가받기 위해서 사람들로부터 무시당하는 일로 고통받곤 한다. 그들 산출물의 참신성이 처음에는 굉장히 뚜렷했겠으나 적합성은 대개 어느 정도 시간이 지난 후 회고적으로(뒤돌아보고) 평가받게 된다. 그래서 이 적합성이라는 규준은 적용하기가 쉽다.

잭슨과 메식은 산출물의 '창의적임'의 평가 준거로 네 가지를 들었는데 그들의 연구 결과를 요약해 보자(〈표 2-1〉 참조).

〈표 2-1〉 창의성의 여러 차원 간의 관계표(Jackson & Messick, 1967)

창의적 산출물의 특질	창의적 인물		다른 사람들의 창의적 산출물에 대한 반응	
	인지 스타일	개인적 성질	판단 표준	심미적 반응
1. 비상함(참신함)	부조화·불일치에 대한 내성	독창적	규준	놀라움
2. 적합성	분석적·직관적	예민함	맥락	만족감
3. 변환	개방적 정신	융통성	제약	자극하기
4. 압축	반성적·자발적	시적임	요약하는 힘	맛이 나다

5) 과정으로서의 창의성

창의성을 창의적인 산출물을 만들어 내는 심리적 과정으로 보는 입장이 있다. 창의적인 것이란 이미 있던 지식이나 개념 같은 정보를 특정 요구 조건에 맞추거나 새로운 조합을 유용하게 만드는 과정이라고 보는 것이다. 이미 있었던 것끼리 새로 결합하거나 연결해서 더 유용한 것으로 만드는 일이 바로 창조적 행위이다. 즉, 창의적인 사람이 창의적인 문제 해결 과정이나 사고 과정을 통해야 자기 문화에 적합한 창의적인 산출물이 나온다고 한 로데스(Rhodes, 1961)의 '창의성을 이해하는 네 가지 접근 방법의 관계'를 간단히 요약하면 다음과 같다.

> 사람 + 과정 + 산출 + 맥락 = 창조
> P(person) + P(process) + P(products) + C(context) = creation

여기서 맥락(context)이라고 하는 것은 문화에 대한 적합성을 의미한다. 그러니까 만일 이 적합성을 일종의 압력(press)으로 간주한다면 '4P=creation'이 된다고 주장하는 사람도 있다.

창의성을 과정으로 정의하게 되면 연구의 초점을 창의적인 문제 해결 과정이나 사고 과정을 가능한 한 정확하게 기술하는 데 두게 된다. 이런 과정을 충분히 이해해 둔다면 자신의 창의적 활동의 전개에서나 창의성 기르기 지도에 참고할 수가 있을 것이다. 창조라고 하는 모든 현상 속에는 복잡하게 얽힌 네 가지의 본질적 단계가 있다고 본 월라스(Wallas, 1926)의 단계론(제3장)이 일반적으로 인용되고 있다. 그리고 해리스(Harris, 1959)는 창조의 과정에서 다음과 같이 거의 연속적인 여섯 단계로 구별할 수 있다고 주장했다.

① 필요의 인지
② 정보의 수집
③ 그 정보를 처리하는 사고 활동
④ 해결 방안의 착상
⑤ 확인, 증명
⑥ 시행

실제로는 해리스가 제안한 네 번째 단계인 해결 방안의 착상과 월라스의 세 번째 단계(영감) 속에 창의적 과정의 핵심이 들어 있는 것이다. 창의적 과정이 이와 같이 간단하게 정리되고는 있으나, 여기에 대한 연구는 지금도 계속되고 있으며 논의도 많다.

다음에는 로스먼(J. Rossman)이나 토드(R.D. Todd) 등이 제안한 창의 과정을 소개하겠다. 로스먼(1931)은 문제 해결의 관계 설정으로 다음과 같은 7개 단계를 제시했다.

① 문제 해결의 필요성 인식
② 문제 분석 및 정의
③ 관련 정보의 수집
④ 다양한 해결책 형성
⑤ 해결책에 대한 비판적 평가
⑥ 새로운 아이디어/해결책 형성
⑦ 가장 가능성 있는 해결책의 수정, 보완과 평가

토드(R.D. Todd, K.R. Todd & D.L. McCrory, 1996) 등도 문제 해결 과정에 대한 단계를 제시하는데, 다음과 같은 IDEATE 모델의 6단계로 되어 있다.

① 문제를 확인하고 정의하기(I=Identify and define the problem)
② 디자인 개요 개발하기(D=Develop the design brief)
③ 가능한 대안 탐색하기(E=Explore possible alternatives)
④ 대안을 수집하고 평가하기(A=Accumulate and assess the alternatives)
⑤ 최우선 해결 방법 시도하기(T=Try out the best solution)
⑥ 결과 평가하기(E=Evaluate the results)

2. 창의성에 대한 정의

1) 정의에 관련된 심리학적 입장

창의성이란 말은 골드만(R.H. Goldman)이 말했듯이 '우산과 같은 용어'이다. 우산처럼 그 밑에 온갖 것들이 다 들어간다. 그래서 어떻게 보면 창의성 연구 전문가 수만큼 많은 정의가 있을 수 있다. 자세히 들여다보면 어떤 정의를 내렸느냐는 그 밑에 깔려 있는 인간에 대한 기본적 개념, 철학, 심리학 이론 등이 뒷받침되고 있는 경우가 대부분이다. 그래서 대표적 학자들의 정의를 소개하는 것으로 그치기로 한다.

테일러(C.W. Taylor, 1959)가 50년 전에 조사한 바에 의하면 그때 이미 100가지 이상의 정의가 사용되고 있더라는 것이다. 이렇게 다른 정의가 많음에도 불구하고 다음과 같은 일반적 진술에 대해서는 상당한 합의가 되어 있는 것 같다. 즉, '창의성'이란 다음과 같다.

① 새롭거나 독창적인 특성이 있어야 한다.
② 그 대상은 아이디어, 통찰, 구조화, 발명, 예술작품들로 한다.
③ 전문가가 가치 있다고 인정해야 한다.
④ 과학 분야, 기술 분야, 예술 분야, 사회 분야의 전문가의 검증을 거쳐야 한다.
⑤ 참신해야 한다.
⑥ 시간의 경과에도 불구하고 그 가치 평가는 계속 수용되고 적절해야 한다.

전문 영역에 따라서 다소 서로 다른 타입의 창의성이 존재한다. 예컨대 물리학, 생물학, 수학, 엔지니어링, 심리학, 사회학과 같은 학문 영역에 종사하는 자연과학자나 사회과학자들 사이에는 공통적인 타입의 창의성이 거론된다. 마찬가지로 문학, 철학, 음악, 시각 예술과 장식 예술, 조소 분야의 창의성 사이에도 공통점과 차이점이 다 같이 존재한다. 건축이 이 두 영역, 즉 과학적 타입의 창의성과 예술적 타입의 창의성을 함께 나눠 가질 수 있는 영역이라고 할 수 있다.

과학적 창의성은 언제나 우리가 이전에 알고 있었던 것에 뭔가 새로운 것을 부가하는 과정을 포함하고 있다. 그러나 예술에서는 그 표현이 이전 것의 표현보다 더 발전된 것이라고 말할 수는 없다. 이 점이 과학적 창의성과 다르다. 또 다른 창의성 타입은 사회적, 영적 창의성이다. 예컨대 마하트마 간디의 무저항주의, 마더 테레사의 봉사정신, 인간의 영적 구원을 위한 새로운 참선, 수행방법이라든지 하는 것이 여기에 속한다. 그러나 대체로 행위예술이나 연주 행위는 이 창의성 범주에 넣지 않는다. 대표적인 현대무용가인 머스 커닝햄은 '안무가는 창조자(creator)'라고 말했다. 그러나 무용수는 창조자는 아닌 것이다.

창의성은 적어도 네 가지 구성 요소로 성립된다. 즉, ① 창의적 과정(creative process), ② 창의적 산출물(creative products), ③ 창의적 인물(creative person), ④ 창의적 상황(creative situation)이다. 그러니까 어떤 사람이 어떤 상황에서 어떤 과정으로 어떤 결과물을 만들어 내느냐에는 네 가지 구성 요소가 개입된다. 우리의 관심사도 곧 네 가지로 요약될 것이다. 다음에 몇몇 학자나 전문가의 창의성 정의를 소개해 둔다.

테일러가 100가지 이상의 창의성 정의를 정리해서 개념화한 결과 6개의 서로 다른 입장을 대표하는 그룹으로 나눠진다는 것을 발견하였다.

(1) 첫째 그룹: 지각심리학적 입장

게슈탈트(Gestalt)나 지각심리학적 입장에서 본 정의로 묶을 수 있을 것 같다.

게슈탈트 심리학의 대표주자인 베르트하이머(M. Wertheimer)는 "창의성이란 하나의 보다 나은 게슈탈트(형태)를 선호해서 다른 하나의 게슈탈트를 파괴하는 과정이다"라고 말하였다. 여기서는 아이디어를 재결합하는 것을 게슈탈트를 재구성하는 일로 보고 창의성을 정의하고 있다.

(2) 최종 산출 중심 정의

이 정의는 창의성을 최종적으로 만들어 낸 산출물, 최종 소산 혹은 창작물

쪽으로 방향 지어진 정의이다. 이 정의의 대표적인 학자인 슈타인(M.I. Stein)은 "창의성이란, 어떤 관점에서 어떤 집단에 의해서 가치 있는 것으로 받아들여지고, 보다 유용하고 만족스러운 것으로 받아들여질 수 있는 참신한 것(작품, 제품, 결과물)을 만들어 내는 과정이다"라고 정의하였다.

(3) 심미적 입장

심미적·표현적인 것으로 특징지을 수 있는 정의에 속한다. 이것은 자기표현(self-expression)에 강조를 두는 입장이다. 그 대표적인 학자인 리(W.J. Lee)는 "창조적 과정이란 과거의 습관에 따라서 설정된 대로, 관행이나 관례에 의해서 영향받음이 없이, 마치 해도(海圖)가 없는 미지의 바다에서 사고(思考)하는 능력과 같은 것"이라고 정의하였다. 그래야 아주 새로운 표현 방식을 택하게 됨으로써 새로운 심미적, 표현적 가치를 지닌 결과물을 만들어 낼 수가 있다.

(4) 역동적 정의

앞의 창의성에 관한 '개념적 틀'에서 언급했지만, 마찬가지로 정의에 있어서도 정신분석적, 역동적인 특징을 지닌 정의이다. id, ego, superego의 상호작용적인 힘의 비율로 정의하려는 것이다. 벨락(L. Bellak)은 "모든 형태의 창의성은 인간 성격이 갖는 영속적·조작적인 변수이다"라고 정의하고 있다. 창의적이 되기 위해서 ego는 전의식적, 무의식적 재료가 밖으로 나타나게 일시적으로 퇴행해야 한다는 것이다. 즉, 원시적 무의식의 세계 속으로 들어가 보아야 한다는 말이다.

(5) 문제 해결적 사고라는 정의

문제 해결적 사고에 중점을 두는 경우이다. 문제의 실제적 해결보다는 그걸 위한 사고 과정 자체에 중점을 둔다. 길포드(J.P. Guilford)는 창의성을 여러 가지 지적 요인으로 설명했는데 그중에서도 발견적 요인과 확산적 사고 요인이 가장 중요하다고 했다. 이 정의가 지금은 학계에서 가장 유력하고 보편적으로 받아들여지고 있다.

(6) 다양성의 정의

이 입장에서는 사고의 다양성, 과정의 다양성, 산출의 다양성을 중심으로 해서 정의한다. 랜드(H.J. Rand)는 "창의성이란 인류가 남긴 현존하는 지식에 뭔가를 새로이 첨가하는 과정이다"라고 정의하였다.

2) 테일러의 정의

테일러(I.H. Taylor)는 '창의성'이란 비동조성(non-conformity)이라는 관점에서 보는 단순한 사고와는 질적으로 다른 생산적 사고(productive thinking)와 독창적 사고(original thinking)를 포함하는 극히 복잡한 개념이라고 했다. 창의성에는 수준이 서로 다른 창의성이 있으므로 그 수준별로 달리 정의해야 한다고 주장하는 학자도 있다. 이에 대해서 테일러는 이들의 견해를 일부 수정해서 수준에 차이가 있다는 입장을 취했다. 그래서 그는 다음과 같은 다섯 가지 수준의 창의성을 차별적으로 정의했다.

(1) 표현적 창의성(expressive creativity)

이 창의성은 어린아이들의 자발적인 그림 그리기와 같은 데서 잘 나타난다. 이는 개인 속에 있는 가장 원시적인 것으로 이 수준에서는 소산물의 질(質)은 문제가 되지 않으며, 다만 개성의 표현이 중요하다. 주로 예술과 문학 등에 관련된다.

(2) 생산적 창의성(productive creativity)

제약이 있거나 통제된 자유놀이 속에서 볼 수 있는 예술적, 과학적 산물에 나타나는 창의성이다. 그 사람이 하고 있는 일이 다른 사람이 하고 있는 일과 비교해서 현실적으로는 독창적인 것이 아니라고 하더라도 그 사람이 만들어 놓은 결과물로 인해 높은 위계(位階)에 이르게 되거나 사회적으로 크게 인정받게 된다. 즉, 예술작품 제작이나 과학의 발명·발견이나 기술 개선 등에서 잘 나타난다.

(3) 발명적 창의성(inventive creativity)

발명적 재능이 재료, 방법, 기술 등에 잘 표시되는 창의성이다. 이것은 새로운 관계에 대한 지각에 의해서 특색 지워지는데, 이미 획득한 경험을 독자적인 방식으로 이용하는 것으로 설명될 수 있다. 주로 과학·기술에 관련된다.

(4) 혁신적 창의성(innovative creativity)

개념화하는 기술을 포함해서 수정, 변화를 통해서 개선을 가져오는 창의성인데, 이것은 가장 상위의 위계에 속하는 창의성이다. 높은 추상화 능력을 필요로 하며, 거의 모든 경우 진보를 낳을 변화에서 볼 수 있다. 주로 조직이나 경영에 관련이 있다.

(5) 비약적 창의성(emergenative creativity)

전적으로 새로운 원리 및 가정이 성립되고, 그것들을 중심으로 해서 학파, 운동, 단체가 융성해질 수 있는 곳에 가장 잘 나타나는 창의성이다. 이것은 가장 완성된 수준에 있고, 전혀 새로운 기본적인 원리를 창안해 내는 창의성이다. 모든 학술적 이론, 원리, 법칙, 예술의 유파, 역사의 흐름을 바꾸어 놓을 수 있는 창의성이다.

테일러는 우리가 흔히 마음속으로 창의성이라고 할 때 주로 이 중 다섯 번째의 비약적 창의성을 두고 생각하기 쉽다고 한다. 왜냐하면 이 비약적 창의성은 매우 드물기 때문이라는 것이다. 그러나 아직은 창의성의 정의가 다양하기 때문에 사용자나 연구자들은 조작적 정의(operational definition)를 해 두는 것이 바람직하다. 왜냐하면 서로의 한계를 확실하게 해 두는 것이 필요하기 때문이다.

3) 창의성 정의의 예

앞에서 살펴본 것과 같이 여러 입장에서 창의성의 개념을 파악할 수 있으나 여기서는 대표적인 학자들의 정의를 소개하기로 한다.

(1) 토랜스의 정의

창의성 연구의 선구자의 한 사람인 토랜스(E.P. Torrance)는 창의성을 "정보 속의 문제성이나 틈새를 지각하고, 아이디어나 가설을 생성하고, 그 결과를 소통하는 과정이다"라고 정의했다.

(2) 버논의 정의

버논(P.E. Vernon)은 "창의성이란 전문가들이 보아 과학적, 미적, 사회적, 기술적으로 가치가 있는 것으로 받아들여질 수 있는, 새로운 혹은 독창적인 아이디어, 통찰, 재구성, 조화, 발명, 예술적 오브제 등을 산출해 내는, 개인이 가지고 있는 잠재 역량(capacity)을 의미한다"라고 하였다. 여기서 능력을 ability로 사용하지 않고 capacity를 사용한 것은 창의성을 활성화된 능력이라기보다는 다분히 잠재적인 수용 능력으로 보고 있는 것으로 해석할 수 있다.

(3) 길포드의 정의

길포드(J.P. Guilford)는 창의성의 일반적 특징을 일곱 가지 특성으로 나누어 정의하였다. 즉 특성, 안정성, 신뢰성, 측정의 입장, 검사의 입장, 수행의 입장, 능력 등으로 정의하였다. 길포드는 창의성을 '확산적 사고'와 같은 것으로 보았으며, '새로운 것을 낳는 힘'이라고 보았다.

① 창의성은 한 조(組)의 특성이다. 창의적 인물들에게는 특징적인 '특성 패턴'(pattern of traits)이 있다.

② 창의성은 안정적이어야 한다. 즉, 창의적 잠재력은 장기간에 걸쳐서 안

정된 특성이어야 한다.

③ 창의성 검사의 신뢰도는 낮을지 모른다. 실제적인 창의적 생산성에 상당히 많은 변이가 있을 수 있다.

④ 완성형 검사(테스트)가 창의성 측정에 필요하다. 창의성을 측정하려면 부분적으로는 완성형 검사를 사용해야 한다.

⑤ 창의성 검사 점수는 지능검사 점수와는 낮은 상관관계를 갖는다. 표준화된 지능검사 점수는 창의성의 예측 도구가 되기 어렵다.

⑥ 창의적 수행은 창의성 이상의 것과 관계가 있다. 즉, 동기적, 기질적 특성들이 창의성에 관련된다.

⑦ 창의적 능력은 계속적으로 넓게 분배되고 있다. 창의적인 사람은 보통 사람이 가지고 있는 것 이상의 재능을 가지고 있다. 즉, 우리는 상상력과 창의성을 더 연구할 필요가 있다.

길포드는 이 모든 특성을 포함하는 속성으로서의 창의성은 "확산적 사고이고, 새로운 것을 낳는 힘"이라고 정의한 바 있다.

(4) 정범모(2001)의 정의

정범모는 "창의력이란 새로운 보람 있는 것을 만들어 내는 힘"이라고 정의하였다. 여기서는 능력(힘)에 강조점을 두고 있다.

(5) 김영채(1999)의 정의

김영채는 "좁게는 창의성은 확산적 사고이고, 넓게는 새롭고 유용한 어떤 것을 생산해 내는 행동 또는 정신 과정을 말한다"라고 정의하고 있다. 여기서는 행동과 정신 과정(사고)과 내·외적 정신과정 모두를 강조했다.

(6) 임선하(1999)의 정의

임선하는 "창의성은 새로움에 이르게 하는 개인의 사고 관련 특성이다"라고 정의했는데, 사고 과정을 중요시하는 입장에 있다.

(7) 김재은의 정의

김재은은 "창의성은 새롭고 가치로운 것(아이디어, 작품, 제품, 제도 등)을 만들어 내는 능력과 성격적 향성"이라고 정의하였다. 능력만 강조하면 인성의 속성인 동기, 성격, 인지 스타일 등과 같은 것은 인정받기 어렵다.

(8) 온다 아키라(일본)의 정의

온다 아키라(恩田彰)는 "창의성이란 새롭고 가치가 있는 것, 새로운 아이디어를 만들어 내는 능력, 즉 창조력과 그것의 기초가 되는 인격 특성이며 창조적 인격이다"라고 정의하였다.

이런 모든 정의들을 정리하면 창의성이란 창조의 주체인 사람, 새로이 만들어진 어떤 산출물, 그것을 만드는 행위와 정신 과정, 성격 또는 태도 등이 관련되는 정신-행동 과정임을 알 수 있다.

3. 창의성 연구의 문제와 동향

1) 창의성 연구의 영역

창의성을 연구하는 학자들의 연구 동향이나 발표하는 논문의 내용들을 보면 대체로 그들의 관심 분야를 다음과 같은 몇 가지로 정리할 수 있다.

(1) 창의성의 개념 문제

창의성 연구의 핵심 문제로는 '창의성이란 무엇인가?'라는 창의성의 본질과 정의의 문제가 아닌가 싶다. 창의성의 본질을 연구하는 데는 여러 가지 방법이 있다.

① 전기적·일화적 기록 분석을 통한 개념화이다. 사회과학, 특히 심리학적 연

구 방법이 발달되기 전에는 주로 전기적 방법(biographical method)이나 일화기록법(anecdotal record) 등을 사용했다. 창의적 인물들이 선천적으로 혹은 교육과 환경의 영향으로 어떤 능력을 발휘하게 되었으며, 어떤 지적, 성격적 특성들을 지니고 있었는지, 어떤 산출물을 만들어 냈는지를 분석함으로써 창의성의 본질을 해명하려고 했다. 여기서 얻어진 자료는 그 후의 여러 창의성 측정 도구나 검사의 개발에 기초가 되었으며, 교육훈련 프로그램 개발의 기초 자료가 되었다.

② 심리 측정적 자료를 통한 개념화이다. 창의성을 측정하는 검사 도구나 성격을 검사하는 인벤토리 등을 개발하고, 그 도구를 이용해서 창의성이 높은 사람과 낮은 사람의 차이점을 발견해 내는 방법이다. 그래서 창의성이 높다고 생각되는 사람의 지적 특성이나 성격 특성을 거꾸로 요인 분석을 통해서 탐지하면 창의성의 본질이 파악된다.

(2) 창의성의 측정 문제

창의성의 본질이나 구성 인지가 규명되었다고 하더라도 한 개인이나 집단의 창의성의 높고 낮음, 많고 적음을 어떻게 파악할 것인가의 문제가 있다. 어떤 측정 도구를 개발할 때의 준거(criteria), 즉 어떤 객관적 증거를 가지고 창의성 여부를 따질 것인가의 기준과 검사 도구의 신뢰도, 타당도도 중요한 연구 과제가 된다.

측정 대상에 대한 인지 문제는 창의성의 성격 규정, 개념화와 관련이 있다. 왜냐하면 심리측정에서는 무엇을 어떻게 측정할 것인가가 핵심 문제인데, 특히 무엇을 측정할 것인가는 그 측정 대상의 정확한 개념 규정 없이는 결정이 불가능하다. 또한 개념이 명확하게 규정되었다고 하더라도 그것을 어떻게 양화(量化)할 것인가는 간단치가 않다. 왜냐하면 문항의 비중이나 예측변량(predictive variance)이 어느 정도냐에 따라서 측정 방법과 규준(norm) 설정이 달라지기 때문이다.

창의성 측정 도구는 매우 다양하다. 예컨대 이른바 지필검사(紙筆檢事-paper

pencil test)가 연구 도구로서 가장 많이 사용되고 있다. 대개 좋은 도구냐 아니냐를 따지는 데 몇 가지 준거가 있다.

① 신뢰도

② 변별적 타당도

③ 차원성(dimensionality: 즉, 측정 대상의 수준)

④ 수렴적 타당도(convergent validity : 즉, 특정 속성이나 특성을 정확하게 재려고 한 것을 쟀느냐의 문제) 등을 척도 삼아 도구의 유용성을 따지게 된다.

연구자들의 공통된 견해는 창의적인 노력가들의 자술서와 업적에 대한 인벤토리가 창의적인 개인을 확인하고 찾아내는 데 가장 높은 방어력을 가진 접근 방법이라고 한다.

이런 심리측정적인 방법 이외에도 장기적인 추적 연구 방법인 종단적 연구(longitudinal approach) 방법을 사용하기도 하는데 이것은 전기적 방법과 일부분 중복된다. 이 방법은 특정 개인이나 집단을 장기적으로 추적하는 것이므로 근본적으로 다른 면이 있다. 즉, 자기보고 방법과 같은 주관적인 방법이 아니고 객관적인 방법인 것이다.

(3) 창의성의 개인차 연구

모든 인간적 속성이나 심리적 특성에는 반드시 개인차가 있게 마련인데 측정은 결국 심리적 속성의 개인차를 재는 것이 그 주요 기능이다. 창의성에는 유전적 소인의 개인차, 창의적 능력의 개인차 등 여러 측면의 개인차를 확인할 수 있는 방법이 있으면 측정의 문제는 자연히 해결된다.

창의성의 개인차를 양적인 면, 질적인 면의 두 가지 측면에서 다룰 수 있다. 양적인 연구는 IQ에서처럼 규준이 있어서, 그 규준에 비추어 크고 작고 간의 차이가 실제적으로 어떤 행동상의 차이를 만들며, 성과물의 어떤 질적 차이를 가져오는지를 따지는 방법이다.

질적 개인차는 넓게는 예술 영역, 과학 영역, 사회 영역들의 이른바 문화 영역에 속하는 다양한 장르마다 측정 방법이나 기준이 다를 수가 있다. 누구는 과학적 창의성이, 누구는 미술적 창의성이, 누구는 경영상의 창의성이 뛰어나다라고 말하게 된다.

개인차 연구에서 또 한 가지 관심이 가는 것은, 그런 영역에 따라서 창의성이 가장 잘 발휘될 수 있는 성장 단계나 연령대에 관한 관심이다. 이에 대한 연구는 상당수 축적되어 있다. 과학에 있어서도 물리학과 화학과 생물학에 차이가 있다고 한다. 노벨상을 받은 학자들의 연령 통계를 분석한 결과 다음과 같은 흥미 있는 결과를 얻었다.

화학 분야에서는 26~30세가, 물리·생물학 분야에서는 30~34세, 의과학·유전학·심리학 분야에서는 30~35세 사이, 의학·병리학·생리학 분야에서는 35~39세 사이에 창조적 업적이 가장 많이 이루어졌다는 연구가 있다.

(4) 창의성에 있어서의 천성(nature)과 양육(nurture)의 문제

이 문제에 대한 해답을 얻으려면 생물유전학뿐만이 아니라 행동 유전학(behavioral genetics)의 연구 성과를 빌려와야 하겠지만, 이 방면의 연구 성과는 그리 많지 않다. 창의성(력)이 유전적인 소인의 변량이 더 큰가, 교육과 환경의 영향이 더 큰가는 중요한 연구 과제가 될 수 있다. 지금까지의 창의성 연구는 주로 개인적 차원에서 이루어져 왔다. 즉, 천재나 창의적인 인물로 인정 받는 사람이 가지고 있는 개인적 능력이나 특성에 관해서 연구해 왔다. 과거에 갈톤(F. Galton: 19세기 영국의 생물·유전학자), 터먼(L.M. Terman), 버트(C. Burt), 콕스(C.M. Cox)와 같은 학자들은 천재 연구를 한 이 방면의 선구자들인데 이들의 연구를 통해 천재는 유전적 소인과 함께 환경적 영향도 받고 있다는 것을 인식하게 되었다. 그리고 천재가 가지고 있는 성격 요인, 예컨대 지구력, 충동력(drive), 결단력 등도 지적·인지적 능력만큼 중요하다는 점도 확인되었다.

이 문제에 대한 연구가 그리 많지 않은 이유는 두 가지이다. 하나는 창의적인 사람은 타고난 것이냐 길러진 것이냐는 문제에 관련된 변수가 너무 많고 복잡하기 때문이며, 다른 하나는 객관적 자료 수집의 어려움 때문이다.

가장 간단한 방법은, 이른바 노벨상과 같은 국제적으로 공인된 과학상을 받은 사람, 혹은 국제적 콩쿠르에서 우수한 성적으로 입상한 음악가, 비엔날레와 같은 국제적 미술 전시회에서 큰 상을 받은 사람들의 DNA를 조사해서 그들과 성장 배경이 비슷하고, 비슷한 교육을 받고, 비슷한 나이에 있는 보통 사람들을 배합비교(paired comparison)해 보는 방법이다. 그러나 아직 창의성의 개념조차도 광범위한 합의하에 확실하게 정립이 덜 되어 있는 단계이기도 하지만, 되어 있다 하더라도 그런 유전인자가 있는지 없는지를 발견한 바도 없거니와 그것은 기대하기가 어려운 문제에 속한다.

이 문제와 관련해서 창의성의 분포에 대해서도 관심이 간다. 여기서 창의성이라고 하는 경우는 일반적인 의미가 아니라 뛰어난 소수의 창의적인 과학자와 예술가들을 주로 가리키는 말로 사용하려 한다. 특히 그들의 업적이 높이 평가받는 경우에 한정한다.

서구 사회나 선진국의 경우는 전체 인구의 약 2% 정도가 특출한 인물이라고 한다. 그러나 이런 견해에 대해서 길포드, 토랜스, 기타 그들의 추종자들은 반대한다. 이들은 창의적 잠재적 역량이란 모든 인구 구성원에게 골고루 다 있는 것이며, 정상분포곡선에서와 같은 분포를 갖는다고 한다.

(5) 창의성에 있어서의 인지 과정 연구

창조적 행위 속에 포함되는 인지적 과정에 대해서 생각해 보자. 즉, 우리가 뭔가 새로운 것을 만든다든지 꾸민다든지 할 때, 창의성이라는 단일한 심적 기능이 작동하는 것이 아니고 아주 복잡한 인지 과정이 개입된다. 모든 창조적 행위 속에는 과연 어떤 유사한 인지 과정이 개입되는지를 분석한다는 것은 실제로는 불가능하다. 왜냐하면 원칙적으로 창조적 행위는 심리학적으로 분석하기가 불가능하다는 점과 창조적 행위에는 일반적 사고 과정과는 달리 특수한 정신 과정이 포함되기 때문이다.

구체적으로 창의적인 결과물을 만들어 내는 과정에 어떤 심리·생리적 과정이 개입되느냐 하는 문제는 교육적으로도 중요한 연구주제가 될 수 있다. 이런 문제를 다룰 때에는 창의적인 인물들의 인지적 특징과 기타 성격적 특성을 연구하게도 되고, 실제로 창의적 행위 속에 포함되는 인지적 과정들을 연구하게 된다. 또한 창의성의 인지적 모델, 예컨대 창의적 사고 속에서 지각은 어떻게 조직화되는지, 감각 손상과 창의성의 관계는 어떻게 되는지, 변성의식상태(變性意識狀態)와 창의성은 어떤 관계가 있는지 등을 연구하게 된다. 창의성과 기억, 창의성과 메타 인지(meta-認知), 변증법적 사고와 창의성과의 관계 등도 연구문제가 된다.

혹시 창조적 과정에 어떤 특수한 인지 과정이 개입하는 것은 아닐까? 이 문제에 대해서 현재로서는 강력하게 뒷받침할 실증적 증거가 별로 없다는 것이 사실이다. 어떤 학자는 '우뇌적 사고'의 특징을 들기도 하지만 하나의 관심 과제로 남겨 두고 계속 연구해 볼 수 있다.

이와 대조적으로 '특별한 능력'이란 없다는 입장을 내세우는 학자도 있다. 이들은 창조적 행위란 아주 다양한 문제 해결 행위이기 때문에 우리의 일상적인 문제 해결 활동과 근본적으로 다르지 않은 인지 과정이 포함된다고 주장한다. 이 견해에 따른다면 창조적 행위는 하나의 문제 해결의 행위에 불과한 것이다.

그래서 몇 가지 준거, 즉 참신성(novelty)과 가치성(value)이라는 준거에 부합하는 문제 해결 행위로 볼 수 있다. 따라서 문제 해결자에게서 볼 수 있는 그런 인지 능력을 반영하는 것으로 보면 된다. 그들은 전형적으로 잘 정돈되지 않는 문제들과 조우하게 된다. 문제 해결자가 자기 자신의 자발적인 결정을 내리거나 자기만의 새로운 정보를 첨가하지 않으면 풀리지 않는 그런 문제를 푸는 것이다.

그리고 창의적 문제 해결 과정에는 준비라는 단계와 목표 설정이 매우 중요하다고 한다. 목표 설정은 창조적 행위에서는 중차대한 요소이다. 아인슈타인 박사도 1938년에 쓴 『물리학의 진화』라는 책에서 이렇게 썼다.

갈릴레오는 별의 운행 속도를 결정하기 위한 문제를 제기했다. 그러나 풀지 못했다. 문제 형성은 가끔 문제의 해결보다 본질적으로 더 중요하다. 문제 해결이란 때로는 단순한 수학적, 실험기술상의 문제일 때가 많기 때문이다. 옛날의 낡은 문제를 새로운 앵글(각도)에서 보고 새로운 문제를 제기하거나 새로운 가능성을 탐색하는 데는 창조적 상상력이 필요하며 그래야 과학에서는 실제로 진실된 발전을 기록하게 된다.

(6) 창의성과 성격의 문제

일반적 성격 특성으로서의 창의성을 비롯해서 창의적 성격 특성, 동기적 특성 등을 연구하는 분야가 있다. 특히 창의성과 정신병리학의 연구는 흥미 있는 테마이다. 특출한 창의적 인물들의 정신병리적 특징이나 유형은 매우 관심을 끄는 연구 문제이다.

어떤 학자들은 창의성을 정의할 때, 능력의 측면과 성격 측면을 동시에 거론한다. 예컨대 "…하는 능력과 성격 특징을 가리킨다"로 정의한다. 그러면 과연 창의적 성격(creative personality)이란 있는 것인가, 있다면 어떤 것인가와 같은 문제는 연구의 대상이 된다.

넓은 의미로는 창의적 성격 연구가 제2차 세계대전 이후 가장 많이 개척된 분야이다. 이 연구에 기초를 제공하고 가정을 세운 학자는 로웬펠드(V. Lowenfeld, 1959)이다. 그는 실제적 창의성과 잠재적 창의성을 구별할 때 이 성격 특성이 문제점으로 잘 나타난다고 했다. 그는 창의성을 각 개인이 정도의 차이는 있지만 누구나 가지고 있는 일종의 소유물(마치 예금과 같이)이라고 보았다.

창의성은 상황에 따라서 많이 나타나기도 하고 적게 나타나기도 한다. 그 차이를 만든 요인은 능력 면이라기보다는 성격적 특성과 관련이 있다고 보는 것이다. 그런 창의적 성격 특성이란 것이 출현되려면 바람직한 조건을 만나야 한다. 이 점을 고려해서 만든 검사가 토랜스의 '질문하기 검사(Asking Question Test)'이다. 이 검사는 사람들이 얼마나 다양한 각도에서 생각하는가를 알아보는 융통성 검사인데, 채점은 반응 종류의 수를 계산하는 방식이다. 토랜스 테스트의 경우, 반응한 질문에 대해서 다음과 같은 종류(범주)를 생각해 볼 수 있다.

① 그림에 없는 인물(은 어떤 사람인가?)
② 복장(옷) 전반에 관하여(어떤 복장을 하고 있는가?)
③ 광대의 가족과 집(에 대한 여러 가지 장면)
④ 광대의 모자
⑤ 광대의 특별한 재주
⑥ 광대의 바지
⑦ 물 밖에서 일어나는 물리적 현상

많은 연구자들이 창의성과 성격 특성 혹은 행동 특성과의 사이의 상관관계를 연구해 왔는데 그중에서도 흥미 있는 연구로 뮌스터버그(Munsterberg)와 머센(Mussen)의 연구가 있다. 이들은 예술가들이 일반인보다 자주 강한 죄의식을 나타낸다는 사실을 알게 되었다. 또한 예술가들은 대체로 내향적이지만 자기 부모에 대해서는 독립하려는 경향을 나타냈다고 한다. 한편 공격성에 있어서는 일반인과 뚜렷한 차이가 발견되지 않았다고 한다.

그 밖에 다른 여러 연구자들은 창의적이라고 생각되는 여성이 다른 동료들과 비교해서 더 높은 자질의 요구, 독자성 경향, 수동적 역할 등에 대한 갈등의식 등이 높았으며, 창의적인 사람이 기획력도 높았고, 위험을 무릅쓰며, 언어 구사력이 뛰어나고, 지식도 넓었다고 한다. 반면 창의력이 없는 사람은 수동적인 경향을 보였다고 한다.

게첼스와 잭슨(Getzels & Jackson, 1962), 토랜스(E.P. Torrance, 1962), 월락과 코간(Wallach & Kogan, 1965) 등의 연구를 보자. 토랜스는 고전적 지능 테스트로 뽑힌 재능이 있는 어린이들을 테스트해 보았는데, 가장 창의적인 어린이의 약 70%가 이 재능이 높은 집단에서 제외되고 있다는 것을 알았다. 따라서 월락과 코간은 지능과 창의성을 서로 독립된 차원의 특성이라는 결론을 내리게 되었다. 우리가 이 문제를 다룰 때에는 정확성과 신뢰성을 가지고 다루어야 된다는 점을 강조하고 싶다.

(7) 창의성 개발과 교육의 문제

창의성 연구의 궁극적 목적에는 두 가지가 있다. 하나는 순수한 학술적 연구이고, 다른 하나는 창의적인 인재나 인물육성을 위한 방법을 찾기 위한 프로그램의 개발과 그 적용의 문제이다. 이 밖에도 많은 문제가 있겠지만 크게 위와 같이 정리하였다. 이 문제에 대해서는 앞으로도 계속 논의가 이루어지게 될 것이므로 여기서는 이 정도로 줄인다.

2) 대표적 학자들의 연구

(1) 길포드(1967)의 연구

길포드는 매우 오랜 기간의 일반적인 연구와 몇 가지 요인 분석을 기초로 해서 두 가지 인지 활동을 구별 짓는 지적 과정에 대한 일반적 개념을 만들어 냈다. 그것은 이른바 확산적 사고(擴散的 思考, divergent thinking)와 수렴적 사고(收斂的 思考, convergent thinking)라는 개념이다. 후자는 그 본질적 특징으로서 주어진 문제에 대한 최선의 답을 탐구하는 것으로 지향되어 있고, 발견의 모든 길은 이른바 이 최적(最適)의 해답으로 통하게 되어 있다는 것이다. 이런 사고 형식은 특히 분명히 정의된 문제, 즉 명확한 규준을 포함하는 문제(특히 논리적 성격을 가진 모든 문제)의 해결에 적합하다.

반대로 확산적 사고는 현저히 많은 방향성을 가지며, 가소적(可塑的)이고 순응적이다. 즉, 사고하는 사람은 조망이나 절차를 바꾸고, 즐비한 다양한 지식을 활용한다. 이런 사고 형식을 받아들이는 것이 무수히 많은 해답을 요구하는 문제(별로 명확하지 않는 문제)를 해결하는 데 있어서는 꼭 필요한 조건이다. 이 경우 일반적으로 매우 높은 지능지수를 가지고 있고 수렴적 사고 양식을 가진 사람과 지능지수가 반드시 높지 않으면서 확산적 사고 양식을 가지고 있는 사람의 두 부류로 나누어진다.

그래서 수렴이니 확산이니 하는 개념은 인지 스타일(cognitive style)과 과제의 구조적 특징으로 특징지을 수 있다. 이들 개념은 이론적 견지에서 보면 너무 애매모호하다고 비난받을 수도 있다. 실제로 이들 개념은 아우트풋(out-put: 출력이라고도 함) 차원에서 문제 삼게 되지, 인풋(in-put: 입력이라고도 함) 차원에서는 별로 문제가 되지 않게 되어 있다. 그래서 아우트풋만 문제 삼으면 창의적 과정을 문제 삼지 않게 될 염려가 있다.

길포드는 창의성이란 것을 창의적 사고 능력, 창의적 성취에 포함되는 정신 능력(mental abilities)으로 보았다. 그는 창의적 사고란 확산적 생산(divergent production)으로 분류될 수 있는 성과를 포함하는 사고 능력이라고 했다. 확산적 생산이란 주어진 정보에서 새로운 다른 정보를 산출하는 것을 말한다. 이 경우 같은 자원을 가지고도 다양한 출력을 하는 것을 의미한다. 즉, 같은 자원을 가지고도 이것을 혁신(innovation)하거나, 독창성(originality)을 갖는 정보로 만들거나, 남다른 종합(unusual synthesis)을 하거나, 새로운 조망(perspectives)을 갖는 것을 말한다. 이러한 확산적 사고의 범주 속에는 다음과 같은 네 개의 요인이 포함된다.

① 유창성(fluency)

특정한 문제 상황에서 가능한 한 많은 새로운 아이디어나 반응을 산출하는 능력이다. 선택의 여지가 많을수록 좋은 것을 고를 수 있는 기회가 많아진다. 이 유창성은 양의 문제이다. 반응이 많으면 많을수록, 다양하면 다양할수록 훌륭한 독창적인 아이디어가 산출되고, 또한 만족스러운 해결책을 찾아낼 가능성도 높아진다. 그러나 양만 많다고 해서 훌륭한 아이디어가 그만큼 많아진다는 보장이 없기 때문에 이 유창성은 창의적 사고 과정에서는 초보적인 단계에서 많이 요구되는 기능이다. 예컨대, 수업 시의 활용 방법을 보면 다음과 같다.

"무슨 안이든지 생각나는 대로 많이 만들어 봐요."
"해결책(해답)이 한두 가지가 아니지요. 여기에는 정답이란 것이 없기 때문에 가장 가까운 답을 찾기 위해서 답을 많이 만들어야 돼요."
"생각나는 대로, 될 수 있는 대로 많이 여러 가지를 생각해 봐요."

② 융통성(flexibility)

고정적인 사고, 관습과 타성에 젖은 사고, 스테레오 타입, 이것을 상동성(常同性)이라고 하는데 여기에서 벗어나서 여러 가지 다른 각도에서 다양한 해결책을 찾아내는 능력이다. 이것은 아이디어 산출의 양적 측면보다는 아이디어 산출의 입장, 각도, 틀과 아이디어의 다양성에 관계된 부분이다. 유창성의 연장이기도 한데, '될 수 있는 대로 많이'가 유창성이라면 '이리저리, 이모저모로…'가 융통성이 된다.

아이디어란 늘 보던 시각에서만 생각하면 한계가 있다. 그래서 지금까지와는 다른 새로운 해답, 해결책을 만들어 내려면 새로운 시각, 안목, 틀을 가져야 한다. 따라서 융통성 있는 사고를 하는 사람들은 주어진 내용을 일반적으로는 상상할 수 없는 것들을 강제로 결합해서 특이한 아이디어를 생산하는 능력을 갖고 있다.

사물을 여러 가지 각도에서 볼 수 있는 능력은 보다 많은 양의 아이디어를 생산할 수 있고, 유일한 아이디어를 낼 수 있는 결과도 가져온다. 융통성이라는 사고의 목적은 일반적이고 통념적인 사고의 패턴으로부터 동떨어진 사고를 일반화하고 좀 더 가치를 높이는 데 있다. 예컨대, 수업 시의 활용 방법을 보면 다음과 같다.

"건물을 그릴 때 앞면만 생각하지 말고 뒷면도 생각하면서 그려 봐요."

"서로 관계없는 듯한 것끼리도 관련을 지어서 생각해 봐요. 예를 들면 비행기를 만드는데, 새만이 아니고 물고기의 생김새도 참고해서 만들어요."

"사물의 성질을 일일이 찾아내서 그 성질에 따라 생각해 보세요."

③ 독창성(originality)

이미 있었던 것과는 다르게 새롭고 독특하고, 빛나고, 예사롭지 않고, 남다른 아이디어를 만들어 내는 능력을 말한다. 창의적 사고의 이상적인 목표는 독창성을 추구하는 데 있다고 해도 과히 틀리지 않을 것이다. 이러한 사고는 평소에 가능한 한 특이하고 새로운 방식으로 문제를 해결하려는 태도를 가질 때 작동하게 된다. 일반적으로 독창성은 이외의 가능성을 창출해 낼 수 있는 밑바탕이 되며, 깜짝 놀랄 만한, 시선을 끌 수 있는 능력이다. 예컨대, 수업 시의 활용 방법을 보면 다음과 같다.

"엉뚱하고 남다른 기발한 생각을 하게 한다."

"과거나 이미 있는 것에 매이지 말고 아주 다른 시각에서 별난 것을 생각해 내게 한다."

"남에게 없는 나만의 것을 생각해 내게 한다."

④ 정교성(elaboration)

이미 우리가 접하고 있거나 흔히 잘 알려져 있는 아이디어에 흥미롭고 쓸모 있는 세부 사항, 디테일, 상세부를 추가하여 보다 새로운 것, 가치로운 것으로 발전시키는 능력이다. 그것은 자세하게 뭔가를 덧붙이고, 비어 있는 공간을 채워 넣고, 관련 있는 아이디어를 묶어서 더 풍부하게 하는 능력과도 통한다. 우리는 처음부터 완벽한 아이디어를 내놓기는 어렵다. 은연중에 떠오른 여러 가지 아이디어를 정교하게 다듬어서 훌륭하게 발전시키는 작업이 창의적 사고의 마지막 단계에서 필요하다. 예컨대, 수업 시의 활용 방법을 보면 다음과 같다.

"좀 더 구체적으로 생각해 봐."
"좀 더 자세히 설명해 봐."
"아이디어 세밀하게 만들기."
"더 가치 있는 것으로 다듬기."
"장식성과 아름다움을 높이고 관심을 끌 수 있도록 다듬기."

(2) 토랜스의 연구

토랜스(E.P. Torrande)가 초기(1959)에 쓴 논문 중 「실험학교에서의 고지능 아동과 고창의성 아동」이 있다. 그 후 고창의적 아동의 성격, 창의적 사고에서와 성 역할, 재능과 교육, 창의적 과학적 과제, 창의성 검사 제작 연구, 교육과 창의성, 창의적 재능 지도, 창의적 성취와 동기, 교육과 창의적 잠재력 등의 문제에 대해서 연구한 것으로 보아 그는 교육에서의 창의성 기르기 문제에 커다란 관심을 보였던 것이다.

토랜스가 일본의 오사카 시립대학교에 객원교수로 와 있을 때 쓴 책 *The search for satori and creativity*(김재은 역, 『창조성을 흔들어 깨워라』, 1979)에서 일본인들이 사용하는 '사토리(悟)', 즉 '깨달음'이란 말을 듣고 미국인들이 쓰는 'Aha!'와 통하는 개념이란 것을 알고 일본적인 창의성 개념이 자기의 사고에 영향을 주었다고 고백하고 있다. 그러나 그것이 aha와 좀 다른 것임도 알게 되었다.

> "우리는 창의적 사고란 테니스를 친다든지, 골프를 친다든지, 수영을 한다든지, 피아노나 기타를 연주한다든지, 요리를 한다든지, 자동차를 운전할 때나 새로운 기술을 연마할 때와 같이 수없이 연습해야 한다는 에드워드 데보노(Edward de Bono)의 생각을 받아들이고 있었는데, 여기에는 뭔가 빠져 있었던 것이 있다. 즉, 창의성의 본질, 핵심이 되는 무언가가 빠져 있었던 것이다. 그것이 일본식 '깨달음'이었다. 이 깨달음에는 집중적인 헌신이 필요하다. 무엇을 사랑해야 된다."

그는 깨달음에서 실마리를 얻어서 이 책에서 아주 흥미로운 목차를 만들었다.

- 대안을 만들어 내자
- 본질적 요소 찾아라
- 정서를 중요시하라
- 공상을 즐기고 활용하라
- 새로운 시점(視點)에서 보자
- 한계를 확장하라
- 무한을 내다보라
- 독창적이여라
- 사고를 정교화하라
- 시각화하자
- 흔들고 울리게 하라
- 보이지 않는 부분을 시각화하라
- 유머를 살리자

그가 일찍이 창의성 검사를 개발할 때와는 다른 아주 개방적이며 정신적이고 다분히 아시아적 창의성 획득의 돌파구를 만들어 보려고 애쓴 흔적이 역력하다. 예컨대, 일본의 선(禪) 문화에 관심을 가지면서 합리적이고 조작적인 창의성 정의에서 벗어날 수 있었을 것 같다.

토랜스는 일찍부터 창의성과 교육의 관계에 관심을 두었고, 그의 초기 논문을 보면 아동과 학교교육에 관한 것들이 많다. 그는 창의성의 평가와 검사에 관한 연구를 많이 했으며, 그의 창의성 검사(토랜스 창의력 사고 검사-Torrance Tests of Creative Thinking-TTCT, 1966)는 지금도 가장 널리 쓰이고 있는 검사 도구이다. 이 검사는 길포드의 확산적 사고 이론에 기반을 두고 있으며 유창성, 융통성, 독창성, 정교성을 측정하게 되어 있다.

토랜스는 이와 같이 도발적인 표현을 썼지만, 남들보다 더 기발하고, 새롭고, 모험적인 일도 하고, 도전하고, 파고들고, 헤쳐 나가는 모든 과정에 창의성이 요구된다는 것을 보여주었다. 엉뚱하고, 남들이 하지 않는 영역이나 문제 상황에도 들어가서 건설적이고 희망적인 방향에서 해결해 가야 한다는 것이다.

토랜스가 1984년에 발표한 창의적인 사람들이 지니고 있는 문제 해결 능력에 관한 평가 문항을 보면 다음과 같다.

- 문제 해결을 위해 많은 아이디어를 낼 수 있는 유창성
- 문제에 다른 시각으로 접근하는 융통성
- 생각과 행동에서의 독특성
- 문제의 세부적인 부분까지 고려하는 정교성
- 문제성에 대한 민감성
- 문제를 정확히 파악할 수 있는 능력
- 문제에 대해 자신의 상상과 환상을 시각화할 수 있는 능력
- 풍부한 심상력
- 낙천적인 시각에서 문제를 볼 수 있는 능력
- 다각적인 시각에서 문제를 인식할 수 있는 능력
- 문제의 전체에서 부분을 읽을 수 있는 분석력
- 문제의 일부분에서 전체를 종합할 수 있는 종합력
- 새롭게 만들어 낸 결과에 대해 가치를 판단할 수 있는 평가력

- 문제의 요소들을 여러 각도로 변화시켜 볼 수 있는 전환력
- 문제의 한계를 새로운 시각에서 접근할 수 있는 능력
- 뛰어난 직관력
- 결과를 예상할 수 있는 예측력
- 문제를 성급하게 결말짓지 않는 차분함
- 문제 해결 과정에서의 높은 집중력
- 문제를 논리적으로 접근할 수 있는 논리적인 사고력

3) 창의성의 일반론과 영역론

창의성이란 어떠한 창의적 작업에도 공통되고 일반적으로 널리 적용되는 특성인지 아니면 어떤 특정 영역, 예컨대 음악, 미술, 무용, 문학, 과학과 기술, 경영 등의 분야에 따라 각기 다른 성격으로 작용하는 특성인지에 대한 논의는 일찍부터 있어 왔는데, 아직도 그 논쟁은 이어지고 있다. 이 논쟁에서 모든 영역에 일반적인 특성이라고 주장하는 개념을 영역일반성(domain-generality)이라 하고, 영역마다 특수화되어 있다고 하는 개념을 영역특수성(domain-specificity)이라고 한다.

(1) 일반론

대체로 근래에까지도 일반론이 연구의 기본 전제였다고 할 수 있고, 지금도 창의성 교육의 논의에서 이 일반론이 더 우세하다. 그러나 최근에 와서는 이에 대한 반론 내지 의문을 제기하는 주장과 연구가 많이 발표되고 있다(J. Baer, 1991; E. Winner, 1996).

이 개념을 심리측정적인 관점에서 논의하면 영역일반성이란 언어, 수학, 미술, 음악, 과학 등 각 영역에서 발휘하는 창의성과 창의력 간에는 높은 정적 상관관계가 있다는 뜻이다. 그래서 창의성이란 일반적인 능력이라고 하는 입장이다.

김명숙(2002)은 중학교 2학년 학생 중 영재아로 판정된 학생 90명과 일반아, 즉 평재아(平才兒) 105명을 선정하여 토랜스의 창의적사고검사(TTCT)와 창

의적 인성검사를 실시하고, 영역별로(언어, 수학, 과학) 창의적 과제를 부과해서 창의성의 일반성과 특수성을 검증하였다. 김명숙의 연구 결과를 요약하면 다음과 같다.

① 영재 집단이 일반 집단보다 창의적 사고 및 창의적 인성, 그리고 각 영역별(언어, 수학, 과학) 창의적 과정에서 높은 수행을 보여서 평재들보다 더 창의적이라는 것을 발견하게 되었다. 영재들은 어느 한 영역에서 높은 창의성을 가지면 다른 영역에서도 상대적으로 높은 창의성을 가질 수 있다는 것을 말하는 것이다.

② 한 영역(과학, 수학, 언어)에서의 창의적 과제 수행과 다른 영역에서의 창의적 과제 수행 사이에는 상관이 낮거나 없게 나타났다. 영재건 평재건 일반적으로 영역 간 창의성 사이에 상관이 적거나 없다는 말은, 영역 간 창의성은 비교적 독립적인 특성이라는 것을 뜻한다.

③ 영역일반적인 창의성과 영역특수적인 창의성 관계를 보면, 평재의 경우 수학 영역의 경우만이 독립성을 보임으로써 수학 영역의 독립성을 의미 있게 예측하게 한다.

이 결과는 대체로 창의성에 대한 영역특수적인 입장을 지지하는 연구로 간주된다. 즉, 영역일반적인 창의성과 영역특수적인 창의성의 관계가 상관이 낮거나 없다는 것은, 서로가 서로의 창의성 정도를 유의미하게 예측하거나 설명할 가능성이 없다는 말이 된다. 김명숙은 창의성의 영역특수성을 지지하는 결과를 보이면서도 영재가 영역일반적인 증거도 일부 보인다는 것을 통해 창의성에 영역일반적인 측면과 영역특수적인 특성이 모두 포함되는 것으로 해석하고 있다.

(2) 영역론

영역특수성이란 창의성 혹은 창의력이란 과학에서 발휘되는 것과 수학에서 발휘되는 것이 다르고, 수학에서 발휘되는 창의성과 미술에서 발휘되는 창의성 사이에는 상관관계가 낮거나 서로 독립적인 특성이라고 하는 입장이다. 한기순

(2000)은 영역특수성을 주장하는 입장이다. 이 문제에 관한 국내 연구로는 앞에서 살펴본 김명숙(2002)의 최근 논문이 있다.

칙센트미하이(Csikszentmihalyi, 1996)는 "창의적이란 꼬리표는 어떤 한 개인의 심리(마음)에서만 드러나는 것이 아니고 여러 많은 원천의 종합적 에너지에서 드러나는 성격의 것"이라고 강조하고 있다. 그래서 창의성을 향상시킨다는 것은 사람(학생)으로 하여금 창의적으로 생각하도록 훈련하기보다는 환경조건을 변화시켜 주는 것이 더 쉽다고 말했다. 그리고 순수하게 창의적인 성취란 어떤 갑작스러운 통찰의 결과이거나 어둠 속에 번쩍 하고 켜지는 전등과 같은 것은 아니며, 수년간의 고된 수고 끝에 오는 것이다.

우리 삶에 있어서 창의성이라는 것이 중심적인 의미의 원천이 될 수 있는 데는 몇 가지 이유가 있으며, 그중 가장 중요한 것 두 가지만 지적한다면 다음과 같다.

① 우리의 삶에서 흥미롭고 중요하고 인간적인 것들은 모두 창의성의 소산이다. 인간 유전자의 99%는 침팬지와 같다고 한다. 그런데 인간과 침팬지를 구별하는 것은 언어, 가치관, 예술적 표현, 과학적 이해, 기술과 같은 것들인데, 이런 것들은 모두 학습을 통해서 재인되고 보상되고 전달되는 개인적 독창력의 결과라는 점이다. 즉, 창의성 없이는 인간과 원숭이를 구별하기 어렵다는 것이다.

② 창의성이란 매우 매혹적인 인간 특성으로서 우리가 창의적이 될 수가 있다면 남은 삶의 시간을 더 충실하게 살아갈 수가 있다. 우리가 삶을 영위해 가면서 얻기를 바라는 이상적인 가치 실현에 가까이 가게 하는 힘이다. 그리고 창의성은 사회적으로 보면, 미래에 올 풍요와 복잡성에 뭔가 새로운 것을 더 첨가해 주는 결과물을 남기게 된다.

칙센트미하이는 91명의 과학자와 예술가 등을 인터뷰하여 얻은 자료로 창의적인 인물의 일과 삶, 그리고 창의적인 인물처럼 살아가는 방법에 대해서 기술하면서 그는 창의성의 일반적, 공통적 특성보다 영역적 특성을 부각시켰다. 이들 창의적 인물이 창의적인 노력 속에서 경험하는 기쁨(joy)과 위험(risk)과 고생(hardship)을 함께 기술하였다.

그의 이론은 창의성이 주로 세 가지 요소로 구성되어 있는 시스템의 상호작용 결과에서 얻어지는 것이라고 보았다. ① 문화라는 요소이다. 문화란 상징적 규칙(symbolic rule)을 가지고 있다. ② 사람이라는 요소이다. 이 사람이란 요소는 참신성이라는 것을 상징적 영역(symbolic domain) 속으로 끌어들인다. ③ 전문가 분야라는 요소이다. 이들 전문가는 혁신을 인식하고 정당화시키는 사람들이다. 이 세 가지 요소는 창의적인 아이디어, 창의적인 산물, 창의적인 발견이 일어나게 하는 데 모두 필요불가결한 조건들이다. 그중에서도 칙센트미하이는 창의적인 개인이 관여하는 어떤 일정 영역이라는 조건에 굉장한 중점을 두고 있다.

첫 번째의 문화적 요소란 마치 생물학적 진화의 과정에서 유전적 변화의 과정이 일어나듯이, 문화적으로도 유사한 진화의 과정 혹은 무작위적 변이(random variation)가 일어난다고 생각하는 것이다. 즉, 어떤 새로운 아이디어나 발명이란 자동적으로 다음 세대로 전달되는 것이 아니다. 어린이들은 발명을 하려면 출발점에서 다시 배워야 한다. 글과 숫자를 처음부터 되풀이해서 배워야 하며 언어, 수, 이론이나 원리, 노래, 요리 재료, 법률, 가치관 등 기본적인 것을 배워야 다음 단계의 변혁(진화)을 가져올 수 있다. 그것이 창조이다.

두 번째 요소인 사람에 관해서 살펴보자. 창의성을 이해하려면 참신한 아이디어나 새로운 물건을 만들어 내는 데 가장 책임이 많은 사람들을 연구하는 것만으로는 불충분하다. 그들의 공헌은 필요하고도 중요하지만 창조 과정 고리(chain)의 한 단계에 불과하다. 그 이유를 설명해 보자. 에디슨이 전기를 발명하고, 아이슈타인이 상대성 원리를 발견했다고 말하는 것은 창의성을 너무 편리하게 단순화시키는 결과를 가져온다. "그들은 천재입니다"라고 말해 버리면 간단하고, "그런 발명이나 발견은 누가 그 시대에 살았어도 누군가가 할 만한 역사적 필연의 결과이지 한두 사람의 천재가 만들어 낸 것이 아니다"라고 말할 수도 있다. 그러나 이들의 개인적 업적은 그들의 사고를 자극하는 지적, 사회적 네트워크 없이 그들의 개혁을 인식하고 확장시킨 사회적 메커니즘이 없었다면 과연 이루어질 수 있었을까 하는 점을 지적할 수 있다.

칙센트미하이의 입장을 정리하면, 창의성이란 이와 같이 개개인의 재능의 표현이라기보다는 문화 속에서 상징적 영역이 변화해 가는 과정에서 나타나는 것이다. 그러나 이러한 변화들은 자동적으로 일어나는 것이 아니다. 창의성이 발휘되게 하려면 그 대가를 지불할 것을 고려할 필요가 있다. 전통이나 관례를 변화시키기 위해서는 노력이 필요하며, 창의에 의해서 만들어진 변화에 적응하려면 우리는 학습을 해야 한다. 그리고 더욱 새로운 창조를 해 나가려면 우리는 더 많은 주의집중을 해야 한다. 어떤 점에서는 과잉 주의가 필요할지도 모른다.

과학기술 영역(이런 것이 domain이다)에서 새로운 기술이 발견되면 그 기술 내용이 새로운 상징을 만들어 낸다. 예컨대 휴대전화 기술을 보면 과거에 군대나 경찰이 사용한 일방향 통화만 가능했던 단거리 무선전화기가 쌍방향이 되고, 음성 통화만 가능했던 것이 문자 송신도 가능해지고, 다시 동영상 송수신이 가능해지고, 통화 기능뿐만 아니라 소형 컴퓨터 기능(PDA)과 인터넷 기능까지 가능해짐으로써 우리의 생활 방식과 사고방식도 변화하게 되었다. 창조(기술 혁신)에 의해서 이 영역 속의 상징적 요소, 규칙, 표기체제도 변화하는 것이다. 기술로 말하면, 상징적 요소란 과학적 원리이고, 규칙이란 정확, 엄밀성, 실용성이며, 표기체제란 수학과 물리, 화학적 기호를 의미한다고 할 수 있다.

그래서 칙센트미하이는 "창의성이란 기존의 영역을 변화시키는 혹은 기존의 영역을 새로운 영역으로 변화시키는 어떤 행위, 아이디어, 혹은 어떤 산출물이다"라고 정의하였다. 그리고 창의적인 인물이란 "그의 사상이나 행동이 한 영역을 변화시키거나 새로운 영역을 이룩해 내는 사람"으로 정의하였다. 그런데 이 영역의 변화란 그 영역의 전문인들의 명확하거나 은연중의 동의가 있어야 가능하다는 것을 기억해야 한다. 이런 점에서 보면 칙센트미하이는 영역론자인 동시에 창의성의 일반론을 지지하지 않는 입장에 있다는 것을 알 수 있다.

(3) 창조적 사고와 비합리; 동양적 접근

토랜스와 홀(Torrance and Hall, 1980)은 "창의적 사고의 상당한 부분은 '합리적 수준'을 넘어선다"라고 주장하였다. 특히 우리가 지금까지 어린이들에게 창의적이 되도록 가르칠 때에, 어린이 개인의 창의적 재능을 평가하는 절차에 결함이 있었다는 점을 시인했다. 특히 창의성의 합리적 요소와 비합리적 요소 사이의 차이를 설명해 줄 수 있는 어떤 이론적 근거 같은 것이 없었다고 했고, 이 이론적 차이를 매울 수 있는 한 이론적 접근이 바로 동양적 사고 내지 동양적 철학(oriental thinking or oriental philosophy)이라고 했다. 토랜스와 홀이 굳이 여기서 '비합리성'(irrationality)이란 말을 쓰지 않고 동양적이라고 한 점에 주목할 필요가 있다. 왜냐하면, '비합리적'이란 용어를 쓰게 되면 자칫하면 과학과 등지게 될 것이고, 잘 정의하기 어려운 개념으로 남을 가능성이 있기 때문이라고 했다. 과학의 보편적 특징은 그 개념들이 상호 소통이 가능하다는 데 있으므로, 그 개념들은 거의 같은 의미로 이해된다. 그래서 비합리보다는 동양적이라는 개념을 쓰기로 했다고 한다.

창(Chang, 1965)의 『창의성과 도교: Creativity and Taoism』에 '중국 철학, 예술, 시 연구'의 부제가 붙어 있는 것을 보더라도, 동양철학(특히 중국) 중에서도 노자의 『도덕경』이야말로 그 가르침이 엄청난 비합리적으로 엮어져 있음에도 불구하고 이 도교철학에 창의성을 결부시켰다는 것은 매우 의미 있는 지적 작업이라 할 수 있다.

창은 "도의 가치는 보다 높은 수준의 의식 상태에서 대극(對極)을 타협하는(극과 극을 통합) 힘에 있다"고 했다. 『도덕경』에서는 이 도(道)의 가치는 상징적으로 빛으로 표현되고 있다. 균형된 삶의 방식을 성취하고 보다 높은 수준의 통합을 이루기 위해서 대극을 포함하는 것은 심리치료 작업에서도 볼 수 있는 노력이다. 특히 융이 임상에서 수년간 적용한 심리치료 방법은 고대 도가(道家)의 가르침과 일치한다는 점도 참고할 만하다. 즉, 창은 다음과 같이 말했다.

"우리가 반으로 나누어진 것, 분리된 것을 통일하는 방법으로나 의식적인 양식으로서 도(Tao)를 취한다면, 우리는 그 개념의 심리적 내용에 가장 가까이 접근하게 될 것이다. 의심할 여지없이 대극을 명확하게 하는(변환 혹은 환치) 문제는 곧 무의식 속에 표상되어 있는 삶의 법칙과 재결합하는 것을 의미하며, 이 재결합의 목적은 의식적 삶의 성취에 있는 것이다. 즉, 도에 이르기 위한 것이다." (pp.95~96)

"내가 개업의(開業醫)로서 일한 경험을 통해서 보면, 동양적 지혜에 새롭게 또는 기대하지 않게 접근해 가면서 얻어진 것이 많다. 그러나 처음부터 내가 동양철학에 관한 적절한 지식을 가지고 시작한 것은 아니라는 점을 이해해 주기 바란다. 내가 적용한 기술 가운데는 수세기 동안 동양의 가장 뛰어난 정신에 사로잡혀 온 비밀스러운 방식에 따른 것이 있었는데 그것에 무의식적으로 이끌리게 된 것은 그 후의 일이었다." (pp.82~82).

지금까지 중국의 도교(道敎)가 현대의 심리학에 비추어 잘 설명되지 못했고 사람의 정신활동을 고양시키고 사람의 고통을 완화시켜 주는 방법으로서 진지하게 연구되지 못했다. 그래서 오래된 동양의 지혜, 즉 인간에게 최선의 것을 가져다 주었던 지혜의 신비가 이미 신비가 아니라 조화로운 삶의 방법이 되어 가고 있는 것이다.

이와 같이 동양정신을 받아들이는 것은 창(Chang)의 표현을 빌리면, 서양인들은 불행 자체도 내부 세계와 외부 세계에 대한 인식과 그들 간의 갈등에서 가능성과 필연성(possible and necessary)이 따라온다고 보았기 때문이다. 그리고 이 갈등을 해결해 주는 개념을 갖지 못했다는 것이라 했다. 즉, 노자의 『도덕경』에 의하면, "있다고 이름 했을 때 이미 그것은 없는 것이다"라고 했는데, 이와 같은 존재의 논리를 서양 사람들은 이해하려고도 하지 않으며 잘 이해하지도 못한다. 이 두 대극, 즉 존재와 무, 극과 극 사이를 결합하는 중용지도(中庸之道)라는 개념을 서양 사람들은 지금까지 고안해 내지 못했다.

도를 이해하면 주체와 객체 사이의 구별이 소멸되는 내적 결합을 체험한다. 그 체험은 중개된(mediated, 즉 언어에 의해서 대신 이름이 붙여지는), 추론된, 지적 과정이기보다는, 직관적이고 직접적인 자각이다. 자아와 비자아 사이의 구별이 완전히 사라져야 도는 확실한 의식으로 꽃피게 된다는 것이다. 이와 같은 모순의 타협과 대립 혹은 대극의 재결합을 통해서 새로운 창조가 이루어진다는 것을 창, 토랜스, 홀 등이 확인해 준 셈이다.

길포드는 여러 저술과 논문에서 계속 주장해 왔지만 인간 행동에 대해서 엄격한 견해를 유지하고 있는 입장에서, 창의적 사고란 합리적이고 논리적인 것이라 했다. 합리성의 성격을 규명하는 데 심리학자들이 관심하는 문제가 바로 이 창의적 사고 문제라고 생각하는 입장을 고수하고 있다. 왜냐하면 모든 자연과학은 바로 이 전제 위에 서 있기 때문이다. 인간 행동의 지적 측면 특히 지성의 구조(SOI) 모델을 만든 길포드의 모델은 전적으로 합리적 모델이지, 비합리성은 전혀 개입되어 있지 않다(Guilford, 1977).

길포드의 논리적, 비논리적 사고의 효용에 대한 논의를 정리해 보자. 우리의 사고 유형 중 가장 논리적이면서 엄격한 사고가 수학적 사고인데, 수학에서는 정보의 항목들이 매우 정밀하게 규정된다. 그런데 비수학적 사고에서는 정보가 위 항목들이 덜 정밀해도 두뇌가 최선의 것을 만들어 낼 수 있다. 이것은 유사 수학적 사상을 다룰 때의 인간의 행동을 관찰해 보면 알 수 있다. 한 예를 들면, 확률의 수준을 추정하는 과정에서나 두 변인 간의 상관관계를 추정할 경우에도 볼 수 있다. 신체 균형을 유지할 때와 같이 인간의 두뇌는 정확하게 추정을 해서 사람이 한쪽으로 쓰러지거나 넘어지지 않고 살아갈 수 있다고 한다. 두뇌가 바로 컴퓨터인 셈이다.

또 한 가지 토랜스와 홀의 그 효용 가치를 높이 인정하는 창의적 사고의 비합리적 요소로 든 것이 감정이입(empathy)이다. 다른 사람의 심리를 이용하거나 그 이해한 바를 토대로 해서 뭔가를 하려고 할 때 사람들이 보여 주게 되는 이 감정이입은 인간에게는 굉장한 선물이라고 한다. 이것은 합리성과 창의성 관계에서 아직도 풀리지 않는 문제에 대한 또 하나의 요소라고 한다. 이런 사람은 행동적 인지 능력, 즉 사람의 행동을 관찰하고 그것을 토대로 인간 이해에 이르는 기능과 행동적, 확신적 생산 능력, 즉 행동을 관찰한 것을 토대로 해서 이런 넓은 문맥에서 사람을 알고, 그리고 가장 적절한 대상을 만들어 낼 수 있는 능력을 가진 사람은 매우 감정이입 수준이 높은 사람일 것이라 생각하게 된다.

4) 창의성과 지능의 관계

(1) 지능의 본질과 창의성

과연 지능이 높으면 창의성도 높은 것인가? 그 반대의 경우 창의적인 사람은 과연 지능이 높은가와 같은 질문은 지금도 계속되고 있다.

길포드는 50종이 넘는 방대한 테스트군을 작성해 410명의 사관후보생들에게 실시하고, 그 결과를 요인 분석해서 추출한 여러 요인을 조직적으로 배열하여 '지적 능력'의 3차원의 형태학적 모델을 제창한 바 있다(Guilford, 1977). 그는 지능(그는 intellect라고 불렀다)을 정보처리 과정이라고 정의하고 정보의 소재, 내용을 어떠한 정보처리의 과정·조작을 거쳐서 어떤 소산을 얻느냐라는 3차원의 조합으로 설명하고 있다. 특히 정보처리의 과정·조작에 있어서 이미 알고 있는 정보나 기억하고 있는 정보에서 하나의 올바른 혹은 널리 승인받은 가장 좋은 답을 이끌어 내는 수렴적 생산(收斂的 生産)과 이미 알고 있는 정보 혹은 기억되고 있는 정보에서 다방면의 새로운 정보를 생산해 내는 확산적 생산(擴散的 生産)을 대립시켰다. 전자는 추리, 기억과 같은 이른바 종래의 지능관과 능력관에 해당되는 것이며, 종래부터 중요시되어 온 사고 양식인 것에 반해서, 후자는 보다 적극적인 능력 면에서 창의성과 결합되는 사고로서 제창되었다. 그리고 지금까지도 계속 널리 받아들여지고 있는 이론이다.

이와 같은 입체모형을 만들기 전에 그는 다음의 요인들을 창조성의 요인으로서 제시하고 있다.

① 문제를 보는 능력 혹은 문제에 대한 감수성
② 사고의 유창성, 즉 아이디어의 풍부성을 의미하는 것으로서 같은 관점에

서 여러 가지 생각을 떠올리는 양적인 측면

③ 사고의 융통성, 즉 낡은 생각에 사로잡히지 않고 여러 가지 관점에서 새로운 생각을 채택하는 능력으로서 질적인 측면

④ 독창성, 즉 많은 사람의 생각과는 다른 생각방식을 갖는 것

⑤ 재정의 혹은 재규정

⑥ 정교치밀성(精巧緻密性), 즉 대상의 기능이나 위치, 그 대상에 대한 반응, 행동의 목표 등을 어느 정도 명확하게 파악하고 있는지에 관련된 능력

이 중에서도 ②, ③, ④, ⑥ 등이 확산적·생산적 사고와 주로 관련된 요인이라고 생각할 수 있다.

(2) 지능과 창의성의 관계 연구

① 무어의 증언

무어(A.D. Moore, 1969)가 미시간 대학교 전기공학과 교수 재직 시 그 대학 교교육연구센터에서 전기공학과로 보내진 메모를 받은 바 있다. 그 내용은 "의외적인 일은 아니지만 학업성적과 창의성 성적 사이의 상관관계가 매우 낮은 경우가 많다는 것을 몇몇 자료가 보여 주고 있습니다. 더욱이 성적으로 인간의 가치를 일방적으로 판단하고 성적을 강요하는 것은 창의적 사고나 창조 행위와는 관계가 없을 뿐더러, 이것에 유해한 영향을 미친다는 논의가 있습니다"라는 내용이었다고 한다. 이 메모 내용에는 샌프란시스코 주립대학교의 프리드맨(M. Friedman)의 글이 인용되고 있었다. 즉, "관찰에 의하면 보다 창의적이고 개성적인 학생은 다른 학생보다 일반 교사에 있어서는 다루기 몹시 힘든 학생이기가 쉽다. 만일 교사의 관심이 질서 유지와 학습의 진도에 따라 교재를 끝까지 끝내 주는 것에 있고, 또한 큰 대학교에서는 이런 과정이 피하기 어려운 것이라고 한다면 정상 궤도에서 벗어나 버린 학생들은 수업의 방해가 될 것이 분명하고, 교사가 이와 같은 것을 의식하든 안 하든 성적에 따라 벌을 받게 될 것이다. 다시 말하면 창의적인 학생에 대한 높은 평가, 즉 그들이 좋은 성적을 얻지 못하는 현상은 거기에 관련 있는 여러 제도의 필연적인 결과로 얻어지는 것이다. 따라서 지금의 상황을

개선하거나 극복한다는 것은 가장 근면한 교사라고 할지라도 할 수가 없는 것이다"라고 적혀 있었다고 한다.

성적으로 표시된 '가장 머리가 좋은 학생'이나 '공부 잘하는 학생'은 많지만, 그들이 반드시 매우 창의적인 학생은 아닐 수 있다는 것을 인정해야 한다. 다시 말하면 창의적인 학생들 중에는 성적이 좋지 않은 학생들도 많다는 연구보고도 있고, 현장에서도 많이 관찰할 수 있다. 그뿐 아니라 창의적인 학생은 교사들로부터 경원시당하기도 하고, 소외당하기도 하고, 인정을 못 받기도 한다.

② 높은 IQ와 높은 창의성의 대응

높은 창의성과 높은 지능은 상관이 있을까 하는 의문은 학자들뿐만 아니라 교사들의 관심거리가 되어 왔다. 그러니까 이 두 변인 간의 관계는 과연 정상관이냐, 역상관이냐, 무상관이냐의 문제로 나누어 생각할 수 있다. 여기에는 물론 근본적인 문제가 있다. 즉, 창의성이라고 하더라도 어떻게 측정된 창의성이며, 지능이라고 하더라고 어떤 검사, 누구의 검사로 측정한 지능지수냐에 따라서 그 해석은 달라질 수 있다.

IQ라는 지수는 오랫동안 지능의 정도를 표시하는 측정치로 사용되어 왔다. 그러나 지능의 의미와 구성 요인의 상대적 비중은 나이에 따라서도 달라진다. 따라서 근래에 와서는 비판적 이론이 제기되고 있다. 여기서 다룰 창의성과 IQ 점수는 미국에서 전통적으로 사용해 온 개념의 창의성이고 지능 지수이다.

③ 게첼스와 잭슨의 연구

시카고 대학교의 교수였던 게첼스와 잭슨(J.W. Getzels & P.W. Jackson, 1963)이 1963년에 보고한 논문은 아주 큰 흥미를 끄는 연구 보고였다. 즉, 고도로 IQ가 높은 학생과 고도로 창의적인 학생을 비교연구한 것이다. 그들은 미국 중서부의 한 고등학교의 청소년들 449명에게 IQ 테스트와 창의성 검사를 똑같이 실시하였다. 그 결과 그들의 두 가지 점수는 아주 넓은 산포도(散布度)를 보였다. 어떤 학생은 지능도 창의성도 높고, 어떤 학생은 이 두 가지 검사 모두에서 낮았고, 또 어떤 학생은 한쪽은 높고 다른 쪽은 낮은 현상을 보였다.

이들 학생들에게서 거의 같은 수의 두 그룹을 추출(한 그룹은 26명, 다른 한 그룹은 29명)할 수가 있었다. 고지능(High IQ) 그룹의 학생들은 IQ가 상위 20% 안에 모두 포함되는 학생들인데, 그러나 창의성 점수에서는 전원 상위 20% 이하에 속하는 학생들이었다. 한편 고창의성(High Creativity) 그룹에서는 창의성에서 상위 20%에 모두 들어갈 수 있었으나, IQ 쪽에서는 상위 20% 이하의 학생들로 구성되어 있었다. 그리고 이들 두 그룹을 여러 다른 각도에서 특성을 비교하였다. 다음은 그 비교연구의 일부분이다.

1) 현상

한 장의 자극적인 그림에 대해서 이야기를 꾸미도록 지시받았을 때, 두 그룹의(High IQ 그룹과 High Creativity 그룹) 사이에는 뚜렷한 차이가 나타났다. H. IQ 그룹은 형식적이고 싫증을 내기 쉬운 학생들이었다. H. Creativity 그룹은 그림의 자극에서 벗어난 테마나 예상 외의 결말이나 이치가 안 맞는 일이나 장난기가 있는 일들을 의미 있게 활용했다. 그들은 상상력이 풍부하고, 그것을 자유롭게 구사했다.

2) 직업에 대한 선호도

조사자는 의사, 엔지니어, 기업인 등이라는 직업을 '형식적'인 직업이라고 불렀고, 발명가, 예술가, 우주비행사, 디스크자키(DJ)와 같은 직업을 '비형식적'이라고 불렀다. 직업을 선택하게 한 결과 H. IQ 그룹의 19%만이 비형식적 직업을 선택했다. 그런데 H. Creativity 그룹은 62%가 이 비형식적 직업을 선호했다. 비형식적인 직업이란 것이 이른바 자유업에 속하는 것들이다.

3) 유머 감각

연구자들은 성격이나 유머 감각 등 여덟 가지 특성에 대해서 평가했는데, 그 특성들에 대해서 본인이 남보다 뛰어나고 싶다고 생각하는 내용의 순위를 매기도록 요구했다. 그 결과 뚜렷한 차이가 나타났다. H. IQ 그룹은 유머 감각을 최하위 순위로 매겼다. H. Creativity 그룹은 순위를 그 위에 올려놓고 있었다. 그러니까 창의성이 높은 사람은 비교적 유머 감각이 높다는 말이 된다.

4) 교사의 태도

교사들로 하여금 이들 학생을 전체 학생과 비교해서 그 학생들을 자기 학급으로 편성할 것인지 여하에 대한 선호도에 따라서 평가하도록 요구했다. 여기서도 다시 명쾌한 결과가 나타났다. 교사들은 H. IQ 그룹을 표준적인 보통 학생들보다 더 선호했다. 그들은 높은 창의성 그룹의 학생을 표준적인 보통 학생들보다 바람직하지 않다고 평가한 것으로 나타났다.

이 연구에서 추론할 수 있는 중요한 사실은 매우 창의적인 청소년들은 단지 IQ가 높은 청소년보다 꿈을 많이 꾸며 상상력도 풍부한 경향이 있다. 또 비형식적인 직업을 선호하는 경향이 있으며, 높은 유머 감각을 가지고 있다는 사실이다. 그리고 장난기도 많이 가지고 있으며, 그것을 실행함으로써 다른 사람들의 불편을 사기도 한다. 그리고 교사들로부터 불만을 사기가 쉬우며, 다소 제멋대로 굴 가능성을 보이기 쉽다.

요컨대 창의성이 청소년기에 들어와서 차츰 줄어들기 시작한다는 이론에 비추어 볼 때, 이런 시기에 교사나 성인이 청소년기의 학생들에게 비난, 제약, 벌, 구속적 분위기, 지나친 통제, 일제수업, 주입식과 같은 통제 방식을 사용하는 것은 그들의 창의성의 나머지 싹마저 뭉개 버릴 가능성이 있다고 하겠다. 교사, 부모, 카운슬러, 혹은 청소년 지도자들이 청소년들의 창의력이 자랄 수 있는 가능성을 망가뜨리지 않도록 유의해야 할 것이다.

또 하나의 의미 있는 연구는 『과학적 창의성』이라는 책에 소개되어 있는데, 여기에 소개할 연구 내용은 테일러와 배론(C.W. Taylor and F. Barron, 1963)과 기셀린(B. Ghiselin ed., 1955) 등의 연구 내용을 종합해서 창의성과 학업성적과의 관계에 대해서 정리해 본다.

미국의 한 공학연구소에서 239명의 공과대학 졸업생들로 하여금 연구에 참여하게 했다. 이 연구소는 대학의 졸업 성적이 상위 25% 이상에 들어가는 사람을 연구생으로 모집한다. 그런데 어느 해 이 연구소는 제2차 세계대전이 발발함에 따라서 인원 부족 현상이 발생했다. 그래서 학교 성적이 어느 정도 떨어지는 사람이라도 공학사 학위만 가지고 있으면 고용하지 않을 수가 없었다. 그들의 입소 후의 연구 성과를 1위, 2위, 3위라는 식으로 업적에 따라서 근무 평가를 했다. 그런데 대학 성적은 그 연구소 입소 후의 연구 성과와는 전혀 관계가 없음이 판명되었다.

이와 같은 조사는 더욱 필요하며, 또 이 조사연구가 하나의 기초가 되어서 훗날의 연구를 기대해 볼 만하다. 우리가 예측할 수 있는 사실은 다른 연구에서도 거의 유사하리라고 생각한다. 그러나 우등생이라고 결코 말할 수는 없지만, 창의성이 풍부한 청소년의 사례를 생각해 본다. 비록 학교 성적이 좋지 않아도 창의성이 풍부한 청소년이라면 이들은 날카로운 관찰력과 상상력과 호기심과 근성(根性)이 있고 창의적인 사람이므로, 그가 대학이나 직장에서 어떤 성적을 받게 되더라도 창의성이 넘치는 삶을 영위하게 될 것으로 예측할 수가 있다.

3장. 창의적 사고 과정과 창의성 테스트

1. 창조의 과정

1) 몇 가지 제안 소개

창의적 과정 혹은 창조 과정에 관해서 명확한 단계를 기술한 것은 1910년대에 프랑스 수학자 앙리 프엥까레(Henri Poincare)가 저술한 『수학적 창조』라는 저서에 나타나 있었다. 그리고 심리학자로서는 월라스(G. Wallas)가 1926년에 쓴 『사고의 기술: The art of thought』에 최초로 소개되었다. 그 후 1957년에 공학자인 베버리지(W.B. Beveridge)가 출판한 책 『과학연구의 기술: The art of scientific investigation』에서 아주 중요한 문제로 인식하게 했다. 베버리지의 책이 발표된 이래 창의성에 관한 저술이 계속 출판되어 그 양은 가속적으로 증가했다.

월컵(L.E. Walcup)은 이 베버리지의 책에 관해서 이렇게 썼다. "연구나 발견에 흥미를 갖는 사람이 만일 타고 가던 배가 난파해서 단 한 권의 책밖에 읽을 책이 없다고 하면 이 한 권의 책을 읽기를 권한다"라고 할 정도로 명저로 추천했다.

월컵(1958)은 「연구에 있어서의 개인적 창의성」이라는 논문에서, 창의적인 인물들을 외부에서 관찰해 보면 창의적인 행위 전체의 특징을 발견할 수 있는데, 그 행위는 베버리지가 제시한 창의적 과정과 일치함을 발견하게 될 것이라고 적고 있다. 즉, 그는 다음과 같이 창조 과정을 정리하였다.

① 문제를 감지한다.
② 관련된 자료를 수집한다.
③ 문제를 해결하는 노력 속에서 되도록이면 논리적인 사고를 하게 되지만, 문제는 해결되지 않은 채 다음 단계에로 이어진다.
④ 좌절감을 맛보는 시기이며, 오히려 안달이 나서 고심하는 시기이다. 그러나 아무 일도 일어나지 않는다.
⑤ 이른바 직관적인 번득임이 일어난다.
⑥ 증명의 과정에 의해서 끝난다.

이 여섯 단계 중 처음 세 단계를 '준비 기간'으로 정리하면 다음과 같이 네 단계로 압축할 수가 있을 것 같다.

① 준비
② 부화(혹은 숙고)
③ 계시(혹은 영감)
④ 증명

이 네 단계 과정은 프엥까레, 월라스, 기셀린(B. Ghiselin, 1963)의 설명 방법과 유사하다. 프엥까레는 ① 예비 과정(preliminary labor) ② 휴면(quiescence) ③ 계시(illumination) ④ 추가 검증(further labor)의 4단계로 나누었다. 다음에는 월라스가 창조의 과정을 주로 헬름홀츠(Helmholtz)나 프엥까레의 경험과 이론을 토대로 해서 나눈 4단계 과정을 설명하려고 한다. 창조의 소산은 시, 소설, 미술작품, 발명품, 새로운 기술 등으로 나타나는데, 대체로 이러한 소산이 만들어지는 과정을 설명하고 또 창의성의 싹이 보이는 사람(학생)들을 지도하는 데 참고가 될 것이다. 다음은 월라스의 단계론을 중심으로 소개하기로 한다.

2) 월라스의 4단계

(1) 방향 잡기와 준비기(preparation)

이 단계는 정보를 수집하고, 문제에 대해 생각하며, 가능한 아이디어를 찾는 단계이다. 창조를 위해서 준비하기 이전 단계에 방향 잡기라는 과정을 두고 설명하려는 시도가 있다. 대상은 막연하지만 명확한 해답을 얻을 수 있을 것이라는 확신을 가지고 있는 경우에도, 사고란 어떤 방향을 결정한 후에야 활동을 시작한다. 모험적인 사고에 있어서는, 처음에 잡힌 방향은 그 이후에 상황이 변해도 바뀌지 않는다는 것이다.

준비 단계에서는, 필요한 지식과 경험을 쌓는 일에서부터 직접 소용이 될 자료를 수집하고 그것을 정리하고, 통합하는 과정을 포함해서 장시간에 걸쳐 많은 에너지를 필요로 한다. 끊임없는 노력과 주도면밀한 준비야말로 창조의 가능성을 높여 준다. 이 단계가 없으면 창조는 허사가 될 수도 있다.

실제로 준비 단계는 아주 막연하고 다양한 양상을 띤다. 그것은 어린아이들이 놀이를 하려고 조약돌을 고르는 작업이나 찰흙으로 동물 모양을 빚는 일과 같이, 아주 간단한 작업에서부터 우주선의 표면이 대기와의 마찰로 인해 연소되지 않을 합금(신물질) 방법을 찾아내는 데까지 매우 다양한 노력과 실험이 있을 수 있다. 이 기간에는 실제로는 아무런 성과가 없다.

프엥까레는 이 단계를 '예비적 노력의 단계'라고 했다. 그리고 이 단계는 단순한 준비 노력 이상의 것이라고 했다. 과학 연구에서는 자기가 달성하고자 하는 분야에 대한 예비적 공부가 뒷받침되어야 한다. 그렇지 않으면 한 발자국도 앞으로 나아가기가 어렵다. 이 단계에서 과학자들은 과학적 방법으로 문제를 해결하려고 머릿속에서 노력하지만 반드시 성공하는 것이 아니고 좌절하기도 한다. 그러나 연구자는 목표를 성취하려는 간절한 욕망을 가지고 있다. 때로는 그 성공 여부가 준비 단계에서 판가름 나기도 하지만, 보통은 그 예측이 한동안 좌절의 기간으로 이어진다. 준비 단계의 노력은 가치가 있지만, 반드시 창의적인 활동을 유발하는 것은 아니다. 이 단계의 수고는 결국 결과에 나타나게 된다.

(2) 부화기(incubation)

이 단계는 조류가 알을 까기 위해 알을 품는 단계에 해당된다. 즉, 문제에 대한 의식적 사고에서 벗어나는 시기이다. 의식적으로는 다른 활동에 참여하고 있는 동안 정신의 어느 수준에서는 계속해서 그 문제를 생각하는 것으로 이해할 수 있다.

이 단계는 문제 해결이 잘 되지 않다가 멈추어 선 상태이다. 감정은 고양되어 있고, 문제 해결에 대한 노력을 일시적으로는 포기한 듯하며, 일시적으로 쉬는 듯한 상태이다. 그러나 무의식 속에는 창조하는 일이 내재되어 있어서 생각지도 않던 때에 번득임이 일어나 돌연히 문제를 해결하기도 한다. 왜 이 단계에 창의적 사고가 잘 작동되는 것일까?

이 시기는 사고가 진행됨에 따라 과제 해결에 대한 동인(動因)이 과도하게 고양되어서 다만 올바른 반응이 억제되어 있을 뿐이지, 휴식 중 그 억제력이 제거되면 반응이 의식 위에 떠올라 해결 방법이나 해답을 알아차리게 되는 것이다. 이렇듯 인지 과정의 혼란은 시간의 경과와 함께 정리되고 통합되고 균형이 잡힌 방향으로 안정성을 되살리게 되면 새로운 아이디어가 생산되는 것이다.

이 단계는 길건 짧건 천천히, 확실히 괴로움과 좌절감을 맛보면서 아무것도 일어나지 않을 듯한 기간이다. 이 기간이 오래 지속되면 분만촉진제 주사처럼 어떤 자극이 필요하게 된다. 즉, 때로는 의식적인 노력을 재개해야 할 필요가 있게 된다. 이렇게 원점으로 되돌아가는 시기는 지금까지 해 온 작업을 재음미하고, 장치를 다시 재가동시키고, 문제를 재구성하고, 실수를 되풀이하는 수고로운 시기라고도 할 수 있다.

그렇지 않으면, 머리 한구석에서는 변함없이 바쁘게 문제와 씨름하고 있는 동안 '직관의 번득임'이 어미 품속의 새알과 같이 계속 데워지고 있을 것이다. 앞의 준비 단계에서는 우리가 아무리 철저하고 수고로운 작업을 하고 의식을 집중하고 파고든다고 해도 영감이 떠오르지 않을 수 있으나 이 부화기 휴면의 기간 다음에 영감이 문득 나타나는 일이 자주 있다.

밤새도록 어떤 문제에 골몰하다가도 그 문제를 잠시 잊고 커피를 마신다든지, 산책을 한다든지 하는 느슨해져 있는 시간에(부화 단계) 명백히 자발적으로 새로운 아이디어가 머리에 떠오르는 경우를 경험하게 된다(영감 단계).

(3) 조명기(illumination)

창의적 사고의 해결은 돌연히, 제 발로, 문득 찾아오는 것으로 알려지고 있다. 즉, 갑자기 아이디어들이 함께 짜 맞추어져 해결책이 분명해지는 시기이다. "아하!" 하고 영감이 오는 시기이다. 영감의 특징은 갑자기 자발적으로 '이것이야말로 바로 그것'이라는 확신감, 기쁨과 절정의 감정이 수반된다는 데 있다. 영감 또는 인스퍼레이션은 이와 같이 애쓰는 노력에 의해서 출현하는 것이 아니고, 아이디어 쪽에서 출현한다는 느낌을 주기는 하지만, 준비기의 생각의 축적이 전제가 되는 것이다. 아무것도 없는 곳에서 돌연히 저절로 생겨나는 것은 아니다. 반드시 타당하다고 할 수는 없지만, 확실성과 만족감을 갖고 새로운 통찰이 갑자기, 자발적으로 나타난다. 마치 어둠 속에서 번쩍이는 번개와 같은 속도로 계시가 온다. 이때 인간의 사고 과정은 번개와 같은 빠른 속도로 진행되고, 해답의 구조가 갑자기 벗겨지는 두 가지 측면이 동시에 일어난다.

다윈(Charles Dawin)은 몇 년간이나 계속해서 진화의 문제에 관한 방대한 자료를 수집하고 통일된 이론으로 정리하려고 최선의 노력을 해 왔다(준비). 이와 같은 장기간에 걸친 완벽한 준비를 해 온 예는 유례를 찾아볼 수가 없을 정도이다. 그러다가 어느 날 일에서 손을 떼고 푹 쉬고 있는데(부화, 휴면), 갑자기 '점진적 변하', '생존경쟁', '적자생존'과 같은, 문제를 푸는 열쇠가 될 개념이 머리에 떠올랐다(계시, 영감). 자서전에 보면 다윈은 정확하게 언제, 어디서, 계시가 일어났는지를 적고 있다. 연구 상황에서 장소나 의식도 완전히 떠나 있을 때 계시가 '희박한 대기 중에서' 번쩍 하고 머리에 떠오르게 된다는 것이다(계시, 영감).

(4) 증명(verification) 단계

이 단계는 해결책이 실용성, 효율성, 적합성에 비추어 점검되고, 정교화되고, 세련되는 시기이다. 영감에 의해서 얻어진 해답을 응시하는 단계여서, 현실의 문제에 적용시키고, 실현 가능한 형태로 정리해서 가능한 한 사회적으로 가치 있는 것으로 만들어 가는 과정이다. 주의해야 할 점은, 모든 과정이 위에 제시한 순서대로 진행되는 것은 아니고, 개인차도 있으며, 상황과 전문 분야의 차이 등에 따라서 다르다는 점이다. 불현듯 머릿속에서 떠올라도 그 아이디어(해답)가 처음에는 확신을 가지고 '그것이 해답'이려니 하고 생각하게 되지만, 그 해답이 과연 잘 작동될까는 따져 보아야 하는 것이다.

모든 아이디어가 옳다고 판정하기는 어렵다. 직관이란 때로는 오류를 범하기도 하는 법이며, 직관의 번뜩임에는 결함도 있다. 발명가들은 준비 기간, 부화 기간을 갖는다. 그러다가 영감을 얻게 된다. 그러나 문제가 이것으로 끝나지 않는다. 어떤 연구자의 경우는, 문제를 마지막 단계까지 풀어 가다가 문제 설정 자체가 잘못되어 있다는 것을 발견하고 처음부터 다시 시작하는 수도 있다. 문제 설정 자체를 바꾸어야 되므로 사고의 흐름도 바꾸어야 한다.

예술가들에게 있어서는 자기 작업의 재평가, 재제작, 수정, 퇴고, 다시 쓰기 등으로 나타난다. 베토벤이 제5교향곡의 주제를 만들 때 14회나 고쳐 쓴 흔적을 남겼다. 그러나 과학자들에게 있어서는 자기가 세운 가설을 실험적으로 검증하기 위한 실험 상황을 재설정해야 할 것이다.

그런데 실제적으로 과학자나 예술가들이 거치게 되는 사고 과정을 살펴보면 광기(狂氣)와 같은 몰두(沒頭), 집착, 직관, 영감 같은 심적 경험과 가설, 아이디어, 사상 등을 검증하기 위한 엄격한 방법론 사이를 왔다 갔다 하는 괴롭고도 수고로운 과정을 자연히 밟게 된다는 것을 알 수 있다. 그리고 또 앞에 소개한 4단계를 반드시 순서적으로 거쳐서 뭔가를 생산하는 것이 아니고, 그 사이에서도 단거리 왕복열차나 셔틀버스처럼 왔다 갔다 하면서 최종적인 성과를 만드는 것이 보통이다.

2. 창의적 문제 해결 과정

1) 오즈본-파아네스의 CPS의 목적

미국 버펄로에 있는 뉴욕 주립대학교 부설 창의성 연구소 'CPSI-Creative Problem Solving Institute'에서 매년 개최되는 워크숍에서 창의적 문제 해결 프로그램으로 제공하는 것 중에 뜀틀 프로그램(Springboard program)이란 것이 있다. 여기서 채택하고 있는 프로그램 구성의 기본 틀은 오즈본-파아네스(Osborn-Parnes)의 'Creative Problem Solving Process'이다. 즉, 이 프로그램은 [그림 3-1]과 같이 여섯 단계로 구성되어 있다.

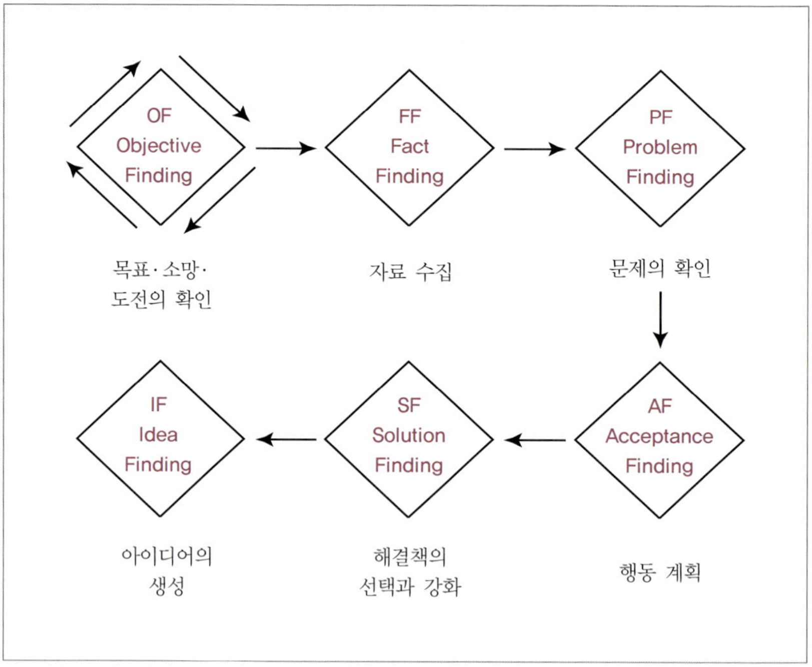

[그림 3-1] 오즈본-파아네스의 창의적 문제 해결 과정도

이 프로그램의 목적은 급변하는 세계에서 우리가 그 변화를 활용하고, 변화를 어떻게 만들까를 이해하며, 창의적 문제 해결 과정을 학습하면서 스스로 해결 방법을 찾을 수 있도록 도와주는 데 있다. 이 프로그램을 실시함으로써, 실습자들은 ① 우리의 창의적 능력을 건드려서 발동하게 만들 것이며, ② 개인적·인격적 성장의 기회를 발견하게 될 것이며, ③ 이 창의적 문제 해결 과정을 실생활에 적용하게 될 것이며, ④ 우리들의 의사결정 능률을 향상시키게 될 것이며, ⑤ 판단을 유보하고, 선택에서 신중한 태도를 취하는 것의 가치를 학습하게 된다는 것이다.

CPS 과정은 우리들의 사고 기능을 향상시키는 시스템이고 과정이다. 새롭고 혁신적인 방향을 찾을 때 우리는 장애감을 느끼게 된다. 이 CPS는 이와 같은 개인적, 지각적, 환경적 장애를 극복할 수 있는 방법을 제시해 준다. CPS는 문제를 충분히 체계적으로 탐색하게 하고, 여러 가지 선택지를 생성하고, 실행을 할 때 당면하게 될 위험 부담을 숙고하고, 그럴 수 있으리라고 예상함으로써 강화될 수 있는 활동 계획을 발견케 하는 데 크게 도움을 준다. 뛺틀 프로그램은 CPS를 확실히 이해하고 활용할 기초를 제공해 주는 것이다.

우리가 특별히 어려운 도전에 직면해서 해결하려 할 때 주의 집중하기가 어렵다. 보통 이때, 우리는 어떻게 해결해야 할 것인지에 대해서 대체로 해결의 윤곽을 잡고, 그 해결책이 제대로 된 것인지를 검토하게 되며, 다른 더 좋은 해결의 기회를 모색하기도 하고, 다른 사람들(교사, 부모, 동료, 상사, 배우자)이 자기를 어떻게 보아 주면 좋겠는지를 생각하게 된다.

2) 오즈본-파아네스의 CPS 모델의 특징

'오즈본-파아네스 CPS 모델'은 오즈본이 처음으로 개발한 CPS 모델을 토대로 발전시킨 것이다. 오즈본이 1963에 제안한 CPS는 사실 발견, 아이디어 발견, 해결책 발견의 세 가지 기본 단계로 구성되어 있다. 사실 발견은 문제 정의와 준비라는 두 가지 하위 단계를 포함한다. 문제의 정의(혹은 규정)는 문제를 주요 부분으로 나눔으로써 문제를 정의하는 것을 말한다. 준비란 문제에 관련된 정보를 모음으로써 문제의 이해를 돕는 것이다. 아이디어 발달 단계는 잠정적으로 아이디어들을 만들어 내고, 가능한 한 적절한 해결책이 되도록 다듬는 것이다. 해결책 발견은 생성된 아이디어들을 평가해 보고, 문제 해결에 가장 적절한 것들을 고르는 것이다.

CPS의 이 세 단계는 도전할 과제를 선택하고, 이해하는 것에 중점을 둔 것이다. 아이디어 발견은 잠정적인 해결책을 찾아내는 것이고, 해결책 발견은 제일 적당한 해결책을 결정하고, 그 다음 해결책을 실행하기 위한 계획을 수집하는 것이다. 즉, 이 여섯 단계가 모두 필요한 것이다. 문제의 친숙도에 따라서 몇 단계를 생략할 수도 있고, 이전 단계로 돌아가는 것도 가능하다.

(1) 목표 발견(objective-finding)

우리가 처리하려고 하는 문제 해결의 목표, 소망, 도전이 무엇인지를 발견한다. 우리 생활 속에 있는 여러 가지 관심사, 도전, 기회에 대한 인식에서 시작된다. 어떤 것들은 잘 알고 있는 문제일 수도 있고, 어떤 것들은 어디에 주의를 기울여야 할지가 모호한 것들도 있다. 목표 발견 단계는 몇 가지 잠정적인 출발점을 확인하고 앞으로 집중해야 할 목표를 선정한다.

(2) 사실 발견(fact-finding)

상황이나 배경이 무엇인지를 확인한다. 여기에 포함된 모든 사실, 질문, 자료들을 확인한다. 일차적 목적은 선정한 목표 영역에 대한 이해를 깊게 하는 것으로서, 이것을 위해서 많은 관련 자료를 수집·수정한다. 이 정보들을 분석하고 관련 있는 정보와 관련 없는 정보를 분류함으로써, 문제 정의가 구체화된다. 이 정의(혹은 더욱 특정한 문제 영역에 대한 인식)를 다음 단계를 위한 출발점으로 사용한다.

(3) 문제 발견(problem-finding)

꼭 해결해야 할 문제의 성질이 무엇인지를 확인한다. 분명히 해야 할 필요가 있는 걱정거리는 무엇인가를 확인한다. 이전 단계에서 만들어진 모든 관련 정보를 검토하고, 다양한 방법으로 문제를 진술해 본다. 이들 문제 진술 중에서 여러 가지 잠정적인 해결책을 이끌어 낼 수 있을 것으로 보이는 한 개의 진술을 선택한다.

(4) 아이디어 발견(idea-finding)

문제를 해결하는 데 필요한 가능한 해결책에는 어떤 것이 있는지를 확인한다. 앞 단계에서 진술한 문제에 대해서 가능한 한 많은 잠정적인 해결책(아이디어)을 만들어 내는 단계이다. 상황에 따라 개인적으로는 여러 가지 아이디어 산출 기법들을 활용할 수 있다. 이 단계 마지막에 가서는 아이디어 목록을 좁혀 그중에서 문제 해결 가능성이 큰 것들을 선정한다.

(5) 해결책 발견(solution-finding)

이 해결책을 확실하게 해 줄 수 있는 방법은 무엇인지를 확인한다. 해결책 중 최선의 해답을 선택한다. 잠재적 해결책들을 체계적으로 분석하고 실행 가능한 최선의 것들을 선정한다. 먼저 아이디어를 평가할 준거(criteria) 목록을 만들고, 그중 가장 중요한 준거를 사용한다. 마지막으로 문제 해결을 위해 가장 높은 가능성을 가진 것으로 생각되는 한두 가지 해결책을 고른다.

(6) 실행 방안 발견(acceptance-finding)

해결책을 실행에 옮기기 위해서 취해야 할 필요가 있는 행동 계획을 세운다. 해결책을 적용하고 실행하는 데 방해가 될 것 같은 장애들을 극복하는 방법을 생각하고, 성공적인 실행에 기여할 수 있는 모든 요소를 분석하여 구체적인 실행 계획을 수립한다.

각 단계에서는 확산적 사고활동과 수렴적 사고활동이 모두 동원된다. 각 단계의 처음에는 자료(사실, 문제, 아이디어, 준거, 장애물)를 많이 찾는 확산적 사고활동에서 시작하고, 나머지 반은 얻어진 자료들을 좁혀 가면서 선택하는 수렴적 활동을 한다. CPS 모형은 확산적-수렴적, 확산적-수렴적… 이라는 기본 순환 패턴을 문제가 해결될 때까지 반복한다.

3. 개인적 체험 분석을 통해 본 창의적 과정

골드스미드(A.N. Goldsmith)는 미국의 라디오, TV, 영화 등 매체의 기술발전 분야에서 선구자적인 역할도 하고 엄청난 기술 개발을 한 매우 창의적인 인물이다. 그는 창의성에 대해 다음과 같이 정의하였다.

> "굳이 창의성에 대해서 거칠게 정의한다면, 창의성이란 새로운 사실, 법칙, 관계, 장치 내지 제품, 공정(process), 시스템을 만들어 내는 것, 단 그것들을 확실히 밝혀 주는 것이라고 할 수 있다. 일반적으로 말해서, 그 방법은 이용할 수 있는 지식을 근거로 하는 것이기는 해도, 신변에 존재하는 정보에서 직접, 쉽게, 단순하게, 보통의 논증 과정을 거쳐서 나오는 것은 아니다. 창의성은 직관적 방법에 기초를 두고 있다고 설명할 수 있을 것이다."

이것은 '창의성 심포지움'(1957)에서 발표한 내용이다. 골드스미드는 또한 아인슈타인이 한 말을 인용하고 있다. "나는 직관과 영감(inspiration)의 힘을 믿고 있다. 때때로 나는 이유는 알 수 없지만, 내가 옳다는 것을 확신하는 경우가 있다. 상상력은 지식보다 중요하다. 그 이유는, 지식에는 한계가 있지만, 상상력은 전 세계를 포함하며, 진보를 촉진하며, 진보를 낳기 때문이다. 그것은 엄밀히 말해서, 과학적 탐구의 참된 은인이다."

골드스미드가 미국의 과학자인 어빙 랭뮤어(Irving Langmure)의 말을 인용한 바를 재인용하면 다음과 같다.

"인생의 복잡한 상황에서 우리들은 많은 문제를 해결하고, 많은 결단을 내리지 않으면 안 된다. 모든 경우, 이성(reason)이 지침이 되어야 한다고 생각하는 것은 바보스러운 일이다. 이성은 너무도 느리고, 너무 어렵다(추리한다는 것을 말함). 우리는 필요한 자료를 가지고 있지 않으며, 이론적 방법을 적용할 만큼 충분히 문제를 단순화시키지를 못한다. 그러면 어떻게 해야 하는가? 인간이 언제나 해 오던 방법을 사용하면 왜 안 되는가? 즉, 우리들이 가지고 있는 능력, 상식, 사리분별, 경험을 사용하는 것 말이다. 우리들은 직관을 경시하고 있다. 나는 원리를 해명하는 데 성공한 과학적 문제의 거의 대부분에서, 가령 며칠이나 몇 개월이 걸렸어도, 최종적인 해답은 단 1초도 걸리지 않는 사이에, 이성으로 의식되지 않는 과정에 의해서 머리에 떠올린다. 이와 같은 직관적인 사고는 가끔 잘못된 것일 때도 있다. 훌륭한 것은 나쁜 것에서, 때로는 상식과 분별에 의해서, 때로는 논증에 의해서 선별되어야 한다. 인간의 두뇌의 능력은 보통 생각하고 있는 것보다 훨씬 뛰어난 데가 있다."

랭뮤어는 새로운 아이디어를 얻기 위해서 형식적인 계획을 세우는 것이 무익하다는 것을 강조하는 사람이다. 다행한 일, 예기치 못한 사건, 혹은 일반적으로 이와 같은 형식으로 이익을 얻는 개인의 통제를 넘어선, 여러 형태의 환경에 의해서 태어난 새로운 아이디어를 받아들일 수 있는 감수성이 강한 정신을 기르는 것이 중요하다는 것을 강조하였다. 이 랭뮤어의 주장을 음미해 보자.

"우리들이 어떤 문제 해결에 이르기 위해서나 어떤 새로운 효과를 설명하기 위해서 새로운 이론을 만들기도 빌려오기도 하고, 실험도 하고, 전문지식을 총동원하고, 추론을 한다. 그러나 이런 틀에 박힌, 좀 어려운 과정을 거치는 방법을 존중하지만, 이런 형식적 방법 못지않게 중요하고 효과적인 것이 직관이라고 한다. 직관 혹은 영감, 번득임 같은 것을 우리는 너무 무시해 왔다는 것이다. 우리는 그런 번득임, 직관, 영감을 어떤 과제에 열중한 예비적 작업에서 획득해야만 다음 단계의 해결이 훨씬 용이해진다는 입장을 주장한다."

윌리엄스(J.K. Williams, 1964)가 유명한 창의적 인물 몇 사람에 대해서 언급한 바가 있는데, 독일의 생리·물리학자인 헬름홀츠의 말을 인용한 부분이 있다.

> "(같은 문제를 조사한 후)… 여러 방면에서, 좋은 생각은, 아무런 수고 없이도, 생각지도 않았는데 영감과 같이 떠올랐다. 나에 관한 한은, 머리가 피곤할 때 책상머리에 앉아 있을 때에는 좋은 생각이 떠오르지 않는다."

그러면서 자기의 경우는 영감이 언제 잘 떠오르냐 하면, 쉬고 있을 때, 대개는 아침이었다고 했다. 그러니까 '자, 지금부터 영감을 얻자!' 하고 결심한다고 해서 영감이 오는 것이 아니고, 머리가 편안히 쉬고 있을 때라고 한 점은 중요한 고백이다.

같은 말을 프랑스의 수학자인 프엥까레도 했다. 즉, "창의적인 생각은 책상머리에 앉아 있을 때에는 떠오르지 않고, 가끔 다른 활동을 하고 있을 때 머릿속에서 번쩍하고 떠올랐다"고 했다. 역사상 가장 뛰어난 발명가였던 에디슨(Thomas Edison)도 "성공에 이르는 열쇠는, 바로 공기에서 나온다. 어떤 아이디어라든가 아름다운 멜로디와 같이 진실로 새로운 것은 공간에서 밀려나오는 것이다"라고 했는데, 이 말은 새로운 아이디어가 반드시 의식적인 노력이나 형식적인 절차에서 만들어지는 것이 아님을 의미한다.

윌리엄스는 과거 30년간 중요한 화학적 진보를 가져온 1,450명의 화학자들을 조사한 결과, 대다수의 학자들은 그 발견이 몇 주일 동안이나 계속되는 긴장된 작업이 끝난 후 쉬고 있는 동안 이루어졌다고 보고했다는 것이다. 문제의 해결은 냉정하게 논리적으로 추론해서 도달한 것이 아니고, 한가로울 때, 그 변화된 환경에서, 충분히 그리고 완전히 의식에 떠올랐다고 보고했다.

4. 창의성과 성격

1) 전기적(傳記的) 연구

위대한 발명가나 각계의 대표적인 인물(자연과학자나 사회과학자, 예술 분야에서 창의적인 업적을 남긴 사람)은 창의적 사고력이 뛰어났다 하더라도 장기간에 걸친 연구에 수반된 고난을 극복해야 하는 것이 예상된다. 이 점이야말로 성격 특성이 주목되는 이유이다(김재은, 1991).

셰논(J.R. Shannon)은 학자들의 전기(傳記) 연구에서 열성, 인내심, 끈기, 강한 호기심 등이 그들의 성격 특성이라고 밝혀 냈으며, 매키논(R.W. MacKinnon)도 거의 비슷한 결과를 얻었다. 그러니까 학자들이 모두 창의적인 인물이라고는 할 수 없지만 셰논이 선택한 학자들은 비교적 창의적인 업적을 올린 학자들이었으므로 이 연구 결과에는 타당성이 있다고 볼 수 있다.

현존하는 과학자나 예술가의 성격 특성을 가장 면밀하게 조사한 로(A. Roe, 1964)는 다음과 같은 연구 결과를 정리하였다. 즉, 흥미 있는 점은 현재 우리가 가지고 있는 성격 테스트로는 같은 결과를 얻지 못했지만, 면접조사 등을 통해서 생활사를 분석한 결과는 다음과 같다. 단 한 가지 기질상의 공통점은 어려운 일이나 오랜 시간이 걸리는 일에 자진해서 착수한다는 두드러진 특징이 있었다. 즉, 성취 동기라는 개념을 상기하게 한다.

김재은은 창의성 등이 높은 여러 명의 작가, 과학자, 예술가 등의 성격을 분석해서 얻은 결과와 국내외 연구를 종합해서 다음과 같은 특징을 나열하였다. 예를 들면, 고도로 창의적인 사람은 이기적이기보다는 이타적이고, 정력적이며, 근면하고 끈기가 있고, 자기주장이 강하다. 이러한 성격 리스트 중에는 일탈적인 특징들도 들어 있다. 예를 들면, 고도로 창의적인 사람은 신비로운 것에 매혹되며, 규칙을 무시하고, 사고나 판단에서 다른 사람으로부터 독립되어 있고, 괴팍스러운 습성을 가지고 있으며 과격하다. 때로는 첫인상에서는 부정적인 조항도 있다. 즉, 불평불만을 품으며 조직을 교란시키고 남의 흠을 들춰내는 과오를 범하기도 하고, 완고하고, 고집스러운 경우도 있다.

랑게-아이히바움(Lange-Eichbaum)은 천재로 불리는 사람들에게 공통된 특징이란 사실 없다고 주장하였다. 천재의 특질을 하나로 뭉뚱그릴 수도 없지만 천재에게는 창조적 작업의 원동력이 되는 감정과 의지적인 면에서 연구하는 것이 아주 중요한 작업일 것이라고 했다. 굳이 말한다면 이들은 특히 의지적 성격이 강하고, 하나의 관념만이 지배하며, 다른 관념을 배척하는 경향을 갖는 편집적인 성격을 가지고 있는데, 이것은 천재 특히 과학과 철학의 천재에게 많다고 지적했다.

이렇게 보면, 하나의 원대한 계획을 세우고 곁눈질도 안 하고 매진하는 모습이 창의적 인물의 성격 특성이라고 할 수가 있다. 다른 사람들이 외형적으로 보아 시비를 논할 문제가 아니고, 본인의 내인적(內因的) 마음의 활동이 강한지 어떤지가 창의적 인물의 성격 결정 요인이란 것이다.

실험적으로 다수의 자료를 얻기 위해 전문가들은 창의성 테스트를 사용하거나 다른 사람의 평정(評定)에 의해 창의성이 높은 사람과 낮은 사람으로 나누어서 동시에 실시한 성격 테스트의 반응을 통계적으로 분석하는 방법을 많이 채택해 왔다. 그들이 보인 결과는 고창의성 득점자는 창조적 인물들의 성격 특성과 비슷한 경향을 보였다는 것이다. 질적인 면에서 접근했을 때의 창조자의 모습과 양적인 면에서 접근했을 때의 창조자의 모습을 비교해 봐도 결과는 비슷하게 나왔다.

지금까지의 연구를 종합해서 창의적 인물의 성격 특성을 정리해 보면 대략 다음과 같다. 이 목록이 창의성 교육에 도움이 되리라고 생각한다.

① 일(노동)에 있어서 매우 높은 자발성을 발휘한다(주체성의 확립).
② 새로운 관점에서 사물을 본다(관점의 유연성, 관점의 변혁).
③ 사물의 지엽 말단이 아닌 근본을 다루고 파악하려 한다(본질의 파악).
④ 사물과 현상을 멀리, 크게 본다(대국적 관점).
⑤ 변화의 흐름에 대한 높은 감수성을 지니고 있다(시대감각).
⑥ 현재에 만족하지 않는 정신을 지니고 있다(창조적 낭만주의).
⑦ 권위에 구애받지 않는다(도전정신).
⑧ 새로움에 대한 동경이 강하다(강한 호기심).
⑨ 일에 대한 열정과 지속성을 지니고 있다(과제 집착력).

이상에서 살펴본 창의적 인물의 중요한 성격 특성을 간추려 보면, 감수성,

자주성, 호기심, 지속성, 열정성 등이 강하다는 점, 그리고 현재의 학교교육에서는 직접적으로 이런 점들을 중요하게 여기지 않았다는 점, 그리고 창의성 테스트나 지능 테스트로서는 측정할 수 없는 면이 많았다는 점이 이해된다.

2) 실증적 연구

안범희(1977)는 「창의성의 성격적 요인에 관한 연구」(1977)에서 프로이트(Freud)와 정신분석학파에 속하는 학자들의 사고 과정에 관한 이론, 피아제의 인지발달이론 등을 바탕으로 창의성과 관련된 성격 요인에 대해서 연구하였다.

창의성이 성격과 밀접한 관계를 가지고 있을 것이라는 추론의 주된 근거는 창조의 과정에서 비롯된다. 예컨대, 역사상 뛰어난 업적을 남긴 창의적 인물들의 창조에 이르는 과정을 보면 대체로 비범한 행동양식을 가지고 있음을 볼 수 있다. 그 비범한 행동양식이 주로 성격 요인과 관련된다고 할 수 있다. 예컨대, 기업에서 창의성 훈련을 한 결과를 비교한 연구들에서, 창의성 훈련을 받은 집단이 받지 않는 집단보다 창의적 아이디어를 더 많이 냈는데, 그 아이디어의 질도 우수하였으며, 그들의 성격 특성 조사를 해 보니 '지배성'이 훈련 전에 비해서 훨씬 높아졌다는 것을 알 수 있었다.

캘리포니아 대학교의 성격 연구 기관인 IPAR(Institute of Personality Assessment and Research)에서 연구한 바를 보면, 창의적 인물의 종합적 특성은 "지적 호기심이 강하고, 전반적으로 지능이 높으나 집단(전문직업)에 따라 요인 간에는 차이가 있었다. 인식 방법이 남다르며 관찰력이 예리하다. 용의주도하며 집중력이 강하고, 적절히 주의를 환기시킬 줄 안다. 자신의 복합적 심리를 자각하고 있으며, 자신의 성격 메커니즘을 억제하지 않는다. 지적인 동시에 감성적이며, 이해심이 있고, 애매모호한 것을 관용하는, 확산적 사고 경향을 보인다. 문제 해결에 있어서 불유쾌하거나 어려운 문제일지라도 구애받지 않는다. 자기 자신을 잘 파악하고 있으며, 외향성을 띠는 경향이 있고, 타인이 자신을 어떻게 보느냐에 무관심하며 인습적인 속박이나 금기에 대해서 자유롭다. 목표나 수단에 대해서 융통성이 있으며, 독자성이 인정되는 일을 즐겨 한다. 사실보다는 사실이 지닌 의미와 내용에 더 관심을 갖는다"는 등이 지적되고 있다(Vervalin, 1963).

테일러(C.W. Taylor)는 창의적인 인물은 자발적이고 강한 자부심을 가지고 있으며, 독립적이고 불합리한 것에 보다 관용적이고, 복잡한 생각을 가지고 있으며, 자기 수용적이고, 기략이 풍부하며, 모험적·급진적이고, 자제심이 있으며, 정서적으로 민감하고, 내향적이고, 대담하다고 했다.

반면 무스타카스(C.E. Moustakas, 1967)는 창의적 인간이란 자신을 잘 안다, 자신의 잠재능력을 개발시킬 줄 안다, 자신의 느낌과 태도 및 발상에 대한 지각이 보다 정확하다, 자기향상에 힘쓴다, 경험에 일관성을 가지고 있으며 논리적이며 자기 수용적이며 자기실현에 힘쓴다, 하고 싶은 일만 한다는 등의 특성을 밝혔다.

IPAR에서 연구한 매킨논(D.W. MacKinnon, 1971)은 창의적 인물은 지적이고, 독창적이고, 독자적이며, 경험에 대해 개방적이고 직관적·심미적 감수성을 소유하고 있고, 활동적이고, 정열적이고, 지속적이며, 운명에 강한 감각을 지니고 있다고 하였다.

토랜스(E.P. Torrance, 1962)는 창의적인 인물의 성격적 특성에 대한 몇 가지 연구에서, 창의성이 높은 사람들의 성격적 특성을 84가지로 분류한 목록을 만들었다. 이를 간추리면, 창의적인 사람은 무질서를 수용하며, 모험적이고, 과장적이며, 이타주의적이며, 신비를 수용하며, 어려운 과정을 추진한다. 그리고 직설적으로 비평한다. 원기왕성하며, 향상욕구가 강하다. 결단력이 있고 이질적인 가치체계를 가지고 있으며, 불만에 차 있고, 지배적이며, 정서적이며, 정렬적이며, 호기심이 충만하다. 안쓰럽고, 고독하며, 판단과 사고가 독립되어 있다. 싫증을 잘 안 내며 기이한 습관을 가지고 있다. 고집스럽고 상충적인 아이디어를 좋아한다. 우려스러울 때와 관용을 보일 때가 많다. 결심이 굳고, 자기 확신을 가지고 있으며, 유머감각이 높다. 성실하나 소소한 일에는 무관심하고, 사색적이며, 다소 비문화적이고, 원초적인 감각을 보일 때가 있다. 신경질적이며, 고지식하고, 환상적이고, 모험적이고, 은둔적인 때도 있다.

안범희(1977)는 이런 여러 특성을 정리하여 '창의적 인간의 성격 특성'을 다음과 같이 종합적으로 제시했다(p.32).

① 무질서를 수용하고, 타인의 의견을 존중하는 개방성과 관용성을 가지고 있다.
② 인습적인 속박이나 금기로부터 탈피하고, 어려운 문제를 해결하고자 하는 도전성과 용감성을 가지고 있다.
③ 문제 해결에 대한 융통성을 가지고 있다.
④ 자신감과 성취의욕이 높다.
⑤ 호기심이 강하고 탐구적이며, 모험적인 대담성을 가지고 있다.
⑥ 자기 자신에 대한 정확한 파악 및 이에 따른 행동을 추구한다.
⑦ 내향적이다.
⑧ 지배적이고 공격적이다.
⑨ 정열적이고 끈질기고 활동성, 인내심, 자제력을 가지고 있다.
⑩ 선입견이 적고, 타인에 대해 무관한 객관적 태도를 보인다.
⑪ 사색적이고 비판적인 사려성을 보인다.
⑫ 자신감에서 비롯되는 과시성을 보이기도 한다.
⑬ 독립적이고 자율적이다.

하버드 대학교 심리·교육학 교수인 가드너(H. Gardner)는 "창의적 인물이란 문제를 해결하고, 사물을 만들고, 질문을 제기하고, 균형 잡힌 기초 위에서 논쟁거리를 제기하는 사람"이라고 정의했다. 창의적인 사람은 딱 한 번만 창의적인 사람이 아니다. 그 생애를 통해서 꾸준히 창의적일 때 진정으로 창의적인 사람이라고 할 수 있다. 가드너는 이런 창의적 인물들의 창의적인 재능은 미술이나 음악, 수학과 같은 여러 영역 혹은 활동을 통해서 표현된다고 믿고 있다.

3) 창조의 동기

(1) 동기

창의적 소질이 아무리 많아도 동기화가 없으면 현실적으로 산출을 얻을 수가 없다. 싫증을 내지 않고 즐거운 감정으로, 참신성에 끌리면 일은 더욱 잘하게 된다. 이 두 가지 요구가 곧 격렬한 동기가 되어 참된 의미의 창조가 이루어진다.

한 연구에 의하면 「원격연합테스트(Remote Associate Test)」로 신기한 명사를 새롭게 만들게 하는 실험에서, 신기한 명사를 선택한 수는 고창조자군에서는 실험 시행 중에도 확실히 증가했고, 저창조자군에서는 감소하는 결과가 나왔다. 이것이 바로 참신성에 끌리는 마음, 즉 새롭고 이상한 것에 대해서 의문을 제기하고, 관심을 갖고 알아보려 하고, 거기서 뭔가를 발견하려고 하는 지적 요구를 가지고 있는 사람은 확실히 높은 창의성을 가질 것이라는 주장을 뒷받침한다.

그리고 높은 질의 수행에 대한 요구가 강한 사람이 창의성도 높다. 토랜스(E.P. Torrance, 1965) 등이 고교생을 피험자로 한 연구에서 보면, 창의성이 높은 학생은 탐구심, 우월성에 대한 요구, 색다른 방법에 대한 흥미가 컸다. 앞에서와 같이 고창조군에게서 볼 수 있었던 특성과 일치하는 바가 많다. "어려운 일을 성취하는 일, 자연물, 인간, 사상 등에 대해서 정통하고, 그것들을 잘 처리하고 조직하는 일, 이런 일들을 될 수 있는 대로 빨리, 될 수 있는 대로 혼자의 힘으로 해내는 것, 장애를 극복하고 높은 표준에 도달하는 일, 자기를 초극(超克)하는 일, 타인과 경쟁해서 능가하는 일, 재능을 잘 구사해서 자존심을 높이는 일" 등과 같은 성취 동기(成就動機)의 특징들을 고창조자들이 갖추고 있었다. 그러니까 고창조자들 중에는 높은 성취 동기를 가지고 있는 사람이 많다는 것이다. 맥클리랜드(D. McClelland) 등은 성취 동기의 다음 세 가지 정의 중 어느 한 가지에 해당하는 특징을 보이면 성취 동기가 있는 것으로 간주하였다.

① 높은 기준을 세우고, 그것을 달성하려고 하는 것

② 독자적인 방법으로 달성하려는 것
③ 장기간에 걸쳐 성취하려고 하는 것

(2) 정서지능과 창의성

정서지능(emotional intelliqence)은 지능의 개념에 가깝다기보다는 성격 개념에 가까운 개념이다. 골만(Goleman, 1995) 등이 제시한, 정서지능을 포함하는 정신 과정을 보면 ① 자신과 타인의 정서를 인식하고 표현하는 것, ② 자신과 타인의 정서를 조정하는 것, ③ 정서를 적절한 방법으로 이용하는 것 등이 들어 있다. 여기서 창의성과 관련되는 부분이 정서의 이용 부분이다. 정서지능도 정서 정보처리 능력이며, 정서 정보처리 능력은 자신과 다른 사람들의 감정을 정확히 지각하고, 인식하고, 적절히 표현하는 능력, 삶의 질을 향상시키는 방법으로 자신과 타인의 정서를 적합하게, 효과적으로 조정하는 능력이다. 특히 동기를 부여하고, 계획을 수립하고, 목표를 성취하기 위하여 자신의 행동을 이해하고 이끄는 능력이다.

행동 계획 시에 융통성을 갖는다든지, 창의적으로 사고한다든지 하는 부분은 정서를 창의적으로 이용하는 부분에 속한다. 그래서 창의적 사고나 문제 해결에서 정서지능도 중요한 몫을 하여, 창의성의 육성에서 정서지능을 소중하게 여겨야 할 부분으로 본다. 왜냐하면, 정서가 동기 부여의 구실을 하며 주의력을 조정하는 데 중요한 구실을 하기 때문이다(윤현석·김언주, 1996).

윤현석(1996) 등은 성공하기 위한 필수적인 요소로 열심, 열성, 자신감과 같은 적극적인 동기가 중요하다고 했다. 성공한 사람은 스스로 자신에게 동기를 부여하는 능력을 가지고 있다는 것이다. 정서지능은 인간의 능력 발현을 촉진시키기도 하고 방해하기도 하기 때문에 모든 능력에 깊은 영향을 미친다.

자신에게 동기를 부여하는 심리적 요소로는 충동 통제(만족 유예, 끈기, 인내력), 적절한 불안, 희망, 낙관주의, 무아지경 등이 포함되는데 이들 요소 중 창의적 문제 해결 방식이 요구되는 문제 상황에서는 다소의 불안이 약이 되기도 한다. 전혀 불안하지 않은 상태에서는 무관심과 비동기화라는 현상이 생기게 되기 때문이다. 반면에, 지나치게 불안하면 노력을 포기하게 된다. 좋은 기분이 지속될 때, 유머 감각과 웃음이 발동될 때, 우리는 보통 융통성이 생기고 더 복잡한 사고를 할 수 있어서 훨씬 쉽게 문제를 해결할 수가 있다. 기분이 좋은 상태에서 계획을 수립하고 의사를 결정할 때 사람들은 지각적인 편향 현상(perception bias)을 일으킨다. 그렇게 되면 도리어 확산적이고 긍정적인 사고를 더 잘할 수 있게 된다.

칙크센트미하이(Cikszentmihalyi, 1996)가 이름 붙인 무아지경(flow, optimal experience)이라고 하는 경험은, 지금까지보다 자신의 일이 잘될 때의 심리상태를 이렇게 불렀는데, 이것은 순간적인 비이기적 상태, 자연발생적 기쁨의 정서이다. 사람은 정서지능이 최적의 상태가 될 때 바로 이 무아지경에 이를 수가 있다. 토랜스가 여러 곳에서 강조한 "아하!"의 경험, "유레카"의 경험, "바로 그거야!" 하는 경험과 통하는 개념이다. 이 정서가 창의성으로 동기화하는 힘이며 동시에 창의적 성취의 결과이기도 한 것이다.

5. 창의성 검사

1) 간단한 역사

종전의 모든 지능검사는 주로 수렴적 사고를 요구하는 질문에 중점을 두고 제작된 것이고 확산적 사고를 측정하는 데는 큰 관심을 보여 주지 않았다. 그래서 확산적 사고(곧 창의적 사고)를 측정할 수 있는 검사 도구가 필요한 것이다. 1922년에 미국의 심리학자 심프손(Simpson)은 인간의 중요한 지적 자원을 등한시한다고 생각해서 '창의력 검사'를 개발하려고 시도했었다. 앤드류스(Andrews)는 '상상력 검사'를 고안했고, 맥클로이와 마이어(McCloy & Meier, 1931)는 '상상력 검사'를 만들었다. 그러다가 길포드(Guilford, 1950, 1967)가 확산적 사고와 창의성에 대한 연구를 시작함으로써 본격적으로 창의성 검사에 관한 연구를 촉발하게 되었다. 즉, 길포드의 지능 구조 이론(SOI)은 ① 어떤 대상이 주어졌는가(내용), ② 이 대상으로 무엇을 하는가(조작), ③ 어떤 결과를 초래하는가(산출) 등의 3차원 구조를 제시함으로써 지능과 창의성 연구에 새로운 시대를 열었던 것이다. 길포드는 1967년에 창의적 사고 요인으로 유창성·융통성·민감성·독창성·재구성 등의 구성 요인을 제시하고 이것들을 측정할 수 있는 테스트를 제작하였다.

그 후 미네소타 대학교에서는 길포드의 창의성 테스트를 변형·확대시켜 여러 가지 창의력 테스트를 개발하였다. 그 내용은 질문과 추측하기 테스트, 생산-개선 테스트, 창의적인 쓰기 테스트, 가정해 보기 테스트, 불완전한 도형 테스트, 원과 사각 테스트, 형태 테스트 등으로 구성되어 있다.

그 다음으로는 월락과 코간(Wallach & Kogan, 1965)이 만든 창의력 테스트로 「아동용 사고유형검사(Modes of Thinking in Young Children)」가 있는데, 이것은 언어형 테스트로서 사물의 다양한 사용 방법을 묻는 내용으로 되어 있다. 어린 피험자들은 지필로 대답하지 않아도 되고, 그림 대신 말로 하면 검사자가 받아 적게 되어 있다. 이 검사는 피험자들에게 어떤 대상물을 제시하고 그 대상물에 대한 예를 가능한 한 많이 제시하도록 하는 검사이다. 가능한 한 많은 동그란 대상물을 제시하게 한다든지, 칼의 용도, 신문의 용도 등을 묻는 식의 검사들이다. 그 내용은 그림의 선의 의미를 묻는 검사, 선의 형태를 묻는 내용의 검사들로 되어 있다.

1966년에 토랜스(Torrance)가 제작해서 사용하기 시작한 「창의적 사고력 검사(Torrance Test of Creative Thinking, TTCT)」는 상당히 권위 있는 검사로서 지금까지도 널리 사용되는 검사이다. 이 검사는 토랜스가 "창의적 사고력이란 창의적 성취를 할 때 역할을 하는 일반화된 정신 능력들의 집합"이라고 정의한 것에 기초해서 만든 검사이다. 여기에는 언어형(Verbal) 검사와 도형(Figural) 검사의 두 가지가 있다. 그리고 각각 A, B의 동형검사가 준비되어 있다.

언어형 검사 내용을 보면 ① 질문하고 짐작(ask and guess)하기, ② 작품개량(product improvement)하기, ③ 색다른 용도(unusual uses) 찾기, ④ 색다

른 질문(unusual question)하기, ⑤ 가정(just suppose)하기 등의 다섯 가지로 되어 있다.

도형 검사는 세 가지 활동으로 이루어지는데 ① 그림 구성(picture construction), ② 도형 완성(figure completion), ③ 반복적인 닫힌 도형검사(repeated closed figure test)로 되어 있다. 1990년에 토랜스는 TTCT검사의 개정판을 냈는데 여기서는 융통성 요인을 삭제하고 기존의 유창성·독창성·정교성에 제목 개요(title abstractness)와 미완종결에 대한 저항(resistance of premature closure)을 첨가하였다.

확산적 사고를 재는 검사로는 윌리엄스(F. Williams, 1980)의 CAP(Creative Assessment Packet, 창의적 평가 묶음) 검사가 있다. 여기서는 확산적 사고를 측정하는데 유창성과 융통성의 기준은 반응이나 유목의 수를 기준으로 한다는 점에서 유사하다.

이 밖에 데이비스와 림(Davis & Rimm, 1983) 등이 만든 흥미 발견 검사(Group Inventory for Findig Interest Ⅱ; GIFFI Ⅱ)가 있다. 이것은 60개 문항의 독립성, 자신감, 위험 감수, 에너지, 모험심, 호기심, 숙고성, 유머 감각, 예술적 흥미 등의 내용으로 구성되어 있다. 그리고 개인의 창의적 활동, 흥미와 같은 자전적인 배경도 평가 항목으로 포함되어 있다.

「창의력 자기평가 검사」는 파이퍼와 콤포니(Pfeiffer and Compony)가 1992년에 발표한 것인데, 이 검사에서 50점 이상을 받으면 창의성 수준이 높은 것으로 판정한다. 이 검사는 IQ와 비슷하게 창의성 지수(Creativity Coefficient, CQ)를 산정해 내기 위해서 만든 것이다.

그런데 이러한 검사들이 지금 널리 채택되어 활용되지 못하고 있는 실정이다. 그 이유는 객관식 검사인 경우, 확산적 사고 능력 측정에 한계성과 문제성이 있기 때문이다. 확산적 사고 능력 측정을 위한 검사는 채점상의 난점이 있으므로 일반적으로 널리 보급되어 사용하는 데 장애 요인이 되고 있는 것이다.

토랜스가 창의적인 아이를 둔 150명의 부모들이 창의적이라고 인정받은 자기 자녀의 행동을 기술해서 보낸 편지를 분석해 보았더니, 이 자녀들이 학교생활 적응에 어려움을 겪고 있음을 알 수 있었다. 그중 몇 가지 예를 들면 다음과 같다.

- 적극적 호기심을 나타내지 않았음
- 유머 감각이 많음
- 수업 때 잘 빠짐
- 스카우트(Boys Scout or Girls Scout)에 가입하지 않음
- 친구들이 그를 조금 이상하다고 함
- 민감함
- 의사소통을 잘 못함

가장 빈도가 높은(25% 이상선) 아이들의 특징을 추려 보면 다음과 같다.

- 호기심이 강함 : 탐구하고 탐색하며, 본질을 꿰뚫는 질문을 함
- 독창성 : 사고와 행동에서의 특이한 해결책, 특이한 발견, 문제 해결에서의 특이한 점을 보임
- 독자성 : 사고와 행동에서의 개인적 자아 충족 경향이 강함
- 상상적 : 환상적인 창안, 훌륭한 이야기꾼 노릇을 함
- 비동조적 : 다른 사람의 따돌림에 대해 괴로워하지 않음

창의성이 높은 아이들은 이렇듯 좋은 점과 나쁜 점 모두를 가지고 있었다.

2) 창의성의 측정 문제

(1) 지능 검사와의 관계 문제

우선, 창의성은 지능과 어떻게 같고 어떻게 다른가를 밝혀 내야 한다. 학자에 따라 견해가 다르지만 창의성과 지능은 다 같이 인간의 지력(intellect)의 다른 측면이라고 보는 입장, 창의성과 지능은 서로 독립된 속성이라고 보는 입장 등이 있다. 그런 논쟁 자체를 여기서 해결하기는 어렵고, 현실주의적으로 이

문제를 다루어 보기로 한다. 어떤 입장이든 분명한 사실은 창의성이란 전통적으로 사용해 오던 지능과는 다른 중요한 특성을 가지고 있다는 것이다.

일반적으로 창의성과 지능은 나이가 어리거나 지능이 낮은 경우 이 두 특성은 미분화 상태에 있지만 나이가 많든지 일정한 지능 수준 이상이 되면(대개 지능지수 120 이상일 경우) 그 분화가 분명히 나타난다. 또한 창의성도 지능과 같은 정도는 아니지만 학력(學力)에 영향을 미치는 것으로 되어 있다. 따라서 지능과 창의성과 학력의 관계를 좀 더 깊이 연구할 필요가 있다. 왜냐하면 우리가 통상적으로 가지고 있는 선입관을 수정해야 할 경우도 있고, 일선에서 교사들이 학생을 가르치고 진로 지도를 해야 할 경우에 바람직한 지침을 얻기 위해서 필요하기 때문이다. 창의성은 지능에 비해서 정의적 측면이 강하기 때문에 창의성을 연구할 경우에는 성격 특성면, 태도 면에서도 연구하는 것이 필요하다. 근래에 창의성을 측정하는 도구 개발을 위한 연구가 미국, 일본 등의 국가에서 활발하게 이루어지고 있다. 우리나라에서는 김혜숙(1999), 이정규(2003, 2004), 조석희(2001), 김영채(1999) 등이 측정 도구 개발을 위한 연구를 했을 뿐이다.

(2) 토랜스의 체크리스트

창의성 측정의 경우 검사의 타당성 연구가 아주 중요하다. 창의성 검사의 타당성을 연구하기 위해서는 규준(criterion)이 필요하지만 이 경우, 지능 검사와 비교해서 타당한 규준을 발견하기가 어렵다. 창의적인 일을 하고 있거나 그런 업적을 낸 사람들의 업적을 규준으로 삼는다는 것이 어느 정도까지는 가능하지만 학교나 가정에서의 아동과 학생의 창의적 활동을 규준으로 삼고 양화(量化)한다는 것이 매우 어렵다. 이런 점에서 토랜스(Torrance)가 만든 체크리스트가 도움이 되리라고 생각된다. 토랜스는 교실에서의 아동과 학생의 창의적 활동과 창의성을 평가하는 데 도움이 되는 「체크리스트」에 다음과 같은 문항을 포함시키고 있다(E.P. Torrance, 1968).

1. 일사불란하게 이야기를 듣고, 사물을 관찰하고 행동한다.

2. 이야기하거나 글을 쓸 때 유추를 사용한다.
3. 신체를 사용해서 읽고, 쓰고, 그린다.
4. 교사의 문장을 완성시키기 위해서 큰 소리로 말하는 경향이 있다.
5. 권위를 갖는 생각에 도전하는 경향이 있다.
6. 많은 원인을 참조하는 습관이 있다.
7. 사물을 정밀하게 보는 경향이 있다.
8. 발견한 것을 다른 사람에게 말하고 싶어 한다.
9. 종이 울려도 창의적인 일은 계속한다. 시간에 구애받지 않는다.
10. 관계가 없어 보이는 아이디어들에서 관계를 발견하고 표현한다.
11. 배운 것을 가정이나 다른 곳에서 다시 시도해 본다.
12. 호기심을 갖고 있다.
13. 자발적으로 실험 방법이나 발견 방법을 사용한다.
14. 발견하면 흥분해서 소리를 내지른다.
15. 결과를 예상하거나 정확성을 확인한다.
16. 주의가 산만해지는 일이 적다.
17. 사물이나 생각을 새롭게 결합한다.
18. 날카로운 관찰을 하고 질문한다.
19. 학습상의 연구 과제를 자주적으로 결정한다.
20. 다른 방법은 없는지 다양한 가능성을 탐색한다.
21. 자발적으로 새로운 아이디어를 생각해 내고, 그 아이디어를 살려서 놀이를 한다.

이들 문항을 검토해 보면 창의적 활동이라 하더라도 지능이 높다고 생각되는 지적 활동이 상당히 많이 포함되어 있다. 예를 들면 1, 7, 15, 18번 등의 항목이 그렇다. 또 이들 문항들은 그 하나만으로는 창의적 활동이라고 하기는 어렵지만 창의적 활동의 특징을 나타내며, 창의적 활동과 일정한 관계를 가진 행동이라고 할 수 있다. 그래서 학교에서는 어린이와 학생들의 창의적 활동을 좀 더 연구해 볼 필요가 있다.

3) 창의성 측정 기준

(1) 창의적 사고의 성격

창의성은 지능과만 관계 있는 것이 아니고 성격 요인, 정서적 요인 등과도 관계가 있다. 창의성을 구성하고 있는 가장 중요한 측면인 창의적 사고란 무엇인지에 대해서 좀 더 생각해 보기로 한다.

지금까지 우리는 사고 작용을 이미 우리가 가지고 있거나 사용하고 있는 수단만으로도 잘 해결해 갈 수 있는 재생적 사고와 이미 가지고 있는 수단을 기능적으로 혁신해서 새로운 효과를 올릴 수 있는 생산적 사고로 나누어 왔다. 창의적 사고는 단순히 문제 해결의 사태에 당면했을 때만 작용하는 것이 아니고, 문제가 되느냐 안 되느냐, 진정한 문제가 무엇이냐를 알아차리거나 발견해 내고 새로운 것을 만들어 내는 기능과도 관련이 있다. 길포드의 확산적 사고는 이 점을 강조한 것이라고 해석할 수 있다.

(2) 창의성의 기준 문제

창의성의 기준을 개인적인 입장과 사회적인 입장 어느 쪽에 두느냐, 주관적인 기준과 객관적 기준 중 어느 쪽에서 평가할 것인가는 입장에 따라서 다를 수 있다. 가령, 문학이나 예술작품 같은 것은 개인적 입장에서 더욱 문제가 된다. 즉, 유능한 평론가의 평가가 중요할 수가 있다. 예컨대, 뉴욕 타임즈나 르몽드지의 문학이나 미술 담당 기자 혹은 칼럼리스트 등이 여기에 속한다. 그러나 발명품 같은 것은 사회적 효용가치를 따져서 그 가치를 결정하게 된다. 또 주관적인 가치는 작가 자신의 주관적 가치 기준이나 신념 같은 것이 중요한 기준이 된다면, 많은 사람의 동의를 얻느냐 못 얻느냐라든가 국가적 기준에 맞느냐 안 맞느냐로 따지는 것은 객관적 기준이 된다. 예를 들면 기술 특허 같은 것이 객관적 기준에서 본 창의성의 평가가 된다.

사회적 입장이나 객관적 입장에 서서 평가하는 사람은 창조의 산물을 중요시한다. 즉, 나와 있는 결과가 무엇이냐, 어떤 가치가 있느냐, 얼마나 쓸모가 있느냐로 따진다. 새로운 사고방식을 채택했을 경우, 본인에게는 새로운 것이어도 다른 사람에게는 새로운 것이 아닐 경우도 많다. 또 무엇이 새로운가를 단정하기란 무척 어렵다. 특히 한 연령층의 아이에게는 새로운 것이어도 다른 연령층에 있어서는 이미 전혀 새로운 것이 아닐 수도 있으므로 어린이의 창의성을 재기는 무척 어렵다.

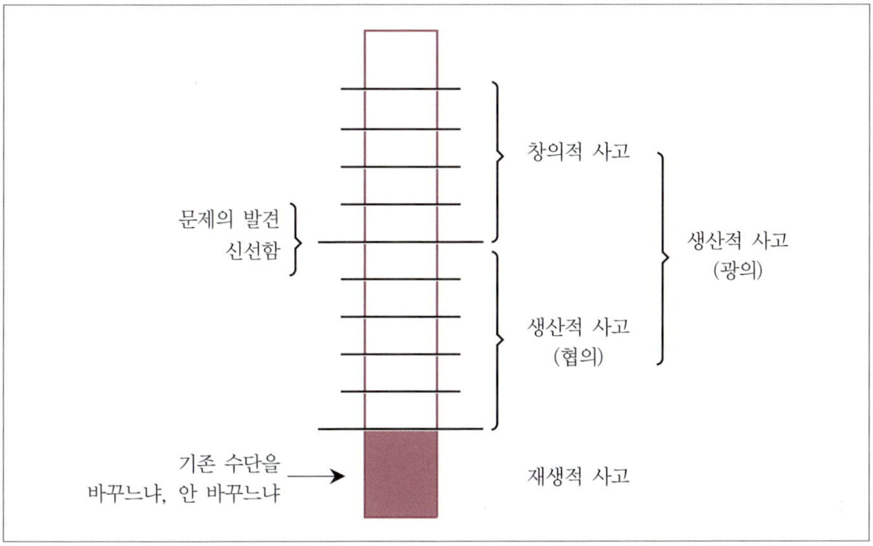

[그림 3-2] 창의적·생산적·재생산적 사고의 관계

개인적인 입장이나 주관적인 입장에서는 창조의 과정을 중요시한다. 이 경우 산물을 도외시할 가능성이 있으므로 창조는 단순히 창의적 사고의 수준에서 논의할 것이 아니고, 전인적인 활동이란 점에서 논의해야 한다. 즉, 삶의 태도, 생활방식 등도 포함시키는 것이 합당할 것이다. 로저스(C. Rogers)나 골드슈타인(K. Goldstein)이나 매슬로(A. Maslow) 등은 창조를 자기실현의 활동으로 본다. 창조의 산물에 대해서 논의할 때에는, 창조의 과정과 뚜렷이 구별해서 해야 한다. 산물의 평가는 창조 과정에서 생겨난 것이라는 입장에서가 아니고, 다음 과정에 영향을 미치느냐 안 미치느냐의 입장에서 이루어져야 한다.

4) 창의성 테스트와 지능 테스트

주로 수렴적 사고 능력을 측정하는 지능검사와 차별화해서 확산적 사고 능력을 측정하려고 하는 창의성 테스트가 등장했다. 종래의 지능 테스트와 다른 점은 무엇일까? 물론 창의성 테스트도 한두 가지가 아니지만 대개는 공통된 점을 가지고 있다. 우리나라에는 이영덕·정원식의 『창의성 검사』가 최초의 테스트로 출판되었다.

그 특징을 보면 다음과 같다.

① 문제의 설정 조건이 정해져 있지 않다. 도리어 스스로 문제를 만들어 내도록 되어 있다.

② 해답은 일의적(一義的)으로 정해지기가 어렵다. 여러 종류의 해답이 요구되며, 그렇다고 그 해답이 가장 좋은 답이라고 단정하기 어렵다. 그보다 더 좋은 답이 나올 가능성이 남아 있을 가능성은 크다.

③ 잘못된 생각, 기묘한 생각이 해답 속에 나타나도 감점하지 않는다.

④ 테스트의 평가는 해답의 맞고 틀림으로 하는 것이 아니라, 해답의 양과 질의 측면에서 한다.

⑤ 그러므로 채점이 곤란하고, 채점자의 주관이 들어가기 쉬우며, 특히 채점자의 판단 기준 이상의 해답은 무시될 가능성이 있다. 또한 검사 문제 작성 자체가 어렵기도 하지만, 특히 테스트에 있어서 필요한 타당성의 기준을 찾아내기가 어렵다는 것이 문제점이다.

창의적 사고가 교육의 문제로서 중요한 관심사가 된 계기는 앞(2장)에 소개한 게첼스와 잭슨(Getzels & Jackson)의 연구일 것이다. 그들은 재능이란 지능검사만으로는 측정할 수 없다는 입장으로 연구해서 이 두 속성 간의 관계를 비교적 정확하게 확증해 주었다.

토랜스(E.P. Torrance, 1979)는 게첼스와 잭슨의 이 연구가 평균지능지수가 132인, 보통이라고 생각할 수 없는 특정 학교에 한정해서 연구했다는 점에 불만을 표시했으며, 거의 같은 방법과 절차로 추시(追試)를 했다.

토랜스가 대상으로 삼은 그룹에서는 여덟 개의 초등학교 중에서 확실히 고창조군과 고지능군 사이에는 학교 성적에 거의 차이가 없었다는 것이다. 그러니까 고지능군과 고창조군은 기본적으로 그 밑바닥에 공통된 지적 능력을 깔고 있다는 말이 될 수도 있다. 그러나 또 다른 한편으로는, 학교 성적이란 지능만으로 또는 창의성만으로 결정되는 것은 아니라는 말도 되는 것이다. 그러나 두 학교에서는 학력 테스트의 성적은 고지능군 쪽이 높았다. 그리고 고창조군은 언어 기능에서 우수하나 산수에서는 떨어진다는 결과도 나왔다.

이와 같은 결과는 결국 측정된 지능과 창조성이라는 것은 결코 같지는 않지만 학업에 관한 한은 함께 같은 정도로 기여하는 것이며, 다만 지적 능력의 다른 측면을 나타내는 것이라고 할 수 있다고 한 길포드의 가설을 거의 인정하는 결과라고 생각할 수가 있다.

이 경우 게첼스 등의 연구가 발표된 이후 많은 연구자들이 '창의성'과 '지능'이라는 용어를 대비해서 쓰게 되었다. 이어 길포드의 지능구조 모델의 틀에 따라서 '창의성'을 확산적 사고와 동일시함으로써 지적 능력의 범주 속에 넣게 되었다. 물론 길포드는 이 경우 지능을 지성이라고 했는데, 거기에는 종래의 지능이론과 다른 측면이 있기 때문에 차별화하기 위해 그렇게 쓴 것이다.

일반적으로 창의성 테스트와 지능 테스트 결과의 상관관계를 보면 .25~.30 정도의 낮은 상관이 있다는 것이 지적되고 있다. 이 수치는 지능지수의 전 영역에 걸쳐진 것은 아니고, 좀 더 상세히 살펴보면 다음과 같은 분기이론(分岐理論, branch theory)이 중요한 의미를 갖게 된다.

앤더슨(J.E. Anderson)은 "능력 수준을 경계선이라는 견지에서 생각해 보면, 먼저 과제를 수행하는 데 필요한 수준의 높이를 묻고, 다음에 이 경계선을 넘어서는 기능의 결정적 조건이 되는 요인이 무엇인지를 생각할 수 있다"고 했다. 즉, 과제를 수행하는 데 어떤 일정한 정도의 수준이 필요하고 그 이하 수준에서는 과제를 해결할 수가 없다는 것을 말한다. 이 수준을 차단점(遮斷點) 혹은 차단 수준이라고 부른다면, 차단점 이상에서는 환경에서 오는 요구와 관련해서, 능력을 나타내 보이려고 할 때, 능력을 과연 발휘할 수 있는지 어떤지는 그 이외의 요인의 작용 유무에 따라서 결정된다는 것이다. 어떤 학자는 이 수준을 지능지수 120 정도라고 예측하고 있다. 그래서 가장 창의성이 높은 아이들은 지능지수 120이거나 그보다 조금 아래이기 때문에, 그런 아이들의 대부분은 우수아를 위한 특별 프로그램에서 배제될 염려가 있다.

길포드는 창의성 테스트(확산적 산출 테스트)와 지능지수와의 관계를 [그림 3-3]처럼 표시하였다. 이 그림에서 설명할 수 있는 것은 창의성 점수의 모든 범위 안에 고지능자의 지능지수가 분포되어 있다. 다시 말하면, 고지능자에는 창의성 점수가 높은 사람이 있는가 하면 낮은 사람도 있다는 말이다. 마찬가지로, 창의성 점수가 낮은 사람도 지능지수의 모든 범위 안에 존재하지만 창의성 점수가 높은 사람은 지능지수 점수가 평균 이상이라는 점이 다르다.

이와 같은 형태와 그 테스트의 관계를 정리해 본다면, 확산적 사고에 의해서 일단 다방면으로 흩어진 정보들을 하나로 묶어 구조화하는 사고, 그리고 논리를 매개로 하지 않고 단번에 결론으로 비약하는 사고도 중요한 사고라고 길포드는 지적했다. 직관적 사고가 그런 예에 속한다.

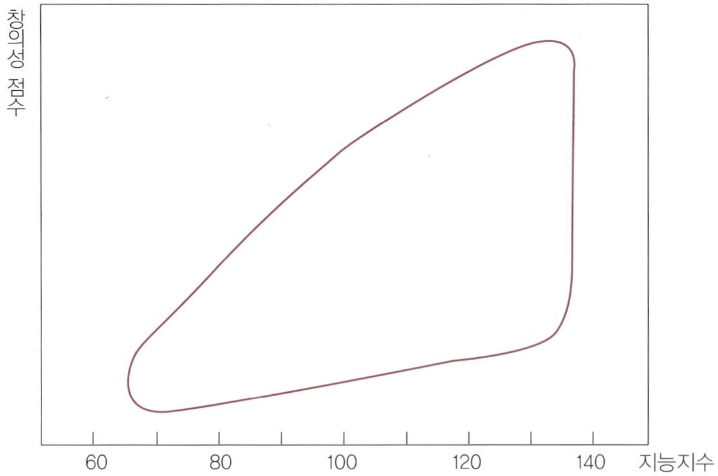

[그림 3-3] 지능지수와 창의성 점수의 분포

브루너(J.S. Bruner)는 종래 학교교육에서 중요시해 왔던 분석적 사고에 대해서 직관적 사고를 대비시킨 것도, 적은 정보에서 많은 가능성을 생각하게 하려는 [그림 3-4]의 (a) 구조와 (b) 구조를 혼합한 타입의 사고의 중요성을 인식했기 때문이라고 생각한다.

길포드의 모델은 (c)형과 (d)형의 중요한 사고 패턴을 놓치고 있다고 보아야 할 것이며, 길포드의 이와 같은 기계적 분류는 여러 가지 사고의 상호 역동적인 작용을 놓치게 되어 살아 움직이는 사고를 파악할 수가 없다는 점에 유의해야 한다.

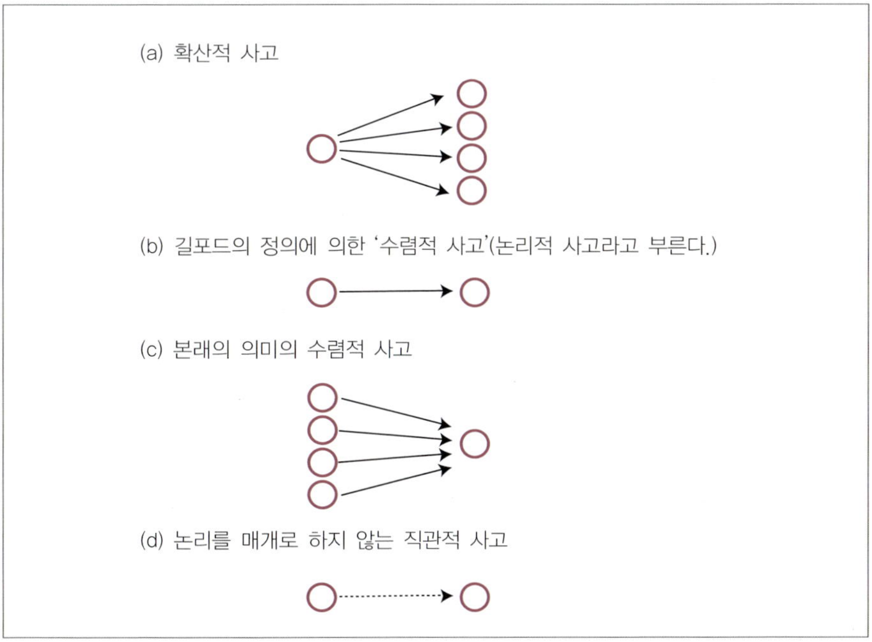

[그림 3-4] 사고의 형태

지금으로서는 한 사람의 종합적 지적 능력을 측정하기 위해서는 지능검사 외에 창의성 테스트도 실시해서 두 테스트의 결과를 비교해 보는 것도 중요하다.

4장. 창의성 교육과 지도

1. 창의성 교육의 문제점

우리나라가 광복 후 민주주의 교육을 표방해 온 지 반세기가 넘었음에도 새천년이 되기까지 현장교육에는 그리 큰 변화가 없다. 21세기에 들어서서 새로운 시대를 맞아 새로운 문화를 창조하고, 세계화된 지구촌 시대에서 나라를 선진화시킬 책임을 지고 있는 우리로서는 미래의 훌륭한 인재를 육성해야 하는 것을 중요한 국가의 과제로 삼아야 할 것이다. 특히 창의적으로 사고하고 문제를 해결하고, 새로운 기술, 작품, 조직, 제도, 가치를 창출해 낼 인재를 길러 내는 것이 중요하다.

이러한 목표와 전략은 문민정부 시대와 국민의 정부 시대의 교육개혁위원회가 제출한 연구보고서에 분명하게 언급되고 있다. 창의성 연구의 세계적 학자인 토랜스(Torrance, 1995)는 "창의적 행동의 수준을 향상시키는 것만이 국가의 일반적 복지, 국민들의 만족과 정신건강에 가장 큰 기여를 할 수 있는 것이다"라고 했다. 이것은 창의성 교육의 중요성을 강조한 대목이며, 창의성을 향상시키려면 그럴 수 있는 교육 환경 조성, 교육 프로그램 개발, 수업 기술의 향상이 있어야만 가능한 일이다. 그러나 창의적 인간의 육성에 걸림돌이 되고 있는 요인들이 있다.

1) 창의성 육성의 간접적 저해 요인

1994년 한국에서 열린 아시아-태평양 영재교육학술대회에서 당시 한국교육개발원 한종하 원장이 교육의 비창의적 성격의 원인에 대한 논문을 발표하였다. 그 내용은 다음과 같다.

(1) 교과서 중심의 학교교육

교과서를 중심으로 한 수업에서 엄청난 학습량을 다루고 있으나, 그 내용의 분량과 학습 시간에 비해서 학습 효과가 적다. 이것은 특히 창의성을 길러 줄 수업을 하지 못하고 있는 원인이고 그 결과 때문이다.

(2) 지식 획득에 기초한 평가 방법의 채택

지식의 기억, 이해량으로 성취도를 따지는 평가 방법을 채택하고 있어서 창의성이 무시당하기 때문이다.

(3) 교사들의 창의성 적성 부족

교사들이 창의성을 길러 줄 수 있는 학습 지도 방법을 배우는 곳이 교원양성기관이다. 그럼에도 그런 기관이 제대로 지도하지 못하고 있을 뿐 아니라 재교육 프로그램에서 학습할 기회가 없어서 교사 자신이 창의적이지 못하기 때문이다.

(4) 학교 환경의 빈곤

학급당 과다한 인원수, 다양한 수업 형태를 시도해 볼 수 있는 기반시설과 여건의 미비 등 때문이다.

한종하는 창의성 교육을 제대로 하려면 이런 비판을 기초로 해서 학교교육을 개혁해야 한다고 주장했다.

위와 같은 교육 내 문제 외에 학교교육에서 창의성을 육성하는 데 간접적으로 영향을 주는 저해 조건을 정리하면 다음과 같다.

(1) 새로운 창조적 산물이란 대개는 이미 있었던 것을 뒤엎거나 새롭게 꾸미거나 바꾸거나 해서 만들어진 것들이다. 과학에서 새로운 것을 창조하려면 그 영역에 대한 정확하고 충분한 기본적인 지식과 정보를 가지고 있어야 한다. 그것 없이 창조는 불가능하다. 그런데, 그동안 우리 교육은 정보는 바다를 이루고 있으나 기본을 소홀히 하고, 정확성이 떨어지는 지식과 정보를 되풀이해서 전수하고 학습해 온 것이 사실이다. 창의성을 육성하려면 정확한 최신의 지식과 기술, 정보를 찾아서 가르칠 필요가 있다. 물론 교과목에 따라 정도의 차이는 있다.

(2) 과거의 관습, 편견, 고집에 집착한다. 우리의 교육이 반세기 동안 일제수업, 획일주의, 집단주의, 객관식 평가 방법, 지식의 기억과 이해, 진도 고집, 엄격한 학년제 지키기, 입시 준비 위주 교육의 틀을 유지해 왔다. 이런 틀 속에서 진정한 의미의 창의성 교육은 그 시행이 불가능하다. 그뿐 아니라, 성적(점수) 지상주의는 각기 학생 개개인의 개성과 적성, 독자성을 무시함으로써 성적은 낮으나 매우 창의적일 수 있는 학생들은 소외되어 왔다. 고득점자만 우대받는 성적 지상주의적 폐단은 확실히 창의성 기르기에 장애가 된다.

(3) 동조성(同調性-conformity)과 선택의 문제가 있다. 동조성이란 많은 다른 사람의 행동양식에 무비판적으로 따라가는 행동 성향을 말한다. 우리는 이 동조 성향이 높은 국민성을 가지고 있다. 집단의 행동 방식에 따라가지 않았을 때의 불이익과 불안을 예방하기 위한 반응 양식이기는 하지만, 이 동조성이 높은 사회는 창의적인 인재가 성장하기 어렵다. 지금까지 우리는 비판 없이 동조 성향을 요구하는 문화양식, 조직, 제도, 학교교육, 가정교육 틀을 유지해 왔다. 즉, 우리 학교나 학부모가 자발적으로, 주체적으로 의사 결정을 하도록 하는 문화적 분위기로 바뀌어야 한다. 궁극적으로 학생 개개인에게 선택의 기회를 넓혀 주어 자주적으로 기회를 선택하도록 하며, 그 선택의 결과에 대해서 스스로 책임지게 해야 창의적으로 사고하는 습관과 태도를 지니게 된다. 지나친 획일화, 강요된 동조성, 선택 기회의 제한은 창의성 기르기의 저해 조건이 된다.

2) 창의성 육성의 교실 내적 저해 요인

교실 내에서도 창의성을 기르는 데 있어서 저해가 되는 요인이 있다.

(1) 교사의 권위적·통제적 태도

창의성은 자유로운 분위기에서 자라나게 된다. 생각의 자유, 표현의 자유, 행동의 자유가 대폭 확대되고 보장되어야 창의적 아이디어가 탄생한다. 반면에 "그렇게 하면 안 돼! 이렇게 해야 돼.", "그렇게 하면 벌 받아.", "생각할 것 없어, 빨리 해.", "안 해? 왜 안 해!" 식의 명령조로 가르치고 일방적으로 지시하고 따지고 평가하는 교실 분위기에서는 창의적인 학생이 나오기가 어렵다.

(2) 수업의 타성화와 기계화

수업은 대체로 전형화되어 있다. 물론 수업은 교안에 의거하지만, 교사가 전수하고 학생들은 수동적으로 흡수하고 그 흡수한 지식·정보·기능을 평가 시 재생(recall)하는 절차를 밟아 이루어진다. 교사는 가르치고 학생은 배운다는 원칙에는 틀림이 없다. 하지만 교수·학습의 수동화, 전형화는 수업의 활기를 떨어뜨릴 뿐 아니라 학습의 효과도 반감시킨다. IT의 발달로 각기 학생마다 테블릿 PC 혹은 데스크톱 PC로 인터넷 수업을 하는 학교가 늘고 있는데 그 학습 효과가 궁금해진다. 창의적인 교수-학습은 활기와 집중력을 높여서 학습의 결과가 뇌와 신체운동기관에 비교적 영속적으로 남게 한다. 그럼으로써 계속 응용할 수가 있다.

(3) 입시준비교육의 폐단

이것은 어느 정도 불가피한 문제이기도 하고, 우리 교육의 아킬레스건이기도 하다. 워낙 오래된 시스템이고 전통화된 제도이기 때문에 학생들은 학교에서는 졸거나 복습을 하고 학원과 과외학습에 집중한다. 대학입시제도나 출제 경향뿐 아니라, 우리의 교육철학과 성공 개념 자체가 심히 왜곡되어 있어서 이런 교육 환경 속에서는 창의성이 자랄 여지가 없다. 창의성 교육 따위는 포기할 수밖에 없게 되어 있는 것이다.

(4) 창의적인 문제 학생

우리 사회의 높은 동조 성향 때문에 일정한 형, 틀, 관행, 평균, 다수의 경향과 수준에 맞추지 않으면 따돌림을 당하고 심하면 왕따를 당하게 되는 바람직하지 않은 풍토가 있다. 창의적인 학생들은 아무래도 평균, 최빈치(mode), 정상 궤도를 벗어나기 쉽기 때문에 교사나 일반 사회, 기업에서 문제시되기 일쑤다. 동조행동으로부터의 일탈이 어떻게 보면 창의성을 낳는 동기가 될 수도 있다. 그래서 창의적인 학생은 엉뚱한 질문을 잘하고, 한 가지 일에 몰두하고, 별나게 행동하고, 때로는 교사의 의사나 행동을 비판하기도 한다.

(5) 평가적 태도

교사는 학생들의 행동이나 반응을 일일이 "잘했어, 못했어", "좋아, 나빠", "그건 몇 점짜리, 이건 몇 점짜리", "이건 합격, 저건 불합격" 등으로 지나치게 빨리 평가하고 그 평가의 결과를 공표함으로써 일부 학생에게는 허영심을, 일부 학생에게는 실망감과 실패의 아픔을 안겨 주기가 쉽다. 그리고 성적 평가와 수행평가 사이의 규준의 논리적 혼동이 있어서 학교 성적이 불량하면 곧 문제 행동아가 되고, 그들은 인생의 실패자라는 도식으로 끌고 가기 때문에, 교사의 지나친 평가적 태도와 연속적인 실패의 경험 누적을 가져오게 하는 태도는 학생들의 창의성을 죽이는 결과를 낳게 된다.

(6) 문제 해결적 수업의 부족

교실 수업, 특히 과학, 수학, 사회과 수업에서는 문제 해결 과정의 학습 지도 방법을 채택하면 창의적인 여러 능력과 태도가 잘 길러지는데, 우리의 학급 안에서는 문제 해결형 수업을 잘 하지 않는다. 여러 가지 이유가 있겠지만, 전달식, 판서 베끼기 식 수업에서는 창의적인 능력은 잘 길러지지 않는다. 그러므로 교사연수 프로그램에서 문제 해결적 수업을 해 볼 수 있는 이론과 실제를 가르쳐 주면 효과적일 것이다. 실제로, 교사들이 이런 지도 기술을 익힐 기회가 적었으며 더욱이 수렴적 사고에 강조점을 둔 수업을 해 왔기 때문에 학생들의 창의적 능력이 잘 길러지지 않는 것이다.

2. 호기심 기르기와 동기화

창의적인 사람의 가장 중요한 지적 특성의 하나가 지적 호기심(intellectual curiosity)이다. 이 호기심을 다른 말로 정보탐구심 혹은 정보욕구(informational needs)라고 한다. 우리가 효과적인 창의성 교육이나 지도를 하려면 학생들의 호기심을 살리고 길러 주는 것이 아주 중요한 지도 요령이 될 수 있다.

1) 정보욕구와 호기심

아기(1세 미만의 영아)도 자극에 대한 선택적 반응을 보이며, 단순한 자극보다 복잡한 자극에 더 많은 주의를 보낸다는 사실은 판츠(R.L. Fantz) 등 여러 연구자들의 연구를 통해 알 수 있다. 인간은 생래적으로 호기심에 찬 동물이라고 할 수 있다. 심지어 고등 포유류에서도 비슷한 경향을 볼 수 있다. 호기심이란 바로 새로운 정보에 대한 욕구를 반영하는 것이다.

2) 호기심을 살리는 수업

(1) 호기심의 두 가지 유형

호기심은 여러 가지 모습으로 표현된다. 지속적인 탐구와 실험, 탐색활동, 계속적인 질문, 계속적인 수집활동, 현장 조사 등으로 나타난다. 지적 호기심에 두 가지 유형이 있는데, 그 하나는 환경 내의 새로운 사상(事象-event)에 대해서 지속적인 관심을 가지고 더 많은 정보를 끄집어 내려고 하는 내발적 호기심이다. 여기에는 방향성이 없어서 확산적 호기심이라고 부를 수 있다. 이것은 어린이의 흥미를 넓혀 주고, 지식의 균형을 잡아 준다. 선택성은 약하지만 자유로운 호기심 활동으로 나타난다. 또 다른 유형은 지식이 불충분하다고 생각되었을 때, 그 부족을 메우기 위해서 정보수집활동을 하게 되는 경우의 호기심이다. 이것을 특수한 호기심이라고 할 수 있다.

호기심 기르기의 원리는 우선, 참신성에 대한 호기심 갖기, 참신성에 대한 경이감 갖기, 모순을 발견하고 곤혹스러움을 경험하는 것 등을 통해서 지속적으로 확산적 호기심을 기를 수 있다.

그러나 수업 프로그램의 진행 과정에서는 확산적 호기심이 즐거운 학습이 되게 하는 것이 중요하다. 지적 호기심이 일어나고 있는 상태란 대개는 즐거운 상태이며, 이 즐거운 경험을 지속하게 하는 학습 지도 요령이 요구된다. 다만 특수한 호기심은 방향성을 갖는 탐색활동이기 때문에 긴장감과 두려움이 수반되는 수가 있다. 그러다가 자기가 찾는 답을 얻게 되면 긴장도 해소되고 안도감이 생겨난다. 이 경우는 문제 해결 후의 즐거움과 절정적인 경험이 탐구활동에서 나타나는 긴장감 등의 보상이 되게 지도해야 한다.

(2) 학습에 내재하는 즐거움

부르너(B.S. Bruner, 1966)가 '내발적 동기화(內發的 動機化-innate motivation)'라는 말을 사용하였는데, 이것이 곧 '학습에 내재하는 즐거움'이다. 아이들이 본래 가지고 있는 지적 호기심을 잘 발동시키고 활용한다면 학습의 동기화가 비교적 쉬울 것이다. 그러기 위해서는 어떤 형태의 수업 전개가 필요한지에 대해 생각해 본다.

① 관찰에 대한 흥미를 높인다. 어린이들에게 창의성을 키워 주기 위해서는 호기심을 갖고 질문을 많이 하게 하는 것이 필요하다. 그런데 그런 질문을 제기하려면 소재(내용)가 있어야 한다. 그 소재는 바로 관찰에서 얻을 수 있다. 아이들이 주변의 여러 자연적·사회적 현상을 눈여겨보고 이상하다고 생각되는

것, 놀랍다고 생각되는 것, 아무래도 모르겠다고 생각되는 것이 있으면 교사나 어른에게 질문을 하게 하는 것이 아주 좋은 방법이 될 수 있을 것이다.

"저런!", "야! 이상하다!", "어이구 저럴 수가?", "어째서 그럴까?", "놀랐는데!", "참 신기해!"와 같은 의문사와 감탄사를 발하도록 교육적 조작을 할 필요가 있다. 이것은 그 현상에 대해서 더 알고 싶은 특수한 호기심의 발로라고 할 수 있다. 그 알고 싶었던 정보를 입수함으로써 어린이(학생)들의 인지구조(이것을 피아제는 '인지적 셰마'라고 했다)에 새로운 변화가 온다. 이런 인지구조의 변화를 조절이라고 한다. 이렇게 인지구조가 변하게 되면 그 새로워진 구조는 새로운 정보를 받아들이기가 쉬워진다. 어린이에게 있어서 이러한 일련의 경험은 '즐거웠다', '또 이런 경험들 해 보고 싶다'는 태세를 갖추게 한다.

아이들에게 사물을 관찰시킬 때 너무 흥미 위주로 하면 중요한 학습활동을 할 때, 자칫 관심을 가지지 않을 수도 있다. 이때 교사는 "자세히 들여다보아라", "눈여겨보아라", "요모조모로 잘 살펴보아라", "어디가 이상하고 신기한지 눈여겨보아라", "잘 보고 노트에 적어 보아라" 식으로 관찰 방법을 가르쳐 주면서 관찰을 통해 즐거움을 경험하도록 하는 지도 방법을 사용하는 것이 바람직하다.

② 어린이들의 선입관을 이용한다. 교사는 수업 시 도입 단계에서 어린이들에게 의문과 지적 호기심을 불러일으키도록 수업 조작을 하는 것이 바람직하다. 만일 일상적인 경험에서 어린이가 잘못된 지식이나 선입관을 가지고 있다면, 이때 이것을 이용해서 어린이들에게 놀라움을 불러일으킬 수가 있다. 여기에 대해서는 다음과 같은 방법이 채택될 수 있다. 한 가지는 어린이들이 가지고 있는 잘못된 선입관에서 유도될 예상을 뒤집어엎는 현상을 교사가 제시해 주는 방법이 있다. 특히 과학과 관련된 선입관이나 편견을 바로잡아 주는 것으로써 호기심을 북돋을 수 있다. 이렇게 해서 '놀라움'을 경험시키는 것이 아주 효과적이다.

③ 실마리가 될 지식이나 정보를 제공해 준다. 어린이가 미리 어떤 강한 기대감이나 예상을 품고 있을수록, 또한 선행 경험이 부족할수록 앞의 방법은 잘 먹혀들지 않을 수 있다. 이때는 어린이의 기대나 예상을 갖게 된 생각(개념이

나 법칙)을 들어 보고, 이것을 이용해서 문제를 풀어 보이고, 잘못된 것이란 것을 보여 준다. 그렇게 함으로써 어린이가 지금까지 알고 있던 것이 잘못되었다는 것을 발견하게 된다. 또 한 가지는 어떤 문제를 해결하는 데 가능한 해답을 모두 말하게 하고, 하나씩 하나씩 실제로 적용해 보고, 정확한 지식인지를 확인하게 하는 방법이다.

④ 이미 알고 있는 지식이 불완전하거나 흠이 있거나, 잘못된 것인지를 알아차리게 한다. 지적 호기심을 불러일으켜서 다음 학습에 대한 준비성을 만드는 데까지 나아가야 호기심을 충족시켜 줄 수가 있다.

(3) 발견학습

먼저 생각할 수 있는 것은 지적 호기심의 충족 자체를 어린아이들 자신에게 맡기는 일이다. 그것이 바로 발견학습이다. 품게 된 의문(질문)을 해결해 주는 정보를 어린이 자신으로 하여금 찾아내게 하는 것이다. 물어보기도 하고, 참고서도 찾아보고, 인터넷도 검색해 보아서 혼자 힘으로 찾게 하는 방법이다. 그러나 정보를 만들지도 못하고, 찾지도 못하고, 알아내지 못하는 수도 있다. 문제 해결에 필요한 지식이 어린이에게는 부족한 경우가 대부분이기 때문이다. 그러니까 스스로 해결하기는 쉽지 않다. 이 방법은 중요하기는 하나 시간이 좀 걸린다.

(4) 의미 있는 수용학습

이것은 어린이에게 의문을 불러일으키고 난 후 그 어린이가 찾아내야 할 정보를 교사가 미리 제시해 주는 것이다. 이 정보는 생겨난 의문을 해결하는 데 도움이 되는 정도에 따라서 습득되기도 하고, 이용되기도 하는 지식이 된다. 그러나 이것은 아이들에게 의존적인 태도를 길러 주기 쉽다.

(5) 질문 훈련법

앞에서 말한 방법들은 '의존적인' 태도를 만들기 쉬움으로, 학습자가 능동적으로 의문(질문) 해결을 위해 노력하면 그것을 반드시 해결할 수 있을 것이라는 믿음을 갖게 해서, 어린이가 노력하면 '응답해 주는' 반응적 환경을 만들어 주는 것이 바람직하다. 질문 훈련법은 앞에서 말한 발견학습과 의미 있는 수용학습의 중간 단계에 속한다. 여기서는 질문을 어떻게 잘할 수 있는지도 가르쳐 주는 것이 좋다. 단지 '예, 아니오'라고 간단히 대답하는 문제뿐만 아니라 생각해 보고, '문장'으로 대답하게 하는 질문을 만드는 방법도 가르쳐 주는 것이 좋다.

(6) 가설 실험수업

이것은 학습자로 하여금 '즐거운 수업'이구나라고 느끼게 하고, 개념을 구사(驅使)하는 능력을 기르는 과학 수업에 주로 사용되는 방법이다. 가설을 세우게 하고(예상해 보게 하고), 검증하는 방법을 고안해 보게 하고, 실제로 실험해 보게 해서 어린아이들에게 지적 흥미를 만족시켜 주는 것을 최상의 목적으로 하는 방법이다. 이때 교사에게는 어떤 문제를 어린이에게 제시할 것이냐가 중요하다.

3) 창의성과 동기화

학생들로 하여금 창의적 활동에 적극적으로 참여하게 한다든지, 학생들에게 창조하려는 강한 내발적 동기를 부여하는 것은 교육적으로 중요한 과제이다. 어린이들의 경우는 '창의적 활동'에 강한 흥미와 호기심을 갖게 하는 것이 교사로서는 우선 관심을 가져야 할 문제이다. 창의적인 어린이는 일반 어린이보다는 호기심이 많고, 뭔가 새로운 것을 만들어 내는 것에 비교적 강한 관심을 가지고 있기 때문에, 교사는 일반 어린이들에게는 창의적인 활동에 관심을 갖게 하고, 창의적인 어린이에게는 창의적인 호기심을 지속적으로 갖도록 환경 조건을 만들어 주는 일과 창의적 동기를 부여하는 일이 필요하다. 두 가지 목적을 모두 달성하려면 어떻게 해야 하는지에 대해서 생각해 보기로 한다.

(1) 발문 방식을 연구하라

어린이의 창의적 사고 능력을 키워 주려면, 환경 조건으로서의 교사라는 조건이 결정적으로 중요하다. 교사의 태도, 가치관, 수업 방식이 크게 영향을 준다. 예컨대 교사가 학생들에게 어떻게 발문(發問)을 하는 것이 좋은지는 교육 현장에서는 아주 중요하다.

"…하면 어떨까?", "…하려면 어떻게 하는 것이 좋을까?", "…하면 어떻게 될까?", "다른 방법은 없을까?", "…에 대해서 어떻게 생각하니?", "제일 많이 공부한 데는 어디지?", "…에서 무엇을 알 수 있을까?" 등의 발문 방식이 필요하고 중요하다. 그 밖에도 "…하려면 어떤 일이 필요하지?", "…한 것은 무엇 때문일까?", "…아무개가 이렇게 말한 것에 대해서 어떻게 생각하니?", "또 다른 생각은 없니?" 등 상황에 따라서 여러 가지 다른 양식으로 발문할 수 있다.

이들 발문은 학습활동에 동기를 부여할 뿐 아니라, 여러모로 생각(다면적 사고)하도록 하는 데 도움이 된다. 문제 해결을 위한 대화(발문과 응답) 방식을 심화하기 위해서는 머릿속에서 이모저모로 따지면서 생각하도록 하는 발문 방법을 연구해 볼 필요가 있다. "연구해 봐"라는 명령조보다는 "연구해 보면 더 좋은 답을 얻을 수 있을 거야"와 같은 권고조가 더 효과적이고 "…은 무엇이냐?"라는 직설적 질문보다는 "…은 이런데 저것은 저렇다. 그 차이는 무엇이지?"라고 물으면 질문의 요점이 더욱 확실해진다.

질문 방식은 창의성을 재는 일종의 테스트 형식으로도 사용할 수 있다.

① 문제를 해결하는 능력(문제 해결력).
② 새로운 사용법을 생각한다(새로운 용도의 발견).
③ 새로운 용도를 생각한다(폐품의 이용).
④ 새로운 것을 생각해 낸다(장차의 고안).
⑤ 보통 때에 생각할 수 없는 사태를 예상한다(결과의 예상).
⑥ 단순한 모양에서 다양한 물건을 생각해 낸다(도형의 구상).
⑦ 하나의 낱말이나 도형에서 많은 것을 연상시킨다(연상하기).

(2) 노트하는 습관을 길러 주라

아이디어의 발상을 촉진하고, 사고를 좀 더 깊게 하도록 하기 위해서는 노트하거나 메모하는 습관을 길러 주는 것이 바람직하다. 수학에서는 측정하기, 도형 그리기, 사회나 과학에서는 관찰하고 기록하기, 미술에서는 스케치하기 등, 연습장이나 메모장을 늘 휴대하면서 노트하게 하는 습관은 아주 바람직하다.

(3) 구체적인 사실, 현상, 사물에서 원리를 찾아내게 한다

만들기 수업에서는 도면 그리기와 실제 제작에서 이치를 깨닫게 하고, 과학에서는 비교군을 만들어 연구하게 하는 등 원리를 끄집어 내게 한다. 될 수 있는 대로 구체적 현상과 사실을 날카롭게 관찰하는 습관이 아주 중요하다. 그렇게 하려면 현상과 사물을 그냥 지나치지 않고 눈여겨보는 태도가 중요하다.

(4) 창의적인 학습 분위기를 만들기

학생들이 상호간 존중해 주고, 서로의 의견을 경청하고, 괴짜도 살아남을 수 있는 분위기를 만들어야 한다. 어린이가 실패로 인해 좌절하지 않게 하는 것도 교사의 중요한 임무이다. 별난 질문을 하는 아이, 엉뚱한 생각을 하는 아이들도 인정해 주는 학급 분위기가 만들어져야 창의적인 아이들이 태어나게 된다.

(5) 물리적 환경에 유의한다

교육에 필요한 교재, 교구, 기자재 등 어린이의 창의적 활동이나 호기심을 유발할 수 있는 환경 조건의 조성이 필요하다.

(6) 개방 교실, 개방 시스템(open education, open system)을 활용한다

교수-학습활동을 교사 중심에서 아동·학생 중심으로, 폐쇄적 교실 구조에서 개방적 교실 구조로, 교과 간의 폐쇄성에서 교과 간 연계성으로 바꾸어 가는 것이 바람직하다. 폐쇄적 커리큘럼에서 개방적·통합적 커리큘럼으로 바꾸어 가면 학습이 효과적이고, 어린이의 창의적 사고 발달에도 도움을 줄 수 있다.

3. 창의적 학습 활동의 지도 방법

창의적 활동을 하는 사람 중 특히 과학과 기술 분야에서 일하는 사람들을 관찰해 보면, 그들의 활동 양상에서 창의적 활동의 지도 방법을 알아낼 수가 있다.

1) 문제를 스스로 만들어 보게 한다

스스로 문제를 만들어 보는 것은 창의적인 사람, 창의적인 학생들의 중요한 특징이다. 보통은 문제(궁금한 것, 호기심이 가는 것, 의심나는 것)란 다른 사람(교사나 어른)으로부터 제시받게 된다. 수업 중 주로 교사가 문제를 제시하고, 학습자는 그 문제를 푼다. 문제를 빨리 정확하게 푸는 사람이 우수한 사람이다. 그런데 한 가지 중요한 것은 창의적 활동에서는 반드시 시간이 중요하지 않을 수도 있다는 점이다. 문제를 '빨리', '정확하게' 풀도록 요구받고 있기 때문에 학생들은 언제나 그 문제를 빨리 풀려고 노력한다. 그런데 창조활동 중에서 시간은 부차적인 것이고 얼마나 '새롭고 가치로운가?'가 더 중요한 준거가 된다.

문제를 풀 때, 시간을 따지는 방식은 문제가 주로 단답형이거나 선택형일 경우이고, 특히 문제의 난이도가 비슷한 검사의 경우인데, 문제 해결의 완벽성이나 해답의 가치를 따질 때에는 시간은 부차적이다. 그래서 문제를 교사로부터 제시받고, 객관적인 답을 하는 것으로 끝나는 수업이나 평가 방법으로는 창의성을 기르기 힘들다. 대답의 질적 평가를 하게 되면 몇 초, 몇 분의 시간차 따위는 문제되지 않는다. 평가 방법상 전자를 양적 테스트, 후자를 질적 테스트라고 말한다.

만일 문제를 스스로 만들고 그것을 풀게 되면, 정답이 마련되어 있지 않기 때문에 정답을 연구해서 만들어 내야 한다. 그 과정이 바로 창의적 활동이 되는 것이다. 우리가 흔히 '공부'한다고 하는 것에는 단순히 기억하는 것만이 아니라 '궁리한다', '연구한다(study)'는 뜻이 들어 있다. 스스로 문제를 만들게 하는 수업을 통해서 문제를 만드는 능력과 문제 해결력을 길러 주게 되고, 나아가 앞의 문제 해결 활동이 다음 단계의 문제 발견, 문제 제기, 문제 해결 능력 발전에 이바지하게 된다.

특히, 유아의 경우는 교사가 놀이 속에서 문제를 제기하도록 하거나 문제가 될 만한 형식으로 만들 수 있도록 배려해서 지도하는 것이 필요하다.

(1) 문제 상황을 만들어라

창조의 과정은 아무런 심리적·물리적 저항 없이 이루어지는 경우는 거의 없다. 전기의 예를 들어 보자. 전기가 전열(電熱)되려면 저항이 일어나야 한다. 저항이 높을수록 큰 에너지가 생긴다. 어떤 창조의 성과도 반드시 어떤 문제 상황(즉 해결이 곤란한 문제, 지금까지의 지식으로는 해결하기 어려운 문제, 전혀 새로운 문제, 당황하게 하는 문제, 역경, 장애물) 속에 있어야만 창의성이 클 가능성이 높아진다. 문제의식이 없는 사람(학생)에게는 창조가 일어날 수 없다.

유아의 경우에 적용할 수 있는 예를 생각해 보자. 미끄럼틀은 급경사의 사다리를 힘들여 올라가지 않으면 기분 좋은 미끄럼 경험은 얻을 수가 없다든지, 물을 끓이면 물이 준다는 것을 확인하려면 실험을 해 보면 된다든지, 관찰을 한다든지, 때로는 체험을 하게 하는 것이 필요하다. 앉아서 답만 얻어듣게 해서는 안 된다.

(2) 주변 세계에 대해서 주의 깊게 관찰하는 습관을 기른다

우리 주변에는 새로운 것을 발견하거나 새로운 것을 만들어 낼 수 있는 기회가 무수히 많다. 새로운 것, 신기한 것, 이상한 것을 눈여겨볼 때, 거기서 뭔가를 발견할 수가 있다. 특히 유아들은 자기중심적, 지각 우위적(知覺優位的) 인지양식과 원시적 심성(心性-mentality)을 가지고 있어서 어른과 다른 시각에서 사물과 현상을 본다. 때로는 어른들이 보지 못한 것, 놓치기 쉬운 것을 어린이들은 보며 느낀다. 우리가 익히 알고 있는 벌거벗은 임금님 이야기가 이를 잘 말해 준다.

유아들은 언어가 미발달 상태에 있기 때문에 언어가 아닌 수단으로 사물을 인식하고 표현하는 예가 많다. 어른들이 미처 보지 못했거나 다르게 보던 것을 어린이들은 자기의 시각으로 보기 때문에 어른의 상상력을 넘어서는 아이디어를 제기하는 때도 없지 않다. 이런 특성들이 창의성으로 이끌어 주는 동력이 될 수 있다.

(3) 유아에게서도 배울 것이 있다

유아의 호기심은 대단하다. 우리가 유아들에게 뭔가를 가르치려 한다면, 그들의 언어 레파토리(저장고) 범위 안에서 낱말을 골라야 한다. 그들의 일반적인 이해력이란 그들의 어휘 사용 능력에 의존한다. 그러니까 유아들에게 장황한 설명은 별로 효과가 없다. 다른 시청각적 매체를 활용하고 신체 움직임을 동반한 학습활동을 유도해야 효과가 있다.

유아에게 뭔가를 가르치려고 주입식으로 학습을 요구해서는 안 되고, 그들의 호기심과 그들이 품고 있을 의문을 부추겨서 질문을 하게 했을 때 학습 효과를 늘릴 수가 있다. 실제로 교사는 유아들에게서 배울 수 있는 것이 많다. 어린이의 답이나 행동, 방법이 잘못되었더라도 즉시 나무라거나 수정해 주기보다는, 후일 스스로 깨닫게 하거나 어린이가 잘못된 생각이나 답을 가지고 있었고 행동도 잘못되어 있었다는 것을 알 수 있는 정보나 자료를 어린이에게 제공해 주는 것이 더욱 바람직하다. 그러기 위해서는 교사가 다소 추궁하는 식의 역질문을 계속해 가면 그런 효과를 얻을 수가 있을 것이다.

어른들의 창의적 활동의 결과는 사회적·문화적인 것이지만, 어린이의 창의적 활동의 결과는 신변적이고 가정적인 것으로 나타난다. 예컨대 어린이의 창의성 기르기의 출발점이 되는 행동은 실험적 관찰과 호기심 발동이며, 여기서 창의적 활동으로 발전해 가는 것이다. 예를 들면, 다음의 〈표 4-1〉과 같은 문제들이 여기에 해당된다.

〈표 4-1〉 유아의 창의성을 키울 수 있는 문제 상황

- 그네 흔들이의 크기와 흔들리는 횟수의 관계, 혹은 시간과의 관계를 알아본다.
- 미끄럼틀에서 여러 가지 물건의 미끄러지는 속도와 크기, 재질과의 관계를 비교한다.
- 비 오는 날 모래사장에서 물 때문에 움직이는 모래알의 움직임을 관찰한다.
- 실로 만든 흔들이의 길이와 흔들리는 횟수의 관계를 알아본다.
- 컵과 깔때기 모양으로 접은 종이로 모래시계를 만든다.
- 종이로 만든 대포(어릴 때 종이접기로 만들어 내려치면 '딱' 하고 소리가 나는 대포)의 크기와 소리의 관계를 알아본다.
- 컵 속의 물 높이를 조정해서 컵을 두드렸을 때의 소리의 높낮이를 조정한다.
- 종이테이프를 꼬아서 가로-세로로 자르면 어떤 모양이 만들어지는지를 살핀다.
- 폐장난감을 가지고 창의적으로 새로운 장난감을 만들어 본다.
- 잡지나 신문에서 눈에 띄는 글자를 모아서 분류해 본다.
- 1:1 대응으로 수의 크고 작고를 가려내는 실험을 해 본다.
- 작은 친절을 베풀면 그 후에 어떻게 달라지는지의 체험을 말해 본다.
- 어떤 사람이 남을 불편하게 하는지를 말해 본다.
- 같은 반 어린이들이 모두가 다 재미있게 지낼 수 있는 방법을 말해 본다.
- 새로 산 장난감을 여러 친구가 함께 재미있게 가지고 노는 방법을 생각해 본다.
- 음식 맛있게 먹고 뚱뚱해지지 않는 방법이 무엇인지를 생각해 본다.

4. 창의성 개발 프로그램

1) 국내 연구자

창의성을 기르는 방법에는 일상적으로 접하는 환경의 분위기를 조성하고 수업 시에 의도적으로나 반의도적으로 교수-학습활동에서 경험하게 하는 방법도 있으나, 순수하게 특정한 목적을 가지고 창의성을 기르는 체계적인 교육-훈련 프로그램도 있다. 여기서는 국내외의 예를 최소한으로 줄여서 소개하기로 한다.

(1) 김영채의 연구

김영채 등(2002)은 「창의적 문제 해결력 향상을 위한 수업 프로그램의 개발과 실험분석」 연구에서, 창의적 문제 해결 능력을 향상시킬 수 있는 수업 프로

그램을 개발해서 현장에서 실험적으로 실시한 결과를 발표한 바 있다.

이 연구에서 사용한 창의력 수업 프로그램(CPS-K)은 창의력을 창의적 문제 해결 과정으로 정의하고 프로그램을 편성하고 있다.

중학교 2학년 학생을 대상으로 해서 이 프로그램을 실시하였지만 거의 모든 학년에도 쉽게 적용할 수 있도록 제작된 프로그램이다.

이 프로그램의 구성을 보면 다음과 같다.

(1) 전단계 1 : 창의력의 이해
(2) 전단계 2 : 사고의 도구
(3) 준비 단계 : 문제 장면의 이해와 분석
(4) 창의적 문제 해결 단계
  단계 Ⅰ : 잠재적 문제의 발견
  단계 Ⅱ : 핵심 문제의 발견과 진술
  단계 Ⅲ : 해결 아이디어의 생성
  단계 Ⅳ : 판단 준거의 생성
  단계 Ⅴ : 해결 대안의 결정
  단계 Ⅵ : 행위 계획의 개발

여기서 사용한 사고 도구는 브레인스토밍(brain-storming) 등 여러 기법을 사용했는데 연구 결과는 다음과 같다. 이 창의력 수업 프로그램(CPS-K)은 중학생들에게 비교적 긍정적인 효과가 나타났으며, 창의적 문제 해결을 위한 아이디어 생성 능력을 향상시켰고, 창의력에 대한 이해와 태도를 변화시키는 데 도움이 된 것으로 밝혀졌다.

(2) 블루닷의 Brain Up Project

김재은, 구동조, 김병수가 주동해서 연구 개발한, 시각 체험을 통한 학습 방법을 중심으로 한 창의교육 프로그램인 「뿌꾸와 생각놀이 프로그램」은 다음과 같은 특징을 가지고 있다. 이 프로그램은 이들이 운영하는 블루닷 창의성 연구소에서 7년간 연구해서 일선에 보급하고 있는 프로그램이다. 4세에서 중학교까지 단계별 프로그램으로 구성되어 있다.

우선 어린이들에게 「Blue Dot SDCT-Test」라는 Placement Test(배치검사)를 실시해서 교육할 프로그램의 수준을 결정한다.

테스트 내용은 다음과 같다.

① 응용하여 그리기-1
② 응용하여 그리기-2
③ 생각나는 것 그리기-1
④ 생각나는 것 그리기-2
⑤ 연상하여 표현하기
⑥ 관찰하여 그리기-1
⑦ 관찰하여 그리기-2

이 「뿌꾸와 생각놀이 프로그램」은 시각 체험을 통해서 창의력을 기르는 프로그램인데 이 프로그램의 기본 전략은 다음과 같다.

① Looking : 보고, 관찰하고, 탐색하면서 의미를 깨닫게 한다.
② Feeling : 몸과 가슴으로 느끼면서, 다양하게 떠올리게 한다.
③ Imagining : 많은 것을 연상하되, 이미지로 기억하게 한다.
④ Thinking : 재미있게 하되, 기발하게 생각하게 한다.
⑤ Doing : 그리고 만들면서 생각을 행동으로 표현하게 한다.

프로그램의 내용(초등 1, 2, 3학년용 예)은 다음과 같이 정리할 수 있다.

① 기초사고 단계
관찰, 연상, 비유, 유추, 상징, 마인드 맵
② 논리사고 단계
상상력, 직관력, 재구성, 합리적 논리적 사고, 입체조형, 마인드 맵

③ 사고기법 단계

스토리텔링, 입체구조, 토론, 사고기법

④ 응용사고 단계

표현 기초, 아이디어 발상, 프로세스 수업, 프로세스 리뷰, 프레젠테이션

국내의 창의성 개발 프로그램 연구는 이 밖에도 전경원(1997), 손향숙(1997), 김춘일(1999), 하주현(2002) 등이 있으나 그 내용 설명은 생략하기로 한다.

2) 후지붐·굿나우(S. Hoogeboom & J. Goodnow)의 문제 해결자(The Problem Solver)

창의성을 체계적으로 기르기 위한 많은 프로그램 중 우리가 쉽게 입수할 수 있는 몇 가지만 소개하기로 한다.

이 프로그램은 유아와 중학생 수준까지의 학생들을 위한 문제 해결 프로그램이다. 이 프로그램은 확산적 사고는 물론 수렴적 사고 과정도 함께 거치도록 구성되어 있다. 이들은 네 단계 방법을 도입하고 있는데, 어떤 문제를 해결함에 있어서도 사용할 수 있는 문제 해결에 대한 체계적 접근 방법이다.

(1) 찾아내기(Find Out)

이 단계에서는 그 문제란 도대체 무엇을 의미하는 것이며, 우리가 답을 하고 해결해야 할 질문이 무엇인가를 찾아내는 단계이다. 그 문제가 대체 어떤 문제인지를 찾아내기 위해서는 거기에 사용된 낱말과 문구(phrase)를 이해해야 하고, 그 문제 안에서 어떤 일들이 일어나고 있는지도 이해해야 한다. 또한 중요한 정보와 중요하지 않은 정보를 확인할 수 있어야 하고, 필요한 정보가 빠져 있다는 것이 확인되면 그 정보를 입수하기 위해서 무엇을 해야 할지에 대해서도 결정을 내려야 한다. 어떤 경우에는 너무 큰 문제여서 해결이 잘 되지 않을 때도 있는데, 이때는 작은 문제로 쪼개야 할 필요가 있다. 그 문제를 우리가 잘

아는 낱말로 정의할 수 있도록 그 문제의 성질을 충분히 이해해야 한다. 끝으로 우리가 해결해야 하거나 대답해야 할 질문을 정확하게 진술할 수 있어야 한다.

(2) 방략 선택하기(Choose a Strategy)

이것은 문제 해결에 도움을 주는 방략을 말한다. 사용할 수 있는 방략에는 대개 한 가지 이상이 있는 법이다. 그러나 어떤 특수한 문제를 해결하려고 할 때 우리에게 도움이 될 방략을 찾아내는 것이 중요하다.

우리가 사용할 수 있는 방략은 다음과 같은 열 가지이다.

① 실행하기와 실물 사용하기
② 그림이나 약화 그리기
③ 표를 만들고 사용하기
④ 조직적인 일람표 만들기
⑤ 짐작하기와 체크하기
⑥ 양식(패턴) 찾기와 사용하기
⑦ 반대로 해 보기
⑧ 논리적 추론 사용하기
⑨ 단순화하기
⑩ 브레인스토밍

(3) 문제 해결하기(Solve It)

우리가 문제에 대한 해답을 찾아낼 때까지 그 문제 해결을 위해 선택한 방략을 사용하여 문제를 집중해서 풀어 가야 한다. 우리가 해결했다고 생각한 문제를 한눈에 알아볼 수 있도록 자기가 한 일을 기록하는 것은 중요하다. 우리가 해답을 찾기 위한 노력함에 따라서 우리가 선택한 방략이 처음 생각했던 만큼 도움이 안 되었다고 하면 다른 방략을 찾아보도록 해야 한다.

(4) 검토하기(Look Back)

문제를 다시 읽고(확인하고), 그 해결 방법이 처음에 제기되었을 때의 문제 속에 제시되었던 조건을 충족시킬 수 있었는지, 질문에 제대로 해답을 주었는지를 체크해 보아야 한다. 우리의 해결 방법을 반성해 보고 과연 그 해답이 논리적이었는지, 합리성이 있었는지를 따지는 것은 문제 해결에서 대단히 중요한 단계이다.

5. 각 교과별 창의성 지도 방법

정범모(1994)는 "엉뚱한 생각을 해 내는 창의력이 없으면 새 기술, 신상품을 개발하지 못하고, 날마다 남의 뒤를 쫓아가서 흉내 낼 수밖에 없다"라고 말하였다. 그러면서 창의력은 초등학교에 들어가자마자 싹부터 잘리고, 어쩌다 창의력이 솟구치면 그곳은 '죄악'이고, '착오'이고, '반항'이고, '시험'에 떨어지는 원인이 된다고 했다.

교과교육은 그것이 국어건 과학이건 사회생활이건, 그 목표를 하등 정신기능과 고등 정신기능의 지적 연속체의 어느 근처를 겨누느냐에 따라서 그 교육의 성과는 크게 달라진다. 지금의 교육을 사고력, 창의력 교육의 방향으로 튼다는 것은 코페르니쿠스적 전환인데, 창의력 교육은 시대의 과제이기 때문에 우리가 회피할 수가 없다.

토랜스는 초등학교 어린이를 대상으로 해서 지능이 매우 높은 학생과 매우 창의적인 학생들의 학업성취도를 4개 과목에서 비교한 바 있다. 그 결과 지능이 많이 차이가 났음에도 불구하고(가끔 26점까지 차이가 나기도 했음) 매우 창의적인 학생들은 읽기와 언어 과목에서 우수한 성적을 보인 것으로 나타났다.

창의력과 읽기의 상관관계는 γ=.48 정도이고, 창의력과 수학의 상관관계는 γ=.28로 보고되고 있다. 이를 통해 창의력은 수학 능력보다 언어 능력과 더 깊은 관계가 있음을 알 수 있다. 확산적 사고 능력 연습은 언어 능력 향상에 큰 영향을 미치며, 공식 적용과 관련된 수학 문제 해결에는 수렴적 사고 능력이 요구되었다.

창의력과 여러 교과목 간의 상관관계는 γ=.09에서 γ=.41 정도니까 일반 지능보다는 훨씬 낮다. 체육과목과는 가장 낮은 상관관계를 보였다. 가장 높은 상관은 창의성과 계산 능력이고, 음악과는 낮은 상관을 보였다. 미술과목과는 γ=.15 정도밖에 보이지 않았다. 이런 현상은 연구자의 말대로 일반적으로 교사들이 수렴적 사고를 선호하기 때문이라고 할 수 있다. 그리고 확산적 사고를 선호하는 학생들은 문학, 언어, 역사, 미술 등의 과목을 선호하였고, 수렴적 사고를 선호하는 학생들은 수학, 물리학, 생물학 등을 선호하였다고 한다.

1) 국어과

국어과는 크게는 두 가지 기능을 가지고 있다. 그 하나는 소통 능력 기르기이고 다른 하나는 문학하기이다.

소통에는 말하기, 쓰기, 짓기, 읽기, 듣기가 포함된다. 말하기, 쓰기와 짓기는 표현언어이고, 읽기와 듣기는 수용언어인데, 창의성은 주로 표현언어 쪽에 속한다. 그중에서도 쓰기와 짓기(writing and creative writing)에서 창의력을 발휘할 수가 있다. 여기서 국어에서의 창의성 기르기 방법에 대해서 검토해 보자.

초등학교에서 글자를 익히고, 혼자서 책을 읽고, 새로운 세계에 눈을 뜨게 되면 가정에서의 독서생활이 중요한 의미를 갖는다. 훌륭한 작품에 접하게 함으로써 문학작품에 대한 흥미가 키워지도록 학교와 가정 간의 독서교육 협력체제를 이루면 효과가 있다.

문학(국어)에서 창의성을 키우는 데 있어서 제일 깊은 관련성이 있는 것은 글짓기(작문) 지도이다. 자기의 경험, 느낌, 생각을 있는 그대로 짓기로 표현할 수 있게 지도하는 것은 어린이들에게 풍부한 정서경험을 하게 하는 데 필요하다. 소풍, 학예회, 학교 행사 등에 참여하는 경험을 이용해서 자기 스스로 독자적인 어떤 느낌을 갖게 하고, 그 느낌을 말로 표현하거나 글로 적게 하는 것은 창의성 지도에 중요하다.

국어를 통해서 창의성을 기르려면 좀 더 구체적으로 다음과 같은 지도가 필요하다.

① 낱말, 문장에 관심을 갖게 한다.

② 남의 말을 듣거나 남의 글을 읽는 데 흥미를 갖게 하고, 남의 글을 읽고 거기에 대해 자기 느낌을 갖게 하고 말하게 한다.

③ 짧은 글짓기나 짧은 시를 써 보게 한다.

④ 이야기 꾸미기 수업을 통해서 창작에 흥미를 갖게 한다. 예를 들면 그림 보고 이야기 만들기, 음악 듣고 이야기 만들기 등도 좋은 방법이다.

⑤ 실제로 있었던 일이나 상상의 이야기를 짓게 한다.

⑥ 옛날이야기, 전래동화, 신화, 전설 등을 들려주고 소감(느낌)을 이야기하게 한다.

⑦ 시를 읽거나 듣고, 자기도 시를 짓되 운율에 맞추어 지어 보게 한다.

⑧ 자기가 경험(소풍, 여행, 영화나 비디오 감상)한 바를 적어 보게 하고 발표를 하게 한다.

⑨ 우리가 오랜 옛날에 살았거나 앞으로 몇십 년 후에도 살아 있다면 어떤 세상이었겠으며, 어떤 세상일지를 그려 보게 한다.

⑩ 책(산문이나 시)을 읽고, 그 읽은 것에서 쓴 사람의 감정과 생각을 미루어 알아보게 하고, 거기에 자기 생각을 보태 보게 한다.

⑪ 나아가 연극, 영화, 인형극 등에 흥미를 갖게 하고, 이런 것들을 보면서, 그 속에서 그것을 쓴 사람의 사상, 정신, 이상, 고민, 문제의식 같은 것을 읽어 내는 연습을 해 본다.

⑫ 어떤 주제를 놓고 토론을 하기도 하고, 글로 생각을 발표하게 한다.

이렇게 해서 국어나 언어교육을 통해서 어린이들의 통찰, 직관, 상상, 구성, 전개, 창의적 사고력 같은 것을 길러 줄 수가 있다. 특히 낱말과 문장이란 그것이 어떻게 쓰이느냐에 따라서 굉장한 위력을 발휘한다는 것을 알게 해야 한다. 그러려면 낱말을 가지고 놀면서 즐기는 습관이 필요하다. 글을 통해서 어린이들은 새로운 세계와 만나고, 새로운 경험을 갖게 되고, 새로운 사상과 접하게 된다. 글쓰기를 통해서 어린이들은 자기의 정체성을 갖게 되며, 자발성과 자율성도 학습하게 되는 것이다. 동시에 표현기법도 점차적으로 세련되게 지도하는 것이 바람직하다.

2) 과학과

과학과야말로 창의성을 기르기에 아주 안성맞춤인 교과목이다. 왜냐하면, 과학자의 궁극적인 연구 목적은 새로운 원리나 법칙을 발견하는 일이요, 기술적인 면에서 새로운 발명을 하는 일이기 때문이다. 그런데 문학과 달리 과학적 발견이나 발명을 하려면 도구가 필요하며, 정확한 수학적 계산 능력이 요구된다. 그래서 어린이들에게 있어서는 어른들이 이미 했던 것을 되풀이하되, 자기 나름대로 새로운 관점에서 관찰하고 원리에 도달하는 방법을 가르쳐 주면 된다.

과학에서는 학생들 한 사람 한 사람의 의문을 존중해 주어야 하고, 개개인에게 호기심을 자아내게 하는 학습 분위기나 수업 기술이 요구된다. 실험과 관찰을 통해서 자연을 탐구하게 하고, 원리의 발견에 이르게 하는 것이다. 좁은 범위의 의문 해결에만 머물지 말고 교사가 갖고 있는 광범위한 지식으로 흥미를 확대하고, 자연현상의 상호 관련성을 파악하게 하고, 어린이나 학생들은 자연현상의 기초에 깔려 있는 질서와 원칙에 이르게 하도록 계획적으로 지도해야 한다.

① 한 사람 한 사람의 의문과 호기심을 중요시하고, 개별지도에 중점을 둔다.

② (창의적 과학자가 그랬듯이) 스스로 문제를 해결하도록 관찰하고, 실험하고, 그 과정을 기록하게 하되 교사가 그 절차나 과정을 지도해 준다.

③ 의문을 제기하도록 자극을 준다. "왜 별이 가만히 있지 않고 반짝이지요?"라는 질문에 대해 "그건 몰라도 돼!", "그건 고학년에 올라가서 배우게 되어 있어, 참아!", "그건 왜 물어?"라는 식으로 대답하는 것은 질문에 대한 대답이 안 될 뿐 아니라 창의성의 싹을 길러 주는 방법이 아니다.

④ 자연에 대한 관심, 자연을 사랑하는 마음, 자연현상에 대한 호기심을 길러 준다. 그리고 관찰의 기회를 풍부하게 해 주며, 식물이나 애완동물이 자라나는 모습을 기록하는 습관을 기르는 것도 의미가 있다.

⑤ 구성적 놀이를 통해서 과학적 원리를 터득하게 한다. 나무토막 얽어 쌓기, 블록 쌓기, 레고와 같은 조작도구 놀이, 모형 만들기와 조립하기는 창의성 신장에 크게 도움이 된다. 그러는 동안 자기 자신의 궁리, 창안, 아

이디어, 발상, 지혜 터득하기가 작용하게 된다. 조립할 때에도 새로운 디자인 아이디어도 창출하게 할 수 있고, 그 속에 작동하는 과학적 원리도 배울 수 있다.

⑥ 인과관계에 대한 발견학습의 기회를 제공한다. 실험을 통해서 인과관계를 확인하는 것은 과학적 창의성과 직접 연결된다. "꽃나무에 물을 안 주면 시든다"라는 사실은 4~5세 아동이라 할지라도 경험을 통해서 인지할 수 있다. 그 사실이 곧 '자연의 법칙'이라는 것을 깨달을 수 있다. 그런 사실을 앎으로써 어린이나 학생은 자연에 대한 경탄심과 외경심을 갖게 되고, 그런 감정이 과학적 창의성 육성에도 중요한 구실을 한다. 이런 경험을 통해서 보편성에 대한 가치관을 길러 줄 수 있고, 더욱 보편적인 원리, 보다 고차적인 원리에 대해 탐구해 가게 될 것이다.

⑦ 자연(현상)에 대한 깊고 넓은 경탄감, 호기심, 외경심, 신비감, 심미적 감정을 갖게 하고 반짝이는 상상력을 발동시키기는 것이 과학적 창의성과 기술에 대한 탐구심이 자라나게 하는 데 동력이 될 수 있다. 과학적 호기심을 키워 주는 데는 자연을 노래하는 노래, 시나 동요도 좋은 자극제가 될 수 있다.

3) 미술과

미술과야말로 과학과 마찬가지로 창의성 교육에 아주 좋은 교과목이다. 어린이들은 2, 3세가 되면 엄마의 얼굴을 잘 그린다. 기상천외한 엄마 얼굴이다. 처음에는 동그라미의 양쪽 중간 허리 부분에서 손이 바로 나온다. 다리는 목도 몸통도 없이 얼굴에서 바로 두 줄기 선으로 표현된다. 그런데 아기가 이런 기이한 엄마 얼굴을 그리더라도 그것을 받아들여야 한다. 크게 웃으면서, 토닥거려 주면서 "잘 그렸어" 하고 칭찬해 주는 것이 창의성 키우기에 동력을 주게 된다.

유아의 초기의 묘화(描畵) 활동은 유아의 인지구조와 손의 운동 협응, 통제력과 관련이 깊다.

이때 아기의 표현충동은 될 수 있는 대로 자유롭게 방임하는 것이 바람직하다. 자유로운 표현활동을 격려해 주면 그럴수록 표현활동이 더욱 자유롭게 창의적이 되며, 눈-손의 운동 협응이 순조로워지면서 어린이들은 자기의 표현활동에 대해서 자신감을 갖게 된다. 이것을 교사나 부모가 심하게 통제하거나 틀에 박아 넣으려고 한다면 그리기에 대한 흥미를 상실하게 될 것이며, 창의적인 표현활동은 위축되어 갈 것이다. 그리고 드디어 그리기를 거부하는 결과를 낳을 수도 있다. 또한 창의적 표현을 학습할 기회를 당초부터 잃어버릴 염려가 있다.

그리기를 꺼리는 현상이 나타나는 초등 4~5학년 무렵에는 디자인이나 만들기 쪽으로 관심을 돌리든지 사실적 그리기보다는 추상적 그림이나 평면구성 같은 것을 도입하는 것도 그리기의 흥미 신장에 도움이 될 것이다. 이 혼란기가 끝나면 다시 사실기로 들어간다. 사실적 기능이 자라게 되면 어린이들은 사실적 그림에 끌리게 된다. 이렇게 되면 어린이 그림 시기를 끝내고 본격적으로 그림 그리기에서 창의성이 표출되기 시작된다. 미술과에서 창의성을 기를 수 있는 수업을 하려면 다음과 같은 점에 유의해야 한다.

① 미술교육에서는 재료를 다양하게 활용하는 것이 좋다. 종이, 쇠붙이, 나무, 돌과 모래 등 자연에 있는 온갖 소재가 미술표현의 재료가 될 수 있음으로 다양한 소재를 사용할수록 다양한 기법이 개발될 수 있고 표현 아이디어가 만들어진다.

② 호기심을 살려야 한다. 자연이나 인공물 혹은 인물에 대해서 눈여겨보고, 그 대상의 특징(본질)을 파악해서 표현하는 습관과 태도가 필요하다. 그래야 표현의 대상이나 테마도 다양해지고 표현기법도 정교해질 수 있다. 창의성 특징의 하나로 정교성이 있다. 그래서 정교하고 정확한 표현기법을 익히는 것도 필요하다.

③ 표현이 즐거운 경험이 되게 한다. 일단 학생들의 표현기술이 서툴고 작품 수준이 빈약해도 평가적으로 판정하지 말고 "잘 그렸어(만들었어)"라고 일단 말하고 "여기 여기는 잘 되었고 여기저기는 다음에 다시 작업을 한다면 이렇게 고치면 훨씬 좋아질 거야" 식으로 격려해 준다. 학생들의 경우는 표현의 기술보다 작품의 의도, 독창성, 다양성, 개성을 높이 사주는

것이 창의성 기르기에 도움이 된다. 자기가 표현하고 싶은 대로 표현해도 괜찮고 그렇게 하니까 독특하고 개성이 있어서 좋다고 해 줌으로써 작품 제작이 즐거운 경험이란 것을 느끼게 한다.

④ 배운 표현기법을 응용할 기회를 준다. 예를 들면 작품의 기능성과 실용성을 잘 활용해서 만들도록 한다.

⑤ 예술성과 동시에 생활성을 고려한다. 즉, 종이접기의 예를 들면, 종이로 아름다운 새 모양을 접었다고 하자. 이때 "야, 그 새 참 예쁘게 접었구나" 라고 하면 예술성을 고려한 것이고 "야 그새 날려 보자, 잘 난다" 하면 생활성을 고려한 것이다. 미술활동에서는 이 양면을 고려하는 것이 창의적인 표현을 조장하게 된다.

⑥ 미술은 모든 디자인의 기초 과정이기 때문에 응용 분야가 무한하다. 회화, 조각, 도자기는 물론 기계설계, 건축설계, 도시설계, 광고, 영화, 무대장치, 의상, 가구, 일용품, 인테리어, 북디자인 등 무수히 많은 분야와 관련이 있기 때문에 디자인의 기초 교육에서 창의성을 길러 준다면, 창의성이 계속 뻗어 나갈 수 있는 가능성이 많은 교과이다.

⑦ 상상, 꿈, 환상(phantasy), 신화, 음악, 영화, 연극, 과학, 시, 소설이 모두 미술적 창의성을 자극하는 소재이므로 다른 영역의 활동에도 넓게 관심을 갖게 하는 것도 크게 도움이 된다.

⑧ 표현의 자유를 확대시켜 주는 것이 좋다. 자기만의 독특한 느낌, 생각, 정서를 작품으로 표현할 수 있는 기회를 주고 기법을 길러 주는 것이 바람직하다.

4) 음악과

'음악과'에서의 창의성 기르기는 '미술과'와는 또 다른 성격을 띤다. 청각은 우리의 감각기관 중 가장 빨리 발달하기 시작하고 또 가장 보수적 감각이라고 할 수 있다. 2세쯤이 되면 여러 번 들어서 알게 된 노래를 한 곡 정도 부를 수 있지만 음정은 부정확하다. 그러나 이 시기부터 음악에 의한 자기표현이 시작된다는 점에서 의미가 있다.

따라서 어린아이들의 음악적 반응에 대해서 인정해 주고 칭찬해 주고 격려해 주고 동기를 부여해 주는 것이 바람직하다. 리듬 감각을 비롯하여 화음 감각은 3~4세부터 초등학교 저학년까지 사이에 습득하도록 하는 것이 좋다. 이렇게 음악의 기초공사가 잘 이루어지면, 그 이후의 창의성 발달에 크게 기여한다는 것은 위대한 많은 음악가의 전기를 보면 알 수 있다. 음악과에서 창의성을 기르기 위한 방법으로서는 다음과 같은 것이 있다.

① 음악의 창의성의 한 영역은 작곡 교육이다. 작곡 교육은 개별지도에 중점을 두는 점검지도가 될 수밖에 없다. 각기 자기 나름대로의 모티브를 잡아서 멜로디의 전 단계라 할 수 있는 소리의 막연한 연결을 흥얼거리는 어린아이에게 그 소리를 5선지 위에 옮겨 놓는 지도를 한다.

② 일단 5선지상에 옮겨 놓은 멜로디를 연주해 보고 더욱 아름다운 소리가 되도록 수정해 주는 개별지도가 필요하다.

③ 가창에 있어서도 제창(齊唱)이나 4부 합창 등은 별도로 치고, 한 사람 한 사람의 가창 지도가 중요하다. 노래를 부를 때 그 곡을 부르면서 얼마나 잘 표현해서 부르느냐, 즉 감정을 구사해서 잘 부르느냐에 관심을 가지고 지도하는 것이 창의성과 관련된다. 감정이란 개인마다 다 다르므로 아무래도 개별지도가 되지 않을 수 없다.

④ 피아노나 바이올린의 연주에 있어서도 얼마나 곡 속에 담겨져 있는 감정을 정교하게 잘 표현해서 연주하느냐를 지도하는 것이 창의적 표현과 관련된다.

⑤ 이야기를 들려주고 그것을 음악용 가사로 번역하고, 그 가사에 곡을 붙이는 것도 창의적 활동이다.

⑥ 음악을 듣고 몸짓으로 감정을 표현하거나 또 다른 방법으로는 음악을 듣고 시를 쓰고 이야기를 만드는 방법도 창의력 활동이 될 수 있다.

⑦ 어린이나 학생의 음악적 재능을 키워 주기 위해서는 창의성 신장의 경험이 있는 음악교사가 필요하다. 1차적으로는 음악을 즐기는 학생으로 만드는 것이 무엇보다 중요하다.

⑧ 창의성 신장 교육은 성공하기도 하겠지만 실패할 수도 있다. 이때 중요한 변수는 교사가 학생의 개성을 존중해 주는 분위기 조성이 결정적인 열쇠임을 이해해야 한다.

6. 창의성 기르기 일반적 기법

창의성 기르기에서는 교사가 창의성이 무엇이냐에 대한 확실한 인식을 가질 것을 비롯해서 창의적인 특성을 가진 어린아이의 발견, 일반 어린이를 위한 지도방법 터득, 어린이 지도 기술 터득, 프로그램을 운영하는 방법, 어린이를 다루는 기술·교재·교구의 준비와 활용에 대한 사전 학습을 해 두는 것 등이 필요하다.

이미 아주 다양한 창의성 개발 기법들이 소개되고 적용되어 왔으나 효과가 있다느니, 효과가 별로 많지 않다느니, 매우 효과적이라느니 하는 분분한 논의 속에서도 창의성 개발 기법으로 계속 소개되고 있는 기법에 대해서 간략하게 소개하려고 한다. 교사가 현장에서 어떻게 잘 활용하느냐에 따라서 효과는 달라질 수 있을 것이다.

1) 브레인스토밍(Brain-storming)

여러 가지 아이디어를 제시하도록 하는 방법으로 널리 활용되는 방법이다. 상상력, 확산적 사고를 크게 활성화해서 아이디어를 제시하게 한다. 이 방법의 기본적 원리는 다음과 같다. 이 기법의 고안자는 오즈본(A. Osborn, 1939)이다.

① 비판 금지 : 남이 제시한 아이디어에 대해서 곧바로 '좋다', '나쁘다'로 비판하지 않는다. 나중에 평가하는 것이므로 그때까지는 비판하지 않는다.
② 자유분방 : 아이디어는 막힘이 없는 자유로운 것일수록 좋다.
③ 대량생산을 권한다 : 아이디어의 수가 많으면 많을수록 그 속에 좋은 아이디어가 들어 있을 가능성이 많아진다.
④ 결합 개선 : 나의 아이디어와 남의 아이디어를 조합해서 더욱 좋은 아이디어를 제시하게 한다.

이 결합 개선의 원리는 창조적 작업에 있어서 가장 중요한 기본 원리이다. 이 때 다른 생각이나 가치관들이 서로 충돌해서 불꽃을 튀기지만 거기서 새로운 아이디어가 만들어지게 된다. 이 방법은 개인으로도 가능하고 소집단으로도 시행이 가능하다.

2) 체크리스트법(Check-list method)

이 체크리스트법은 어떤 문제의 해결 방법이나 아이디어를 만들어 내게 할 때 여러 측면으로 관점을 바꾸어 가면서 생각하게 하는 데 도움이 된다. 예를 들어 오즈본의 체크리스트에서 다음과 같은 관점을 주어서 생각하게 한다. 즉, 아이디어를 바꾸거나 크게 발전시킨다거나(덧붙이기), 작게 한다거나(빼기), 다른 것으로 바꾼다거나(교체), 배열 방법을 바꾼다거나(순서, 속도, 위치 등), 반대로 한다거나, 다른 것과 결합한다거나 하는 내용들이 들어 있다.

이것은 수업 시의 교사가 하는 발문법에 해당한다고 할 수 있다. 예컨대 "~해 보면 어떨까?"라든가 "~하면 어떻게 될까?", "그렇게 함으로써 무슨 이야기를 더 할 수 있을까?" 등의 발문을 해서 학생들로 하여금 다르게, 더 깊게 생각하게 할 수 있다.

3) 수평적 사고법

이 수평적 사고법은 데보노(E. de Bono)가 제창한 새로운 아이디어 창출을 위한 사고 방법이다. 이 수평적 사고에 대치되는 것이 수직적 사고인데, 이 수직적 사고는 표준적인 생각을 파고 들어가는 사고를 말한다. 말하자면 논리적 사고에 해당된다. 반면에 수평적 사고는 표준적이고 일반적인 생각을 알고 있어도 그 외에 더 좋은 생각이 없을까를 찾아보는 방법이다. 여기서 중요한 것은 수평적 사고와 수직적 사고는 서로 보완적인 관계를 가지고 있다는 점이다.

수평적 사고의 원칙은 다음과 같은 4가지이다.

① 지배적인 아이디어를 찾아낸다.

② 이것과는 별도로 다른 여러 가지 견해나 관점을 찾아본다.
③ 수직적 사고의 강한 통제로부터 벗어난다. 예컨대, 꼭 정답을 찾아내야 한다는 등의 강박관념에서 벗어난다는 뜻이다.
④ 우연의 찬스를 이용한다.

수평적 사고는 확산적 사고에, 수직적 사고는 수렴적 사고에 해당된다고 볼 수 있다. 이 수평적 사고 방법은 도구를 사용해서 훈련하는 것인데 일종의 퍼즐(puzzle)과 같은 것이어서 놀이를 통해서 머리의 유연성을 키우는 데 크게 도움이 된다.

4) 시넥틱스(Synectics)

시넥틱스라는 말은 서로 다른 요소, 얼른 보기에 서로 관련이 없는 것으로 보이는 요소를 결합한다는 뜻이다. 즉, 서로 다른 요소를 결합함으로써 새로운 아이디어를 만들어 내는 방법인데 고든(W.J.J. Gorden)이 창안한 기법이다.

이 방법에서는 다음과 같은 세 가지 유추(類推-analogy)를 활용한다.

① 인격적 유추

자기 자신이 바로 그것(아이디어, 물건, 제품, 작품의 주인공)이 되어 그 속에서 생각해 보고 느껴 보게 되는 것이다. 예를 들면, 화학자는 운동하고 있는 분자가 되어서 분자에 일어나는 일을 느껴 보듯이 생각하는 것이다. 또 "만일 어린이가 토끼가 되었다고 하면 어떤 일을 생각하고 있었을까?"라고 묻고는, 어린이에게 토끼가 된 양 생각하고 느껴 보고 말하게 하는 것이다. 이것은 토끼에 대한 인간의 입장에서가 아니다. 토끼의 입장에서 생각하고 느끼고 말하는, 전혀 다른 입장에서 보는 것이므로, 아주 색다른 아이디어를 만들 것을 기대한다.

② 직접적 유추

이미 있는 지식이나 경험적 법칙을 미지의 것에 맞추어 보는 것인데, 이 밖에 또 다른 방법이나 기술이나 해결 방법이 없는지 혹은 비슷한 것은 없는지를 생각해 보는 것이다. 전화기 발명가인 벨은 인간의 귀 구조에서 전화의 메커니즘을 찾아낸 것이다.

③ 상징적 유추

문제를 기술하는 데 물리적이고 비인격적인 이미지를 떠올리게 하는 것이다. 가능한 존재이지 실제로 존재하지 않는 것, 예를 들면, 『아라비안나이트』에 나오는 "열려라 참깨!"라는 말에서 자동 개폐문을 고안한다든지 하는 방법을 말한다.

5) PMI 기법

여기서 P는 Plus, M은 Minus, I는 Interest를 표시한다. 데보노가 제안한 이 기법은 CORT 프로그램을 만들어 실험한 데서 개발한 기법이다. CORT는 Cognitive Research Trust의 약자이다. 즉, 우리가 체계적으로 훈련만 한다면 사고 능력도 개발할 수 있다는 신념하에 만든 훈련 방법을 말한다. PMI는 이 CORT 프로그램의 한 단원으로 제안한 창의성 개발 방법이다. 어떤 특정 문제의 긍정적인 면(장점)과 부정적인 면(단점)을 기록한 다음, 각각에 대해 문제 해결자 나름대로의 판단에 의해 이익이 되는 점을 찾는 기법이다.

우리는 어떤 아이디어를 단순히 좋아한다거나 좋아하지 않는다고 말하는 대신에 PMI를 이용할 수 있다. 이 기법의 활용 방법은 다음과 같다.

① 먼저 좋아하는 점을 쓴다.
② 다음에 좋아하지 않는 점도 쓴다.
③ 그러고 나서 좋아하지도 싫어하지도 않는 흥미 있는 점을 기록한다.

이 방법은 아이디어나 각종 제안들, 연구계획서 등을 처리하는 방법으로 활용할 수 있다. 예를 들면, "학교 운동장이 좁으니까 학교 담장을 모두 헐어 버려야 한다"가 제안된 아이디어라고 하자. 이것은 회의 주제라도 좋고, 학급 안에서 공부하는 주제라도 좋다. 그러면 P는 헐어서 좋은 점, M은 헐어서 좋지 않는 점, I는 헐었을 때 일어난 흥미로운 점이라고 적어 놓고 토론을 하는 것이다.

6) 스캠퍼(SCAMPER) 기법

브레인스토밍과 비슷한 기법인데 브레인스토밍 방법보다는 원인별로 더 구체적으로 생각하도록 유도하는 10개 정도의 체크리스트로 구성되어 있는 문제해결 방법이다.

(1) S(Substitute) : 대치하기 혹은 대신하기

"누구로 대치할 수 있을까? 무엇으로 대치시킬 수 있을까? 어떤 장소로 대치할 수 있을까?"를 생각한다.

(2) C(Combine) : 결합하기

"분류하는 것, 조화를 이루게 하는 것은 어떤 것인가? 무엇을 기준으로 결합할 것인가?"를 생각한다.

(3) A(Adapt) : 동화시키기

비슷한 것 찾기라는 것 중에서 "이것과 비슷한 것은? 과거에 같은 것이 있었는가?"를 생각한다.

(4) M(Modify) : 수정하기, 서로 바꾸기

"새롭게 고안되었는가? 다른 면에서 확대시킬 수 있는가? 다른 변화가 가능한 무엇이 있는가?"를 생각한다.

(5) M(Magnify) : 확대하기

"확대시킬 수 있는 것은 무엇인가? 덧붙이거나 과장하는 것은 어떨까?"를 생각한다.

(6) M(Minify) : 축소하기

“작게, 가볍게, 짧게 할 수 있는 방법은? 압축, 축소할 수는 없을까?”를 생각한다.

(7) P(Put to other uses) : 다르게 활용하기

“다르게 활용할 새로운 방법은? 다른 장소에 사용할 가능성은? 사용할 다른 사람은 없을까?”를 생각한다.

(8) E(Eliminate) : 제거하기

“줄일 것은 무엇인가? 뺄 것은 무엇인가? 중요하지 않은 것은 무엇인가?”를 생각한다.

(9) R(Rearrange) : 재배열하기, 재정리하기

“요소들을 서로 교체시키는 것은 어떨까? 다른 형태의 배열이나 양식은 어떨까?”를 생각한다.

(10) R(Reverse) : 거꾸로 바꾸기, 뒤집기

“순서를 바꾸는 것은 어떨까? 원인과 결과를 앞과 뒤를 바꾸면 어떨까?”를 생각한다. 이 방법은 과학수업에서 할 수가 있고, 미술과의 디자인이나 만들기 수업에서 잘 활용할 수 있을 것이다.

7) 기타 단편적인 방법들

앞에서 살펴본 창의성 개발 기법 외에도 다음과 같은 단편적인 기법들이 있다.

(1) 모든 점 다 생각하기

"이 다음 주에 소풍을 가지요? 소풍 갈 때 어디에, 언제, 몇 시에, 돈은 얼마나, 가서 무엇을 할까요?" 등 소풍에 모든 것을 생각해 보게 한다.

(2) 결과 생각하기

"점심식사 때 줄서서 밥을 받지 않고 아무나 미리 밥상을 받으려 하면, 어떤 일이 일어날까요?"를 생각한다.

(3) 목표 생각하기

"우리가 4월 5일에 나무를 심지요? 왜 심지요? 산에 나무를 안 심으면 어떻게 될까요?"를 묻는다.

(4) 계획하기

"이 다음에 외롭게 혼자 사시는 할아버지, 할머니들을 찾아가서 즐겁게 해드리기로 했지요? 무엇을 준비해 가지고 가야 할까요?"를 묻는다.

(5) 중요한 점 정하기

"내년에 우리는 4학년으로 올라가지요? 동생들이 들어오지요? 동생들에게 어떻게 대해 주어야 할까요?"를 묻는다.

(6) 많은 생각해 보기

이것은 앞의 브레인스토밍과도 통하는 방법이기는 하지만 생각, 의견, 말, 아이디어가 있으면 될 수 있는 대로 많이 털어놓게 하는 것이다. "서울에 가려면 어디로 어떻게 가면 좋을까요?"

(7) 진짜냐, 가짜냐를 생각하기

"우주소년 아톰은 진짜 있을까? 왜?", "그것은 가짜일까? 왜?", "그러면, 만일 이러이러하다면 … 될까?"를 생각하게 한다.

(8) 이야기 만들기

"민수는 뭘 하고 있었을까?", "그 다음 진주는 어떻게 되었을까?", "나비(고양이)는 어떻게 되었을까?" 식으로 이야기를 전개해 간다.

5장. 세계의 창의성 교육

세계의 유수한 6개 국가의 창의성 교육에 대해서 소개하겠다. 창의성 교육에 대한 각국의 제도적·정책적 측면과 학교 일선에서의 교육 실제를 다루려고 한다.

1. 일본의 창의성 교육

일본의 학제(學制)는 우리나라와 거의 같다. K(유치원 과정) + 6 + 3 + 3 + 4(2) 시스템이다. 이 중 초등 6년과 중학교 3년이 의무교육인 점도 우리와 같다. 다만 실업계 고등학교의 경우 3년제 + 2년제 전문대 과정(일본에서는 단기 대학이라고 부른다)을 묶어서 5년제 고등전문학교를 운영하기도 하는 점은 다르다. 이는 이미 우리나라에서도 운영한 바 있으나 지금은 폐지되었다.

2002년부터 초등(일본에서는 소학교)과 중학교에 도입된 '종합적 학습 시간', 이란 것이 있어서, 환경·복지·정보화 사회·국제화 사회·지역사회 등의 여러 문제에 대해서, 아동·청소년이 스스로 문제를 발견하고, 그 문제를 해결하는 연구형(硏究形)의 학습이 권장되어 오고 있다. 어린이가 지금 살고 있는 사회나 환경에 존재하는 '생생하게 살아 있는 문제'에 대해서 체험을 통해서 해결해 가는 동안 어린이들의 창의성을 키울 수 있다고 강조하면서 교육당국에서 적극 권장하고 있다.

일본은 1960년대에 들어서서 과학기술의 진흥과 '창의성 개발'을 중요시하게 되었다. 그래서 영재 교육과 능력 개발이 산업계나 교육계의 긴급한 과제로 부상하기에 이르렀다.

일본 문부성(교육과학기술부에 해당)에서는 1967년부터 「학습지도요령(교육과정에 해당)」에서 '창의성(일본에서는 창조성이라고 씀)'의 함양을 높이 쳐들었고, 1967년에는 '창의적인 지성과 기능의 양성'을 교육계의 과제로 삼았다. 1984년에는 임시교육심의회(우리나라의 교육개혁위원회에 해당)의 답신(보고서)에 "개성을 중시하고, 풍부한 창의성을 육성해야 한다"라는 내용을 주요 의제로 삼았다.

근간에 와서는 21세기를 바라보는 미래 교육의 요청에 부응하면서, 산업계도 이 창의성개발 교육을 다시 중요한 인재개발 교육의 과제로 제시하고 있다.

1) 일본의 학교에서의 창의성 교육

(1) 시대적 배경

1950년대 후반부터 교육계에서 창의성 교육에 관심을 갖기 시작하게 된 것은, 1950년 9월호 미국 심리학회 회장으로 취임한 길포드(J.P. Guilford) 박사의 학회장 취임연설 논문인 「창의성(Creativity)」에서 영향을 받은 것은 2장(29쪽)에서 이미 언급한 대로다. 그리고 길포드를 중심으로 한 지지자들의 창의성에 관한 실증적 연구 등에서 영향을 받아서 일본에서 1950년대 후반부터 1960년대에 걸쳐서 학자들 간에 창의성 연구가 시작되고 일선 학교에서도 교육의 실제 적용에 관심을 갖기 시작했다.

그 후 「교육의 현대화」라는 기치 하에 '학습지도'에서도 많은 주장·제안이 쏟아져 나왔고, 특히 미국 하버드 대학교의 심리학 교수인 브루너(J.S. Bruner) 박사가 쓴 *Toward a theory of instruction*이 1963년에 번역 출판되면서 (우리말로는 『교육의 과정』이라 번역됨) 창의성 연구와 일선 학교에서의 교육 실천에도 불을 댕겼다.

1963년에 경제심의회가 정부에 제출한 답신서 「경제발전에 있어서의 인력개발의 과제와 대책」에서도 창의성 교육의 필요성을 강하게 호소하고 있다. 답신 내용 중 창의성에 관련된 것만 요약하면 다음과 같다.

- 기술 자립을 위한 기초 능력 배양
- 일본은 지금까지 기술의 모방에 머물러 있었다.
- 현실적 문제 해결을 위해서 스스로 생각하고, 스스로 생산해 가는 태도와 능력 기르기
- 창의성 몸에 익히기
- 일상생활 속에서 이런 능력을 체계적으로 기르고, 사실을 정확하게 인식하고, 거기서 문제 해결 방법을 찾는 과학적 접근 방법을 전 과정을 통해서 몸에 익히기 등

1984년에 와서는 임시교육심의회 답신서에 지금까지 교육의 '획일성'을 비판하면서 '개성', '풍부한 창의력', '생각하는 힘과 표현력'을 강조하는 내용을 담았다. 1996년에는 '살아가는 힘', '여유로운 태도('유토리'라고 부름)'를 키워드(key word)로 내세우면서 초·중등교육에 있어서 "어린아이, 학생의 자유로운 발상을 중요시하고, 특히 체험적인 학습을 통해서 어린이들에게 과학적으로 사물을 관찰하고, 사고하는 풍부한 과학적 소양을 기를 필요성"을 강조하고 있다. 그렇게 하기 위해서는 "스스로 학습하고, 스스로 생각하는 힘과 창의성의 기초가 되는 힘을 기르는 것을 목표로 삼아야 한다"고 제시하고 있다.

여기서 중요한 점은 1960년대부터 50년간 일본 교육에서는 줄곧 '창의성 신장'을 부르짖어 왔다는 점이며, 그 배경과 추이에 주목할 필요가 있다.

(2) 초등학교에서의 창의성 교육

교토교육대학 부속 초등학교에서는 지금까지도 일본의 학교교육이 '사실을 알리고, 이해시키고, 기억시키는 일'에 주력하고 있다는 반성에서 시작해서 30년 이상 창의성 교육과 연구와 실천에 주력해 오고 있다. 이 학교는 30년 전부터 '한 아이 한 아이를 최대한 존중한다'는 정신이 맥을 잇고 있는 가운데, '종합적 학습 시간'도 '상상의 시간'이라고 이름을 붙이고, 1주일에 3시간 정도, 연

간 70~90시간 정도를 창의성 교육에 배정하고 있다.

이 시간의 학습활동은 교과와의 관련을 떠나 자유로운 형태로 이루어지고 있다. '학교교육 = 교과교육'이라는 틀을 벗어나 '전인적 육성과 발달의 기본'으로서 '살아가는 힘'을 내세우고, 그 첫 걸음으로서는 '자기 자신을 아는 것'이라고 생각해서 2001년부터 다음과 같이 교육의 주요 지표를 '마음과 몸'으로 정하였다. 이 주제를 음악과에 관련지었을 때의 교수활동의 예를 다음에 제시해 둔다.

이 주제 하에서 교과와 관련이 있는 학습 내용에서 창의성을 기를 수 있는 방법을 강구한다고 한다. 위의 키워드인 '마음과 몸'에 관련해서 음악과 수업의 활동의 예를 들겠다.

음악과의 목표인 '풍부한 정서', '명랑한 표정', '예쁜 목소리', '아름다운 마음'을 결합해서 '음악'을 통해서 "인간 이해와 소통의 감각을 기른다"고 한다.

음악수업에 "몸을 움직여서 몰아상태(沒我狀態)에 들어갈 수 있게" Hip-Hop(힙합)을 도입하고, 전문가의 지도를 받기도 한다. 이 방법은 마치 '교육 속의 예술' 혹은 '예술을 통한 교육'의 한 패러다임이라고 할 수 있다.

아이들이 조사해 온 힙합문화에 대해서 이야기하게 하고, 비디오로 브레이크 댄스를 본 후, 그 학습의 의미를 토론한다. 아이들의 의견은 '몸을 움직이는 것', '건강을 유지하는 것'이 대부분이었다. 그래서 실제로 힙합을 체험해 보게 한다. 이 체험을 통해서 "나의 몸과 마음이 어떻게 달라지는지를 실감해 보자"라는 문제를 던져 준다.

힙합이라는 댄스를 음악과 함께 연습하면서 자기의 자세, 얼굴 표정 등을 생각하고, 나아가 역사, 흑인문화 차별이라는 지식을 배우고, 적극적 자기표현의 감각도 배우고, 다음 활동에 임하는 태도도 배우게 된다.

도미다 시립 마에야마 소학교의 예를 들어 보자. 1999년에는 "넉넉한 마음과 창조성이 풍부한 어린이를 육성하는 것을 목표로 한다"라는 주제로, 아동에 의한 창의·궁리 학습을 실시했다.

창의·궁리 지도 담당 교사, 발명클럽회 지도원, 각 학급 담임이 합의해서 다음과 같은 실행 프로그램을 실시했다. 즉, ① (창의적)아이디어를 내는 방법,

구상한 것을 정리하는 방법, ② 작품 만들기의 기초·기본, ③ 작품 만들기와 기술 지도를 적절히 실행하면서 아동에게 창의·궁리하게 해서 작품을 완성시킴, ④ 그래서 각기 아동 하나하나의 작품을 발표하게 하고, 교내 심사를 실시해서 20% 정도를 입상시켰다.

이런 일련의 현장 교육 연구 때문에 이 학교는 재단법인의 교육 연구비를 지급받았다. 2002년에 도입한 '종합적 학습시간' 프로그램은 초등학교에서는 실제로 연간 100시간 넘게 실시하고 있는 학교가 많다. 아동의 실태에 따라서 교과 등의 틀을 넘어서서 횡단적(橫斷的)·종합적 학습도 하고, 아동의 흥미와 관심에 기초해서 학습을 하는 등 창의·궁리를 살린 교육활동을 한다. 이 시간을 체계적으로 운영함으로써 아동의 창의성은 크게 향상되고 있다고 한다. 그럼에도 창의성 교육에 대해서 깊이 이해하고 수업을 진행할 수 있는 교사는 그리 많지 않다는 것이 문제로 지적되고 있다.

(3) 중·고등학교에서의 창의성 교육

1998년에 앞서 말한 「학습지도 요령」의 최신판에 「종합적 학습 시간」에 '문제를 더 잘 해결하는 자질과 능력'이나 '문제 해결이나 탐구활동에 주체적으로, 창의적으로 임하는 태도'의 육성 등이 기술되어 있다.

창의성 교육과 연관해서 생각할 수 있는 표현은 자연과(일본에서는 이과라고 함)의 목표에 많이 나타나 있다. 예컨대 자연의 사물과 현상에 있어서의 문제의 발견과 과학적 탐구에 관련해서 "새로운 것을 만들어 내려고 하는 태도를 기른다", "새로운 것을 창조하는 적극적 태도를 기른다", "과학적인 창조력을 기른다", "창조적 능력을 기른다" 등등 '창조'라는 용어가 무수히 사용되고 있음을 볼 수 있다.

2002학년부터 과학기술·이과(자연과)·수학교육을 중점적으로 실시하는 '수퍼사이엔스 하이스쿨(Super science high school)'(중·고등 일반교육을 포함함)의 지정이 실시되고 있다. ① 이과·수학에 중점을 둔 커리큘럼의 개발, ② 대학이나 연구기관 등과의 연대·교류, ③ 논리적 사고력 및 창의성과 독창성을 높이기 위한 지도 방향 연구 등이 그 주요 내용이 되고 있다.

중학교의 경우, 후꾸시마 대학교 교육학부 부속 중학교를 예로 들겠다.

〈표 5-1〉 후꾸시마 대학교 교육학부 부속 중학교

1. 창의성을 기르기 위한 단원 구성
   (1) 단원명
   (2) 창의성을 기르는 데 필요한 본 수업의 위치
   (3) 내용과 배당 시간

2. 창의성을 기르기 위한 수업 구상
   (1) 본 수업의 목표
   (2) 연구가설의 구현화(具現化)
      ① 새로운 생각이나 독자적 작품을 요구하는 과제를 설정한다.
      ② 상상하거나 기존의 개념, 지식을 조합하거나 사고의 관건(열쇠)이 될 현상의 제시·발문 궁리
      ③ 아이디어나 작품의 양호도(良好度)를 평가하는 기회를 설정한다.
   (3) 수업의 실시

이 학교에서는 전 교과에 걸쳐서 '창의성을 기르는 수업–학생의 사고를 자극하는 수업 만들기'를 하고 있다. 창의성에 대해서는 "자연과 집단에 있어서 새로운 아이디어나 소산을 낳을 자질"로 정의하고, 창의성 교육을 통해서 ① 과제에 있어서 지금까지의 경험이나 소유하고 있던 지식을 활용해서 스스로 생각을 낳을 학생, ② 기성(旣成)의 개념에 사로잡히지 않고 독자성을 갖는 관찰법, 사고 방법이 가능한 학생, ③ 자기의 생각이나 친구들의 생각을 파악해서 그 장점을 알아차리는 학생을 기르는 것을 기대한다고 한다.

각 교과별로는 창의성을 기르기 위한 수업 안을 만들어 두고 있다.

고등학교에서의 창의성 교육 실천 예를 들겠다. 이바리기현 교육연수센터의 보고서 「창의성을 기르는 학습지도」(2000)에서 고등학교에서의 수학과 과학의 창의성 교육에 관련된 부분을 발췌했다. 수학의 연구 주제는 '다양한 견해와 사고방식을 기르기 위한 수학과 학습지도의 의의'였다.

① 직접적인 체험활동이나 조작적 활동을 도입한 학습
② 유연한 전개가 가능한 개방형(open-ended) 문제를 학습에 활용
③ 학생이 문제 해결을 위해 착상한 것이나 생각을 표현하는 학습 과정의 구성
④ 해결 방법이나 생각을 학생 상호간의 교환을 통해서 재질문(再質問)하기, 관련시켜 훌륭히 마무리하기
⑤ 일반화·통합화 등으로 얻어지는 수학적 관찰이나 사고방식의 활용을 통한 사고의 감득(感得)

또한 이과(과학) 연구 주제는 다음과 같다.

① 교재·교구의 고안
② 관찰·실험 방법의 고안
③ 소인수(少人數)로 실험 그룹 형성하기와 같은 학습 과정·학습 형태의 고안은 궁극에 가서는 사고력 향상, 학생의 발상력 향상, 창의성 기르기의 기초 배양 등에 유효하다고 결론이 내려졌다.

(4) 일본의 창의성 교육을 위한 정책

문부과학성은 아동·학생의 창의성 교육과 육성을 위한 정책으로서 크게 세 가지 축을 들었다. 그 하나는 '종합적 학습'이고, 다른 하나는 과학기술·이과 교육에 대한 국가적 사업이다. 세 번째는 대학이나 연구기관에서의 창의성에 관한 연구와 교육에 대한 정책 개발이다.

일본은 2002년부터 실시해 오는 '종합적 학습 시간'을 도입해서 총 시간은 '총학습지도 요령'에 의해서 연간 100시간을 여기에 배정하고 있다. 여기서는 교과 영역을 넘어서서, 아동·학생의 관심과 흥미를 기초로 한 학습을 하게 하는 등 창의·궁리를 살리는 교육활동을 전개하도록 하고 있다.

한편, 아동·학생의 자연과학 이탈(기초 자연과학 공부를 싫어하는 경향)을 방지하기 위해서 '이과 좋아하는 스쿨' 사업을 2000, 2001년에 일으켜 전국에서 초등 105개교, 중학교 62개교를 선정해서 대학, 기업, 과학관, 박물관 등의 관계자로 이루어진 위원회의 지도를 받도록 했다.

① 이과·수학에 대한 흥미와 관심을 고취시킬 수 있는 지도 방법의 연구
② 교재 개발, 지역의 과학기술에 관련된 인사로부터의 강의, 실험, 실습의 지도 추진
③ 실생활에서의 현상과의 연관을 갖는 직업적, 체험적 수학 활용의 촉진
④ 지역 교사에 대한 공개수업, 과학 활동과의 연대활동 전개
⑤ 창의성 육성은 이런 사업의 직접적인 목적은 아니지만, 미지에 대한 지적 호기심과 탐구심의 육성은 창의성 육성에 중요한 의의를 갖는다.

이 밖에 세 번째 축인, 대학에서의 창의성 교육에 관한 연구와 실험을 들 수 있다. 대학에서는 아주 창의적이고 독창적인 내용의 연구물을 내고, 다양한 수준과 내용의 연구·실험을 여기저기서 많이 이루고 있다. 그런 것이 학교교육과 기업의 인재 육성 프로그램에 기여하고 있다.

2. 중국의 창의성 교육

1) 중국의 교육제도와 창의성 교육의 흐름

중국은 초, 중학교까지(소학교 6년 + 중학교 3년, 소학교 5년 + 중학교 4년)는 우리나라와 학제가 비슷하다. 그 이후 일반 고등학교와 중등 전문학교에 진학하는 두 가지 갈래로 나누어진다. 대학에 들어가고 싶으면 일반 고등학교에, 직업을 갖고 싶으면 중등 전문학교에 들어가게 된다. 고교 이상에는 대학과 고등전문학교가 있는데 대학은 보통 4년제(의과대학 5년제), 고등전문학교는 3년제이다. 대학 위에 대학원이 있는데, 우리나라와 다른 점은 석사·박사과정이 각각 3년으로 되어 있는 점이다.

1980년대 초에 개혁, 개방이라는 국가 정책의 방향 전환과 시행으로 개혁의 물결은 경제 분야에 머물지 않고 교육 분야에도 미쳤다. 거의 같은 시기에 일

본의 히도쓰바시 대학교 연구원으로 와서 일하던 중국인 연구원 수팡지(徐方啓) 등 젊은 학자 몇 사람이 일본으로부터 창의성 연구를 도입해서 소화하면서 대학과 고등학교에서부터 창의성 교육 운동을 벌이기 시작한 것이다.

1983년 8월 중국 제1회 창조학 전국대회가 광서성(廣西省)의 티완족 자치구 남영시(南寧市)에서 개최되었는데, 이때 중국 창조학회 준비위원회가 설립되었고 그 후 이 위원회 멤버들이 상하이를 거점으로 해서 일련의 세미나를 주최했다. 여기서 초·중·고, 대학교원 2,000명 정도를 훈련시켰다. 이 운동이 전국적으로 퍼지고 드디어 정부 부문에까지 영향을 주게 되었다.

그리고 10년 후 이 민간 수준의 노력이 차츰 성과를 내자 1994년 6월 '중국 창조학회'가 정부의 인가를 얻어 정식으로 탄생했다. 중국에서는 정부의 허가가 없으면 누구도 마음대로 '중국'이라는 말이 들어간 조직명을 쓸 수가 없다. 그래서 중국 창조학회가 탄생하면서 중국의 창조성 교육은 큰 전환기를 맞게 되었다.

중국 창조학회가 창립되자마자 병행해서 중국 발명학회도 1985년에 설립되었다. 이 밖에도 중앙교육과학연구소와 중국교육학회 등 교육부에 속하는 연구기구나 외곽 단체도 1990년대 후반부터 창조성 교육에 주목하기 시작했고, 2003년 10월 중국교육학회가 '교육창신(教育創新), 과정교학(課程教學)과 평기정도(評價精度)의 개혁'이라는 주제로 제16회 연차대회를 개최했을 때, 전국에서 무려 2,500편의 논문이 제출되었다. 이와 같이 여러 가지 통로를 통해서 조직적으로 창조성 교육이 추진되기에 이르고 확실히 그 성과가 나타나기 시작했다.

2) 정부의 정책

1994년 교육부(당시 국가교육위원회라고 불렀음)는 「전국 중·소학 창조교육 위원회의 설립에 관한 제안」이라는 중국발명협회의 공문서에 대해서 "창조력을 육성하는 것은 중·소학교육의 중요한 목표의 하나이다"라고 공식적으로 답신했다.

1995년 2월 제8기 전국 인민대표자대회(全人代) 제3회 회의가 열렸을 때 32명의 대표(국회의원에 해당)가 「창조력의 개발을 나라의 기본적인 정책의 하나로 삼는 제안」을 공동으로 발의했다. 그 구체적인 내용을 요약하면 다음과 같다.

① 중국의 특색을 갖는 창조학 체계의 확립
② 창조력 개발 체계의 확립
③ 대·중·소학교의 창조학 과목 증설
④ 각 분야의 기술자와 관리직을 대상으로 하는 창조학 연구 추진
⑤ 2세부터의 창조력 개발의 예비교육 실시
⑥ 선전활동의 강화

1999년 6월 중국 공산당 중앙위원회와 국무원은 「교육개혁의 심화와 소질교육(素質教育)의 촉진에 관한 결정」을 공표했다. 그 제1조에는 소질교육의 중점을 학생과 생도의 창신정신(創新精神)과 실천 능력의 육성에 두지 않으면 안 된다고 정하고 있다. 10년간에 걸쳐서 교육개혁을 계속해 오는 동안 창조성 교육에 대한 새로운 인식과 행동 지침이 만들어졌다고 할 수 있다.

3) 중국의 창조성 교육의 특징

중국은 다민족, 다문화국가에다 공산주의 정치체제에 실용적 경제제도를 가지고 있으나 사회의 많은 곳에 통제가 존재한다. 그럼에도 창조성 교육에 힘쓰는 이유 등을 이해하게 하는 것은 그들의 교육정책이다.

(1) 단일 교과에서 전 교과에로의 전개

창조성 교육의 도입기에는 실천자 본인의 지식 범위와 담당하는 교과목에 한정되어 있어서 단일 교과에서만 전개가 가능했다. 그러다가 여러 교과 간에 공통된 것을 추출해서 중·소학교에서는 전 과목에서 창조성 교육이 전개될 수 있게 되었다. 대학에서도 비슷한 과정이 전개되기도 했다. 2005년을 기준으로 해

서 이미 약 100개 교에서 창조성 교육이 전개되었다. 심지어 창조성 개발을 필수과목으로 지정하고 있는 대학도 있을 정도로 관심이 확산되었다.

(2) 교원 개인의 실천에서 전체 학교 범위로의 확대

창조성 교육의 초기 단계에서는 새로운 교육 동향을 민감하게 느끼는 교원들이 개인적 수준에서의 교육 실천으로 창조성 교육을 해 왔다. 그러나 몇 년 동안의 공사 간의 노력 끝에 외부 환경이 개선되어 오늘날에 와서는 창조성 교육에 대한 학교의 노력과 자세가 인정받기 시작하였다. 이에 따라 학교는 정정당당히 창조성 교육 선언하고 연구비를 신청하고 연구에 적극성을 띠기 시작했다. 이제는 학교장이 자발적으로 선두에 서서 창조성 교육을 실시하려고 리더십을 발휘하고 있다.

(3) 시행착오 관계에서 이론 선행의 관계로의 승화

창조성 교육의 초기 단계에서는 수팡지(徐方啓) 등이 일본에서 도입한 이론이나 실천가이드북을 밑바탕으로 시행착오를 거듭하면서 궤도를 수정해 갔다. 오늘날은 창조성 교육에 관한 이론 연구는 이미 개화기를 맞고 있으며 2003년까지 창조성 관련 단행본이 160여 종 출판되었고, 창조성 교육에 관련된 단행본이 25종 정도 출판되었다. 그래서 이미 중국도 창조성 교육 이론을 가지고 실천하는 단계에 진입한 것으로 보아도 된다.

(4) 범위와 영역 확대

창조성 교육의 초기 단계에 있어서는 개인의 교육 실천 노력이 중심이었기 때문에 성공 여부는 극히 개인적인 사정에 머물러 있었다. 하지만 오늘날은 창조성 교육이 조직적으로 전개됨으로써 광범위하게 그 영향력이 확대되고 있고, 전 교과, 전국 규모로 범위와 영역이 확대되어가고 있다.

4) 창조성 교육의 사례

(1) 아모이 제6중학교

복건성(福建省) 아모이시에 있는 아모이 제6중학교의 전신은 1953년에 창립된 사립중학교였다. 1956년에 공립학교로 개편되었고, 1971년에 고등학교가 병설되었다. 즉, 중·고등학교에 일관성을 유지하는 학교가 되었다. 현재 77개 학급이 있으며 3,600명의 학생과 310명의 교직원이 근무하고 있다. 지금은 아모이에서 제일가는 중학교로 변신했다.

이 학교의 교훈은 '단결, 근면, 구실(求實), 창신(創新)'이다. 또 '인생을 배운다', '생존을 배운다', '학습을 배운다', '창조를 배운다'라는 교육 방침을 정하고 있다.

이 학교의 창조성 교육 실천은 18년간 이어져 오고 있으며, 학교의 교육 특색은 크게 세 가지이다.

① 창조성 교육을 실천하여 학생의 소질을 전면적으로 높인다. 즉, 「아모이 제6중학교 창조성 교육개혁 실험」이라는 복건성(福建省)의 「기초 교육연구 프로젝트」에 착수해서 창조적 인격, 창조적 사고, 창조적 기법이라는 세 가지 측면에서 창조성 교육의 개혁 실험을 전개하고 있다. 그래서 이 학교는 커리큘럼의 충실화, 교실 안의 수업을 중심으로 하는 교과별 창조성 교육, 창조적 인격 육성이라는 일련의 조치를 취하고 있다.

② 학습 방식을 바꾸어 연구학습법을 도입한다. 즉, 연구학습이란 학생을 몇 개의 그룹으로 나누어 자기들이 정한 과제를 중심으로 스스로 연구하면서 문제 해결을 시도해 가게 하는 학습법이다.

③ 발전과 함께 커리큘럼을 개혁해 간다. 즉, 창조성 교육의 전개에 수반해서 커리큘럼이 현장에 맞지 않는 문제가 생겼기 때문에 커리큘럼 그 자체의 개혁에 착수했다.

1998년 이후 이 학교는 창조성 교육의 전체 개혁을 실시하고 있다. 교원의 창조의식, 곤란을 이겨 내는 인내력, 학생의 창조성을 존중하는 관용, 창조수업의 기획력과 실행 능력 등에 관련된 개혁이다. 또 정책적으로는 교사의 의욕 환기, 창조성 교육의 연구와 실천에 대한 지원, 창조적 성과에 대한 평가, 창조성 교육 환경의 창출 등이 중심이 되고 있다.

(2) 상하이시 민행(閔行) 중학교의 창조성 교육

이 학교는 1980년대 후반에 준비기를 거쳐 1990년대 초부터 창조성 교육을 중심으로 한 교육 개혁을 함으로써 현저한 효과를 거두고 있다.

이 학교의 교육 목표의 하나는 '二高二强'인 학교를 만드는 일이다. 二高란 학생의 인문과학적 소양과 과학적 소양을 높이는 일이고 二强이란 학생의 창조력과 실천력을 강화하는 일이다. 학교의 슬로건은 '합격 플러스 창조'이다. 즉, 교육부가 제정한 「교육요강」인 모든 기준에 합격하는 것을 전제로 하고 여기에 창조를 더하는 것으로 「교육요강」보다 높은 목표를 설정하고 있는 셈이다.

이 학교의 본격적인 창조성 교육은 1990년대 초부터 시작하여, 10수년의 실천을 거쳐 충분한 경험을 쌓고 이론으로 정리할 단계까지 이르렀다. 이 학교의 교육 특색은 다음과 같다.

① 창조성 교육은 하나의 교육체계로 자리 잡았다. 구체적으로 보면
- 학생의 창조 정신과 실천 능력의 육성을 중심으로 하는 소질 교육의 관념을 확립했다.
- 창조성 교육에 관한 관리체제가 마련되었다.
- 창조성 교육을 교과교육에 짜 넣었다.
- 창조적 학습과 실천을 하는 학생 단체를 만들었다.
- 창조성 교육의 평가 시스템을 마련했다.
- 네트워크를 만들어 교류를 촉진했다.

② 창조성 교육은 학생들의 소질을 전면적으로 높였다.

③ 창조성 교육은 학생들의 실천력을 크게 높였다.

(3) 중국 광업대학교의 창조성 교육

중국 광업대학교의 추앙수어챵(庄壽强) 교수는 1984년부터 시험적으로 창조성 교육을 지질학 수업에 도입해서 환영을 받았다. 그 후 학부 학생들을 대상으로 해서 '보통 창조학'(2학점)이라는 과목을 개설해서 9년간 실험했다. 1993년 11월에 이 '창조학'은 전체 학과의 공통 과목이 되었다. 이런 의욕적인 행동을 중국 발명협회에서 주목하게 되어 이 대학에서 '제1회 대학 창조교육과 창조학 심포지엄'을 공동 개최하게 되고 이 대학은 창조성 분야의 리더가 되었다. 1994년에는 '창조학 전공'을 증설했고, '보통 창조학' 외에도 '창조적 사고', '창조공학', '과학창조심리학', '특허법', '창조실천' 등의 과목을 개설했다.

1995년에는 기계 창조공학전공 대학원 학생을 모집했고, 발명 엔지니어 육성을 목표로 하는 창조학과로서 '공업 오토메이션 학부 창조공학과'가 정식으로 탄생했다.

세계적 규모로 보더라도 이것은 매우 보기 드믄 예이다. 대학의 상층부가 창조성 교육에 대해서 잘 이해하고 있지 않으면 창조공학과의 탄생은 불가능한 일이다. 같은 해에 입학한 학생들은 나중에 높은 창조성(재학 중 1인당 출원한 특허가 많다)을 보였기 때문에 다음해 이 대학은 '보통 창조학'을 전체 학과의 공통필수과목으로 지정했다.

1999년 공업 오토메이션 학부 창조공학과는 1회 졸업생을 내보냈는데 4년간의 재학 중 이 반 27명의 학생은 강한 창조의욕을 가지고, 창조활동의 기본 원리와 방법을 습득해서 창조적 사고 능력을 높일 수 있었기 때문에 400건 정도의 발명 특허(그중 특허를 취득한 것이 25건)를 완성함으로써 당초에 제정한 '발명 엔지니어의 육성'이라는 목표를 거의 달성했다고 한다.

근년에 와서 학교 개혁에 수반해서 졸업생들을 일방적으로 직장에 배속하는 제도가 폐지됨에 따라 학생들은 스스로 일을 찾아야 했는데, 이 반 졸업생에 대한 구인 요청이 쇄도해서 모두 순조로이 취직을 했다고 한다.

현재 중국 광업대학교는 이미 전국 최초의 창조학 박사 후기과정(post doctoral course)을 개설했고, 대학의 창조성 교육 연구와 실천의 선두주자로 뛰고 있다.

3. 미국의 창의성 교육

1) 초기의 창의성 교육 연구

미국은 지방자치제도가 발달되어 교육이 분권화되어 있다. 심하게 말하면 한 길 건너 다른 행정구역마다 다른 교육제도가 있다고 봐도 된다. 그렇기 때문에 미국의 창의성 교육이 어떻게 되어 있느냐를 다루기가 거의 불가능하다. 그래서 구체적인 실례를 들 수밖에 없다.

나라의 발전이 서부개척에서 시작된 나라여서 그들에게는 인간의 능력 중에서도 '창의성'은 특별한 의미가 있다. 사회기반이 발달되어 있지 않았던 개척지에서 창의적인 문제 해결 능력은 발전의 원동력이 된 것이 사실이다. 그래서 '창의적'이란 것은 학교나 사회에서 긍정적으로 평가받게 되었고 높은 가치로 받아들여지고 있다. 그럼에도 창의성에 관한 과학적 연구와 교육 현장에서의 응용은 1950년대 이후에야 비롯되었다고 할 수 있다.

일본의 경우에서 언급했지만(2장) 남가주 대학의 심리학 교수였던 길포드 박사가 미국 심리학회 회장 취임 연설에서 '창의성'이란 제목으로 연설했는데 여기서 그는 산업, 정부, 교육 나아가 예술이나 과학에 있어서 창의적 능력이 중요하다는 것을 역설했다.

그는 세계 제2차 대전 중에 긴급사태에 임기응변으로 대응할 수 있는 항공기 조종사의 능력을 변별하는 테스트 개발을 정부로부터 요청받고 수렴적 사고(收斂的 思考: convergent thinking)에 깊이 관련된 종전의 '지능'과는 별개로 확산적 사고(擴散的 思考: divergent thinking)와 깊이 관련된 '창의성'이 인간의 지성 속에 존재한다는 것을 이론적으로 실증적으로 증명하였다. 1956년에 발표한 「지성의 구조: The structure of intellect」라는 논문에서(이른바 SOI 이론이라고 함) 확산적 사고 관련 이론을 내놓았다.

그 후 길포드의 영향을 받아서 창의성 연구에 관한 논문과 저서가 쏟아져 나오게 되었다. 아시아에서는 일본이 제일 먼저 받아들인 것이다. 또 한 가지 창의성이 문제시되기 시작한 계기가 있었다. 즉, 냉전시대에 미국과 소련 사이의 군비 경쟁이 한창일 때 창의성 연구가 여기에 크게 영향을 미쳤다. 소련은 1957년에 미국에 앞서서 인공위성을 쏘아 올렸다. 이로 인해 미국이 소련보다 과학과 기술 발전에서 뒤쳐진 사실을 깨닫고 이 분야에 막대한 예산을 투입하고 인력을 보강하였다. 그 결과 창의성 연구가 급속히 발전하고 진전되었다.

창의성에 관한 초기 연구는 대부분 창의성 테스트 개발연구였고 창의적 활동 내지 능력의 예측에 관한 문제에 관심을 쏟았다. 이들 연구에서 선도적 역할을 한 사람이 당시 미네소타 대학교 교수였던 토랜스(E.P. Torrance)이다. 토랜스는 1959년에 4편의 논문을 발표했고 1960년부터 테스트에 관한 연구를 시작하였다. 그가 개발한 '토랜스 창의적 사고검사'(Torrance Test of Creative Thinking, 1984)를 지금도 일선에서 활용하고 있다.

그 후 뉴욕 주립대(버팔로)에서는 '창의적 행동센터'를 만들었고 1967년부터 *Journal of Creative Behavior* 라는 월간 연구지를 지금까지 계속 발행하고 있다. 여기서는 석사 수준의 교원 연수(워크숍)를 매년 하고 있으며 창의성 교육을 학교에서 전개할 수 있도록 교원의 자질을 연마해 주고 있다.

2) 현재의 창의성 교육

하버드 대학교는 석사과정으로 '비판적·창의적 사고'라는 강좌가 개설되어 있고, 캘리포니아 대학(산타 바바라)교에서는 '창의성 연구 학부'가 설치되어 있어서 예술, 생물, 화학, 컴퓨터 과학, 문학, 수학, 작곡, 물리학 분야 학과의 선택과목으로 지정되어 있다. 그 밖에 많은 대학에서 석사, 박사학위논문 테마로 창의성과 관련된 논문을 발표하는 사람이 연간 6,500명이나 된다고 한다. 이와 같이 길포드나 토랜스의 영향을 받아서 많은 연구자와 교육자들이 창의성과 창의성 교육에 관한 연구를 하고 있다. 1990년대 이후 미국 및 세계의 창의성 연구를 이끌고 있는 학자들로는 하버드 대학교의 가드너(H. Gardner) 교수, 예일대학교의 스텐버그(Sternberg) 교수, 시카고 대학교의 칙센트미하이(Csikszentmihalyi)

교수 등이 있다. 가드너 박사는 2008년에, 칙센트미하이 박사는 2010년에 한국에 와서 강연을 한 적이 있다.

3) 초·중·고교에서의 창의성 교육

미국의 교육제도나 정책은 주, 교육구청, 학교마다 다를 수 있다. 그 이유는 교육자치제가 발달되어 있고 현장에서는 교사의 자율성 폭이 넓기 때문이다. 그래서 여기서는 사례 중심으로 해서 창의성 교육의 예를 들겠다.

(1) 미국의 공교육 시스템

미국의 학교교육은 각 주가 공통적으로 12년간의 공교육 제도를 실시하고 있다. 6세 전후에 초등학교교육을 시작해서 18세 전후에 고교교육을 끝낸다. 그 후 준학사(2년제 전문대학), 학사, 석사, 박사과정으로 이어진다. 초등학교는 4년제와 6년제, 8년제 등 세 가지가 있다. 어떤 제도를 채택하느냐는 주에서 결정한다. 그래서 미국에서는 학교 단계를 표시할 때 초등학교, 중학교, 고등학교로 부르지 않고 중 1은 7학년, 고 2는 11학년 식으로 몇 학년인가로 부른다. 초등 6년을 졸업할 경우 3년제 주니어 하이스쿨(중학교에 해당)에, 다음은 시니어하이스쿨(고등학교에 해당됨)에 가는 방식이 있고, 다른 하나는 6년제 주니어 하이스쿨과 시니어 하이스쿨을 합한 일관학교에 갈 수도 있다. 만일 초등이 8학년제인 경우는 졸업 후 4년제 하이스쿨에 간다. 또 다른 형태는 초등학교 4년제를 다녔을 경우 4년제 미들스쿨(5학년~8학년)에 다니고, 그 후 9~12학년 동안을 4년제 하이스쿨에 다니게 된다. 어떤 사다리를 타든 12학년이 끝나면 대학에 진학할 수 있게 되어 있다. 고교 졸업 후에는 2년제, 4년제 대학에 진학하게 된다.

(2) 초등학교의 창의성 수업 사례 – 어느 날의 수업

"어제 수업에서 배운 것을 될 수 있는 대로 생각해 내 보아요" 도로시 선생이 담임을 하고 있는 4학년 어린이들에게 말을 걸었다. "암술과 수술이 있고", "여왕벌은 한 마리", "벌은 남을 쏘고 나면 죽는대", "튤립은 꽃의 한 종류다", "꽃은 화분 때문에 자꾸 많이 늘어나", "벌은 꿀을 좋아해" 등의 대답이 나왔다.

도로시 선생은 몇 분 후 아이들이 내세운 30개 정도의 발언을 화이트보드에 붙여 놓은 모조지에 적었다. 어린이들이 그걸 한 번 복습하고 나면 도로시 선생은 아이들을 5개 그룹으로 나눈다.

"이 화이트 보드에 두 군데, 책상 위에 한 군데, 교실 뒤에 한 군데, 각기 그 모조지가 놓여 있지요? 모두 읽어 보세요" 하고 말한다.

모조지에는 "꽃의 각 부위의 이름을 적어 보아요", "꿀벌에 관해서 아는 것을 다 적어 보세요", "꽃이 사람의 생활에 미치는 영향에 대해서 적어 보세요", "잡초에 이름을 붙여보세요", "식물에 관해서 알고 있는 중요한 점을 다 적어 보세요"라는 과제가 적혀 있다.

교사의 "시작!" 신호가 떨어지자 아이들은 일제히 과제를 적어 나간다. 몇 분 후 도로시 선생은 "그만!" 하고 신호를 보낸다. 각 그룹의 아이들은 옆에 있는 모조지 쪽으로 옮겨간다. 교실 안에는 클래식 음악 소리가 흐른다. 아이들은 "와!" 하고 함성을 지른다. 교사는 각 그룹을 돌면서 활동 상황을 살핀다. 시간이 되어 교사는 다시 "그만!" 신호를 보낸다.

이렇게 해서 종이를 회수하고 아이들은 제자리로 돌아간다. 그리고 아이들이 쓴 해답(반응)의 퀼리티 체크(반응의 질 평가)를 한다. 의미가 모호한 것은 그 발상자(發想者)에게 물어서 확인한다. 「꽃이 사람들의 생활에 미치는 영향」에 대해서는, "꽃밭에서 우리는 즐길 수 있다", 「잡초에 이름 지어 주기」에서는 "The speed seed"라고 지은 아이도 있다. 이렇게 발표를 정리하는 동안 아이들은 웃기도 하고 웅성웅성대기도 한다. 퀼리티 체크(평가)가 끝나자 교사는 아이들에게 '핵심학습-(key learning)', 즉 새로 학습한 것, 새로 알아차린 것을 생각해 보도록 권고한다. 그러면 아이들이 손을 들고 발표한다. 도로시 선생은 핵심 학습에서 아이들이 모조지에 적은 반응 한 가지 한 가지에 대해서 코멘트 한다. 이렇게 해서 전번 수업에서 배운 꽃과 꿀벌에 대한 복습과 새로운 학습, 새로 알아차리게 된 학습이 전개되어 간다.

이런 수업은 일종의 자유로운 발상을 촉진하는 이른바 브레인스토밍(brain storming) 수업이다. 수업에서 이런 BS 수업을 하는 목적은 다양하다. 이 방법은 오즈본(A. Osborn)이 창안한 창의적 발상 기법의 하나인데, 이것을 수업에 활용하는 것은 수업의 복습, 학습 내용의 응용, 독후감 쓰기, 자신감 갖게 하기, 학습 동기 유발, 학습의 긍정적 분위기 조성 등 여러 가지 목적에 사용할 수 있다(BS에 대해서는 제4장에서 설명해 두었다).

미국의 교육은 매우 다양하고 교사의 창의적 재량권도 커서 일률적으로 정리하기가 어렵다. 제4장에서 미국의 창의성 교육에 관한 이야기를 좀 더 보충해 두었다.

4) 대학·대학원에서의 창의성 교육

뉴욕 주립대학 버펄로 스테이트 칼리지의 어떤 창의성 강좌의 한 장면이다. 이날은 창의성 기법의 그룹 프레젠테이션을 하는 날이다. 윌리엄 고든(W. Gordon)이 고안한 「시넥틱스법(Synectics)」을 담당한 그룹이 교실 앞에 나타났다. 발표자들은 얼른 보기에 보통의 복장을 하고 파워포인트를 준비해 왔다. 분위기는 보통이었다. 잘 차려입은 사회자가 한걸음 앞으로 나와 섰다. 이때 발표자 중 한 사람인 여학생이 사회자를 향해서 주문(呪文)을 외우기 시작했고, 사회자의 몸이 움직이지 못하게 되었다. 그 순간 뒤 좌석에서 기다리고 있던 발표자들이 이상한 물건을 들고 나타났다. 그들은 “아주 예쁜 장미를 가지고 왔습니다. 향기를 즐겨 주십시오”, “젤리는 어떻습니까?”, “이 사회자는 신통치 않아서 이 벽돌로 두들겨 줄까 봐요”라고 말하는 등 이런저런 이상한 말을 하기 시작했다.

이렇게 분위기가 돋우어진 후 학생들의 표정은 변했다. 예쁘지만 마늘 냄새가 나는 장미, 정말로는 달콤한 과일 맛이 나야 하는데 타바스코(고추로 만든 소스)나 팝콘 맛이 나는 젤리, 진짜로는 딱딱해야 할 벽돌이 실은 발포 스티로폼으로 만들어졌으니 이 모두가 가짜였던 셈이다. 학생들은 “도대체 무슨 일이 일어났지?" 하는 의아해하는 표정들이었다.

"실은 여러분들은 지금 시넥틱스를 체험하고 있었던 겁니다"라고 발표자 중 한 사람이 말한다. '악취를 뿜는 장미'나 '물렁물렁한 벽돌'은 실은 시넥틱스 기법을 응용한 수업이었다. 즉, '이미 알고 있는 것에 의외성이나 기묘함을 덧붙이는' 테크닉인 것이다.

뉴욕 주립대학 버펄로 스테이트 칼리지 국제 창의성 연구소와 창의적 교육자 육성의 리더 격인 조지아 대학 대학원 교육심리학부의 영제·창의성 교육학과 같은 기관이 대학 이상에서의 창의성 교육 연구의 대표적 기관이다.

위의 뉴욕 주립대학의 국제 창의성 연구소는 알렉스 오즈본(A. Osborn) 박사가 1940년에서 1950년 사이에 연차적으로 확립해 간 기관이다. 여기서 오즈본은 브레인스토밍(B.S) 기법, 창의적 문제 해결법(CPS) 등을 고안했으며, 당시의 미국 교육기관이나 일반기업을 향해서 창의적 사고의 중요성을 외쳤던 것이다.

이 연구소에는 대학 수준의 부 전공과정과 석사과정이 개설되어 있다. 이 기관의 방침은 새로운 기술이나 능력을 몸에 익히게 하는 것을 목표로 하며, 반복 연습을 통해서 문제 해결 방법을 충분히 익히도록 하고 있다. 기술을 습득할 때에는 관찰 가능한 태도와 행동을 다른 사람에게 보여 주게 한다. 관찰 가능한 태도란, 유연성·열성·창의적 태도나 행동을 말한다. 학생들을 다른 사람의 본(model)이 되게 하고, CPS나 여러 가지 문제 해결 기법을 사용해 보게 한다. 워크숍도 개최하고 계획·실행하는 방법도 몸에 익히도록 훈련한다.

창의성 석사과정에서는 창의성에 관한 기초적 모델을 습득하거나 지식을 몸에 익히도록 하고, 학습한 방법을 넓게 응용하도록 하며, '창의적 학습의 기초'와 '창의성 연구의 현황', '창의성과 변혁 리더십론' 등을 가르친다.

'창의적 학습의 기초'에서는 토랜스가 만든 18항목의 '창의성 성격'에 대해서 배우고 학생 스스로가 창의성을 높이게 한다. 기초지식을 익히면 CPS, 창의성 기법, 수평적 사고, 시네틱스 등을 배우게 된다. '창의성 연구의 현황'에서는 현재의 교육의 흐름, 기법에서의 창의성 관련 문제, 과제, 연구 등을 하고 그룹 디스커션을 시키고, 학생 각자가 창의성 연구의 선구자 한 사람씩을 선정해서 그에 관해서 연구하고 그 결과를 보고하게 한다. '창의성과 변혁 리더십론'은 학생들이 졸업하기 전 여름에 이수하는데, 학생 한 사람 한 사람이 '창의성 전문가'로서 미래를 어떻게 돌파해 나갈 것인지를 계획하게 한다. 이때 학생 자신의 '창의성'에 대해서 철학적인 정의를 내리고 자기가 어떻게 창의성 연구를 발전시켜 나갈 것인지를 계획하게 한다.

마지막으로, 조지아 대학 교육심리학부의 '영재·창의성 교육학과'의 석사과정의 강좌 내용을 소개하는 것으로 미국의 창의성 교육에 대해 살펴보는 것을 그치려 한다.

〈표 5-2〉 조지아 대학 영재 및 창의성 교육학과의 석사과정 커리큘럼

선택-필수 관계	내 용
학부 내 필수 (3강좌 중 1강좌 필수)	인간의 발달·발육 교육에 있어서의 이해와 사고 동기화(모티베이션)
학부 내 필수	연구방법론 측정 방법
학과 내 필수	연구 세미나 재능·창의성의 측정법 재능인의 성격 영재교육을 위한 커리큘럼 작성 영재를 위한 교재·요약집 작성 창의성: 지도 방법과 문제 해결 방법 교육실습
선 택	학과 내의 전공에서 2강좌

4. 영국의 창의성 교육

1) 영국의 교육제도

영국의 교육제도는 보육학교(nursery school) 위의 초등학교 교육이 5세부터

시작하여 11세까지 계속된다. 11세에서 16, 17세까지의 중등학교는 문법학교(grammar school), 현대식 학교(modern school), 콤프리헨시브 스쿨(comprehensive school-종합중등학교) 등으로 나누어진다. 영국은 잉글랜드(남부)와 스코틀랜드(북부)가 조금씩 다른 제도를 가지고 있다. 그 위의 고등교육은 대학과 고등교육 칼리지, 더 나아가 연장 교육 칼리지에서 행해진다. 대학교육은 21세에 끝난다. 그 위에 대학원이 있다.

현재 영국의 교육 시스템의 특색은 가버너 시스템(governor system)에 있다. 학부모, LEA(교육위원회에 해당되는 기관), 교사, 직원, 외부 위원 등으로 구성된 조직(Governor's Body, 우리나라의 학교운영위원회 같은 것)이 교장·교감 채용, 학교 재정, 학교교육의 개선 계획, 학교 목표, 커리큘럼, 학교 행사 일정 등에 대한 결정권을 갖는다. 따라서 창의성 교육의 도입과 같은 문제도 정부가 아니고 학교에서 판단하게 된다. 이 시스템이 단시일 안에 영국의 초·중학교에 창의성 교육을 도입하는 것을 가능하게 해 주었다.

2) 창의성 교육의 배경

21세기를 맞이하여 영국은 학교교육의 수월성(excellence)을 확보하기 위해서 서두르고 있다. 영국은 사회계급이 상존하고 있고 다민족으로 구성되어 있어서 충분히 능력을 발휘할 수 있는 젊은이들의 비율이 선진국 중에서는 낮은 편에 속한다. 그렇기 때문에 식자 능력(識字能力)과 계산 능력을 비약적으로 높이기 위한 정책을 시행 중이다. 특히 젊은이들에게 의지력 동기화, 자기존엄을 높이는 교육이 필요하게 되었다고 한다. 그래서 교육백서(1999)에서 이 점을 강조하고 있다. 정부의 교육백서에서 지적된 요점을 실행하기 위해 '창의성 및 문화교육권고 위원회'란 기구가 구성되고, 여기서 국가적 교육 전략으로서 네 가지가 요구된다고 결의했다. ① 경제적 도전, ② 기술적 도전, ③ 사회적 도전, ④ 개인적 도전이 그것이다.

이 중 ④번에는 "젊은이의 특유한(unique) 능력을 개발하고, 그들이 목적하는 바 충실한 인생을 만들어 가도록 하는 기반을 준비해 준다"가 들어 있다.

창의성 교육이란 "젊은이의 독자적 아이디어나 행동에 관계되는 능력을 육성하는 교육"을 말하는 것으로 정의하고 있다. 그 대상은 특별히 재능을 가진 아이들만을 대상으로 하는 것이 아니고 모든 어린이를 대상으로 한다. 그리고 창의성이란 "독창적이고 가치 있는 결과를 낳는 활동"이라고 정의한다. 그것은 단일(單一)의 능력이 아니고, 복합적인 능력이고, 실제 상황에서 적용할 수 있는 측면을 빼놓을 수 없다. 그래서 어떤 교과의 어떤 문제에 대해서도 복수의 기술이나 기능이 요구되기 때문에, 그런 문제의 해결 과정에는 '상상하는 것', '목적적으로 행동하는 것', '독창적인 것', '가치가 있는 것' 등의 요소가 포함된다. 그래서 교육에서는 이 점을 중요시한다.

3) QCA(Qualification and Curriculum Authority : 자격·커리큘럼 특별위원회)의 창의성 프로젝트

QCA(2003)는 2000~2002년에 전국의 초·중학교 중 지원하는 학교 100개교를 무작위로 선발해서 국정 커리큘럼을 통해서 창의성 육성 교육을 실험적으로 도입했고, 2003년에는 1,000개교로 늘렸다.

이 프로그램이 실시한 창의성에 대한 정의, 창의성 육성을 위한 교사의 행동, 창의성 육성 방안 등을 보면 다음과 같다.

- **QCA는 창의성을 다음과 같이 파악하였다. 즉, 뭔가를 새로이 창조하려면**

① 어떤 사물에 대해서 상상적으로 생각하거나 행동한다.
② 하나의 목적을 달성하기 위해서 상상적인 활동을 한다.
③ 뭔가 독창적인 것을 산출하기 위해서 사고하거나 행동하거나 작업한다.
④ 산출물이 목적에 비추어 가치 있는 것인지를 평가하는 과정이 포함된다.

창의성을 육성하는 교사에게 다음과 같은 과업이 요구된다.

① 기존의 지도 계획을 유지한다.
② 그 계획 내에서 특별한 과제와 활동에 초점을 맞춘다.
③ 창의적 사고와 행동을 촉진하기 위한 하나의 과제나 하나의 활동을 어떻게 다양하게 변화시킬 것인지를 결정한다.
④ 그 결과로 일어난 일을 기록한다.
⑤ 창의적 사고, 창의적 행동의 증거를 찾아낸다.
⑥ 실제적 증거를 평가한다.

창의성 육성을 위한 방략으로 QCA에서는 다음과 같은 유효한 방략을 권장하였다.

① 학생들의 상상력을 자극한다.
② 학생들의 학습에 명확한 목적을 갖게 한다.
③ 자유와 구속이 무엇인지를 명확히 한다. 학생에게 일하는 방식을 선택하게 하고 그 과정이나 방향성을 결정하게 한다. 많은 학습 스타일을 사용한다. 그러나 한편으로는 시간, 자원, 크기(규모) 등의 한계를 결정한다. 제약이란 것은 새로운 일을 하는 방식이나 즉흥성을 자극한다.
④ 다른 학습이나 경험을 통해서 학생의 상상력에 불을 댕긴다.
⑤ 학생이 공동으로 일할 기회를 설정한다.
⑥ 성공의 기준을 확립한다. 학생이 자기 자신의 독창성이라든가 일의 가치를 판단하기 위한 기준을 몸에 익히도록 원조한다.
⑦ 학생의 날카로운 질문에 따라서 교사는 독창적인 교육 목표를 잃지 않으면서 학생의 독창적 아이디어를 존중한다.
⑧ 개방적(open-ended) 질문을 하고 비판적 반성을 하도록 용기를 준다.
⑨ 정기적으로 학생의 진보의 정도를 점검한다. 학생이 직면하고 있는 문제에 대해서 논의하고 어떤 방식으로 그것을 해결해 가는지를 보고 다른 학생과 아이디어를 공유하고 앞으로 나아가도록 용기를 준다.

QCA는 나아가 학습 환경의 중요성을 인식하고 학습 환경 정비를 지원했다.

① 창의적인 공헌이나 결과는 플러스(+)로 평가하고 축하해 준다.
② 호기심을 불러일으킬 물리적 환경을 마련한다.
③ 창의적, 혁신적 개인이나 집단과 협동 작업을 한다.
④ 학습 시간을 효과적으로 관리하고 뭔가를 생각하거나 뭔가에 집중하거나 무슨 일을 결단하거나 무엇을 논의하거나 반성할 수 있는 기회를 제공한다.

4) 창의성 육성에서의 교육의 역할

마릴린 프레이어(M. Freyer) 박사가 1996년에 발간한 보고서 「창의성 교수-학습(Creative Teaching and learning」을 토대로 영국에서의 창의성 교육의 비전을 살펴보겠다.

① 창의성 교육에 대한 문화 다양성 접근 : 2002년 프레이어 박사가 소장으로 있던 '창의성 센터'가 '창의성과 문화 다양성'에 관한 국제회의를 서섹스 대학에서 열었다. 이 회의의 주제를 '창의성과 문화 다양성'으로 정한 것은 다양한 문화와 국민의 창의성에 관해서 학습하는 것이 중요하다고 생각했기 때문이다. 영국의 경우 창의성이나 창의성 교육에 관한 문헌의 대부분은 백인의 관점에서 쓰여진 것들이어서 다문화 사회에서는 적용이 잘 안 될 수 있기 때문에 다양한 인종·문화로 구성된 사회에서의 창의성이 영국의 창의성 교육에 반영될 필요가 있고 그것이 또한 중요하다고 인식했기 때문이다.

② 영국에서 창의성이란 열띤 주제이기 때문에 영국인들은 예술을 늘 '창의적 예술-creative arts'이라고 부르곤 한다. 영국인들 사이에서 창의성에 관해서 이야기할 때, 어떤 분야에서 일하든 창의적이 되려 한다는 것을 강조해서 말한다고 한다. 영국의 창의성 기르기 추진자는 대개는 예술 분야의 사람들이다. 요 몇 년 사이 영국 정부는 예술, 미디어, 디자인산업의 성장을 활발하게 지원해 주고 있으며, 여기에 '창의적 산업'이라는 라벨을 붙여 주고 있다.

③ 창의성센터에서는 창의성을 어떻게 보느냐 하면, '창의성이란 사람이 새로운 지식 등을 창출할 때에 뭔가 독창적이고 가치가 있는 방향에서 한계를 뛰어넘거나 행동하는 것'과 관련해서 본다. 이 센터는 창의성을 낮은 차원에서 높은 차원에 걸친 연속체로 파악하고 있다. 어린이에게 있어서는 뭔가 새로운 것을 성취하는 경우가 이에 해당된다. 전문가들에게는 기술적, 과학적으로 한계를 돌파하는 경우가 해당된다.

④ 영국의 교사들은 학생의 산출물의 창의성 평가에서 높은 점수를 받는 학생의 특성으로 창의성을 파악하고 있다. 물론 그 기준에는 개인차가 있다. 또 과학, 수학, 기술, 예술 담당 교사에 따라서도 다르다. 어떤 교사는 창의성을 자기 개인적 표출(表出)이라고 한다. 즉, '개인적인 어떤 것의 발달', '정신의 저 내부에 있는 어떤 것의 표출', '내면의 무엇인가의 표출'로 보기도 한다. 또 때로는 '혁신', '발명', '분석적 사고'로 이해하기도 한다.

5) 국가에 의한 창의성 교육 지원

국가가 창의성 교육을 지원하는 데는 다음의 2가지 이유가 있다. ① 모든 수준에서의 창의성 교육에 관한 전략이 필요하다. ② 창의성의 가치를 널리 주지시킬 필요가 있다. 영국에서는 이 점에서 성공하고 있지만 더 많은 사람들에게 인식시킬 필요가 있다고 보고 있다.

모든 사람이 창의성의 모든 측면에서 뛰어난 것이 아님을 인식해야 한다. 어떤 사람은 시각적인 창의성에서 뛰어나고, 어떤 사람은 가설 설정에서 뛰어나다. 또 다른 사람은 아이디어 생성에서, 어떤 사람은 그런 아이디어를 비판적으로 평가하는 데 뛰어나다.

정부 수준에서는 네 가지 선행적 조치가 취해지고 있다.

① '창의적·문화적 교육 자문위원회'에서 제출한 보고서인데, 이것은 영국의 창의성과 문화 교육에 관한 보고서이다. 이 속에는 학교에서의 창의성 육에 대한 평가가 실려 있다.

② 마가렛 탈보이즈(M. Talboys) 씨가 이끄는 QCA의 추진사업인 '창의성: 그것을 발견하고 신장시켜라'에 의해서 전개된 사업이다. 이 사업은 학교 커리큘럼을 통한 창의성 교육에 관계하는 교사를 위한 가이드라인을 제공하는 일이다. 그 속에 '교사들은 어떻게 하면 창의성을 육성할 수 있을까'가 들어 있다.

③ 창의적 파트너십(동반자 관계)에 관한 것인데, 학교와 문화조직 사이의 틈을 메우는 것을 목적으로 한다. 이것으로 각 학생은 창의성 전문가나 조직과 함께 일할 기회가 생겼다. 이 사업에서 사용하는 '창의조직'이라는 말은 예술, 미디어, 디자인의 조직을 모두 가리킨다.

④ 학생에게 수월성과 즐거움을 길러 주는 일이다. 이것은 초등학교에서 풍부하고 변화 있고 아이들을 흥분케 하는 커리큘럼을 마련함으로써, 높은 기준을 달성하도록 하자는 정부의 전략이다. 그 배경은 어린이는 흥분하고 열중할 때 가장 많은 것을 학습한다는 이론이다. 이 이론은 어린이들에게 성취의 경험을 주고 학습이 즐거운 것임을 보여 줌으로써 학습에 도전하게 하는 데 있다. 이 추진사업은 학교가 커리큘럼을 통제하고 학교의 성격을 선택하도록 하는 사업이다. 여기서는 학부모, 지역사회, 다른 학교와의 파트너십을 맺게 한다. 이때 물론 수업과 학교 운영이 혁신적이 되어야 한다.

지금까지 영국에서 가장 뛰어난 교육자들이란 학생들의 창의성을 위한 좋은 환경을 마련하는 데 애써 온 사람들이다. 정부도 지원해 왔다. 그럼에도 불구하고 가장 뛰어난 교육자조차도 학생을 창의적으로 만드는 적극적인 수업 기술에 대해서 더 많은 것을 공부해야 한다고 주장한다. 그래서 영국에서는 창의성에 관한 교사 연수에 정부의 지원이 아주 전략적이고 적극적이다.

6) 창의성 커리큘럼

영국의 창의성 교육의 가장 특이한 점은 공교육 안에 필수로 창의성 프로그램을 도입했다는 사실이다. 물론 근본적으로는 과학, 수학, 언어(국어) 등에서도 각 교과별로 창의성을 기를 수 있고 또 그렇게 하고 있으나 영국이 세계에서 최초로 시도하고 도입한 프로그램이 있다.

유치원·초등학교 과정에는 국어(영어), 수학, 체육, 과학, 디자인 등 5개 교과가 필수인데 여기서는 '미술과 디자인(Art and Design)'이 필수이고, 중·고등학교에서는 '디자인과 기술(Design and Technology)'이 필수로 되어 있다.

영국의 교육 당국이 왜 디자인을 필수로 넣었느냐 하면 바로 창의성을 가르기 위한 목적이 있었기 때문이다. 영국은 이미 1970년대부터 5세에서 16세까지의 어린이, 학생들에게 디자인 교육을 실시하다가 1994년에 앞에서 말한 필수과정으로 지정하게 되었다. 영국 정부가 학교교육에서 창의성을 가장 잘 기를 수 있는 과정으로 디자인을 지정한 것은 올바른 결정이다. 세상이 다 아는 일이지만 영국이 세계 최고의 디자인 강국인 것에는 이유가 있었던 것이다.

디자인 교육이 다음과 같은 관점에서 창의성을 기르는 것으로 믿어지고 있다.

① 아이디어를 가지고 실험적으로 논다.
② 많은 선택지(option)를 시도한다.
③ 놀라운 적용 방법에 반응한다.
④ 새로운 문맥에 지식을 적용한다.
⑤ 아이디어를 효과적으로 소통한다.

이것을 보면 디자인 과목이 단순한 미술교과가 아님을 알 수 있다.

5. 핀란드의 창의성 교육

북유럽의 작은 나라 핀란드(인구가 약 500만 명이지만, 면적은 33만 7,000km^{2}이고 남한의 3배니까 작은 나라가 아니다)가 세계로부터 교육시찰단을 모으고 있다. 이 나라는 초등학교 때부터 기업가 교육(起業家敎育)을 펴고 있다. 최근 OECD의 조사에 보면 기초학력뿐 아니라 응용적인 학력, 교육 경쟁력이 세계 최고로 평가되었다.

1) 핀란드의 교육제도

핀란드는 정부가 모든 국민의 교육과 훈련을 보장해 주는 것을 교육제도의 주 목적으로 삼고 있다. 그래서 사람들은 인생의 모든 생애 단계에서 언제나 새로운 것을 학습하려고 하면 정부가 이것을 보장해 주어야 한다고 생각한다. 즉, 평생학습의 원리가 학교교육에서 성인교육에 이르기까지의 기본적인 생각이다.

(1) 취학 전 교육

핀란드는 제도로서의 초등학교 전(前) 교육(취학 전 교육)을 가지고 있지 않다. 그러나 현실적으로는 취학 전 교육을 학교와 보육센터(어린이집)에서 하고 있다. 취학 전 교육이란 콤프리헨시브 스쿨에 가기 전의 교육을 말하는데, 이 단계의 교육 목적은 학습에 관한 어린이의 준비성과 능력을 개선하는 데 있다. 실천 사항에서는 어린이로 하여금 놀이를 통하여 새로운 사실이나 새로운 기능을 획득하게 하는 데 목적이 있다. 이 단계는 9세까지 계속된다.

(2) 종합 초·중등학교(콤프리헨시브 스쿨)

핀란드의 의무교육은 7세부터이다. 7세가 되면 콤프리헨시브 스쿨에 들어간다. 이 학교는 9년제로 여기서의 커리큘럼을 마치면 졸업하는데 10년을 다니기도 한다. 초등학교 단계의 6년간은 같은 교사가 계속 가르치고, 그 후 3년간은 전문교사가 교과별로 가르친다. 기초교육의 일반적인 목적은 학생들이 사회에 잘 적응하고 책임 있는 구성원이 되도록 하는 데 목적을 두고 있다.

초등 과정이 끝나고 초급·중등학교(중학 과정)에서는 학생으로 하여금 후일 사회의 구성원으로서 살아가는 데 필요한 지식과 기능을 가르치는 것을 목적으로 한다. 상급 중등학교(고교 과정)에서는 2~4년간의 수학 연한이 정해져 있는데, 학업과 연구의 진도는 매우 개별적이다. 단위제 시스템이고 학년제가 아니다. 교과는 각종 필수과목과 선진(先進)과목, 실제연구 프로젝트로 되어 있다.

이 과정을 마치고 초기 직업교육 코스로 진학하면 75개의 자격증을 딸 수 있는 과정이 있다. '호텔리어' 자격증에 이르기까지 다양하다. 초급 자격증은 3년 안에 딸 수 있고, 다시 고급 과정에 진학할 수 있다.

(3) 고등교육제도

대학과 고등 직업전문학교(polytechnics)로 되어 있다. 여기서는 과학적 연구와 거기에 관련된 고등교육을 받는다. 대학에서는 학사, 석사, 박사학위를 수여하나 고등직업전문학교는 직업생활에 관련된 교과를 가르치는 지역 고등교육기관이다. 학위는 전문학위를 주며, 각종 직업 영역에서 전문가를 양성하는 곳이다.

2) 기업가(起業家) 교육제도

핀란드 특유의 교육 시스템이다. 이 과정은 기업을 일으킬 사람을 위한 교육인데 성인에게 실시한다. 여기서는 비즈니스나 기업을 일으키기 위한(말하자면 창업) 노하우(know-how)를 배우는 실제 면을 강조한다. 그러나 학교 단계에서 실시하는 기업가 교육(Entrepreneurship Education)은 훨씬 의미가 깊다.

(1) 내적 기업가 정신과 외적 기업가 정신

외적 기업가 정신이란 '독자적으로 비즈니스를 시작하고 경영하는 정신'을 말하며, 내적 기업가 정신이란 '기업가적으로 일을 하는 태도와 자질에 관한 정신'을 말한다.

내적 기업가 정신은 자신과 다른 사람에게 커다란 공헌을 한다. 핀란드는 창업가의 활동 속에 이런 정신이 깃들어 있다. 기업가는 시대의 변화, 사회 환경의 추이, 소비자의 기호를 추리한다. 여기에 기초해서 상품이나 서비스를 개발하고, 인적 네트워크를 구축하면서 자본금이나 종업원을 모은다.

기업가 교육이란 이러한 기업가 정신을 양성하기 위해서 적절한 교재를 편찬하고, 학생의 흥미·관심이나 발달 수준을 고려해서 학교나 사회, 사업소 등에서 실시하는 교육을 말한다. 기업가 교육은 어린이가 장래에 자립해서 생활해 갈 수 있도록 하기 위해 필요한 교육으로서 학교 안에서뿐 아니라 외부의 교육자원을 살려서 쓰는 교육이다. 이러한 교육을 지향함으로써 어린이들이 학습에 대해서 책임감을 갖게 하고, 아이디어를 만들어 내게 하고, 전향적으로 열정을 끄집어 내게 할 수 있다는 것이다. 학교와 교사는 그것을 위해 교육과정을 준비하고, 그 속에 목적을 명시한다.

기업가 교육의 목적은

① 국가 경제의 흥융(興隆)에 관련지어 기업가 정신을 이해하게 한다.
② 기업가 정신의 맥락 속에서 자연과 문명 간의 논쟁을 이해하게 한다.
③ 지속 가능한 발전과 기업가 정신 및 사회의 불확실성에 견디어 내는 것의 중요성을 이해하게 한다.
④ 한 사람의 기업가로서 그 직업에 대한 정보를 얻을 수 있게 한다.
⑤ 하나의 캐리어(career) 선택에 관련된 지식과 기능 및 후일의 인생을 풍요롭게 하는 교육에 대한 정보를 얻을 수 있게 한다.

기업가 교육의 내용을 보면 네트워킹, 외국어로 다루는 내용, 수학으로 다루는 내용, 핀란드어로 다루는 내용, 지리, 역사, 미술, 소묘, 실기 등으로 되어 있다.

3) 핀란드의 창의성 교육의 강점

우리의 관심은 무엇이 핀란드 교육을 세계의 최정상에 올려놓았는가에 있다. OECD가 실시한 15세 학생의 학력 조사(Programme for International Student Assessment; PISA 2003)에 의하면 우리 한국도 상당히 높은 등위를 얻었다. 우리나라는 과학 분야는 세계 정상급인데 문제 해결력은 좀 떨어진다. 일본을 보면 과학 문해력은 세계 2위, 문제 해결력에서 3위를 차지했고, 수학 문해력에서는 6위, 독해력은 14위였다. 이에 비해서 핀란드 학생들은 과학 문해력에서 1위, 수학 문해력에서 2위, 문제 해결력에서 3위를 차지했다. 독해력에서는 다른 나라들을 크게 따돌리고 1위를 차지했다. 무엇이 핀란드의 교육을 세계 정상에 올려놓았을까? 이 문제의 해답을 찾아보기로 한다.

(1) PISA 2003

15세 이상을 대상으로 해서 세계 41개국 약 266,000명이 독해 문해력(解), 수학 문해력, 과학 문해력, 문제 해결력에 대해 조사를 받았다. 2003년에는 수학 문해력에 중점을 두고 조사하고, 다른 세 가지는 개괄적 상황을 조사했다. 조사 내용은 의무교육 수료 단계의 15세 학생들이 가지고 있는 지식이나 기능을 실생활의 여러 가지 상황에서 직면하게 되는 과제에 어느 정도 활용할 수 있는지를 평가하는 것이다. 즉, 사고 과정의 습득, 개념의 이해, 그리고 여러 상황에서 그것들을 살리는 능력을 중시해서 조사하였다. 따라서 특정의 학교 커리큘럼이 얼마나 습득되었는지를 확인하는 것은 아니다.

(2) 높은 성적을 낳는 원인은 무엇인가?

핀란드의 리나킬라(Linnakyla, 2004) 교수가 발표한 바를 보면, 여러 가지 요인에 관련된 전체적인 네트워크가 학력 향상에 큰 영향을 주었다는 것이다. 이 네트워크는 읽기에 관해서 학생 자신의 흥미와 열의를 촉진한다. 이 네트워크에는 학부모, 교사 및 학생이 공유해야 할 기대가 포함되며, 학교와 가정에 의해서 준비되는 학습 방략이나 여가활동에 깊은 관련성이 있다. 나아가 학생 자신의 독서에 대한 관심과 열의가 여러 사회 계층으로 구성된 학생의 독서기능을 숙련시키며, 상하의 차이를 줄여 주고 있는 점도 학력이 세계 제1위가 되는 요인이라고 분석했다.

PISA에서 조사된 바가 아니지만, 핀란드의 학생들이 성적이 좋은 이유와 관련된 요인으로서 리나킬라 교수는 다음과 같이 분석했다.

① 학생 중심의 전략적인 수업을 한다. 즉, 카운슬링이 아주 충실하게 이루어지고 있다.
② 특수교육을 포함하고 있다. 즉, 소그룹에 의한 치료적(治療的) 수업을 한다.
③ 학교가 자립적이다. 각급 학교가 제각기 자립형으로 운영되며 교사가 편성한 커리큘럼으로 수업을 한다.
④ 교사의 자질이 높다. 즉, 모든 교사가 석사학위를 갖는 것을 의무로 하고 있다.
⑤ 학급활동(class work), 프로젝트, 포트폴리오(portfolio)에 대한 평가가 확립되어 있다. 즉, 단순히 표준화 검사와는 다른 종합 수행평가가 있다.
⑥ 독서에 숙달하도록 교사와 사회로부터 강하게 요구받고 있다.
⑦ 지역 도서관이 충실하다.

이 밖에도 외국의 교육 전문가들이 학교 현장을 방문해서 발견한 요인으로는 아래와 같다.

⑧ 작은 나라가 생존해 남기 위해서는 교육이 중요하다는 인식이 온 나라에 널리 퍼져 있어서 교육을 중요시하는 정책을 계속 유지해 왔다.
⑨ 분권(分權)이 잘 정비되어 있어서 학교의 자치가 확립되어 있다. 즉, 30대의 젊은 교장이 열의를 가지고 리더십을 발휘하고 있는 학교가 상당수 있었다.
⑩ 소인수 학급이 철저히 지켜지고 있다. 보통 제일 많아야 한 클래스에 20명, 자연계(이과)는 15명 정도이다. 이런 크기가 수업 전에 학생 한 사람 한 사람의 숙제를 점검할 수 있는 적절한 범위이다.

⑪ 건전한 생활에 미치는 종교의 영향을 놓칠 수 없다.

⑫ 핀란드인이 가지고 있는 근면성도 플러스 방향으로 작용하고 있다.

⑬ 10여 년 전부터 시작된 기업가 교육, 창의성 교육도 장래의 직업에 관련해서 학생의 면학(勉學)에 대한 목적의식을 높여 주고 있으며, 학력을 향상시키고 있다.

6장. 창의성 교육의 과제

1. 창의성 교육 연구의 동향

1) 한국의 창의성 교육 연구의 간단한 역사

한국의 창의성 연구는 대체로 3단계로 나누어진다. 첫 단계는 6·25전쟁이 끝나고 10년이 지나서 중앙교육연구소(현 한국교육개발원 전신)의 연구원이던 이성수, 한명희가 최초로 「창의적 사고력에 관한 일 연구(1963)」라는 논문을 발표한 이래 1960년대에 13편, 1970년대에 18편 정도의 논문·저서가 20년간 총 30여 편에 불과했는데, 1980년대에 들어와서 10년간 40편의 논문·저서가 발표되었다. 그래서 1970년대까지를 '탐색기'라고 부르기로 한다.

이 시기 서울에서는 신세호가 앞장서서 불을 댕겼다. 1968년에 신세호(외)가 오즈본(A. Osborn)의 『상상공학』(원저: *Applied Imagination*)을 번역 출판해서 창의성에 관심을 고조시키는 역할을 했다. 한편 대구에서 김학수 등이 1969년에 『창조성 교육』을 펴냄으로써 지방에서의 창의성 교육에 불을 댕겼다. 1971년에는 서울대학교 교수였던 이영덕·정원식이 토랜스식 한국형 『창의성 검사』를 출간함으로써 창의성 연구에 활기를 더했다.

창의성 연구의 최일선에서 이론과 실제에 걸쳐서 치열하게 연구한 한국교육개발원 연구위원으로 있던 임선화는 1993년에 발간한 『창의성에의 초대』의 부록에 한국의 창의성 연구 문헌 초록을 실었는데 그 양은 방대한 것이다. 1963년부터 1999년까지 30년간의 연구를 망라해서 주석을 붙여 리뷰했다. 여기에는 총 91개의 저서와 논문이 요약되어 있는데 이것은 대단한 수고의 결과물이고 업적이라고 할 수 있다. 한국에서는 리뷰 연구를 잘 하지 않는 점을 고려한다면 굉장한 업적이라고 할 수 있다. 이 초록을 일별해 보면 몇 가지 중요한 사실을 읽을 수 있다.

첫 번째 특징은, 우리나라 창의성 연구는 1960년대 초(대체로 1960~1963 사이)에 시작했다는 점이다. 6·25 전쟁이 끝나고 약 10년이 지날 무렵 우리 교육계는 비로소 창의성에 눈을 뜨게 되었다는 이야기다. 처음으로 초록에 소개된 논문이 앞에서 말한 이성수, 한명희의 1963년 연구이다. 1963년에 대한교육연합회가 「창의력 신장을 위한 교육활동」을 『새 교육지(誌)』에 게제하였다. 같은 해에 김학수와 허창규가 단행본 『創造性教育』을 냄으로써 교육 현장에 상당한 바람을 일으켰다고 평가된다. 그 이유는, 60년대 후반에는 전국 여기저기 일선 교사들의 자발적 연구 그룹들이 많이 탄생했으며, 각 시군 교육연구원에서도 연구 주제로 삼은 예가 많았기 때문이다. 이론적, 실험적 연구들은 한국교육개발원을 중심으로 이루어졌으며, 당시 한국교육개발원(KEDI)과 한국행동과학연구소(KIRBS)가 앞장서서 연구 과제로 채택하고 교원 연수에도 이 문제를 제기하고 프로그램에도 넣었다.

두 번째 특징은, 우리나라에서 창의성에 관한 연구에 대한 열의를 크게 보인 것이 1차적으로는 1980년대이고, 2차적으로는 21세기의 첫 10년 동안이 있었다는 점이다. 1980년대에 40편의 논문과 저서가 임선하의 초록에 소개되어 있는데, 그중에는 큰 이벤트로 대한교육연합회의 교육연구대회의 주제가 되었다는 점이 주목받을 만하다. 특히 그중에서도 1985년에 가장 많은 연구 성과를 내고 있다. 1980년대, 1990년대를 창의성 연구 발전의 제2기로 보려고 한다. 이 시기는 대학원에서 석·박사학위논문과 단행본 출판이 활발히 이루어진 시기이다. 이 시기를 '발전점화기'라고 부르기로 한다.

여기서 주목할 것은 이 시기에 이룩한 임선하 등의 두드러진 연구 열의와 성과이다. 그러나 연구 문제들이 실험적인 것이기보다는 일반적인 이론 소개나 창의성 교육 탐색연구 수준에 머물고 있었던 것이 대부분이라 할 수 있다.

앞에서 말한 대한교육연합회가 연구발표대회 주제로 내건 '창의성을 높이는 교육'(1985)에서 강연자들이 다룬 하위주제를 보더라도, 주제의 일반성에 중점을 두었음을 알 수 있다. 그때 주제와 관련해서 논문을 발표한 강연자로는 한명희(「教育目標로서의 創意性」), 김재은(「創意性의 心理」), 지응업(「現代社會의 創意性」), 곽병선(「創意性教育의 一般論理」), 김충회(「創意性을 높이는 教育環境」), 이돈희(「創意性教育의 制度와 政策」) 등이 있다. 이 주제들을 보더라도 교육 현장적인 주제라기보다는 일반적, 이론적, 계몽적인 성질을 띤 것들이 대부분이다.

21세기에 들어와서는 교육계뿐 아니라 산업, 공공기관, 정부, 예술·문화 영역에까지 창의성 연구가 확산되기 시작하면서 교육계 밖의 인사들도 창의성에 관한 저술, 강연, 세미나 주제 발표자로 초청받는 사례가 늘어났다. 이 시기를 '발전도약기'라고 부르기로 한다. 이 시기의 출판계를 보면 교육계 안에서보다 밖에서 더 많은 관심과 열의를 가지고 있어서 출판물이 몇 배 더 많이 시장에 나왔다. 1970년대까지의 탐색기에는 한국행동과학연구소와 한국교육개발원 등의 연구기관에서 관심 연구 영역으로 다루었고, 신세호 원장, 경북대학교의 김학수 교수를 비롯한 몇몇 교수들이 연구에 관심을 가지고 있었다. 특히 신세호는 연구 분위기 조성에 크게 이바지하였다. 대한교육연협회와 같은 교원 단체가 여기에 가세해서 일선 학교에 관심을 고조시키는 데 일조를 했다.

발전점화기에는 대한교육연합처가 꾸준히 기관지 『새 교육』을 통해서 관심을 불러일으키는 한편, 개인적으로는 곽병선, 조석희, 임선하 등 한국교육개발팀이 활발히 연구에 임했으며, 학술적 연구 성과도 크게 올렸다. 한편 대학 쪽에서는 김재은, 김언주, 윤종건, 이연섭, 조정기, 이석주, 전경원 등이 논문과 저서를 비교적 많이 냈고, 특히 성균관대학교의 김남성 교수가 중심이 된 연구그룹들이 많은 연구물과 박사학위 취득자를 배출했다.

1987년에 국내 대학에서는 최초로 박사학위 논문으로 창의성을 주제로 한 논문이 성균관대학교 대학원에서 나왔다. 이인순이 「창의성의 구성 요인과 훈련 효과」라는 주제로 연구한 것이다. 21세기 도약기에 들어와서는 연구자의 수도 엄청나게 늘고, 연구 관심 영역도 확대되었고, 연구 실적도 크게 향상되었다. 최인수, 김명숙, 성은현, 김혜숙, 하주현, 이정규, 조석희, 문정화, 하종덕, 전경원, 이경화, 조연순, 송인섭 등의 연구자들이 집중적으로 연구에 임하였으며, 대학 연구기관으로는 계명대학교의 김영채 교수를 중심으로 한 '계명행동과학 연구소'의 창의력사고 연구그룹의 활동이 두드러졌다. 창의력 개발을 기치로 한 건양대학교 창의성개발연구소는 후발 주자이지만 현장에 적용할 수 있는 프로그램에 관심을 가져오고 있다.

박병기, 강현숙(2003)이 쓴 논문으로 「한국 창의성 연구의 조망」이 있다. 이 논문에서 필자들은 한국의 창의성 연구가 활성화된 것은 1990년대 중반 이후로 보고 있으며, 1967년부터 2006년까지 발표된 논문·저서 119편과 석·박사 학위 논문 226편 모두 345편을 가지고 분석하였다. 이들 논문에서 밝혀 낸 바로는, 한국의 창의성 연구는 2000년을 전후하여 급속히 활발하였다고 한다. 그 중에서도 『교육심리연구지』에 수록된 논문이 50% 이상을 차지하고 있다. 교육심리학회 회원들의 연구는 주제를 폭넓게 다루었고, 학위논문은 교육 방법에 치중되어 있었다. 연구 내용은 창의성의 본질, 다른 변인과의 관계, 창의성의 교육 방법, 창의성의 측정 등이 주류를 이루고 있다고 한다.

필자들은 창의성 연구의 앞으로의 지향점으로, 창의성의 본질을 밝혀 내는 일과 그 본질에 충실해야 한다는 점을 지적했다.

2008년에 또 다른 리뷰가 『교육심리연구지』에 발표되었는데 김정섭의 「한국 창의성 연구의 동향과 쟁점」이라는 논문이다. 이 논문에서는 우리의 창의성 연구가 미국에 비해서 매우 부족하다고 보고, 미국의 동향을 분석함으로써 한국에서의 연구에 적용하려는 목적을 두고 있었다. 연구 결과는 주요 학술지에 게재된 논문 204편을 분석한 것인데, 그 결과 한국에서의 연구는 주로 창의적인 인물과 창의 과정에 초점을 두고 있다고 했고 실용적 접근과 사회학적 접근과 성격 연구를 선호한다고 했다. 또한 관계 변인들 사이의 관련성 연구와 단기 실험연구가 주류였다고 했다. 반면 '창의적인 한국인'에 관한 연구는 적었고, 낮은 수준의 창의성과 개인적 창의성을 다룬 연구가 압도적으로 많았다고 했다.

김정섭은 한국의 창의성 연구의 방향에 대해서 창의적 산출에 대한 연구, 연구 방법의 다양화, 높은 수준의 창의성에 관한 연구, 협력적 창의성에 관한 연구, 창의성 연구의 토착화 등의 필요성을 강조하였다.

2) 미국의 창의성 교육의 연구 동향

길포드와 토랜스의 영향을 입어서 많은 연구자들과 교육자들이 창의성 교육 연구에 집중해 왔다. 아무래도 미국의 영향력이 큰 것은 다음과 같은 점일 것이다.

① 미국의 경제, 군사, 문화력에 힘입은 것은 사실이지만, 미국이 역사 자체는 짧지만 세계의 지도국가로 성장한 배경에는 그들의 도전정신, 개척자적 정신(frontier spirit), 그리고 창의적 문제 해결 능력이 있었던 것이다.

② 200여 년에 불과한 국가 역사를 가진 나라가 세계의 지도국가가 된 데에는 단순히 국토가 넓다거나 자원이 많다거나 하는 이유만이 아니다. 국토, 인구, 자원으로 따지면 중국, 인도, 인도네시아, 러시아, 브라질, 아르헨티나도 같은 대열에 꼽을 수가 있다. 그러나 그것은 필요조건이기는 하지만 충분조건은 아니다. 이민자들이 한 척의 범선을 타고 대서양을 건너서 미국 동부의 필라델피아에 닻을 내린 후 온갖 시련과 난관을 극복하고 오늘의 번영을 누리게 된 것은 앞에서 말한 그런 정신과 문제 해결 능력을 발휘했기 때문이다. 마찬가지로 창의성 연구나 실천도 미국적 문화가 촉발한 개척 정신에서 비롯된 것임을 인정해야 될 것 같다.

하버드 대학교 교육대학원에는 「Project Zero」라는 연구그룹이 있다. 1967년에 창설한 이후 어린이와 어른들의 학습 과정의 발달을 연구하고 있다. 이 연구를 통해서 '반성적, 독립적 학습자(reflective and independent learner)', 즉 학문을 깊이 이해하고 비판적(critical)이고, 창의적(creative)인 학습자를 기르는 것을 목적으로 하고 있는데, 가드너가 20년 이상 이 연구그룹을 이끌고 있다. 이 그룹이 근래에 한 연구로는 「중·고교 및 대학에 있어서의 학제적(學際的-interdisciplinary) 커리큘럼 연구」, 「깊은 이해를 가르치기 위한 탐구,

즉 학생들이 흔히 있는 문제가 아니고 예측하기 어려운 문제를 해결하는 것을 도와주는 일」, 「학생들이 비판적으로, 창의적으로 생각할 수 있도록 하는 교실 문화를 디자인하는 문제」 같은 것도 있다. 또 이 연구그룹은 현직교사를 위한 심포지엄이나 워크숍도 개최해서 「깊은 이해를 위한 교육」, 「다중지능(multiple intelligence)」, 「비판적·창의적 사고」, 「학습자의 평가」, 「예술을 통한 학습」 등을 교육하였다. 가드너는 이미 알고 있다시피 지능은 단일한 일반적 요소가 아니라 비교적 여러 독립된 영역으로 구분된다는 「다중지능이론」을 제창했다.

그리고 창의성은 지능과 다른 정신적 속성이라고 주장한다. 사람들이 문제를 해결하거나 예술작품을 제작하는 가운데, 어떤 전문 영역에 있어서 '참신성(novelty)'을 만들어 내고, 최종적으로는 그것이 하나 이상의 문화권에서 받아들여질 때 비로소 '창의적이다'라고 판단하게 된다는 것이다. 사회적으로 인정받는다는 점이 중요하다. 문제를 해결하거나 작품을 만들거나 할 때에는 이 두 가지 요소가 관여하게 된다. 창의적인 사람에게는 단순히 지적(intellectual)인 사람에게서는 기대할 수 없는 무엇인가가 있다는 것이다.

모든 분야에 걸쳐 창의적인 사람은 없다. 예컨대 음악의 작곡, 미술작품 창작, 희곡 창작, 무용 안무를 모두 잘할 수 있고, 창의적인 인물이라고 부를 수 있는 사람은 없다. 베토벤이 피카소를 겸할 수 없고, 아인슈타인이 누레예프(소련 시대의 안무가)가 될 수는 없다는 것이다. 창의적인 사람은 어떤 분야나 영역에서 창의적일 뿐이고 또한 과거에 창의적 인물이라고 일컬어지는 역사적 인물들도 모두 한 영역이나 한 분야에서 그렇다고 인정될 뿐이다. 다빈치라는 창의적 인물이 대표적이지만, 모든 분야에서 만능이지는 않다. 그래서 단순히 '새로운 것을 찾는 사람'이 아니라 그가 만든 생산물(아이디어, 제품, 학설, 서비스, 조직, 작품)이 사회에서 수용되는지 어떤지가 창의성에 있어서 결정적으로 중요한 기준 구실을 한다. 즉, 가치를 인정받아야 한다는 말이다.

칙센트미하이(1999)는 창의성의 발현(發現)에는 몇 가지 요인이 합류될 필요가 있다고 주장한다. 그는 누가 창의적이냐, 무엇이 창의적이냐를 묻는 것이 아니고, 어디서(domain) 창의성이 발현되느냐를 물어야 한다고 했다. 그의 이론대로면 창의성은 세 가지 요인에서 유래하는 것이다.

그 첫째는 재능이라든가 야망이라든가 하는 인간적 배경에 있어서 창조자로서의 가능성을 가진 '개인'이 있어야 한다. 둘째는, 창조인을 둘러싼 문화 속에 창조인을 매료시키는 '전문 영역-domain'이 있어야 한다는 점이다. 마지막으로 사회 속에 창출되어 나온 산물의 질을 판단할 수 있는 전문가 집단이나 기관이나 학교나 대학이라는 '장(場)-field'이 있어야 한다는 것이다. 이 3자는 3각형으로 맺어지고 있다.

우선 개인은 창조에 필요한 일련의 규칙(rule)이나 검증 결과 등에 관한 정보를 전문 영역에서 얻는다. 특수 전문 분야(specific field)는 개인의 참신성을 자극한다. 그 결과 참신한 것이 창출되었을 때에는 논문 등 전문 영역에서 발표를 하게 된다.

특수 전문 분야에서는 이 참신한 것이 정말로 창조적인가 아닌가를 판정하게 된다. 그 창조가 특수 전문 분야의 발전에 유효한 것이면 학교·대학·연구소 등에서 채택하게 된다. 나아가 개인이 기관에 소속되어 있을 경우에는 그 성과가 특수 전문 분야(전공)에서 학생들에게 전달될 수 있다. 이렇게 해서 창조물이 태어나는 것이다.

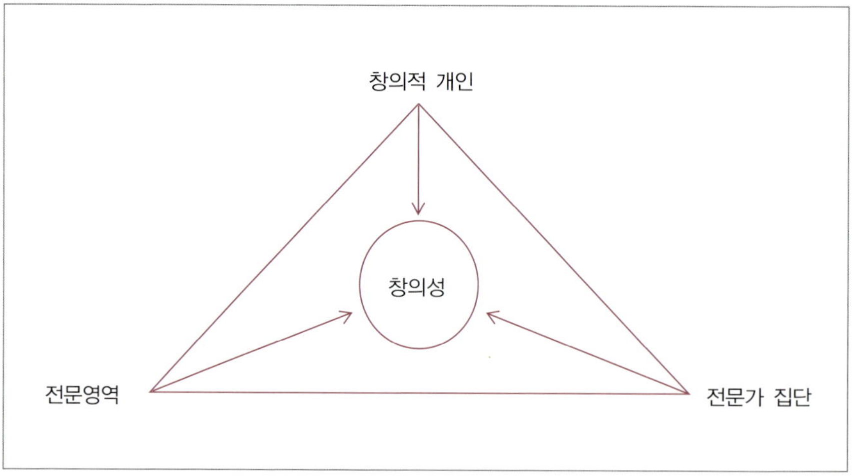

[그림 6-1] 창의성의 3대 요소(칙센트미하이)

창의성을 발현케 하는 데 있어서는 지적 능력, 지식 등 그 개인이 가지고 있는 자원을 어떻게 쓸 것인가가 중요하다. 창의성에는 의사결정이 관여하게 되어 있다. 이 의사결정을 중요시한 스턴버그와 루버트(Sternberg and Lubert, 1991)는 창의성의 투자이론(investment theory)을 제창했다. 이 이론은 창의적이 되려고 할 때의 의사결정에 깊게 관련된다. 창의적인 사람은 대중이 받아들일 아이디어를 값싸게 사들여서 거기에 궁리를 가하고 사람들을 설득시켜서 그것을 다시 비싸게 팔고, 다음 날에는 그리 알려져 있지 않지만 가능성이 있는 과제로 다시 옮겨 가는 식으로 일한다. 그들에 의하면, 창의성의 발현에는 지적 능력, 지식, 사고 스타일, 성격, 동기화 그리고 환경의 합류가 필요하다고 한다. 이들 여섯 가지 요인은 구별이 되지만 서로 연관되어 있는 자원이다. 이들 자원은 또한 개인차의 원천이 되고 있지만, 창의성을 낳기 위해서는 이들 자원을 어떻게 사용할 것인지에 대한 의사결정이 매우 중요하다고 한다.

투자이론에 의하면 창의성에는 의사결정이 중요한데, 창의성은 교육을 통해서 길러질 수 있다는 것이 전제가 되고 있다. 그들은 21개의 창의성 개발 방법을 권장한다.

다음에는 학교교육에 깊이 관련된 것 몇 항목만 열거해 둔다.

① 문제의 재정의(redefinition of problem), 즉 해결하기 쉽도록 문제를 다시 고쳐 정의하는 것이다.
② 가정(假定)에 대해서 의문을 가지고 다시 분석한다.
③ 아이디어 생성, 즉 발상을 위해서 용기를 북돋운다.
④ 장애를 발견하면 그것을 극복할 수 있는 힘을 얻도록 장려한다.
⑤ 의사결정에 민감해지도록 용기를 북돋운다.
⑥ 애매모호한 것에 대한 내성(耐性)을 단련시킨다.
⑦ 창의성의 역할 모델을 보여 준다. 즉, 창조를 말로만 하는 것이 아니라 창조 과정을 실제로 보여 준다.
⑧ 창의적 사고를 할 수 있도록 시간을 설정한다.
⑨ 창의성에 보수를 준다.

⑩ 실수를 허용한다.
⑪ 창의적 협력을 칭찬해 준다.
⑫ 사물을 다른 관점(다른 사람들의 관점)에서 본다.

2. 창의성 연구상의 문제

1) 창의성 연구 영역 문제

창의성은 우리 사회나 문화나 생활의 모든 분야에서 관심을 갖는 연구 영역이다. 예컨대 행정이나 공공서비스 분야에서 시작해서 예술, 과학, 교육, 산업 분야 그리고 우리 일상적인 생활의 지혜가 요구되는 문제까지 관계없는 분야가 없다. 그러나 창의성의 정의나 개념화부터 시작해서 실제로 창의성 교육 문제나 육성 문제에 들어가게 되면 전문가들 사이에서도 의견이 분분하고 연구 영역도 폭이 매우 넓다.

(1) '창의성' 정의의 문제 내지 개념화 분야

이 문제에 대해서는 제2장에서 이미 지적한 바이지만, 수많은 전문가들이 제각각 조금씩 다른 정의를 내리고 있으며 개념도 다르게 사용하고 있는 경향이 있다. '창의성이란 무엇인가'라는 정의 여하에 따라 창의성의 진단, 평가, 가치론 등에서 차이가 생긴다.

(2) 창의적 인물 연구 분야

창의성이 무엇인가를 연구하는 가장 직접적이고 성과 있는 연구 분야는 이른바 '창의적 인물'을 집중적으로 연구하는 분야이다. 왜냐하면 이것은 연역적으로 정의하고 그 기준에 맞는 인물이나 실증적 자료를 찾는 방법인데 정보나 자료를 확보하기에 가장 좋은 분야이다.

창의성이란, 곧 창의적 인물이 지닌 지적, 정서적, 인격적 특징을 파악하면 거기서 창의성에 관한 온갖 지견(知見)이 우러나오게 된다. 그런데 굉장히 연구 범위가 넓고 중요하다. 이유는 창의적 인물은 온갖 분야에서 창의적인 업적을 만들어 내고 있는 사람들이기 때문에 문제도 많고 성과도 많은 분야이다. 만일 우리가 창의성을 '창의력'이라는 능력 차원에서 문제 삼는다면 그 능력의 본질에 따라 파고들어가야 한다. 예술, 과학, 행정과 서비스, 기술과 발명, 조사, 산업 등 분야에 따라서 창의적 인물의 모습이 다를 수 있어서 연구는 매우 복잡해진다.

(3) 창의성의 진단·측정의 영역

창의성을 누가 얼마나 가지고 있느냐를 알려면 여러 가지 방법을 사용할 수 있다. 질문지나 체크리스트로 알아보는 방법, 개인의 전기를 분석해서 알아내는 방법, 객관적 관찰로 알아내는 방법, 그리고 객관적 테스트로 알아내는 방법 등이 있을 수 있다. 어느 방법을 사용하든 '창의성이란 무엇인가?'에 대한 개념이 먼저 정립되어야 한다. 그리고 무슨 측정 도구를 만들었다 하더라도 그 도구의 신뢰성과 타당성이 문제가 된다.

(4) 창의성의 발달에 관한 분야

대체로 유아기부터 시작해서 성인 초기까지는 학교교육을 받는 과정에 있는 대상자를 연구에 사용할 수 있으나 성인이 되면 연구 대상자를 구하기가 어렵다. 그래서 교육연령기의 창의성 발달 연구는 비교적 많으나 성인기는 대체로 전기문(傳記物)이나 작품, 산출물을 가지고 판단하는 수밖에 없다. 그런데 근래에 와서는 유아기부터 노년기까지의 발달 양상을 연구하는 학자도 많아졌다.

(5) 창의적 문제 해결 분야

해결해야 될 문제에 대한 의식 내지 지각, 문제의 정의, 문제 해결의 절차, 해결 과정에서 남다른 독특한 방법(해결 방략, 기법 등)의 발견 등의 연구 분야는 상당한 양의 연구물들이 나와 있다.

(6) 창의성에 대한 천성·양육 논쟁

창의성은 태어날 때 가지고 나오는 선천적인 능력이냐 아니면 후천적으로 교육과 환경의 영향으로 길러지는 것이냐, 또 창의성은 특수한 소수에게만 부여된 능력이냐 누구라도 소유할 수 있는 능력이냐에 대한 연구 분야가 있다. 유전-환경 논쟁의 한 형태이다.

(7) 창의적 사고와 창의성 육성 기법

창의적으로 문제를 해결해 가는 과정에서 어떻게 사고하고, 어떤 사고 과정을 거치는 것이 좋으며, 어떤 특수한 기법을 사용할 수 있는지를 연구하는 분야이다. 사고 방법과 기법 사이에는 깊은 관련성이 있다. 창조기법에는 수백가지가 제안되어 있고 또 활용되고 있기도 하다. 여기에는 발상법(發想法), 정보란 무엇인가에 대한 규정, 창조적 사고 과정, 창조기법 등이 포함된다.

(8) 창의성 개발과 교육

창의성을 연구하는 대부분의 전문가나 학자들은 '창의성은 개발될 수 있고, 학교교육을 통해서도 길러질 수 있다'는 것을 연구의 전제로 깔고 있다. 그러면 어떻게 개발하고 교육할 것인가가 문제인데, 산업현장, 디자인, 엔지니어링, 예술 분야 등에서 활발히 연구되고 있다. MS(마이크로소프트) 본사의 인테리어나 사내 복무규정 분위기가 직원들의 창의성 발휘에 커다란 영향을 미치고 있다고 한다. 그래서 창의성을 키워 주고 부추기는 환경은 어떤 것이고 반대로 창의성을 죽이고 억누르는 분위기나 환경은 어떤 것인지를 연구하는 것이다.

(9) 창의적 조직 분야

가령 학교, 조그만 회사나 기관, 산업체, 비즈니스 그룹, 정부조직, 민족 집단, 국가에 이르기까지 그 조직의 특징, 편제, 조직의 에로스(정신적 분위기)

등이 창의성을 부추기고 육성해 주느냐 않느냐에 따라 그 조직원과 조직 전체가 발달·발전하느냐가 결정되기도 한다. 그래서 이런 조직을 어떻게 운영하느냐의 문제가 창의성 발전이나 발휘와 관련을 갖는다고 보는 것이다.

(10) 창의성의 역사에 관한 연구 분야

예컨대, 발명가, 발견자, 기술과 문화의 발전에 끼친 어떤 시대성, 통치자의 철학, 인재와 인물 등이 어떻게 나타나고 영향을 끼치고 어떤 발전을 가져왔느냐와 같은 역사를 연구하는 것이다.

(11) 기타 이론적 연구 분야

이론적 연구 분야로는 창의성과 관련된 인지적 특징, 지능, 성격, 구성 요인, 기억이나 지각과의 관계 등에 대해서 연구한다. 그리고 각 영역별 특수한 창의성도 연구하게 된다.

3. 창의성 육성의 기법 문제

1) 개념지도법(concept mapping)으로 창의성 기르기

(1) 개념지도법이란?

개념지도법이란 노바크(Novak, 1984)가 개발한 개념지도를 도구로 사용해서 학습하는 방법이다. 시험치기 전날 밤샘해서 당일치기 소나기 공부를 하는 방법을 모르는 사람은 없을 것이다. 맹렬한 집중력으로 막대한 양의 지식(단순한 정보라고 해야 적절할지 모른다)을 머릿속에 집어넣고 다음날 시험에 임한다. 그러나 시험이 끝나면 그 해방감과 함께 몸에 익혔다고 생각한 지식이 머릿속에서 싹 빠져나간 데 놀라게 된다. 하루 밤샘해서 들어간 지식이 오래 남아 있을 리가 없다. 왜 남아 있지 않을까? 오즈벨(Ausbel) 교수의 이론에 의하면 그것은 '기계적 학습'이어서, 인지구조로써 그 사람의 머릿속에 '체계적인 지식구조'가 만들어져 있지 않기 때문이다. 오즈벨이 "새로운 개념은 기존의 개념에 포섭되는 것과 같은 형태로 흡수된다"라고 설명하고 있다. '유의미학습(meaningful learning)'이 이루어진다면 학습한 내용이 그 사람의 머릿속에 새로운 인지구조를 만들면서 지식으로 남게 된다. 개념지도법은 오즈벨의 '유의미학습'을 발전시킨 것이고 유의미학습을 원조로 하는 학습법이다.

개념지도는 학습자의 그 시점에서의 인지구조의 주요 부분을 도식화(圖式化)한 것이다. 따라서 잘 만들어진 개념지도는 지식 내용, 즉 밖에서는 볼 수 없는 개인의 인지구조를 눈으로 볼 수 있는 형태로 외재화(外在化)한 것이라고 할 수 있다. 예컨대, 학생들에게 어떤 수업에 착수하기 전에 그 수업에 관한 개념지도를 그리게 한다. 그것을 보면 교사는 학생들이 가지고 있는 대략적인 인식의 틀을 파악할 수가 있다. 그래서 수업이 끝난 후에 다시 그리게 한 개념지도에 의해서 그 수업에서 '무엇을 배웠는가?'를 교사는 물론 학생 자신도 스스로 확인할 수가 있는 것이다.

2) 개념지도법의 이점

개념지도법의 이점을 정리하면 다음과 같다.

① 과학적 개념의 형성에 유효하다.
② 학습의욕을 높일 수 있다.
③ 학습계획 수립에 유효하다.
④ 응용 분야가 넓다.
⑤ 학년에 구애받지 않고 적용할 수 있다.
⑥ 수업 시 교재의 맥락을 쉽게 파악할 수 있다.
⑦ 학습자 자신이 학습활동의 의미를 이해할 수 있다.
⑧ 개별학습에 유효하다.
⑨ 학생의 창의성과 주체성을 육성하는 데 아주 유효하다.

3) 개념지도법 활용을 통한 추리력·창의력 기르기

개념지도법을 사용해서 창의력을 기르는 데는 개념 간의 종적 관계뿐 아니라 횡적 관계를 추리하는 것이 중요하다. 우리 교육은 지금까지 그 교과에서 필요한 지식을 순서대로 잘 기억하는 것을 중시해 온 것이 사실이다. 이것으로는 쓸 수 있는 지식, 살아 움직이는 지식이 안 된다.

미래에 살아갈 어린이들에겐 지식을 생산하고 창조하는 힘이 필요하다. 그러기 위해서는 어떤 한 교과에 관한 지식뿐 아니라 다른 교과나 생활 속에서 몸에 밴 지식을 통합하는 힘을 익힐 필요가 있다. 이런 의미로 개념지도법에서 횡적 관계를 생각한다는 것은, 교과서에 쓰여 있지 않은 여러 가지 의미를 조사하거나 기억의 실마리를 더듬고 유추(類推)해 가면서 배우는 데 유익하다.

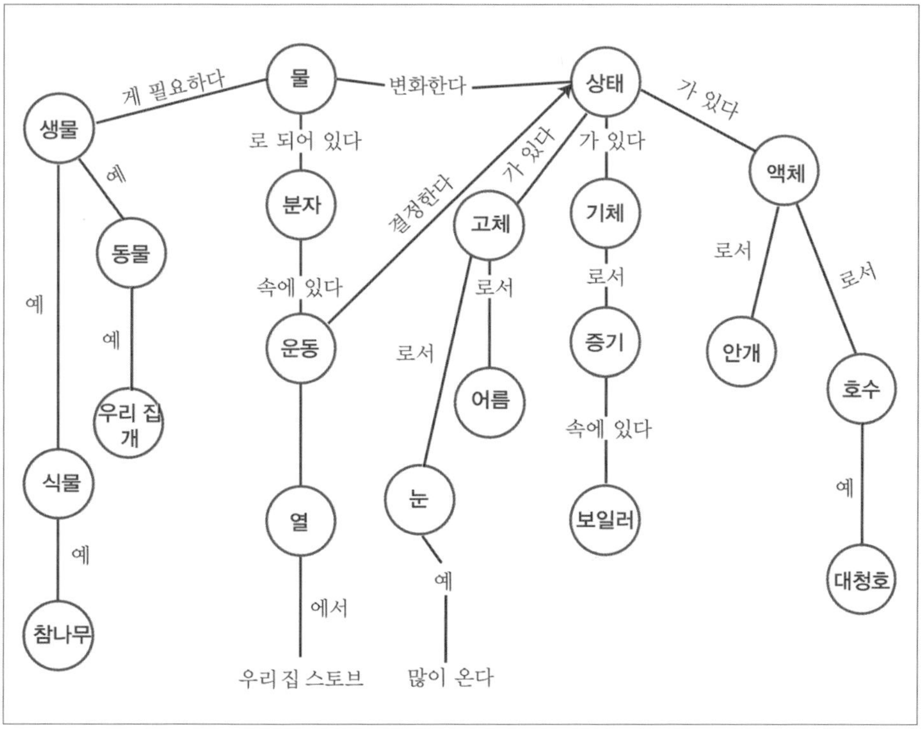

[그림 6-2] 물에 관한 개념지도(Novak & Gowin, 1992)

이런 방식으로 공부하면 추리력과 창의력이 단련되고 미지에 관한 새로운 발견과 새로운 아이디어를 창조해 내는 진정한 의미의 학습경험을 할 수가 있다. 이렇게 해서 만들어진 개념지도를 가지고 토론을 하면 수준 높은 토론이 전개될 수 있을 것이다. 나아가 학생의 추리력이나 창의적인 발문(發問)과 설명력을 높이는 데 이바지하게 될 것이다.

4. 학교에서의 창의성 육성 전략-독일의 예

1) 학교를 개혁하는 프로젝트

창의성 육성이니 개발이니 하는 과제는 스케일로 따져서 3단계가 있다.

첫째 단계는 국가의 교육정책으로서의 프로젝트이다. 둘째 단계는 학교나 기업 수준에서 시행하는 프로젝트이고, 셋째 단계가 개인 수준에서의 훈련이나 자가발전식 방법이다. 이 중 독일과 영국은 국가의 정책으로서의 프로젝트를 잘 운영해 가고 있다.

독일에서는 이미 19세기 말 이후 개혁교육의 모델이 확립되어 있었는데 예컨대 예술교육운동, 외부세계 지향적 운동(Outward Bound-Movement), 발도로프(Waldorf) 학교운동 등이 있다. 이들 개혁운동은 사소한 차이에도 불구하고 공통점을 가지고 있다. 학교에서 전수하는 지식의 인지적 수용은 전면적인 퍼스낼리티의 발달에 수반해서 확대되어야 한다는 입장이 그 하나이다. 이 모델의 교수 개념은 언어학습이나 추상학습에 한정하지 않는다. 지식을 단순히 전달하는 데 그치지 않고 학생들이 그 지식을 활발하게 스스로 획득하게 해야 된다는 입장에 서 있다.

두 번째로는 장기적 안목으로 개성의 신장(伸張)을 중요하게 여겼다. 이와 같은 교수 모델은 감각 전체를 통한 학습, 실제로 행함으로써 이루는 학습, 그리고 자유롭고 생산적인 학습, 발견학습을 촉진하는 것 등이 전략으로 되어 있다. 예술교육을 과학교과 교육과 같은 비중으로 중요시했다.

개혁학교는 복잡한 사고와 행동을 자극하기 위해서 학제적(學際的)으로 교수한다. 초등 교육의 목표를 개인의 자율성 기르기와 사회적 책임감 기르기에 두고 있다. 여기에 더해서 문화·예술적 프로젝트를 지도하기 위해서 시인이나 음악가, 미술가, 연극 프로듀서 등을 학교에서 초빙한다. 개혁학교에 대한 관심은 근년에 와서 더욱 강화되었다. 더욱 많은 '개혁학교 원리'가 전통적인 공립학교에 통합되고 있다. 개혁학교가 시행하고 있는 좀 더 구체적인 창의성 개발 방법을 몇 가지 소개하겠다.

2) 창의성 개발의 방법

(1) 놀이를 통한 창의성 촉진

놀이 속에 있는 자유, 자기결정, 내발적 동기(intrinsic motivation) 같은 요인이 창조적 과정의 조건과 등가적(等価的)이다. 놀이는 창조적 상상력을 개발하고 자극하는 활동이다. 거기에다 사회적 능력이나 의욕을 촉진한다.

(2) 창의성 훈련

학교의 교과목으로 체계적인 창의성 트레이닝을 도입하는 시도가 이루어지고 있다. 그러니까 전통적인 교과목에 포함하지 않는 별개의 창의성 훈련만이 혁신적인 학습을 성취시키며, 교사와 학생에게 충분한 자유를 보장해 주기 때문이다. 어떤 학교에서는 문제 감수성, 유연성, 혹은 독창성에 관한 특별한 과제를 주어 훈련하기도 한다. 브레인스토밍(Brain Storming)이나 창조공학과 같은 창의성 테크닉도 훈련한다. 그렇게 해서 구체적 문제를 풀어 가게 한다.

(3) 교사 연수를 통한 창의성 기르기

창의성을 잘 기르려면 교사의 능력과 수업 기술이 중요하다. 그래서 교사의 행동이나 태도를 바꿔 주기 위한 연수를 한다. 학생들로 하여금 호기심을 갖게 하고 친숙하고 자극적이고 고무적인 분위기를 만들어 주고 학생들의 자기평가를 조장한다. 창의적 자유가 허용되고 보다 자유로운 응답을 촉구하는 질문을 하게 하고, 복잡한 과제가 도입되면 교수법도 바꾸도록 훈련한다. 학생들로 하여금 자주적으로 정보 검색을 하고 그 정보를 처리하고 학습해서 성공하게 하며, 학습의 전이 가능성을 높여 주고, 문제 해결 방략을 전개해 가도록 지원해 준다.

(4) 문제 해결 방략의 교수

게슈탈트 심리학자인 베르트하이머(M. Wertheimer, 1945)는 전통적인 교육에서는 비판적 사고훈련이 부족하다는 점을 지적한 바 있다. 예컨대 수학 법칙의 의미도 모르는 채, 그리고 그 법칙을 다른 문제에 전이시키는 능력도 없이 수학 법칙을 가르치는 것을 비판했다. 수리-논리적 문제의 예를 들면, 베르트하이머는 문제에 대한 올바른 정식화(定式化), 즉 문제에 대한 정확한 정의를 통해서 가능해지는 통찰학습을 어떻게 하며 생산적 문제 해결을 어떻게 할 것인가를 예시하였다. 새로운 심리학적 교육 개념에는, 교사로서의 사명의 기본적 요소로 교사는 학습 방략과 문제 해결 방략을 개발해야 한다는 점이 포함되어 있다.

(5) 창작 글쓰기(creative writing)

독일 중세기의 카롤루스 대제(Carolus Magnus, AD 768~814)가 지원한 라틴어 학교에서는 창작 글쓰기가 중요한 역할을 했다. 창작 글쓰기는 서로 다른 시대에 있어서도 그랬지만 특히 20세기 초두의 개혁기에 독일의 학교에서 그 중요성을 인정받게 되었다.

1970년대에 와서 창의성은 독일어 수업에서 아주 중요한 교과 목표가 되었다. '창작 글쓰기'라는 용어는 여러 가지 종류의 과제에 집약되어 있다. 즉, 에세이나 단편소설 같은 것을 쓰는 일, 즉 문학작품 쓰기, 주어진 토픽(화제)에 대해서 시나 음악이나 판타지 여행기로 쓰는 일, 창조공학식 언어 묘사, 자유연상, 창의적 텍스트(原典) 해석, 텍스트의 색다른 해석 등의 형태를 취하는 '무의식적 글쓰기' 등이다.

1970년대에는 확산적 사고(擴散的 思考), 놀이 정신이 깃든 초현실적 결과물, 절제된 범위 안에서 올바른 언어 사용법을 파괴해 보는 것 등 무의미한 텍스트가 유행했었다.

1980년대에는 자기체험과 개성의 표출이 강조되었다. 오늘날에는 희곡의 공동 집필이나 추리소설과 같은 보다 복잡한 프로젝트가 전형(典型)이 되었다. 창작 글쓰기는 독일어 수업뿐 아니라 외국어 수업에서도 실시하고 있다.

(6) 통합 개념

독일어 수업에서는 학생의 창의성을 자극하는 통합 개념을 체계적으로 발전시킨 연구가 있다. 예컨대, 유타 베름케라는 여교사는 5학년부터 9학년 사이의 학생에 대해서 각각 4개 단원을 가지고 12교시 수업을 하는 특별 프로그램을 실험적으로 실시해서 성공한 예가 있다. 베름케 씨는 창의성을 자극하는 주된 과제로서 개성을 신장하는 것을 주로 하는 4개의 일반 목표를 세웠다. ① 과목(독일어)에 대해서 자유롭게 행동하도록 한다. 이것은 유머 감각을 기르고 획일적이 아닌 것에 대한 내성(耐性)을 촉진한다. 말하자면 이는 독일어를 공부하면서 자유롭게 생각하게 하고 자유롭게 의견을 말하고 자유롭게 표현하는 것을 조장한다는 뜻이다. ② 매일매일의 생활을 탐색해 가면서 새로운 전망(미래나 세계에 대해서)을 찾아낸다. 이로운 호기심, 인내심, 모호성에 대한 내성을 높인다. ③ 꿈의 세계(환상)를 만들어 낸다. 이것은 활동 수준, 온화한 태도, 수평적 사고 능력을 높인다. 그리고 ④ 전형적인 의사소통 방식에 의문을 가지고 그 제약점을 극복해 가는 것, 이것은 비판을 받을 능력을 높이고 자율성을 촉진한다.

마지막 생산물의 어떤 특징 예컨대 학생 개인의 목적, 표현행동, 놀이정신이 가득한 텍스트의 취급 방법, 자유연상 내용, 모호성, 대안(代案)을 시도해 보는 것 등에 귀속시켜 볼 수가 있다. 즉, 학생이 만들어 놓은 결과물이나 행동의 변화(최종 산물)가 과연 개인적 목적에서 비롯한 것인지 자유연상의 내용에서 온 것인지, 놀이정신에서 온 것인지를 따져 보자는 말이다. 최종 산출물을 이렇게 평가하기 위해서는 그림이나 만화에 스토리를 입힌다거나, 어떤 영상 장면(scene)을 음성이나 소음으로 변환시켜 본다거나, 텍스트를 팬터마임으로 변환한다거나, 라디오 극이나 드라마 장면을 써서 프로듀싱함으로써 실현할 수 있다.

(7) 프로젝트 위크(Project Week)

많은 학교에서는 제한된 시간에 이루어지는 이른바 프로젝트 위크라는 것을 실시하고 있다. 학생들 개개인이 흥미를 갖는 프로젝트(과제)를 선정한다. 이 아이디어는 서로 다른 나이의 학생들이 팀을 짜고 토픽(주제)을 다루게 하는 것으로 되어 있다. 토픽은 학교의 교과나 학교 커리큘럼에 한정되지 않는다. 이 독립적이고 토픽 주도의 작품 제작법은 창의성을 높여 준다. 프로젝트 위크는 모든 감각을 사용하고, 자발적으로 조직화하고, 발견을 하면서 멀티미디어를 이용하는 일종의 학습의 축소 모형 같은 것이다.

(8) 연극과 뮤지컬

창의학교(Kreativatsschule)에 의해서 전개되어 온 작품 제작법에 기초를 두는 멀티미디어 교육은 연극, 뮤지컬, 보드빌(춤, 노래, 곡예 등을 복합한 쇼) 그룹과 같이 공립학교에서도 채택하고 있는 프로그램이다. 이와 같은 그룹 속에서 학생들은 기존의 문학 각본을 기초로 해서 자기들이 뮤지컬이나 무대극의 텍스트를 만들어 쓴다. 그들은 또한 작곡을 하고 악보를 쓰고 멜로디를 편곡하고 무대 배경과 의상을 디자인한다. 연극을 각색하고 리허설을 하고 최종적으로 공연된다.

(9) 미디어 프로젝트(media project)

많은 학교에서 학교교지를 만든다. 이것은 학생들 스스로 쓴 것들로 편집한 것들이다. 많은 독일의 신문들은 「학교신문」이라 불리는 프로젝트를 실어 주고 있다. 소인수 팀의 학생들이 기사를 쓰고 정기적으로 특별 페이지에 게재하자는 아이디어를 살린 것이다.

이와 비슷한 프로젝트가 학교 라디오 방송이 교내의 네트워크, 교내 TV나 홈페이지에 배송(配送)된다. 또 다른 창조적 미디어 프로젝트로서는 책의 제작이라든가 역사적, 정치적, 문화적 토픽을 다루어서 결과물을 전시하는 것 같은 것도 있다.

(10) 영재 육성 프로그램

1980년대 이후 영재에 관한 다양한 연구그룹이 독일에서 구성되고 있다. 영재를 위한 가족 지향적인 지역 카운슬링 센터가 설립되고 지능과 성격 진단을 받게 한다. 카운슬러는 상급 학교나 과외활동, 특별활동을 하도록 추천장을 멘토에게 써 준다. 지능적으로나 창의적인 영재에 속하는 학생들에게 특별학급을 만들어 교육시키는 학교가 많아지고 있다.

제II부 감성 교육

07. 감성의 개념과 의미
08. 감정과 정서의 발달
09. 감성과 자아 개념
10. 감성 교육과 연구
11. 감성과 예술

7장. 감성의 개념과 의미

1. 감성의 정의 및 특성

우리는 깨어 있는 한 매 순간마다 일련의 정서 상태들을 경험한다. 안심되고, 기쁘고 즐겁고 행복한 느낌만이 아니라 화나고, 슬프고, 두렵고, 쓸쓸하고, 외롭고, 지루하고, 불만스러운 감정들을 갖는다. 또한 아름다운 자연을 보고 감탄하고, 음악을 듣고 그 아름다움에 매료되어 우리의 감수성과 감성을 고양시키기도 한다.

길지 않은 위의 문장에서도 거의 같은 의미로 정서, 느낌, 감정, 감탄, 감수성, 감성 등의 용어가 함께 쓰이고 있음을 볼 수 있다. 우리의 정서 상태를 지칭하는 용어들이 심리학에서도 혼용되어 왔다. 감정 또는 정서, 감성은 합리적이고 논리적인 이성과 대비를 이루는 특성으로서 라틴어 'emotere'의 감성적 동적(動的) 성질을 말하며 행동으로 이어주는 의미를 함축하고 있다.

최근 정서와 감성에 대한 관심이 새롭게 부각되면서 감성은 인간의 생존과 적응을 도와주며 인간의 행동을 안내하고, 의사소통을 지원해 주는 역할을 하는 매우 중요한 특질이며 능력으로 간주되고 있다.

보통 감정, 감성, 정서라는 용어들은 거의 구분하지 않고 쓰여 왔다. 이 말들은 모두 유사한 개념들로 감정은 개인적, 주관적인 느낌의 측면이 강한 말이고 정서는 심리학에서 많이 쓰는 공적이고 객관성을 띠는 성격의 용어이다. 그리고 감성은 주로 철학에서 이성에 대비되는 말로 많이 쓰며 감정과 정서를 포괄한다고 볼 수 있다. 인간이 대상을 볼 때 단순히 사실을 인지할 뿐 아니라 아름답다,

밉다, 기분 좋다 등의 가치를 매긴다. 이런 신체 내외의 자극을 일으키는 주관적 동요와 정신활동의 체험, 대상에 가치를 부여하는 것이 감정이고 정서다.

정서는 어떤 대상이나 상황을 인지하고 이에 대한 감정과 행동이 연쇄적으로 나타나는 반응으로, 인간에게 발생한 어떤 사전의 직접적인 결과라기보다는 인간의 마음속에서 생각한 바를 밖으로 표출하는 것이라 할 수 있다.

인간의 의식세계는 주로 이성과 감성의 두 영역으로 나누어 설명되어 왔다. 대부분의 상황에서 이 두 영역은 서로 조화를 이룸으로써 삶을 적절히 영위할 수 있도록 돕는다. 열정이 넘칠 경우에는 감성 영역이 의사결정 과정을 지배하면서 이성 영역을 압도한다. 감성은 자율신경계를 통해 신체와 직접적으로 연결되어 있는 반면 이성적 사고는 신체의 기능과 간접적으로 연결된다. 따라서 합리적인 사고가 따르기 전에 감성이 행동을 일으키는 경우가 있다. 감성은 또한 신중한 의사결정 과정에서 일정한 역할을 수행한다. 이성적 판단이 내려지면 감성적 반응을 거쳐 최종적인 결정에 도달한다. 구매 결정에 의해 감성이 영향력을 행사하는 것은 이런 이유에서이다. 감성의 영향을 받는 의사결정은 이성적 사고로만 내린 결정에 비해 더 깊게 그리고 오랫동안 지속된다는 것이다. 미래 사회는 이성적 논리뿐만 아니라 창의력과 감성적인 능력이 요구된다.

감성은 수많은 철학자, 심리학자, 교육학자, 의학자들이 나름대로의 의미를 부여해 온 개념이고 많은 이론과 교육에서 감성의 중요성이 강조되어 왔다.

감성의 정의에 대한 여러 학자들의 연구를 살펴보면, 옥스퍼드 영어사전에서는 감성을 "마음과 감정의 동요나 혼란, 격렬하거나 흥분된 정신 상태"라고 정의하였으며, 이자드(Izard, 1991)는 감성을 "인간이 내면으로 느끼는 어떤 것이며, 외계에 대한 인식, 사고, 행동을 유발하고, 인간의 생존과 환경에의 적응에 필수적인 도구로 인간의 행동을 구성하고 안내해 주며 조절하도록 도와주는 것"이라고 하였다. 또한 골만(Goleman, 1996)은 감성을 "하나의 가정과 그에 부수적으로 따르는 뚜렷한 사고 및 심리적·생리적 상태와 일련의 행동 경향"이라고 했고, 다마지오(Damasio, 1990)는 감성을 "뇌의 한 부분에서 육체로, 그리고 뇌의 한 부분에서 뇌의 다른 한 부분으로 신경과 체액의 작용을 통하여 촉발된 반응의 집합"으로 정의하고 아울러 느낌을 감성의 상태에서 기인한 복합적 정신 상태라고 정의하였다. 감성은 하나의 행위 충동으로서 행동을 이끌어 내는 것으로 볼 수 있다.

영(Young, 1943)은 정서(Emotion)의 과정들을 다음과 같이 8가지 종류로 요약하였다(이재환, 2007).

① 감각 자극에 반응한 유쾌 또는 불쾌함의 단순한 느낌
② 배고픔, 목마름, 식후 포만감, 신체적 안락함 같은 부정적 그리고 긍정적인 유기체적 느낌
③ 배고픔 같은 식욕의 상태, 성적 욕구, 열망 또는 혐오감 같은 또 다른 행위활동
④ 도덕적, 미적, 종교적 또는 사회적 감정 그리고 선행경험, 교육훈련에 의해 형성된 태도
⑤ 명랑함, 걱정, 슬픔, 의기양양함 같은 지속되고 있는 기분
⑥ 중증 우울증, 냉담, 적의 같은 병적인 정서
⑦ 두려움, 분노, 웃음, 고통, 당황하는 것 같은 감정
⑧ 활발함, 명랑함, 변덕스러움 같은 기질

감성이란 이렇게 여러 가지 감각이 합성되어 종합된 것으로 생리적인 특성을 중시하는 감각과 심리적으로서의 느낌 같은 것들이 다중적(多重的)으로 통합된 것이며, 내부적으로는 복잡한 구조를 가지고 있어 감각의 모자이크 구성뿐만 아니라 상호간에 영향을 주면서 심리적 이미지로 통합되어 있다(파스칼 세계대백과사전, 1996).

감성의 사전적·심리적 의미와 개념을 살펴볼 때, 첫째, 마음과 감정 그리고 동요나 혼란된 정신적 상태 혹은 내부에서 일어나는 심리적 체험이며, 둘째, 오감을 통해 감지하고 심리적으로 판단하는 인지 과정 전반과 직감적 능력 등이 복잡하게 반응하며, 셋째, 일정 기간의 자극과 경험을 통해 개발 가능한 교육가능성을 내포하는 것으로 개념화할 수 있다.

감성을 특별한 연구의 영역으로 삼고 있는 심리학에서 '감성' 대신 유사하게 사용하는 용어를 살펴보면 다음과 같다(홍순정 외, 2011).

① 감각(感覺, sensation): 외계의 물질적 특성에 대해서 인체의 센서가 느끼는 정도를 말하는 것으로 청각·시각·피부감각·후각·미각·체내감각을 포함하여 육감이 존재한다.
② 관능(官能, sensuality): 검사라는 말을 붙여서 관능검사 내지 평가라고도 불리는데 분석형과 기호형으로 구분한다.
③ 기분(氣分, mood): 감성 외부에 존재하는 것으로 또 하나의 외부적 파장이다. 감성보다는 훨씬 약하지만 그 지속성은 훨씬 강한 변형된 감성으로 볼 수 있다.
④ 기질(氣質, temperament): 개인의 감정적 소질 경향을 의미한다.
⑤ 정동(精動): 자신의 신체적 또는 심리적인 존재가 위협받는다고 느껴지는 때 혹은 촉진되었다고 느껴지는 때에 급격히 일어나는 심리적 또는 신체적 격동과 혼란 상태이다.
⑥ 정조(情操, sentiment): 정동과 같이 일시적인 것이 아니고 지속적인 감정으로 문화적인 가치와 연관해서 일어나는 여러 종류의 미적 감정이다. 윤리적 가치에 연관해서는 타인에 대한 동정(sympathy)과 용기에 따른 감정 등이 있으며, 종교적 가치에 연관해서는 경건 혹은 헌신에 따른 감정 등이 있다. 이는 매우 복잡하고 고급적인 정신 활동에 따라 일어나는 것이다.

이처럼 '감성'이란 개념은 다양한 시각에서 정의가 가능하고, 또한 포괄적인 의미를 갖기 때문에 구체적으로 한정지어 정의하기는 어렵다. 우선 새 우리말 큰 사전에는 "감각, 지각에 의하여 불러일으켜져 그것에 지배되는 심적 체험적 전체, 또는 인상을 받아들이는 힘"이라고 정의되어 있다.

철학적 배경에는 감성은 인식론적 측면을 강조하여 감성을 오성 또는 이성과 대립되는 개념으로 경험을 통해 외부세계를 감각적으로 표상하는 능력으로 규정하고 있다. 또한 감성은 미학적, 심리학적 맥락에서 자극에 대하여 느낌이나 이미지를 가질 수 있는 마음의 능력을 포함하고 있다. 감성은 감각이나 지각에 의하여 불러일으켜 주는, 즉 감각 작용을 통해 일어나는 고차적인 심리적 경험의 총체로 규정될 수 있다. 인식론적 측면에서 감성은 이성에 대한 반대의 개념으로 규정하여 의식적인 처리 능력을 배제한다. 그러나 어떤 대상 또는 사물에 대한 느낌이나 이미지는 개인의 경험, 지식, 기호, 유행 등에 따라 영향을 받아 각각 상이한 감성을 형성하게 된다.

살펴본 바와 같이 감성에 포함된 개념 요소들을 분류해 보면 새로운 자극에 의해 새로운 감정이 유발되는 상태 감성(감정), 자극이 없어도 개인이 항상 지니는 특질 감성(정서 상태), 지향하는 가치에 따라 좀 더 예민하게 느끼고 추구하는 영역별 감수성으로 예술적·미적 감성, 도덕적 감성, 과학적 감성, 종교적 감성 등이 있다. 또한 감정을 이해하고 통제하는 능력인 정서지능, 타인과의 관계가 중심이 되는 사랑과 우정, 열정 등으로 묶어 볼 수 있다. 이에 혼용되어 온 용어들을 여기에서는 기본적인 상태로서의 감정과 정서(이후 정서로 칭함), 그리고 이에 객관적 요소들이 포함되는 개념으로서 이에 영역별 가치 중심의 집중이 부각되는 감수성, 정서 영역의 관리와 운영 능력으로서의 정서지능, 이들 요소들이 복합적으로 포함되어 작용하는 상태로서 감성으로 개념화해 보기로 한다. 이에 따라 이들의 감성의 개념 요소별로 좀 더 살펴보기로 한다.

2. 정서(감정)와 정서적 경험

정서란 어떤 일을 경험하거나 생각할 때 일어나는 갖가지 감정 또는 그런 감정을 유발하는 주위의 분위기나 기분, 희로애락과 같이 본능적·충동적으로 외부에 표출되기 쉬운 감정을 뜻한다. 우리가 어떤 일로 인하여 몹시 흥분하거나 놀라거나 혹은 매우 기쁘고 즐거운 상태라고 하자. 이럴 때의 흥분, 놀람, 기쁨과 즐거움 등의 감정은 금방 사라지기 쉬운 일시적 현상이다. 심리학적으로 정서는 자극과 반응의 관계이다. 자극에 대한 심리적 반응은 두 가지로 분류할 수 있다. 하나는 깊게 사고하고 판단하거나 관찰하는 등의 비정서적 반응이고 다른 하나는 여러 가지 감정을 유발하게 되는 정서적 반응이다.

정서적 상태는 자극과 반응에 의해 매우 다양하게 나타나게 되며 사람에 따라 각기 정서적 반응이 달라진다. 주어진 상황에 반응하는 방법이나 정도가 모두 다르고, 이전의 경험이 모두 다르기 때문에 자극에 대한 반응하는 방식의 체계가 달라지므로 같은 자극이라 하더라도 모든 사람에게 같은 정서적 반응이 일어나지는 않는다.

정서는 외부의 자극들이 여러 가지 감각을 통함으로써 얻어진다는 점에서 인간의 삶에 있어 중요한 표현 동기가 되는 역할을 하게 된다.

이러한 정서는 기쁨, 분노, 공포, 놀람, 질투, 애정, 증오, 혐오, 박애, 실망, 상실, 슬픔 등의 언어로 표현된다. 동양에서는 칠정(七情)이라 하여 희·노·애·락·애·오·욕(喜·怒·哀·樂·愛·惡·欲)으로도 구분되며 정서의 표출은 심상의 적극적, 외향적 실천이라고 할 수 있다. 이처럼 정서라는 말은 일상생활에서 별다른 구별 없이 '감정', '느낌', '감성', '감수성' 그리고 '감각'이라는 말과 혼용되고 있다. 정서는 20세기 초까지 감정(Affect, Feeling)과 동일한 것으로 혼동되어 사용되어 왔다.

사전적 의미로서의 '정서'는 "어떤 일을 경험하거나 생각할 때에 일어나는 갖가지 감정, 또는 그런 감정을 유발하는 주위의 분위기나 기분 또는 희로애락과 같이 본능적, 충동적으로 외부에 표출되기 쉬운 감정"이다. 여기서 '감정'이란 "어떠한 상대나 상태에 따라 일어나는, 기쁨, 노여움, 슬픔, 두려움, 쾌감, 불쾌감 따위의 마음의 현상, 즉 느끼어 일어나는 심정, 마음, 기분"을 말한다. 그리고 이러한 쾌·불쾌, 호·불호의 인간의 감정은 '느낌(느끼다)'으로 설명될 수 있다. '느낌(느끼다)'의 사전적 의미는, "자극을 받아 감각이 일어나다", "어떤 감정이 우러나다", 그리고 "마음속으로 무엇을 깨닫거나 어떤 생각을 가지다"라는 의미이다. 감수성이란 "외부의 자극을 받아 느낌을 일으키는 성질이나 능력"을 의미하고, 감성이란 "느낌을 받아들이는 능력 또는 이성과 대립되는 말로서, 대상으로부터 감각되고 지각되어 표상을 형성하게 되는, 인간의 인식 능력"으로 정의된다.

정서와 같은 감성의 표현은 예술 표현에 있어서도 중요하다. 예술은 인간 감성의 형태적 상징의 창조라고 정의되기도 한다. 예술이 감성을 표현하고 또 그것을 요구한다는 것, 즉 미는 감정적 요소라는 것이다. 감성은 인간의 삶에 있어 중요한 예술 표현의 동기가 되는 역할을 하는 것이다.

감성과 감수성 역시 정서의 경우처럼 같은 의미로 혼용되어 왔다. 역사적으로 감성은 지성, 이성 등과 더불어 인간의 주된 인식 능력으로 간주하여 왔지만 실제로는 가장 낮은 능력으로 간주하였다. 그것은 지금까지 우리가 감성을 피상적이고 충동적이며 주관적인 감정과 깊은 관계를 가진 것으로 여김으로써 이성이나 지성에 비해 감성을 경시해 왔기 때문이다. 칸트는 "감성은 이성을 미혹하기 쉽기" 때문에 이성은 감성에 미혹되지 않도록 스스로를 끊임없이 감시해야 한다고 말하고 있다. 감성에 대한 이러한 낮은 평가는 우리의 상식을 감성적인 인간과 이성적(혹은 지성적)인 인간을 서로 대립시키고 후자를 더 높이 평가하도록 만드는 데 크게 영향을 끼쳤다.

그럼에도 감성이 이성과 지성과 함께 우리의 근본적인 인식 능력인 동시에 우리의 모든 의식의 기저에 자리하고 있다는 점이 인정되고 있다. 문제는 흔히 감성이 "일반적으로 감각을 매개로 하여 받아들이는 능력" 또는 "느낌을 받아들이는 성질, 감수성"으로 이해되고 있다는 데 있다. 감성이 일반적으로 '수동적인 능력'으로 이해되고 있다는 점이다. 즉, 감성이 수동적인 수용력으로 이해됨으로써 감수성과 거의 다름없이 혼용되고 있는 것이다. 그러나 감정은 단지 수동적이기만 한 단순한 감각의 발로가 아니다. 그것은 때로 대상에 능동적으로 접근하여 적극적으로 감각하려는 인식과 의지적인 행동의 핵심을 이루는 복잡한 요인이기도 하다. 따라서 감정은 인간의 정신에 능동성을 부여할 수 있다. 밀(John Stuart Mill)은 인간의 감정이 이성적인 논리나 지식마저 무력하게 만들 수 있음을 간파한 철학자라 할 수 있다. 밀은 이러한 감정의 위력을 부정적인 것으로 문제 삼았지만, 감정이라는 것이 이성이나 지성마저 압도할 수 있는 힘을 지니고 있다는 점만은 부정할 수 없을 것이다. 베르그송(Henry Bergson)

의 견해도 감성의 능동성을 뒷받침한다. 베르그송에 의하면 감성은 지성으로 하여금 모험을 감행하게 하고 의지로 하여금 인내하도록 고무하여 위대한 예술과 과학, 그리고 문화 일반을 창조하는 지성의 실체로 이해된다.

3. 감성의 의미

인간이 가진 여러 가지 감성은 각자 확연히 구분되는 생리학적 징후를 보이면서 저마다 독특한 역할을 수행한다. 인간이 분노를 느끼면 주먹을 휘두르기 쉬워지고, 공포를 느끼면 얼굴이 창백해지고 몸에 소름이 돋는 느낌이 전해지며, 사랑은 평온하고 만족스러운 상태로 유도하여 협조적인 태도를 촉진시키는데 이 모든 것이 감성의 작용이다(Goleman, 2008). 이런 감성적 작용을 통해 인간은 예기하지 못한 사건에 대해 많은 정보를 수집하고 현재 진행 중인 상황을 정확하게 파악하여 최상의 행동을 계획해 낼 수가 있다.

감성의 사전적 의미는 "자극이나 자극의 변화를 느끼는 성질", 또는 철학적 의미에서는 "이성에 대응되는 개념으로 외계의 대상을 오관으로 감각하고 지각하여 표상을 형성하는 인간의 인식 능력"이라 정의한다. 따라서 "감정, 또는 느낌, 즉 의식적으로 느껴진 경험의 성질을 가능하게 하는 마음의 소산"이라고 간주해야 한다. 이처럼 감성은 특정 느낌이나 감정을 느낄 수 있는 능력, 즉 '감정의 능력'으로 통증이나 쾌감, 공포감 같은 특정 감정을 느낄 수 있는 우리 마음의 능력을 뜻한다(정대현, 1996). 그러나 감정으로 감성을 충분히 설명할 수 있는 것은 아니다. 왜냐하면 감성이 곧 감정이 아니기 때문이다. 감성은 주로 철학에서 이성에 대비되는 말로 많이 쓰이며 감정과 정서를 포괄한다고 할 수 있다.

감성에 대한 심리학적 연구에서는 감성적 경험과 관련하여 상황 평가, 신체 변화, 표현적 행동, 동기유발 행동의 네 가지 구성 요소에 초점을 맞추고 있음을 볼 수 있다(원종철, 2000).

① 상황 평가: 감성적 상태는 전형적으로 사람과 일정한 대상에 대한 평가적 관계로 포괄하였으며, 즉 인간이 긍정적이든 부정적이든 그 상황을 경험하지 못한다면 감성에 대한 이해가 어렵기 때문에 자신의 관심과 정서반응에 대해 평가와 해석이 감성의 핵심 구성 요소이다.

② 신체 변화: 감성은 심장과 신체 내부와 밀접한 관계가 있다. 각 개인이 가진 여러 가지 감성은 자극에 대해 자신의 생체반응에 따라 구분되어 나타난다. 예를 들면 분노에 대한 반응에 손에 땀이 나도록 주먹을 불끈 쥔다거나, 무기를 휘두르는 등의 생리적인 독특한 반응을 보인다. 그러므로 감성의 구성 요소에 신체의 변화가 포함되어 설명되고 있다.

③ 표현적 행동: 감성적 경험의 분명한 표현으로 가장 대표적인 것이 존재를 나타내는 소리와 동작으로 몸짓, 손발의 움직임 등이 감성적 표현의 중요한 통로가 된다.

④ 동기유발 행동: 특별한 감성은 자신의 고유한 방식으로 자신의 행동을 충동한다. 즉, 감성은 특별한 역할과 상황에 대처할 수 있도록 준비시켜 주는 것이다.

인간의 학습은 기억, 연상, 회상, 판단, 그리고 선택 과정과 같은 이성적 작용을 통해서 이루어진다. 그런데 이들 이성적 작용들은 감성의 본질적 역할과 밀접한 관계를 맺고 있다.

최근에 이르러 인간의 감정이나 사고, 판단력 등은 감성적 두뇌와 이성적 두뇌의 협력에 의해서 이루어진다는 것이 증명되고 있다. 다마지오(Antonio Damasio, 1994)는 뇌손상 환자의 사례 연구를 통해 감성과 감각의 결핍은 합리성을 파괴할 뿐 아니라 현명한 판단을 거의 불가능하게 만든다는 사실을 보고하였다.

감성의 어원은 '감각', '의미작용', '감성'을 뜻하는 라틴어 'sensibilitas'와도 관련지어 볼 수 있다. 감성에 대한 다양한 정의들을 다시 정리해 보면 다음과 같다.

감성의 일상적인 의미로는 ① 감각을 매개로 하여 받아들이는 능력, 즉 특정 느낌이나 감정을 느낄 수 있는 능력을 말하며, 한 개인이 영향이나 감동을 받을 수 있는 능력, ② 유기체의 감각 능력, ③ 외부의 사물을 수용할 수 있는 능력이다. 감성에 대한 철학적인 정의로는 "모든 생명체에 공통된 능력으로서, 외부로부터 어떤 자극을 수용하고 적절한 반응을 통해 그에 응답할 수 있는 능력"이다.

또한 심리학에서는 감성을 ① 인간이 외부 세계로부터 어떤 영향을 받아들일 수 있는 능력, ② 지적인 활동과 대립되는 정서적 활동으로 정의한다. 유사어로는 '영향력', '정서', '감동'을 들 수 있고 반대어로는 '무감동', '무감각'을 들 수 있다(Clement et al., 1994).

1) 감수성과 감성

감정을 이성에 의해 억압되어야 하는 것으로 보는 관점이 아니라, 감정 그 자체에 대한 고유한 가치를 인정하고자 하는 관점은 인간의 정서에 대한 이해를 넓혀 줄 수 있다. 베르그송(H. Bergson)에 의하면, 정신의 가장 높은 능력들은 감수성과 결부시켜야 하고 창조란 감성을 통한 감동을 의미한다고 본다(Maisonneuve, 1999).

예술·심미적 지식은 우리가 무엇을 알고자 하고 그것을 표현하고자 하는 인식기능 중 '감수'라는 기능에 의해서 시작된다. 예술·심미적 지식의 근원으로서 감수란 "자연현상 및 인간에 대해 마음껏 자유로이 느끼고, 생각하고 그리고 상상할 수 있는 기능"이다. 따라서 감수는 인간의 쾌, 불쾌, 호, 불호를 근본으로 하는 인간의 '느낌(feeling)'에서부터 시작된다.

인간이 자연현상이나 인간관계에서 직접적으로 느낀 감정은 인간의 '감수'의 능력에 의해서 지식으로 이끌어진다. 감성적 지식은 개인마다 다르게 느껴지는 지식이며, 주관적인 지식이다. 감성적 지식은 개인적 느낌으로서, 객관적이거나 보편적이지 않은, 주관적이고 비객관적인 지식을 형성하는 영역이다. 인간은 어떤 대상을 볼 때 순간적으로 그것에 대한 느낌을 갖는다. '느낀 그대로'의 감정은 개인적인 것이다.

감정을 이해하는 것은 인식의 문제가 아니라 직관의 문제라고 할 수 있다. 직관은 인간에게 복잡한 사태를 전체적이고 즉각적으로 파악할 수 있게 해 준다. 감정은 일종의 '관심 갖기'라고 설명되기도 한다. 또한 방향과 명확성을 만든다(임일환, 1995).

2) 도덕적 지식으로서 감성

도덕적인 지식은 인간의 느낌, 즉 감정에 바탕을 둔다. 즉, 인간은 사람과의 관계에서 인간답다고 느끼는 도덕적 지식들을 감성적 차원에 두게 된다. 이때에 감성은 인간적인 도리의 느낌들이 모여 있는 감성 속에서 도덕적인 행동을 이끌어 낸다. 그래서 사람이 어떤 상황에서 인간다운, 도덕적 행위를 해야 한다고 판단할 때 그러한 지식은 감성적 차원에서 이끌어 내는 지식이라고 할 수 있다. 도덕적 지식은 개인의 느낌에 근거한 도덕적 행위를 이끌어 냄으로써 발현된다. 따라서 도덕적 지식은 예술·심미적 지식의 형성 과정처럼 이루어지기 때문에 설명하기 어렵다. 도덕적 지식은 도리적 '느낌'에서 인간적인 아름다운 행위를 이끌어 낸 것이다.

3) 감성이 가지는 의미

어린이의 감정적 능력에 대한 중요성을 일찍부터 인식했던 니일은 어린이는 스스로 행복할 수 있는 삶을 살기 위해서 또는 주체적으로 살아갈 수 있는 능력을 키워 주기 위해서 감정적인 능력이 필요하다고 하였다. 삶은 지식이나 이해만 가지고 되는 것이 아니라 전인격을 통하여 반응하는 것이기 때문에 지적인 능력의 발달만으로는 충분하지 않다. 즉, 교육은 지적인 능력과 아울러 정서적인 능력의 발달에도 관심을 두어야 한다.

지적인 이해만으로는 불충분하며 '감정적인 능력'이 요구된다고 했을 때, 여기에서 '감정'의 의미는 무엇인가? 인간의 감정적인 능력, 즉 내적인 감정상태에 대한 특성 및 가능성은 일반적으로 지적 능력과 비교되어 설명되어 왔다. 문용린(1997)은 이 두 가지는 비교될 수 없는 것이라고 지적한다. 인간에게는 지적인 능력이 아무리 뛰어나도 기억하겠다는 의식적인 의지와 감정이 없이는 이성의 작용이 일어나지 않는다. 다시 말해서 이성 능력인 사고 능력, 즉 기억력, 계산력, 추리력 등을 발휘하게 하거나 또는 그런 능력을 억압하고 제한하기도 하는 인간의 또 다른 능력으로서 감정적인 능력은 매우 중요하다.

정서지능(EQ)에서 정의하는 감정적인 능력은 "좌절 상황에서도 개인을 동기화시키고 자신을 지켜 낼 수 있게 하며 충동의 통제와 지연 만족이 가능하게 하고 기분 상태나 스트레스로 인해 합리적인 사고를 억누르지 않게 하며 타인에 대해 공감할 수 있고 희망을 버리지 않는 능력"(Goleman, 1995)이라고 정의된다. 이처럼 감정적인 능력이란, 인간의 삶 속에서 개인의 행동을 이해하고 이끄는 수단으로 감정을 이용하는 능력으로 설명될 수 있다. 감정의 가장 원초적인 능력은 기쁨의 감정과 고통의 감정을 구별해 내는 데서부터 시작해서, 복잡하고 매우 분화된 감정을 감지하고 분별하는 능력으로 발달해 나간다. 예를 들어서 개인이 어떤 목표를 향해 끝까지 집중하고 완전함을 추구하는 데에는 '희망'과 '낙관주의'라는 정서 능력이 요구된다(Goleman, 1995). 희망 수준이 높은 사람은 그렇지 않은 사람들에 비해 더 높은 목표를 설정하고 그것을 달성하기 위해 더 많은 노력을 기울이게 된다고 한다. 다시 말해서 '희망'이라는 정서적 능력은 개인의 삶을 적극적으로 동기화시키고 자신에 대해 확신에 찬 행동을 하도록 고무시키는 데 결정적인 역할을 한다. 이것은 '희망'이라는 정서적 능력이 우리의 삶에 있어서 중요한 역할을 한다는 것을 의미한다.

이러한 인간의 감정의 중요성은 가드너(H. Gardner)의 '개인지능'의 개념에서도 살펴볼 수 있다. 즉, "개인지능은 자신의 내면을 잘 이해하는 능력으로 자신에 대한 정확하면서도 솔직한 모습을 형성하고 자신이 형성한 모델이 삶에서 효과적으로 기능할 수 있도록 하는 능력이다. 자신이 원하는 것이 무엇인지 파악하고, 특정 상황에서 느끼는 자신의 감정의 의미를 정확하게 인식하고, 그것들 간의 차이를 구분할 수 있는 능력이다(Gardner 1983)." 이처럼 인간의 정서적인 측면은 지적인 이해작용–이해, 추리와는 다르며 인간의 삶에 직접적으로 영향을 준다고 할 수 있다.

액슬린(Axline)은 충분한 정서적 및 사회적 성숙 없이 지적인 면만 성취한다는 것은 불완전하다고 제언한다. 그는 어린아이들은 다른 사람들이 가진 인격, 권리, 다른 점을 이해하기 전에 자신을 이해함으로써 자기를 존중하고 자신의 존엄성을 갖게 되는 것을 먼저 배우도록 해야만 한다고 설명한다. 그렇다면 여기에서 사회적 성숙이란 무엇인가? 그것은 세계를 알아내고자 하는 노력, 인간관계, 느낌, 여러 가지 개념, 자신이 스스로 만들어 내는 결론, 추리 과정, 사고하는 태도 등 인간의 내적 성장을 의미한다(Axline 1985). 삶에 대한 이해는 인간의 내적 경험으로부터 오는 것이기 때문에 세상을 보고 느끼는 것이 사람마다 서로 다르다. 개인적인 생각, 태도, 감정, 요구에 의해서 형성되는 자기만의 세계가 존재하는 것이다(홍순정 외, 2011).

어린이의 교육과 발달과의 관계 속에서 감성의 의미를 살펴볼 때 감성의 능력은 매우 중요하다. 패터슨(1980)에 의하면 서머힐의 교육 목표는 '행복한 인간'이며 그것은 학문적이거나 지적인 발달보다 정의적인, 정서적인 발달에 더 가치를 둔다. 내면적으로 행복한 사람은 두려움을 갖지 않고 타인과 화평을 유지하며 타인을 증오하지 않고 사랑하며 진지하고 정직한 사람이다. 따라서 어린이들의 삶의 목적은 내면적 행복을 찾는 데 있다고 본다.

어린이들에게 정서적으로 바람직한 교육은, 어린이의 충동과 감정을 그대로 수용하는 것도 아니며 이것들을 전적으로 무시하는 것도 아니다. 즉, '감정적 지원'이란, 어린이로 하여금 자기 안에 감성을 확립할 수 있도록 자신의 감정을 진지하게 받아들여서, 판단이나 의지의 기초가 될 수 있도록 자기 감정에 확신을 갖게 하는 것을 의미한다. 이것은 어린이들이 자신의 행동에 스스로 책임지도록 도와주려는 노력이라고 할 수 있다. '감정적 지원'은 어린이들이 자신의 그릇된 감정의 희생자가 되도록 하는 것이 아니라, 책임 있는 개인이 될 수 있도록 자신의 내면적 생활을 능동적으로 관리하게 만드는 것이다. 어린이의 정서적 건강과 발달은 어릴 때 '놀이'를 통해 성장할 수 있다(김경미, 2003).

4. 정서지능

최근에 이르러 인간이 행복한 삶을 살아가기 위해 갖추어야 할 능력으로서 지적 능력뿐만 아니라 감성지능이 중요시되고 있다. 인지와 감정은 서로 밀접하게 영향력을 미치고 있어 인간은 이들의 조화를 통해 더 효율적이고 적응적이 될 수 있으며 감성지능이 높은 사람일수록 조화를 잘 이룰 수 있다.

감성지능(Emotional Intelligence)의 연구는 감성을 하나의 지능 영역으로 연구한 가드너(Gardner, 1987)와 감성지능 EQ(Emotional Quotient) 또는 감성지수라는 개념을 최초로 사용한 마이어와 샐로비(Mayer & Salovey, 1990), 감성지능을 좀 더 과학적으로 체계화하여 제시한 골만(Goleman, 1995)에서 찾아볼 수 있다.

가드너는 그의 다중지능이론에서 지능의 핵심 요인으로 알려져 온 논리·수학적 지능과 언어적 지능 등의 요인 외에 자신에 대한 정확한 실제적 모델을 형성하고, 삶을 효과적으로 조정하기 위해 그 모델을 사용할 수 있는 개인 이해지능과 타인을 이해하고 동기화하며 적절히 상호작용하고 협력적으로 일할 수 있는 대인 관계 지능을 포함시킴으로써 감성에도 지능을 부여하는 계기와 지능의 개념을 확대시키는 기초가 되었다.

1990년대 초 심리학자인 마이어와 샐로비(Mayer & Salovey, 1990)는 가드너의 다중지능이론에 포함된 개인 이해 지능과 대인 관계 지능이 감성과 관련되어 있음을 확인하고 이를 좀 더 명확하게 감성지능(EQ)이라는 용어를 최초로 만들어 개념화하였다. 또한 정서의 평가와 표현, 정서의 조절, 정서의 활용이라는 필수요인을 설명하였다.

① 정서의 평가와 표현: 자신의 감정이나 기분들과 다른 사람들의 감정이나 기분들을 점검하는 능력

② 정서의 조절: 여러 감정과 기분들을 구별하는 능력

③ 정서의 활용: 정보를 이용하여 자신의 사고와 행동을 이끄는 능력

이것을 기초로 골만(Goleman, 1995)은 감성지능을 자기 감정 인식, 자기 감정 조절, 자기 동기화, 감정이입, 대인 관계 기술로 압축하여 다섯 가지 구성요소로 재구성하였다.

① 자기 감정 인식: 감성 교육에서 중요시하는 기초 능력 중의 하나로 자신이 현재 느끼고 있는 감정, 기분 등이 어떤 것인지 잘 알고 그러한 기분을 적절히 말로 표현할 줄 알며 표정이나 행동을 상황에 맞게 나타낼 수 있는 능력

② 자기 감정 조절: 인식된 자신의 감정을 스스로 적절하게 처리하고 변화시킬 수 있으며, 분노, 우울, 스트레스 등의 감정을 표현하고, 정서표현과 이성적 사고 간의 균형을 유지하는 능력

③ 자기 동기화: 어려움을 참아내고 자신의 성취를 위해 노력할 수 있으며, 목표를 향한 주의집중, 완전함과 창의성에 대한 추구를 의미하는 능력

④ 감정이입: 타인이 느끼는 감정을 자신의 것처럼 느끼며 다른 사람의 감정 상태를 알고 적절하게 반응하는 공감 능력으로 다른 사람의 정서를 공유하는 데 그치지 않고, 이타적 행동으로 표현될 수 있는 능력

⑤ 대인 관계 기술: 타인과의 상호작용을 성공적으로 하는 데 필요한 기술과 다른 사람의 감정을 효과적으로 관리하는 능력

이처럼 감성지능은 자신의 감정 상태를 인식하고 자신의 감정을 조절하고 자신을 동기화하고 타인의 감정을 인식하며 상대방과 인간관계를 맺고 관리하는 능력으로 자기 자신의 감정 상태를 인식할 줄 알고, 감성을 타인에게도 적절하게 전달할 수 있을 뿐 아니라, 상황을 낙관적으로 파악할 줄 아는 능력을 의미한다. 개인의 정서적 안정감과 잠재적인 자신감, 미래에 대한 신념을 통해 올바른 삶의 목표를 설정하고 세상의 사물과 시대의 상황을 능동적으로 낙천적으

로 교감하며 대인 관계는 물론 자신과의 관계에서도 친화성과 포용력을 발휘하는 능력을 뜻한다. 감성지능은 다른 사람에게 동기를 부여해 주고, 절망적인 상황에서도 의욕을 잃지 않게 하는 희망을 키워 주는 능력이다.

가드너는 자신과 남에 대한 지식인 개인적 지능(감성지능)은 다른 지능보다 더 높은 수준이고 더 많은 통합된 지능의 형태이며, 많은 문화와 역사적 요소를 포함하고 있으며 또한 많은 지능의 주된 질서를 조절하고 통제하므로, 전통적 IQ보다 각 개인의 삶과 생애의 성공을 가져다주는 주요한 지적 능력이라고 보고 있다. 오히려 전통적 지능보다 훨씬 더 학업 성취 또는 진로 성공에 직결되는 것으로 보고 있다.

1) 감성지능의 구성 요소와 주요 능력

결국 성공하는 사람이란 자신의 삶에 몰입하는 사람이다. 이들은 자신을 사랑하고 존중하며 자신의 감정과 각 상황에 따라 정서를 잘 다룰 줄 알고, 주변을 여유 있게 돌아보며 통찰할 수 있는 심리적 안녕과 행복을 느끼는 사람일 것이다. 그러나 심리적 문제를 겪고 있는 사람이나 성장하면서 상처를 가진 사람들은 대체로 자신의 상황과 감정을 잘 표현하지 못하며, 무슨 이유로 불안 또는 특별한 일에 분노가 느껴지는지 잘 알지 못한다. 이는 어떻게 표현해 내야 하는지 방법을 모르기 때문이거나, 고슴도치처럼 자기 방어를 하기 때문이기도 할 것이다. 아니면 자신의 어떤 것이 문제이며 왜 그런 행동과 마음이 생겨나는지의 원인조차 모르는 경우도 있다. 성인이 되기까지 우리는 부모와의 애착관계에서부터 시작하여 여러 경험들을 축적하며 세상을 바라보고, 세상과 소통하며 크고 작은 문제 상황에 직면하게 된다. 어떤 이는 어떠한 경험으로 마음의 상처를 안고 그늘진 삶을 살아가고, 어떤 이는 이를 건강하게 극복해 행복한 삶을 사는 사람들도 있다. 건강하게 극복해 내는 방법을 들여다보면 여러 가지 자신만의 노하우가 있을 것이다. 어떤 사람은 종교적인 믿음으로, 어떤 사람은 그림 그리기로, 어떤 사람은 여행을 떠나면서 자신의 정서를 정리해 나갈 것이다.

이와 같은 감성지능의 영역들을 여러 측면에서 좀 더 살펴보기로 한다.

(1) 자기 감정의 인식 능력(정서 인식)

자기 자신의 내면에 일어나고 있는 미묘한 감정의 변화를 부단히 관찰해 나가는 자각의 과정은 내면의 감정세계를 살펴 자기 인식을 명료화해 가는 것이다. 이러한 자기 인식의 과정은 지금 일어나고 있는 정서 중추반응을 언어중추를 통해 확인함으로써 정서 상태를 하나하나 확인해 가는 심리적 과정이다. 이처럼 지금 일어나고 있는 자신의 감정 상태를 살펴나가는 자기 관찰은 바로 감정의 홍수 속에 있더라도 자기의 감정을 중립적으로 살펴볼 수 있게 해 준다.

(2) 자기 감정의 조절 능력(정서 조절)

자신의 감정을 잘 다루어서 적절하게 발휘되도록 하는 능력은 자기 인식을 바탕으로 가능하다. 불안, 슬픔, 분노, 성욕 같은 감정은 감성의 기본 요소이며 생존의 메커니즘과 관련되어 있다. 따라서 중요한 것은 다양한 행동 가능성 등을 놓고서 신중하게 검토하여 자신의 동기와 기준에 따라 선택하는 자유에 있다 하겠다. 감정을 억누르기만 한다면 무미건조함과 소원함을 불러오게 되고 반대로 통제에서 벗어난 감정은 과도함과 완고함으로 치닫게 되어 고정된 우울과 압도적인 불안, 광란적인 분노, 심각한 불안 등을 가져오는 병리적인 현상으로 바뀐다. 감정의 상승과 하강은 삶의 풍미를 더해 준다. 문제는 균형을 맞추는 일이다. 우리의 마음이라는 계산 속에서 행복의 감각을 결정하는 것은 부정적인 감정에 대한 긍정적인 감정의 비율이다.

(3) 자기 동기화의 능력(정서 표현)

감정적 혼란은 지적 활동을 저해한다. 마음에 불안이나 우울증을 가지고 있는 학습자는 제대로 학습을 할 수 없다. 성공적인 인생을 살았다고 보여지는 사람들에게 공통적으로 발견되는 것은 감정의 조절과 자기 자신에 대한 끊임없는 동기 부여이다. 일반인들의 경우에는 어떠한 일에 몰두하게 되기까지는 동기 부여라는 요소가 수반된다. 자신의 내부나 외부에서 발생한 동기 부여의 감성지능은 다른 모든 능력을 촉진시키거나 방해하는 쪽으로 중요한 영향을 미치게 된다.

(4) 감정이입 능력(공감적 이해)

다른 사람의 감정을 읽는 능력은 타인과의 감정이입 능력인데 이것은 감성적 자기 인식이 있어야 가능한 또 다른 능력으로 인간관계 능력의 기본이 되는 것이다. 무감각하고 감정에 대해 혼란을 겪는 무감각 무능력 환자들은 다른 사람이 감정을 표현할 때 당혹스러워한다. 이처럼 타인의 감정을 수용하지 못하는 증세는 감성지능의 입장에서 보면 중대한 결함의 하나이다. 왜냐하면 친밀한 인간관계를 형성하는 근원은 감정이입 능력이기 때문이다. 정상인들에게 있어 감정이입은 말로만 표현되는 것이 아니다. 지성적 정신의 방식이 언어라면 감정적 정신의 방식은 비언어이다. 감정적 메시지의 90% 이상은 비언어적인 수단으로 이루어진다.

(5) 대인 관계 능력(정서 활용)

타인에게 존재하는 감정을 잘 관리하는 능력이야말로 인간관계를 처리하는 데 있어서 핵심이 되는 능력이다. 대인 관계 능력의 핵심은 자신의 감정을 얼마나 잘 표출하는가에 달려 있다. 표출의 법칙에는 몇 가지 기본 유형이 있다. 그 하나는 누구인가 관련자가 있을 경우에만 나타나는 표현, 다른 하나는 감정의 확대를 통해 자기가 느낀 바를 과장하는 것, 나머지는 하나의 감정을 다른 것으로 대체하는 방법으로 상황에 의해 또는 때에 따라서 싫어도 좋다고 하거나 좋아도 싫다고 하는 표현이다. 감성지능에는 정서적 교류를 관리하는 능력이 포함된다. 사람들 사이에는 감성이 전이된다. 감성의 전이는 주로 자신의 감정을 적극적으로 표현하는 사람의 감정이 소극적으로 표현하는 사람에게 전이된다. 또한 감정의 전이는 비언어적인 몸의 움직임에서도 타나나는데 가까운 사이일 경우에 감정의 전이가 보다 빠르게 나타난다.

2) 감성지능과 창의성과의 관계

사람의 뇌는 전체의 80%로 대부분을 차지하는 대뇌, 약 120억 개의 신경세포(뉴런)와 신경섬유, 그 사이를 채우고 있는 신경조직으로 이루어져 있고 그 바깥 면은 뇌막으로 쌓여 있다. 인간의 대뇌는 좌우 두 쪽으로 나누어져 있는데, 이는 우뇌와 좌뇌라고 부른다. 두 대뇌는 신경섬유 다발로 된 뇌량에 의해서 연결된다. 뇌의 일부인 연수 안에는 신경의 교차점이 있고 이 교차점에서 모든 자극을 좌뇌와 우뇌를 오가며 전달한다. 일반적으로 뇌는 만 3세가 되면 어른의 70~80%에 해당하는 수준까지 발달한다. 따라서 유아기의 두뇌 계발은 아주 중요하다고 할 수 있다.

일반적으로 사람들이 무의식적인 것으로 생각하는 사고의 과정이 우뇌에 존재하며 '통찰의 번득임'이 우뇌에서 발달된 결과라고 알려져 있다. 많은 미술가들은 표현을 할 때 사물을 다르게 보며, 그 표현이 그들 자신을 어떤 달라진 감정의 인식 상태로 인도해 준다고 말하기도 한다. 그러므로 두뇌를 주관적인 상태(몰두, 시간 감각이 없는 상태, 어떤 모양이나 형태 공간을 아주 세밀히 관찰하고 있는 상태)로 몰고 가는 것은 우뇌이다.

〈표 7-1〉 좌뇌와 우뇌의 특성

좌뇌	이성적	논리적	언어적	수리적	분석적	합리적	추상적
우뇌	감성적	직관적	시각적	공간적	종합적	창의적	구체적

우뇌의 성향이 강한 사람은 창의력이 뛰어나고 사물에 대해 판단할 때도 부분이 아니라 전체로 사고할 줄 알며 자신의 감정에 충실하게 사는 사람이다. 따라서 창의성이나 감성지능의 계발은 우뇌와 관계가 된다고 볼 수 있으며, 두뇌의 대부분이 형성되는 유아기에 우뇌 계발에 아주 효과적인 미술활동은 창의

성과 감성 모두를 기를 수 있는 것이다.

창의성을 결정짓는 주요 변인은 '사고력'으로서의 창의성과 '인성이나 태도'로서의 창의성이다. 사고력은 '지능'을 뜻하며 '지적인 능력'이라고 할 수 있다. 지능이나 사고력은 논리적 문제 해결력의 중심의 단일한 지적 능력이 아니라, 그와는 성격이 다른 여러 변인들의 구조적으로 결합된 복합체라는 것을 주장하며 창의성은 수렴된 논리적 지능과는 다른 확산적, 생산적인 지능 또는 사고력과 더 밀접하고 독특한 지적 능력이라는 것이다. 예컨대, 유연성, 유창성, 정교성, 독창성이 그 대표적인 변인이며 이것들은 결국 '창의적 사고력'을 말하며 아이디어를 산출해 내는 능력이다. 그러나 이러한 능력들은 인성이나 태도에 있어서 민감성과 개방성, 독립심, 그리고 탐구성이 뒷받침되어야만 한다. 즉, 무엇을 느끼거나 생각할 때, 어떤 관습, 원리, 법칙, 고정관념, 편견에 사로잡히지 않고, 자유로운 입장에서 느끼고 생각하는 '열린' 태도와 의식이 필요한 것이다. 그리고 이러한 열린 태도와 인성은 어떤 문제 해결력에 있어서 예민하고 감각적인 의식인 '민감성'으로 나타나게 된다. 그래서 남이 보지 못하는 자신만의 내성적인 주제를 포착할 수 있는 것이다. 뿐만 아니라 해결해야 할 문제를 스스로 주체적이고 자율적으로 추구하는 자주성, 독립심이 있어야 새로운 아이디어가 창출될 수 있는 것이다.

이런 민감성, 개방성, 독립심, 탐구성 등은 창의적 태도를 함양하는 것이며 또한 창의성은 그 사람 자체의 특성과 기질을 알고 인정해 주고 주의집중할 수 있는 물리적 환경과 자신의 주인의식에 따른 산출 효과가 큰 환경적 요소가 많이 작용한다고 볼 수 있다. 그렇기 때문에 창의성을 계발하기 위해서는 감성지능 계발 또한 중요한 것이다.

5. 감성과 대인 관계

감성은 대인 관계의 발달에도 크게 작용하게 된다. 삶에 대한 열정, 사랑, 우정과 같은 관계 속에서 감성의 의미를 좀 더 살펴보기로 한다. 홍순정 외 5인(2011)은 품성 발달의 기초로서 감성의 영역을 다음과 같이 논의하였다.

일반적으로 감성이 결핍된 사람은 무감각, 냉담, 의욕상실, 그리고 무관심에 대해 쉽게 특성을 나타낸다(Oakley, 1992). 또한 일반적으로 타인과 다른 세계에 대한 피상적인 이해만을 가지며, 그들 자신이 발견하는 상황에서 어떤 중요한 특징들을 인지하지 못한다. 실제로 그런 사람은 공동체와 개인의 삶에 있어서 어떤 의미도 가질 수 없으며 그들 자신의 진정한 정체성에 대한 인식도 가지지 못할 것이다. 왜냐하면 그만큼 우리의 삶에 관해 무엇을 얼마만큼 생각하고 기억할 수 있는가를 결정하는 데 있어서 우리의 감성이 중요한 역할을 하기 때문이다.

정서적이지 못하거나 감성이 결핍된 사람의 삶은 불완전하며 심리적, 행동적 두 측면 모두 도덕적이든 삶의 모든 면이든 결함이 있게 될 것이다. 그중에서 선한 삶을 위한 핵심적인 것들에 대한 특성을 살펴보면 다음과 같다(원종철, 1999).

① 분명한 지각력과 예리한 통찰력, 이해력이다. 통찰력과 이해력은 그 자체로 가치를 지니며, 나아가 그것들은 훌륭한 행위의 수행을 위해서도 필수적이다. 일반적으로 어떤 것에 대해 관심과 흥미를 가진다는 것은 그것에 대해 학습하도록 우리를 자극한다는 점에서, 이러한 감성은 우리를 세계의 다양한 특징에 대한 깊은 이해로 이끈다는 점에서 필요하다. 감성이 결핍된 사람은 세계의 다양한 특징들이나 상황에 대해 좁은 지각력을 가지며, 타인과 세계에 대한 일종의 편견을 가질 수도 있다. 또한 사랑의 감성은 우리가 사랑하는 사람에 대한 관심을 가질 수 있는 기회를 제공해 준다. 결국 감성은 지각력, 판단력, 그리고 깊은 이해력 등을 성취할 수 있는 데 도움을 줄 것이다.

② 강한 의지력이다. 감성이 결핍된 사람은 나약한 의지로 고통받을지 모른다. 그것은 자신이 옳다고 믿는 것을 행하는 데 실패하여 걱정, 관심, 흥미, 동정, 연민, 그리고 용기와 같은 감성이 부족하여 생기는 자연적인 결과이다. 우리가 어떠한 감성을 가지는 것은 우리가 선하다고 믿는 것을 행하게 하고, 우

리가 나쁘다고 믿는 것을 행하지 않게 하는 데 중요하다.

③ 사랑과 우정이다. 감성적이지 못하거나 감성이 결핍된 사람에 있어 또 다른 결점은 사랑과 우정과 같은 중요한 인간관계를 성취하는 데 실패한다는 점이다. 사랑과 우정의 관계는 필수적으로 감성을 포함하여 우리의 다양한 삶에 있어서 핵심이기도 하다.

사랑과 우정의 관계는 개념적으로 서로에 대한 어떤 감성이나 정서를 가지는 것을 필요로 한다. 타인에 대해 감성적이지 못하고 메마른 사람은 결코 서로에 대한 사랑이나 우정의 관계를 가질 수 없다. 사랑과 우정의 감성은 다양한 방식의 인간관계에 있어서 도덕적으로도 중요하며 우리가 가질 수 있는 가장 가치 있는 것들이다.

우리가 서로에 대해 느끼는 감정은 우리가 가지는 관계의 형식을 결정한다. 서로에 대한 우리의 사랑이나 우정은 각각의 복지를 증진하는 것에 대한 심려에서, 혹은 개개인의 문제로 간주되는 서로에 대한 동정적인 감정에서, 그리고 상대방에 의해 권리 침해를 받았을 때 화내고 분개하는 감정에서 구체화된다.

만일 유아가 어릴 적부터 충분히 사랑을 받지 못하고 자랐다면 스스로 '난 어려움이 많아, 난 정말 사랑받을 가치가 없어'라고 생각하게 된다. 결국 다른 사람의 어떤 입장이나 생각을 제대로 읽을 만한 에너지를 갖지 못하게 된다. 그렇기 때문에 모든 상황을 자꾸 왜곡시키게 되며, 이는 공감 능력이 없는 것이다. 그러다 보니 다른 사람들과의 사이에서 쉽게 오해를 불러일으키고 나아가 사람들과 건강한 관계를 맺는 것 자체에 어려움을 느끼게 된다(정지은 외, 2009).

④ 자아존중이다. 이 감성은 우리 자신과 타인에게 긴밀히 연결되어 있다. 자신을 구성하는 것은 이러한 감성을 통해서이고 이 감성을 통해 삶의 어떤 상황에 의미를 부여하며, 성취와 좌절에 대한 기회를 제공한다. 또한 그 세계 속에 자신이 뛰어 들어가 자아존중에 대한 올바른 인식을 하게 된다. 감성은 세계에 대한 이해나 또는 견해의 어떤 방식을 포함하는 것으로 생각되며, 감성은 그 세계에서 흥미와 목적을 창출하기 때문에 자신을 어떻게 파악하는지를 결정하는 데 매우 중요하다. 자아존중이 결핍되면 가치에 대한 자부심과 애정이 결핍될

것이고 그것은 타인에게로 옮겨져 서로에 대한 이타주의적 감성이 부족하게 될 것이다. 개인적 가치의 개념은 도덕적으로도 중요한 개념이며 이러한 가치의 결핍은 자신은 물론 사회적으로도 삶에 대한 심각한 훼손을 초래하게 된다.

특히 자아존중감을 형성하는 데 있어서 무엇보다 필요한 것은 부모-자녀 관계에서의 공감이다. 공감은 자녀가 자신에게 긍정적인 이미지를 형성하는 데 도움이 된다.

유아기는 평생의 감성적 성향의 틀을 형성하는 중대한 시기로 유아기부터 반복되는 감성적 행위의 습관들이 감성 회로의 형성에 상당한 영향을 미치며 이 시기에 어떠한 감성적 습관을 획득했는가가 인생의 성공을 판가름할 수 있다. 그러므로 감성 교육은 조기에 시작되어야 하고 발달에 적합하게 이루어져야 하며, 유아의 일상생활 전반에 걸쳐 다루어져야 한다(Goleman, 1995).

1) 감성과 사랑

사랑이란 무엇인가? 가장 적절한 답은 각자가 사랑이라고 생각하는 것이 사랑이라는 것이다. 프롬(Erich Fromm)은 『사랑의 기술』에서 사랑이란 첫째로 상대방의 인생과 성장에 대한 적극적인 관심이며, 둘째로 상대방으로부터 표현되거나 표현되지 않은 욕구에 대한 자발적인 반응이며, 셋째로 상대방을 있는 그대로 수용하고 그의 개성을 존중하는 태도이며, 넷째로 이심전심으로 상대방이 어떻게 느끼며 무엇을 원하는지 아는 것이라고 했다(김중술, 2007).

우리는 사랑에 대해서 가르치지도 않고 또 배우려 하지도 않는다. 사랑은 자연스럽게 이루어지는 것이고 또 그래야 한다는 생각이 일반적이다. 많은 경우, 성장 과정 속에서 소설, 영화, 드라마 등을 통해 사랑에 대한 극히 왜곡되고 파편적인 이해를 하게 되어 사랑에 대한 환상과 편견을 키워 나가는 경우가 대부분이다. 이렇게 사랑에 대해 무지한 상태에서 이성 관계에 노출되는 것이 일반적이다. 사랑에 대한 무지는 사랑에 대한 환상과 신비감을 증가시킬지는 모르나 사람들을 미숙하고 파괴적인 사랑으로 이끌어 불행과 고통 속에 빠지게 한다.

심리상담 전문가들은 사랑에 대한 편견, 오해, 착각으로 인해 얼마나 많은 사람들이 심리적인 상처를 입고 불필요한 고통 속에서 괴로워하는지를 잘 알고 있다. 진정으로 아름답고 성숙한 사랑을 위해서는 사랑에 대한 깊은 이해가 필요하다(권석만, 2004).

스턴버그(sternberg)는 사랑은 행동과 경험들을 연구한 자료 및 여러 이론에 근거하여 사랑의 삼각형 이론을 제시하였는데, 이 이론은 사랑이 친밀감, 열정, 결정/헌신의 세 가지 요소로 구성되어 있다고 설명한다(류소 역, 2002).

① 친밀감(intimacy)은 어떤 관계에 있어서 가까움, 유대, 결속 등의 감정들을 말한다. 친밀감은 적어도 다음의 10가지 요소들을 포함한다고 보고 있다.

(1) 사랑하는 사람의 복지를 증진시키기를 바라는 것
(2) 사랑하는 사람과 함께 행복을 느끼는 것
(3) 사랑하는 사람에게 높은 존경심을 갖는 것
(4) 필요할 때 사랑하는 사람에게 의지할 수 있는 것
(5) 사랑하는 사람끼리 서로를 이해하는 것
(6) 사랑하는 사람과 자신 및 자신의 소유물을 나누는 것
(7) 사랑하는 사람에게서 정신적인 도움을 받는 것
(8) 사랑하는 사람에게 정신적인 도움을 주는 것
(9) 사랑하는 사람과 친하게 의사소통하는 것
(10) 사랑하는 사람을 중요하게 여기는 것

② 사랑의 동기적 측면을 이루는 것이 열정(passion)이다. 열정이란 '일련의 강한 욕망의 상태'를 말한다. 사랑의 '뜨거운' 측면이다. 열정은 친밀감과 서로 영향을 주면서 뒤섞이고 부추기는 경향을 띤다. 예를 들면 친밀감이 열정의 상태나 정도에 따라서 우러나기도 하고, 열정은 친밀감에 의해서 자극을 받을 수도 있다. 열정은 친밀감과 달리 급속히 발전한다. 때로는 상대방을 처음 만난 순간부터 강렬한 열정을 느끼게 되기도 한다. 그러나 열정은 오래 지속되기 어렵다.

③ 결정/헌신의 사랑의 요소는 두 가지 측면으로 구성되어 있다. 하나는 단기

적인 것, 다른 하나는 장기적인 것이다. 단기적인 측면은 어떤 사람을 사랑하기로 결정하는 것이고 장기적인 측면은 그 사랑을 유지시켜 주는 헌신을 말한다. 이러한 결정과 헌신의 두 가지 측면이 반드시 동시에 일어나지는 않는다. 사랑을 결정하는 것이 반드시 그 사랑을 지키겠다는 헌신을 의미하지 않기 때문이다. 결정과 헌신의 요소는 친밀감과 열정의 속성과는 다르다. 사랑이 침체되었을 때 결정과 헌신의 요소는 이러한 관계를 유지하게 하는 역할을 한다. 이 요소들은 어려운 시기를 극복하고 다시 좋은 관계로 회복시키는 데 필수적이다(홍순정 외, 2011).

2) 감성과 우정

또래에서 친밀감, 애정, 정서적 유대감을 가지고 지속적인 상호 관계를 가지는 것을 우정이라 하며, 우정에 대한 개념은 아동이 성숙함에 따라 변화한다. 어린 아동은 우정을 함께 놀고 물건을 나누어 갖는 등 구체적이며 행동적인 요인을 중심으로 생각하는 반면, 보다 나이가 든 아동은 상대방의 감정을 이해하고 배려하는 등 추상적이며 정신적인 측면을 고려한다. 또한 나이 어린 아동에게 우정은 일시적이며 표면적인 관계인 반면에, 나이 든 아동에게는 지속적이며 심층적인 갈등이 있어도 극복될 수 있는 친근감과 의리를 갖는 관계다(송명자, 1995).

우정(friendliness)은 다정함으로, 친절하고 도움이 되는 행동을 의미한다. 다정한 사람은 항상 웃고, 다른 사람들에게 반갑게 인사한다. 다정한 유아는 자신의 활동에 다른 친구들을 기꺼이 끼워 준다. 가족에게 다정하다는 것은 모든 사람과 잘 지낼 수 있도록 하는 것이다. 엄마와 생각을 공유하고 언니와 게임을 하며, 동생을 웃게 만들고 가장 좋은 친구가 집에 살고 있다는 것을 아는 것이다. 다정함은 친구를 사귀고 친구 관계를 유지하게 만들어 준다. 다정한 유아는 친구들을 편안하게 해 주며 다른 친구들과 생각과 느낌을 공유하고 함께 게임을 하고 장난감을 나눠 쓸 수 있다(홍순정 외, 2010).

유아기에는 주로 놀이를 통해 우정을 형성한다. 하지만 지속적인 관계보다는 일시적인 놀이 상대이며, 같이 놀고 있는 모든 유아가 친구가 될 수 있다. 즉, 우정 관계는 쉽게 시작되고 빨리 끝나는 일시적인 모습을 보인다. 초등학교 입학 후부터 아동의 우정은 안정적이며 지속적인 특징을 보이고, 아동 중기가 되면 우정은 한층 더 안정적이 되고, 아동은 지속적인 가장 친한 친구를 갖게 된다. 아동은 성격이 맞고 서로 주고받을 수 있는 동성 친구를 주로 선택한다. 청소년기에 이르게 되면 우정은 더욱 중요해지는데, 청소년은 정서적 지지와 친밀감을 나눌 수 있고, 옷차림과 사회적 행동의 기준이 되는 친구에게 보다 의존하게 된다. 또한 추상적 사고를 할 수 있게 됨에 따라 삶에 대한 조망, 가치관 등 추상적인 개념의 공유를 중요시하게 된다(황희숙 외, 2008).

학령기 아동들에게 친구는 매우 중요한 기능을 가지고 있다. 친구는 교우관계, 자극, 물리적 지지, 자아 지지, 사회적 비교, 친밀감, 애정 등의 기능을 갖는다. 교우 관계에서 볼 때 친구는 기꺼이 같이 시간을 보내며 협동 활동을 해준다. 자극 측면에서 친구는 흥미로운 정보를 제공하고 즐거움과 흥분을 제공한다. 물리적 지지 면에서는 시간, 자료, 도움을 제공하며, 자아 지지 면에서는 스스로 능력이 있고 인기가 있고 가치가 있다고 느낄 수 있도록 지지와 격려를 해 준다. 또 친구는 다른 아동과 비교할 때 자신이 어떠한지 사회적 비교에 대한 정보를 제공하며, 따뜻하고 신뢰로운 친밀한 관계를 제공하여 자기 개방을 하도록 한다.

학령기 아동의 우정과 친구 관계에서 가장 공통적인 특성은 친밀감(intimacy)과 유사성(similarity)이다. 친구 관계에서 친밀감은 자기개방, 사적인 생각의 공유로 정의할 수 있다. 그러나 친밀한 우정 관계는 청소년기에 이르러서야 나타난다. 아동기의 친구는 연령, 성, 인종 및 다른 여러 가지 특성에서 유사성이 높다. 즉, 친구는 학교에 대한 태도가 비슷하며, 교육에 대한 생각, 학업 성취 등에서도 유사하다. 이들은 대부분 같은 옷을 입고, 같은 음악을 즐기며, 같은 여가활동을 한다.

설리번(Sullivan, 1953)에 의하면, 청소년 초기에는 가까운 친구의 심리적 중요성과 친밀감이 극적으로 증가한다. 따라서 친구가 학령기, 청소년기의 정서적 건강과 발달을 변화시키는 데 중요한 역할을 한다고 주장한다. 그에 의하면 인간은 안정애착, 교우 관계, 사회적 수용, 친밀감, 성 등의 사회적 욕구를 가지고 있다. 이러한 욕구가 충족되느냐 못 되느냐가 바로 개개인의 정서적 건강을 결정하게 된다. 예를 들어 재미있는 교우 관계 형성에 대한 욕구가 충족되지 않으면 모든 것이 재미가 없고 우울해지며, 사회적 수용의 욕구가 충족되지 않으면 자아가치감이 낮아진다. 발달 면에서 볼 때 친구는 청소년기의 이러한 욕구를 만족시키는 데 중요하며, 친구와의 경험이 점차 청소년기의 건강상태에 영향을 미치게 된다. 특히 청소년기에는 친밀감 욕구가 강해 10대들은 가까운 친구를 갖게 되며, 그러한 친구를 갖지 못하는 경우 외로움을 느끼며 자아가치감이 낮아진다고 본다(유효순·최경숙, 2006).

8장. 감정과 정서의 발달

1. 정서의 유형과 정서이론

우리가 하는 말이나 행동은 감정에 의해 상당 부분 좌우된다. 기분이 좋으면 말과 행동이 활기차지만 기분이 우울하면 말도 느려지고 움직임도 둔해진다. 사랑을 할 때 우리는 무엇인가 감상적인 것을 말하고 행동하지만 다른 사람이 그것을 볼 때는 우습거나 유치해 보일 수 있다. 화가 나거나 질투심이 일어날 때는 때로 어린애같이 행동하기도 한다. 이렇게 우리는 정서적으로 상기되어 있을 때 비합리적으로 행동하기 쉽다.

정서는 우리가 원하건 원치 않건 간에, 인식하거나 인식하지 못하건 간에 우리와 함께 존재한다. 동물에게도 정서가 있다. 놀라운 것은 진화가 진행된 고등동물일수록 정서인식의 능력이 더 발달했다는 사실이다. 그 이유는 정서가 때로 유기체를 곤란한 상황으로 몰아넣기도 하지만, 적응을 위한 효율적 기능을 담당하기 때문이다. 즉, 정서는 인간으로 하여금 생존을 위한 긍정적 기능을 하게 해 준다. 예를 들면, 사랑과 슬픔의 정서는 애착을 더욱 의미 있게 하며, 분노와 공포의 정서는 우리로 하여금 그에 대처할 수 있는 방식을 찾아 행동하도록 일깨워 준다. 그렇지만 불안이나 공포가 너무 지나칠 때는 오히려 대처나 수행 능력을 떨어뜨릴 수 있다. 감성의 중심 개념으로 연구되어 온 정서에 대한 이해를 높이기 위해 정서의 종류, 정서의 생리적인 기제, 정서 표현 및 정서와 적응 간의 관계를 중심으로 살펴보기로 한다.

1) 정서의 유형

과연 인간의 정서 상태는 몇 가지나 되는가? 톰킨스(Tomkins, 1962)는 기쁨, 슬픔, 분노, 놀람, 공포, 혐오, 흥미 및 수치심의 여덟 가지 기본 정서를 구분하고 있다. 국내에서는 영화 감상 후에 느낀 감정을 피험자들에게 평가하게 하여 분석해 본 결과 다음의 정서 요인으로 구분하였다(안신호·이승혜·권오식, 1994). 여기에는 분노, 쾌, 놀람, 수치, 고독, 애태움, 연민, 공포, 설렘, 허무, 질투, 감격, 상심 등이 포함되어 있는데, 이 중 연민은 한국인의 특유한 정서인 것으로 지적되고 있다.

플럿칙(Plutchik, 1980)은 두려움, 놀라움, 슬픔, 메스꺼움, 분노, 예견, 기쁨 및 수용의 여덟 가지 기본 정서를 구분하고, 이 기본 정서가 이웃한 정서와 합하여 또 다른 정서를 만들어 낸다고 보았다. 이것이 혼합 정서이다. 두려움이 놀라움과 합쳐지면 경외의 감정이 되며, 수용과 합쳐지면 복종이 된다. 그러나 수용이 기쁨과 합쳐지면 사랑이 된다. 이들 정서는 긍정적인 정서와 부정적인 정서로 구분되며, 각각의 정서는 이 안에서 각성 수준을 달리한다. 예를 들어, 분노는 부정적 정서인 동시에 높은 각성 상태를 포함하고 있고, 슬픔은 부정적 정서이면서 낮은 수준의 각성 상태를 수반한다.

2) 정서이론

정서의 구성 요소를 살펴보면, 정서경험에는 슬프거나 행복하다는 주관적 느낌이 있으며, 얼굴을 붉힌다든지 심장이 뛴다든지 하는 생리적 각성이 있으며, 자극에 대한 기억이나 기대 및 해석과 같은 인지적 과정이 있고, 자극 대상에 대해 표현적·도구적인 행동반응(얼굴 표정, 제스처 등)이 있다. 정서란 의식할 수 있는 사건에 대해 순간적으로 일어나는 생리적인 내적 변화의 상태로, 표정의 변화를 동반하고 유기체의 행동을 결정짓는 것이라고 정의된다(Davidson, 1994).

일반적으로 어떤 일이 일어나면 그 상황에서 정서를 느끼고 그 다음 무엇인가를 한다고 생각한다. 또한 느낌 후에 신체 변화가 발생한다고 보는 입장이 있다. 어떤 사람이 당신에게 모욕을 주면 화가 나서 그를 때리는 것이라고 생각한다. 그러나 이런 순서를 다르게 보기도 한다.

(1) 제임스-랑게(James-Lange) 이론과 캐논-바드(Cannnon-Bard) 이론

19세기 말경에 미국의 심리학자 제임스(James, 1884)와 덴마크의 생리학자 랑게(Lange, 1885)는 우리가 정서자극을 지각하는 순간에 근육과 자율신경계가 반사적으로 반응하고, 대뇌가 이 신체반응을 지각하는 것이 정서라고 주장하였다. 즉, 어떤 일이 발생하고 우리의 몸은 특정 생리적 반응으로 반응하고, 그 다음 이를 해석하고 정서를 경험한다는 것이다. 예를 들면, 사자우리의 문을 열었을 때 마침 사자의 끈이 풀린 것을 보았다면 이 순간 근육은 긴장되고, 가슴이 뛰면서 동시에 문을 재빠르게 닫을 것이다. 그러고는 '무서움'이라는 정서를 경험한다. 즉, 정서자극에 대하여 신체적·생리적 변화와 행동반응이 먼저 오고, 이것이 대뇌로 전달되어 특정 정서를 경험한다는 것이다. 이러한 설명을 제임스-랑게(James-Lange) 이론이라고 한다. 이 이론은 어떤 상황에 처했을 때 우선적으로 우리의 신체 변화가 일어나고, 그 신체 변화(주로 내장기관에서의 변화가 주목을 받았다)에 대한 정보가 대뇌에 전달되어 감정 체험이 있게 된다고 주장한다. 이 이론에 대한 반론은 미국의 생리학자인 캐논(Cannon)에 의해 제기 되었다. ① 주관적 경험으로는 뚜렷이 구분되는 감정들이 신체 변화상으로는 크게 다르지 않다는 점, ② 신체의 내부기관은 매우 반응이 느려서 그 내부 변화가 감정 체험의 원인이 될 수가 없다는 점, ③ 정서 발생 시 나타나는 신체 변화를 인위적으로 일으키는 경우(아드레날린 투여)에도 감정 체험이 뒤따르지 않는다는 점이 캐논이 제기한 반론의 근거였다. 바드(Bard)에 의해 확장된 이 이론은 캐논-바드(Cannnon-Bard) 이론이라고 불리는데, 이 이론에서는 정서를 담당하는 곳을 시상(thalamus)이라고 하고, 외계로부터의 감각정보가 시상에 전달되면, 시상에서 대뇌피질과 신체의 다른 부분들에 동시에 신경 충격을 보냄으로써 신체 변화와 감정 체험이 동시에 일어난다고 주장한다.

또한 똑같은 생리적 각성이라도 주변 상황을 어떻게 해석하는가에 따라 행복한 정서로 또는 화를 내는 정서로 달리 경험된다는 것을 보고한 연구들도 볼 수 있다.

우리가 경험하는 특정 정서는 우리가 주어진 상황을 어떻게 해석하는가에 달려 있다는 사실이다. 정서의 인지적 견해를 취하는 입장에서 보면 인간은 자신의 감정을 통제할 수 있는 잠재력을 충분히 가지고 있다고 할 수 있다. 우리가 느끼는 순간적인 감정은 그것이 분노이건, 질투심이건, 우울이건 우리가 그때의 상황을 지각하는 방식에 따라 다르다는 것이다. 이 말은, 즉 상황을 재평가하는 것이 감정을 더 잘 처리하게 해 준다는 의미이기도 하다.

이제까지의 정서이론은 각기 생리적 요소, 상황적 요소 그리고 인지적 요소를 강조하고 있지만, 어떤 요소가 정서반응을 일으키는 데 더 중요하다고 결론짓기는 어렵다(이수원 외, 1992).

(2) 쉐터(Schachter)의 인지-생리적 정서이론

제임스-랑게(James-Lange) 이론은 정서의 발생에 관하여 ① 먼저 외계에 대한 지각이 우리에게 있고 ② 그 지각으로 인하여 신체적 변화가 야기되고 ③ 그 신체적 변화가 대뇌에 전달되면, 외부 세계의 지각 내용과 함께 고려되어, 그 당시의 감정의 종류가 결정되어 의식된다는 것이었으며, 캐논-바드(Cannnon-Bard) 이론은 ① 외부 세계에 대한 지각 후에 ② 신체적 변화와 감정 체험이 동시에 이루어진다는 것이었다.

쉐터(Schachter)는 더 나아가서 신체적 변화가 있으면 일단 감정이 느껴지는데 그 감정의 종류는 신체 변화의 차이에 의해서가 아니라, 그때의 상황이 어떤 것인가에 대한 해석에 의한다고 주장했다. 제임스-랑게 이론에 대한 반대 증거의 하나로 캐논(Cannon)은 동일한 신체 변화에 대해 여러 가지 다양한 감정이 느껴짐을 지적했었는데, 쉐터의 이론에서는 이 반론을 흡수하여 제임스-랑게 이론을 확장한 셈이다.

쉐터는 연구를 통해 ① '신체 변화가 감정 체험의 필요조건이다'라는 것과 ② '그러나 신체 변화는 감정 체험의 충분조건은 아니며 어떤 종류의 감정이 체험되느냐는 상황에 대한 인지 내용에 달려 있다'는 것을 말해 준다.

정서이론의 다른 두 가지 전통은 다윈(Darwin)의 전통과 프로이트(Freud)의 전통이다. 다윈의 전통에 입각한 정서이론가들은 제임스(James)와 캐논(Cannnon) 그리고 쉐터(Schachter)에서 중요시되던 '정서 일반의 발생 과정'을 크게 문제 삼지 않았다. 톰킨스(Tomkins), 이자드(Izard), 플럿칙(Plutchik)로 대표되는 이 이론을 묶어 개별정서이론(discrete emotion theory)이라고 부르는데, 이 명칭에서 알 수 있듯이 '개개의 정서의 의미와 기능'이 이들의 연구에서 보다 중요시된다. 이들의 주장을 요약하면 다음과 같다(이수원 외, 1992).

① 정서에는 기본 정서와 혼합 정서가 있다. 기본 정서로는 8가지 혹은 9가지를 드는데, 흥미(interest), 놀람(surprise), 즐거움(joy), 공포(fear), 수치심(shame), 혐오(disgust), 분노(anger), 고뇌(anguish)가 Tomkins의 8가지 기본 정서이다. 이 8가지 기본 정서는 선천적 반응 양식이며, 이 기본 정서들은 서로 혼합되어 혼합 정서를 이룬다. 우리가 실생활에서 체험하는 감정은 주로 혼합 정서들이다.
② 정서 구분의 가장 믿을 만한 지표는 얼굴 표정이다. James, Cannon 및 Schachter의 이론적 논란은 자율신경계의 흥분에 관한 것이었다. 맥박, GSR 등의 변화로는 감정을 구분할 수 없지만, 얼굴 표정으로 감정 구분이 가능하다. 얼굴 표정에 관계되는 신경학적 망은 선천적이다.
③ 인지가 감정을 결정한다는 Schachter의 입장에 반대한다. 특정 자극 상황에 대한 감정이 결정되어 있다고 주장한다.

이 이론의 가장 두드러진 특징은 정서 일반에 대해서가 아니라 개별적인 정서를 연구한다는 점과, 얼굴 표정을 강조한다는 점이다.

3) 정서의 이해와 관리

우리는 여러 가지 적응상의 문제에 부딪혔을 때 우리가 처한 상황을 정확히 이해함으로써 효율적인 대처 방안을 모색할 수 있게 된다. 따라서 우리 자신의 정서에 대해 보다 잘 이해하고, 그때그때 정서를 관리할 수 있는 것은 적응 능력을 향사시킬 수 있는 길이기도 하다.

마찬가지로 우리는 다른 사람의 느낌을 알고 싶어 한다. 타인의 느낌을 알게 됨으로써 사람들이 왜 그렇게 행동하는지 이해할 뿐 아니라 그들이 무엇에 대해 신경 쓰고 있는가에 대한 단서도 얻는다. 그리고 나 자신의 느낌도 다른 사람에게 털어놓는다. 인간관계에서 느낌의 표현은 중요한 의사소통 방식이기도 하며, 생의 의미와 만족을 경험하는 길이기도 하다.

느낌을 표현하는 것과 표현하지 않았을 때의 생리적 효과는 그것이 부정적일 때 더 강하다. 그런데도 우리는 자주 주위 사람으로부터 '참아라', '울지 마'라는 말을 듣는다. 정서 표현의 억제는 비록 그것이 성공하였다 하더라도 표현의 억제일 뿐 신체적·생리적인 변화는 그대로 유지된다. 오히려 일단 표현하고 난 후에 생리적으로 해소되는 효과가 있다.

정서가 쉽게 발산되지 못하고 오래 지속되는 경우 정신신체질환이 생길 수 있다. 정신신체질환이란 과도하고 지속적·정서적인 각성 상태로 인하여 위궤양, 천식, 편두통, 고혈압, 피부질환 등의 신체적 증상으로 나타는 것을 의미한다. 정서의 인식과 표현은 심리적·신체적 건강과 관련된다.

그렇다면 우리는 느낌을 그때그때 경험하는 순간에 모두 다 털어놓는가? 느낌을 털어놓는 것은 위험할 수도 있고, 어떤 사람들은 내적 느낌을 매우 두려워하여 경험하지 못할 수도 있다. 그런가 하면 어떤 사람들은 자신의 정서와 가깝게 있어 분노이든 사랑이든 즉시 느낌을 나눈다. 어떤 경우이든 가장 중요한 것은 우리가 가장 편하게 느끼는 정서의 표현과 통제의 균형을 찾는 것이다.

억압(repression)은 정서의 자동적·무의식적인 차단으로 사람들은 의식되면 위협을 주는 어떤 정서는 억압한다. 억압함으로써 일단 위협적인 느낌으로부터 보호되지만 해로운 영향을 줄 수 있다. 예를 들어, 적대감의 대상이 되는 상대에게 거의 인식이 없이 자기 패배적인 방식으로 행동함으로써 합리적인 문제해결을 할 수 없게 된다.

억제(supression)는 억압보다는 바람직한 방법으로 의식적으로 정서를 통제시키는 것이다. 이것은 불쾌한 감정인 분노, 죄책감, 질투 등의 경우에 특히 중요하다. 그러나 억제는 단지 임시방편이 될 뿐 만성적·습관적인 억제는 억압과 같은 바람직하지 못한 결과를 초래할 수 있다.

느낌을 효과적으로 표현하는 것은 중요하다. 즉, 자발적인 표현과 사려 깊은 합리적인 통제 간의 적절한 균형을 맞추는 것이 필요하다. 아주 정서적·충동적인 사람은 통제를 발전시킬 필요가 있고, 반대로 억압이나 억제를 사용하여 철저히 통제된 정서를 지키는 사람은 자신의 감정을 더 잘 인식하고, 그것을 표현하여 좀 더 편안한 삶을 살 필요가 있다. 자신의 느낌을 개방적·건설적인 방식으로 표현할 때 기분이 새롭게 되고 의사소통이 증진되는 효과를 갖는다.

정서적 표현에는 언어적인 표현과 비언어적인 표현이 있다. 언어적 표현도 중요하지만 얼굴 표정이나 제스처, 몸짓 등을 자유롭게 사용하는 능력이 여러 사회적 장면의 성공과 관련된다(김득란 외, 2010).

4) 정서와 인지의 관계

우리의 감정이 인지의 영향을 받는 것은 분명하다. 또한 일단 어떤 감정 상태가 되면, 그 감정 상태가 그 뒤의 행동이나 판단에도 영향을 줌을 우리는 일상생활에서 많이 볼 수 있다. 부모님에게서 용돈을 타고 싶을 때, 자녀들은 이왕이면 부모님의 기분이 좋은 순간을 택할 것이다. 한 어린이가 위험할 수도 있는 놀이기구를 사달라고 부모에게 부탁한 경우를 생각해 보자. 그 부모가 기분이 좋을 때였다면, 그 부모는 그 놀이기구가 자녀의 건강을 증진하리라는 판단을 할 것이다. 그러나 부부싸움 직후였다면, 그 놀이기구로 자녀가 공부 시간을 노는데 보내는 측면 또는 놀이 중 부상당할 가능성을 생각할 것이다.

감정은 인지와 무관하거나, 인지보다 먼저 일어난다는 주장도 있다(Zajonc, 1980). 자이언스는 '자주 접한 대상을 더 좋아하게 되는 현상'을 오래전부터 연구해 왔다. 그의 최근 주장은 이때의 '더 좋아함'(감정)이 자주 접했다는 사실을 인식하느냐(인지)와는 무관하다는 것이다. 즉, 그 대상을 전에 여러 번 보았는지는 모르더라도 어쩐지 더 좋다는 느낌이 생긴다는 것이다.

또 한 가지는 우리의 기억 내용이 당시의 감정에 좌우된다는 것이다(Bower, 1981). 우리는 즐거울 때에 체험한 내용은 즐거울 때, 그리고 슬플 때 체험한 내용은 슬플 때 더 잘 기억한다는 것이다.

2. 정서의 발달

1) 정서 발달 단계 이론

정서 발달은 감정의 분화와 발달뿐만 아니라 애착, 자아 개념, 인성, 성격, 태도, 기질, 도덕성, 사회화 과정과 사회적 관계의 발달과 함께 논의되어 왔다. 앞에서 살펴본 정서이론과는 달리 발달의 패턴과 관련 요인들에 보다 관심을 두고 폭넓은 설명들을 이끌어 내는 이론들을 볼 수 있다. 한 예로 에릭슨은 성격 발달과 정서 발달 그리고 사회적 환경이 성격 발달에 미치는 영향에 대해 관심을 두고 성격, 정서, 사회성의 요소가 통합된 발달 단계이론을 제시하였다. 좀 더 살펴보기로 한다.

(1) 에릭슨의 심리사회적 발달 단계 이론: 성격, 정서, 사회성 발달의 통합

에릭슨은 인간은 모두 기본적으로 같은 욕구를 갖고 있다고 보며 성격과 정서 발달은 이러한 욕구를 이루는 과정에서 일어나며 사회적 환경과 양육과 지원의 질에 따라 영향을 받는다고 설명한다. 특히 발달은 단계별로 진행되며 각 단계별로 발달 과업과 위기가 있는데, 이는 발달을 유도하는 심리사회적 도전을 건강하게 해결하면 다음 단계로 건강하게 발달되어 간다는 것이다. 에릭슨이 제시하는 연령별 단계와 심리사회적 도전은 다음과 같다.

■ **신뢰감 대 불신감(출생~1년)**

유아가 양육자, 즉 대부분의 경우 부모로부터 지속적으로 애정 어린 보살핌을 받을 때 신뢰감이 형성된다. 울어도 방치되거나 보살핌에 일관성이 없을 때 불신감이 형성되고, 이는 다른 사람들과 세계 전반에 대한 공포와 의심으로 이어지게 한다(Isabella & Belsky, 1991).

■ **자율성 대 회의감 및 수치심(1~3세)**

아동이 혼자서 신발을 신는 것과 같은 일을 수행하려는 노력을 강화해 주면 아동의 자율성이 발달한다. 부모가 과잉보호하려고 하거나 음식을 흘리거나 오줌싸기 등에 대해 처벌을 가하면 아동은 자신의 능력을 의심하고 자신의 신체에 대해 수치심을 느끼게 된다.

■ **주도성 대 죄책감(3~6세)**

새로운 일을 찾아 나서고 도전해 보려는 아동의 시도를 성인이 격려하고 보상해 주면 아동의 주도성이 발달한다. 아동의 주도적인 행동을 부모가 비판하거나 꾸짖으면 아동은 자신의 주도적 행동에 대해 죄책감을 느끼게 된다.

■ **근면성 대 열등감(6~12세)**

근면성은 학습자가 어려운 과제에서 성공함으로써 자신의 능력에 대한 자신감을 획득할 때 발달한다. 반면, 실패를 많이 경험하게 되면 열등감을 가질 수 있다.

■ **정체감 대 역할 혼돈(12~18세)**

명확하게 규정된 한계 내에서 독립성을 증가시키려는 시도를 하도록 허용될 때 청소년의 정체감이 발달한다. 지나치게 제한을 가하려는 권위주의적 양육 방식 또는 제한을 가하지 않는 허용적인 양육 방식은 둘 다 자녀에게 역할 혼돈과 정체감의 혼돈을 초래할 수 있다.

■ **친밀감 대 고립감(성인 초기)**

개인이 명확한 자기 정체성을 확립한 후 자기 자신을 다른 사람과 융합할 수 있을 때 친밀감이 발달한다. 심리사회적 도전을 극복하지 못한 사람은 자유롭게 사랑을 주고받을 수 없어 고립된 감정 상태를 갖게 된다.

■ **생산성 대 침체감(중년기)**

생산적인 성인은 다음 세대를 지도하는 역할을 한다(Erikson, 1980). 깨끗한 환경, 자유와 인간 존중 등과 같은 사회의 긍정적인 발전을 위해 노력하게 된다. 심리사회적 도전을 건강하게 해결하지 못하면 무관심, 거짓 관계, 자기도취 등이 나타날 수 있다.

■ **자아 통합감 대 절망감(노년기)**

최선을 다해 인생을 살아왔고 죽음의 불가피함을 받아들이며, 인생에 대한 후회가 적을 때 자아 통합감이 생긴다. 이와 반대로 이미 한 일 또는 하지 않은 일에 대한 자책감과 남은 인생이 많지 않다는 느낌을 강하게 갖는 경우 절망으로 이어질 수 있다.

※ 에릭슨 이론에 대한 평가

에릭슨의 이론은 1960년대와 1970년대에는 영향력이 있었으나, 그 이후 몇 가지 비판을 받고 있다.

① 에릭슨이 성격, 정서 및 사회성 발달에서 문화가 차지하는 역할을 간과하고 있다는 점이다. 가령, 어떤 문화권에서는 아동의 자립과 주도성을 부정적으로 보는데, 이는 그들이 처한 환경 내의 위험에서 아동을 보호하기 위해서이다.

② 에릭슨은 남성을 대상으로 한 연구에 기초해 이론을 세웠고, 정체성이 발달된 이후에 친밀감이 형성된다고 보았는데, 이 부분에 대해 비판이 제기되고 있다. 여성의 경우 친밀감의 확립이 정체감 형성과 함께 일어나거나, 앞서 일어나기도 한다(Josselson, 1988).

③ 연구 결과는 대부분의 사람들에게 정체감이 에릭슨이 제시한 것처럼 일찍 형성되지 않음을 보여 준다. 정체감은 고등학교 시절이 아니라, 그 이후에 형성된다는 것이다.

에릭슨의 이론은 우리의 직관과 일치하고 우리가 주위 사람들에게서 보는 행동의 많은 부분을 설명해 준다. 우리 주변에는 긍정적인 생각, 열린 마음, 세상을 더 좋은 곳으로 만들고자 하는 건강한 의지를 가지고 있는 우리가 존경하는 사람들이 있다. 반면 사람들이 자신을 이용하려고 하거나, 근본적으로 약하다고 생각하는 사람들도 있다. 우리는 또한 재능 있는 사람들이 주도성이 부족하거나 무기력한 상태로 전락하는 것을 보기도 한다. 또한 매사에 무관심하고 삶에 의욕이 없는 사람을 보기도 한다. 에릭슨의 이론은 이러한 문제에 대한 우리의 이해를 돕는다.

〈표 8-1〉 초기 정서 발달의 단계 모델 비교

	Erikson	Greenspan	Fisher
출생	기본 신뢰 : 불신(희망과 신뢰: 의심과 두려움)	자기 조절과 흥미 (0~3개월)	1. 반사적: 기본 정서반응의 요소들
3~6개월		애정의 관계, 애착 (2~7개월)	2. 기본 정서들의 감각 운동적 패턴
9개월		의도적인 의사소통 발달 (3~10개월)	
1~2년	자율성: 수치심과 의심(자아 조절과 자긍심: 수치심과 의심)	조직화된 자아감의 발현 (9~18개월)	3. 가상놀이와 언어로 감성 상황의 표현
3~4년	주도성: 죄의식(주도성, 성취를 즐김: 벌에 대한 두려움)	정서적 사고 - 상상, 현실, 자긍심의 기초(30~48개월)	
6~7년	근면성: 열등감(자신감, 능력: 부적절성과 열등감)		

(2) 그린스펀(Greenspan)의 중복 감정 단계 모델(Overlapping Emotional Stages)

최근에 그린스펀(Greenspan, S.I. & Greenspan, N.T., 1985; Weider &

Greenspan, 1993)은 초기 감정 발달 4년 동안에 대해 감정의 신프로이트적 관점을 단계화하였다. 그린스펀(1989, 1991)의 접근 방식은 아동들의 애정과 감각과 행동에 관련된 반응활동 속에서 일반적인 발달 추세와 태생적이고 직관적인 차이를 고려한 자아 발달의 발전적 구조이론으로 특징지어질 수 있다.

모든 발달 단계에서 유아들은 자기감정 발달을 적극적으로 이끌게 된다. 유아기에서부터 자신의 감정을 조절하고 분노와 공포와 실망감에 맞서려고 적극적으로 노력한다. 그린스펀은 인생의 첫 일 년간 초기 애착관계가 당초 의도한 의사소통과 영아들 자신에 대한 긍정적인 감각을 이끌어 내 준다고 지적했다. 이러한 성과는 영아들과 미취학 어린이들이 감성적 발상을 하고 복합적이고 차별화되는 감성적 사고를 키워 내기 위해 언어와 가상놀이와 기타 도구를 사용하게 만들었다. 그러나 모든 어린이가 이런 단계를 수월하게 넘어가는 것은 아니다. 그린스펀은 개인적 차이가 어떤 어린이에게는 문젯거리를 만들어 냄을 지적하고 있다(예로, 한 어린이의 청각, 시각, 촉각 능력이 또래 다른 어린이의 능력에 비해 뒤떨어진다면, 그 애는 자신이나 타인의 감정을 상징적으로 묘사하는 창조력에 문제를 갖게 되어 의사표현 욕구가 좌절되고, 결과적으로 혼란과 분노가 커지게 된다). 이러한 감각적이고 조직화된 문제와 함께 이 단계를 거치는 어린이들의 의사표현의 발달은 성인들의 반응 때문에 지연되기도 한다. 성인들은 아직 해결되지 않은 그들 자신의 충돌과 감성적 불안 요인을 어린이와의 관계에 끌어들임으로써 의사소통의 오해와 비효율적 상호 관계를 가져옴을 강조하고 있다. 초기 유아기의 감성적 과제를 완수하는 것을 돕기 위해서는 성인들이 자신들의 정서적 편향을 인지하고, 긍정적이고 적극적인 조력자 역할을 수행해야 할 것이 지적되었다.

(3) 피셔(Fisher)의 감성 기술 발달의 위계 모델(A Hierarchy of Emotional Skills)

정신분석학에 편중된 모델과는 달리 피셔(Fisher)는 감성 발달을 감성의 표현, 묘사, 이해와 관련된 기술의 체계로 이해했다(Fisher, Shavers & Carnochan, 1990). 피셔는 행동의 다른 방식처럼 감성 발달은 점진적인 노력에 의한 기술의 일반화를 쌓아 가는 일련의 활동이라고 주장한다. 사실상 다양한 평가, 선행사건, 반응 및 자기관리 절차 등 감성 행동의 모든 요소는 발전하며 변화한다. 피셔의 체계에 따르면 감정 과정의 기본 요소는 미완의 형태이기는 하나 이미 유아기에 존재한다는 것이다. 다소 미숙한 선행 단계의 기술은 사라지지 않을 뿐만 아니라 후속 기술을 위한 기반을 제공하며 후속 단계의 감성 기술은 그 기반 위에 세워지는 것이다.

따라서 발달이 진행되면서 어린이들은 행동 및 지각과 사고 그리고 감정의 증폭되는 복합성을 조절할 수 있는 가장 최근에 축적된 감성 기술을 사용하게 된다. 영아기와 유아기를 거치면서 반응의 복잡한 형식들 속에서 어린이들은 감성적 의도를 전달하고 감정과 관련된 기량을 일체화하고 조합하여 점진적으로 더욱 발전된 기술을 갖게 된다. 감성 기술은 정교한 일련의 위계적 배열 과정으로 나타나게 된다.

(4) 논의점

초기 감정 발달의 과정을 살펴보면서, 그들 간의 공통 주제를 살펴볼 수 있다. 유아들은 분명하고 실질적인 감성 신호를 획득하는 시기에 있다는 점에 동의한다. 아주 어린 나이라고 할지라도 가장 기본적인 감성들은 느끼는 것처럼 보이며 자신을 돌보는 이의 감정에 대해 적극적인 관심을 갖는다. 이러한 감정은 친밀하고 신뢰할 수 있는 타인과의 연대를 발전시키는 데 도움을 주며 자신감 있게 세상을 탐구하게 이끌어 줄 수 있다.

성장해 가면서 다음과 같은 발전적 감정 발달 방향으로 성장해 감을 볼 수 있다.

- 보다 넓고 복잡한 감정 관계
- 보다 다양하고 복잡하고 유연한 감정 표현 방식
- 보다 나은 감정과 감정 관련 기술의 활용 및 관리
- 보다 숙련된 자신과 타인의 감정 반영 능력
- 언어와 놀이와 공상을 통한 감정 묘사
- 개인 감정의 문화적 가치 기술 및 기준과 연계

- 통합적·긍정적·자율적이나 감성적으로 연결된 자아의식

2) 정서분화이론

인간의 정서는 어떻게 분화하고 발달하여 가는가? 정서분화 과정을 중심으로 한 발달이론으로 브리지스(Bridges)와 스로우페(Sroufe)의 이론과 이자드(Izard)의 이론을 살펴보기로 한다(유효순·최경숙, 2006).

(1) 브리지스와 스로우페의 이론

브리지스(Bridges, 1930)에 의하면 신생아는 한 종류의 감정, 즉 일반적 흥분상태만을 가지고 태어난다. 이 일반적 흥분상태는 약 3개월 무렵에 불쾌와 쾌로 분화된다. [그림 8-1]에서 보듯이 6개월경에는 불쾌가 분노, 혐오, 그리고 두려움으로 나뉘며, 쾌는 고무와 애정으로 나뉜다.

이렇게 일반적인 흥분상태가 어떻게 구체적 정서 상태로 발전되는가에 대해서는 아직 확실하지 않다. 어떠한 이론도 명확하게 설명하고 있지는 못하지만 생리적 성숙, 사회적 경험, 그리고 인지능력의 발달이 관여된다고 생각된다.

브리지스의 이론을 받아들여 스로우페(Sroufe, 1979)는 정서의 분화에 인지적 요인을 강조하고 있다. 그는 영아가 대상영속성 개념, 인과관계, 의도 등에 대해 알고 나서야 비로소 기쁨, 화, 두려움 등을 경험할 수 있다고 보았다. 예를 들어 영아들은 12개월경이 되면 화를 표현할 수 있는데, 그 이전에는 화는 분노의 형태로 나타난다. 분노는 고통이나 실망에 대한 원시적 표현이다. 6개월이 지나 인지발달이 이루어지면서 사물이나 사람에 대한 구체적인 화가 이 분노에서 나오게 된다. 또한 영아가 성장하면서 방해의 원인을 지각할 수 있게 되면 초기의 분노와는 달리 바로 그 대상에게 화를 직접 나타내게 된다.

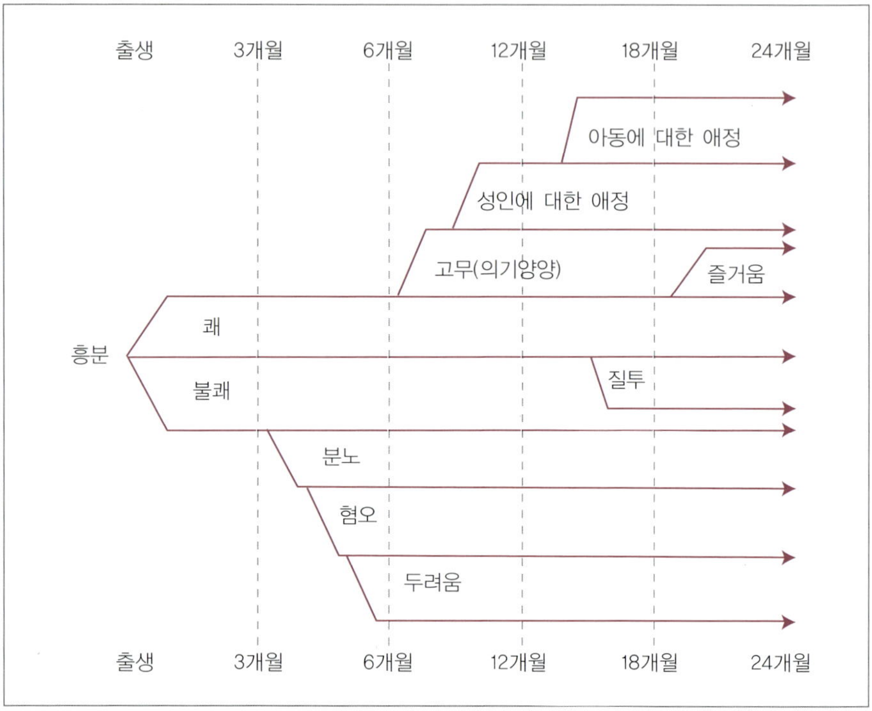

[그림 8-1] Bridges의 정서 분화(유효순·최경숙, 2006)

즐거움이나 기쁨과 같은 긍정적 정서는 근본적으로 미소나 웃음으로 표현된다. 이런 긍정적 정서의 발달에서도 이지적 요인이 주요한 역할을 한다. 영아는 주위 환경에 적극적으로 주의를 기울이고 그 의미를 해석하며, 이를 통해 자극에 대한 도식을 형성해 나간다. 이러한 재인, 도식의 조절, 그리고 기대의 결과로 나타나는 것이 미소로서 이는 즐거움의 표현이다. 웃음은 미소보다 한 달 정도 뒤에 나타나며 기쁨이나 환희를 나타낸다. 영아에게서 관찰되는 낯선이에 대한 두려움은 출생 초기 몇 달 사이에는 나타나지 않는데, 왜냐하면 이 시기에는 낯선 사람과 친숙한 사람의 얼굴을 구별할 수 있는 지각-인지 능력이 발달되지 않았기 때문이다. 이러한 능력은 생후 6~9개월 사이에 나타나며, 바로 이때가 영아가 낯가림을 하는 시기이다. 인지와 정서는 상호 의존적이며 서로 영향을 미친다고 볼 수 있다.

(2) 이자드(Izard)의 이론

정서 발달을 설명하는 또 하나의 이론은 정서가 이미 사전 프로그램화되어 있어 더 이상 분화될 필요가 없다는 이자드(Izard, 1978)의 주장이다. 이자드에 의하면 모든 정서는 출생 시부터 존재하며 단지 표현되지 않았을 뿐이다. 즉, 각각의 정서 상태는 영아의 생활에서 필요한 시기에 이미 결정된 일정한 순서에 따라 나타나게 된다.

이자드는 생후 1개월 된 영아의 얼굴 표정을 정밀히 조사하여 이미 이 시기에도 영아가 다양한 정서 표현을 할 수 있다고 주장하였다. 이자드 이외에도 영아가 출생 시 또는 출생 직후에 여러 다양한 정서 상태를 나타낸다고 주장하는 연구자들이 있다. 한 연구에 의하면 생후 3개월 정도 된 영아들의 엄마를 면접한 결과 대다수의 엄마들이 생후 1개월경에 아기가 이미 분노, 놀라움, 두려움, 관심 등을 나타냈다고 대답하였다고 한다.

이자드의 이론은 브리지스(Bridges)가 주장한 것보다 더 이른 시기에 영아가 다양한 정서를 나타낼 수 있음을 시사해 준다.

3) 유아의 정서 발달

인간은 선천적으로 기쁨, 분노, 슬픔, 공포의 기본 정서가 프로그램화되어 있다고 보는 입장이 많다. 유아는 성장하면서 이러한 기본 정서를 바탕으로 더욱 분화되고 다양한 정서를 발달시킨다. 예를 들어, 기본 정서 중 하나인 분노는 좌절, 질투, 지루함 등의 기초가 되며 이 정서가 다시 혼합되어 또 다른 감정을 낳는다.

생후 1개월까지의 영아가 나타내는 기본 정서는 진정한 정서라기보다는 단순한 반사에 가깝다. 예를 들어, 영아가 큰 소리에 놀라는 것은 진정한 공포라기보다는 반사에 가깝다. 이런 우연적인 공포의 표현이나 미소는 공포나 기쁨의 전조가 되지만 아직 목적이나 의도가 포함되지는 않는다.

다른 발달과 마찬가지로 기본 정서의 발달에도 차이가 있다. 제일 처음 발달하는 정서는 기쁨으로, 생후 6주쯤 나타나고 이때쯤에 최초의 사회적 미소를 보인다. 이것은 영아의 기쁜 정서를 나타내며 주로 양육자의 얼굴에 의해 유발된다. 2~3개월 후에는 미소가 웃음으로 바뀐다. 생후 12주쯤이면 분노가 나타나기 시작한다. 이 시기의 분노는 보통 신체적인 불편함이나 목표가 달성되지 않았을 경우이며, 대개 울음으로 표현된다. 공포가 나타난 직후 표현되는 정서가 슬픔이다. 이것은 주로 양육자와의 분리로부터 발생한다. 슬픔으로부터 공포가 분화된다. 공포는 대개 울거나 몸을 떨 뿐 아니라 위축되는 행동으로 나타난다. 생후 1년쯤에는 유아의 정서가 4가지 기본 정서 외에 놀람, 의기양양 등으로 분화된다.

2세가 되면 대부분의 유아가 자신과 사회적 관계에 대한 이해와 관련된 정서를 나타내기 시작한다. 예를 들어, 수치심, 죄책감, 부러움 등은 유아가 타인의 관점을 이해하고, 타인과 관련된 상황을 인식할 때 나타나는 정서이다. 또한 이 시기가 되면 유아는 질투심을 느끼게 되어 어머니와 아버지 사이에 끼어들거나 형제자매를 때리기도 한다. 공포심 또한 발달적 변화를 계속하는데, 초기의 공포가 커다란 소리나 낯선 이에 대한 것이라면 아동 후기에는 학업 성적에 대한 두려움이나 또래로부터 소외당할 것에 대한 두려움 등으로 나타난다.

유아기에 접어들면, 유아는 보통 특정한 정서 상태의 지속 시간이 짧아지고 자주 바뀐다. 그래서 금방 싸운 친구와도 다시 친하게 지내고, 함께 놀던 친구와도 다시는 놀지 않을 것처럼 싸우기도 한다. 또 다음에 만나면 언제 그랬냐는 듯이 지내는 등 감정의 지속 시간이 짧다. 또한 이 시기의 유아는 정서 상태가 폭발적이어서 작은 일에도 굉장히 좋아하는 반면, 사소한 일에도 화가 나서 발버둥을 치며 울기도 한다. 4세 무렵이 되면 정서적 표현은 점차 완만해진다. 유아기에는 정서 표현 또한 자주 나타나서, 자신의 감정을 즉각적으로 자주 표현한다. 연령이 증가할수록 큰 소리로 운다든가 신경질을 부린다든가 하는 직접적이고 외적인 표현은 점차 줄어들고, 눈물을 조용히 흘린다든지 얼굴을 찌푸린다든지 좀 더 구체적이고 내적인 표현이 증가한다. 특히 언어를 습득하면서 정서 표현은 점차 언어에 의존하게 된다.

한편, 인지적 능력과 사회적 인식 능력이 발달하면서 정서는 더욱더 정교해지고 복잡해진다. 이러한 인지적 성숙과 경험에 의해 유아 개개인은 같은 사진이라도 다른 정서를 느끼기도 하고, 여러 가지 다른 상황에서 같은 정서를 느끼기도 한다. 이처럼 유아의 정서적 성장은 개인의 기질을 바탕으로 인지 발달과 부모의 사회화 연습 과정에 의해 도움을 받는다.

4) 정서 발달과 지도

정서적 측면에 대한 가장 효과적인 학습과 교육은 일상생활 속에서 일어난다는 사실을 염두에 둘 필요가 있다. 가장 효과적으로 이러한 감정을 처리하려면 유아가 정서적으로 안정된 생활을 할 수 있도록 자신의 감정을 지각하고 이에 대처하도록 도와줄 시기와 적절한 교육의 순간을 포착하는 것이 중요하다.

(1) 가족으로부터의 독립

유아가 가정을 벗어나 살아가기 위해 습득해야 하는 첫 번째 능력은 부모로부터 독립하는 것이다. 그래야만 학교에서도 편안하게 생활할 수 있다. 유치원이나 학교에 입학하는 것이 첫 격리 경험은 아니지만 낯선 환경은 유아를 약간은 불안하게 하고 두려움을 느끼게 함을 볼 수 있다.

유아의 어려움을 가능한 한 덜어 주기 위해서는 격리가 급격하지 않게 이루어져야 한다. 그렇게 되면 교사와 다른 친구들과 자연스럽게 친해지고 활동에 스스로 참여할 수 있게 된다.

부모에게는 유아가 안정을 얻을 때까지 있어 주도록 부탁하면서 동시에 떠나야 할 시간을 미리 언급해 두는 것이 바람직하다. 왜냐하면 떠나는 것과 머무르는 것 사이에서 혼란이 일어나면 격리의 문제가 심각해지기 때문이다. 그러나 격리에 얼마나 익숙하고 잘 견디는지에 관계없이 유아가 불안해할 때 교사가 놀라거나 죄의식을 느끼면 유아는 더욱 불안해진다.

교사는 언제나 안정감을 보여야 하는데, 유아의 불안 반응은 다른 부모가 왔다 갈 때도 나타나기 때문이다. 불안정한 상황에서는 침착하고 확신 있는 태도로 지도하며 교사 자신과 유아를 안정시키고 슬픔에서 가능한 한 빨리 벗어나도록 해야 한다.

유아뿐 아니라 가족들도 교사가 확신이 있을 때 안심을 하며 나중에 전화해서 아이가 울고 있는지 확인해 봐도 좋다는 말에 불안한 마음이 사라지게 된다.

불안이 심한 유아를 위해서는 교사-부모-유아 간의 삼자 관계가 신뢰를 바탕으로 해야 한다. 유아 몰래 사라지는 아버지나 어머니의 경우 신뢰를 형성하기 어려우므로 교사는 이런 일이 일어나지 않도록 주의해야 한다.

불안한 유아에게는 격리의 시간을 짧게 시작하는 것이 좋다. 부모는 유아가 확인하고 만져 볼 수 있는 소지품을 두고 가거나 좋아하는 수건이나 인형 같은 대리물을 두고 감으로써 거리감을 좁혀 줄 수 있다. 이러한 방법으로 유아는 격리감을 경험하지 않고 학교에서 지낼 수 있게 된다.

(2) 신뢰감, 자율성, 주도성에 대한 기본적 태도

정서적 발달에 대한 교육의 또 다른 목적은 유아로 하여금 신뢰하고 자율적이며 자신의 세계를 탐구하도록 격려하는 것이다. 인간은 일생 동안 일련의 정서적 발달 단계를 거치고 그 과정에서 기본적 태도가 형성된다. 초기 유아기에는 신뢰감 대 불신감, 자율성 대 수치와 의심, 주도성 대 죄의식의 세 단계를 거친다.

신뢰감 대 불신감의 단계에서 유아는 양육 방법의 특성과 관련해서 신뢰감이 발달된다. 이때 양육은 부모에 의해서 주로 이루어지고 수유 습관에 반영된다. 유치원에 들어갈 무렵에는 신뢰감이나 불신감 사이의 균형이 어느 한쪽으로 기울어진다.

따라서 교육기관에서는 이러한 신뢰감을 형성할 수 있도록 도와주어야 한다. 예를 들어 일관된 정책과 규칙적인 프로그램은 신뢰할 수 있는 분위기를 만드는 데 영향을 미친다. 또한 교사의 합리성도 유아가 믿고 따를 수 있도록 만든다. 만약 교사가 유아의 개인적 욕구에 민감해서 원하는 것은 무엇이든 충족시켜 준다면 유아는 자신이 사랑받을 만한 가치가 있는 존재라고 확신하고 신뢰감과 자아존중감을 키워 나가게 될 것이다.

두 번째 단계에서는 자율성 대 수치와 의심의 태도를 확립하는데, 배변 훈련이 일어나는 시기에 해당된다. 이 시기에 유아는 보유와 방출의 기능을 습득한다. 가장 기본적인 수준에서의 자기주장과 통제는 독립적이기를 원하는 충동과 이러한 독립심을 표현하고자 하는 충동과 관계 있다. 독립성과 자율성의 기회가 박탈되면 생의 후기에 가서 다양한 형태의 충동적 행동으로 나타날 수도 있다.

유아가 독립적으로 행동할 능력을 갖게 되면 다음 단계의 기본적 태도에 당면한다. 4~5세가 되면 유아는 자신을 둘러싸고 있는 외부 세계에 관심을 가지며, 여러 가지 일을 시도하면서 자신의 행동이 다른 사람에게 어떤 영향을 미치는지 알고 싶어 한다. 그리고 자기 가족이 적절한 성 역할을 갖고 있는지에 관한 개념을 형성하며, 창조적 놀이를 즐기고, 이 세계에 대한 정보를 추구한다. 이 단계가 바로 에릭슨이 말한 주도성 대 죄의식의 단계이다.

이 시기에 있는 유아가 정서적 만족을 얻으려면 탐구하고, 행동하고, 행위할 기회를 주어야 한다. 작업을 완수하는 데서 얻는 만족은 다음 단계인 근면성 대 열등감의 일부가 된다. 계획을 주도하고 행동할 수 있는 능력을 키워 줌으로써 아동의 자기 가치감과 창조성이 향상되며, 이것은 장래의 발달과 행동에 바람직한 영향을 미친다.

(3) 자신의 감정 의식

2~3세부터 유아는 받아들일 수 없는 감정이 있다는 것을 배우는데, 여기에는 가족에 대한 질투, 어른에 대한 불만 등이 포함되며 가정의 규범에 따라 달라진다. 인정할 수 없는 감정은 유아가 자신의 일부를 부정하게 만들고 또 인정할 수 없다고 믿도록 만든다.

이와 같이 부정과 억압을 하게 되는 이유는 감정이 행동을 유발한다고 가정하거나 감정을 알게 되면 그 감정이 더 강해진다고 믿기 때문이다. 중요한 것은 감정을 억제하거나 부정 혹은 무시한 경우 유아는 그러한 감정을 직접 혹은 간접적으로 방출할 가능성이 커진다는 사실이다. 자신의 감정을 결국에는 타인에게 보여 주게 된다는 것이다.

유아가 자신의 감정을 가장 효과적으로 처리하는 것은 자신의 감정을 다른 사람에게 말하는 것이지만 성인의 경우에는 이를 원하지 않는 경우가 많다는 것이 문제이다. 게다가 어린 유아는 자신의 감정을 말로 표현할 능력이 없다. 그러나 성인은 경험적으로 아무 두려움 없이 유아의 감정을 듣고 반응하도록 학습시킬 수 있다. 유아의 감정 표현을 정말로 들었다고 확신을 주려면 다른 말을 하기 전에 유아의 감정을 이야기해 주는 시간을 갖는 것이 가장 좋다.

교사는 불쾌한 감정뿐 아니라 다른 모든 감정을 인식할 수 있어야 하지만 경험을 통해 슬픈 감정보다는 화난 감정을 더 쉽게 알 수 있다. 유아에게 감정을 설명해 주면 유아는 교사나 부모가 자신의 감정에 대해서 가치적으로 판단하지 않고 이해해 주며 사랑으로 가득 차 있다는 사실을 깨닫게 된다.

어린 유아에게는 아무리 화가 나더라도 다른 사람을 때리거나 깨물지 않도록 반복해서 주의를 주어야 한다. 교사는 감정을 진술할 수 있는 것과 할 수 없는 것에 대한 설명, 단순하면서 분명한 제재의 이유를 통해서 유아의 감정에 개입할 수 있다.

3. 애착

생애 초기 몇 달 동안 유아는 자신이 태어난 세계의 인상을 인식하기 시작한다. 자신을 둘러싼 세계가 따뜻한 곳인지, 친절한지, 냉정하고 적대적인지 느끼며, 자신의 욕구가 즉각적이고 유쾌하게 충족되는지, 아니면 무시되는지를 알게 된다.

에릭슨(Erickson)은 이런 초기 상호작용이 후에 사회화의 기초가 된다고 믿었다. 양육 초기의 애착, 나이에 맞는 의존성 정도 등은 사람을 좋아하고 함께하는 집단 활동을 즐거워하는 유아로 발달하는 데 영향을 주는 주요한 요소들이다.

1) 애착과 애착 행동

애착이란 영아가 어머니와 형성하는 정서적 유대 관계이다. 즉, 시간이나 공간을 초월하여 서로를 연결하는 것으로 애착이 된 사람, 주로 엄마에게 접근하려 하거나 접촉하는 행동으로 나타난다.

신생아는 다른 사람과의 접근과 접촉을 촉진하는 방식으로 행동을 하는데, 이러한 행동으로는 울음이나 미소, 옹알이 등이 있다. 영아의 울음은 엄마가 아기에게 다가오도록 하거나 엄마의 관심을 아기에게 쏟게 한다. 또 영아의 미소는 엄마가 영아에게 더 가까이 오게 하며, 영아를 안아 주게 한다. 이러한 행동들은 애착이 형성되기 이전에 오는 애착의 전조 행동이라 할 수 있다. 이 행동들은 애착 발달에 중요한 역할을 하며 후에 나타나는 여러 애착 행동으로 보충되어 보다 완숙한 형태의 애착 행동이 된다.

애착 행동은 일반적으로 다음과 같이 세 종류로 분류된다. ① 신호 행동으로 울기·미소 짓기·소리 내기 등이 있고, ② 지향 행동으로 쳐다보기·따라가기·접근하기 등이 포함되며, ③ 기어오르거나 매달리거나 포옹하는 등의 적극적 신체 접촉 행동이다.

2) 애착 형성 단계

애착의 형성 시기는 어머니로부터 격리되었을 때의 유아의 반응을 토대로 연구한다. 애착에 관한 연구들을 보면, 유아가 어머니로부터 격리되었을 때의 반응은 연령에 따라 매우 다르나 분기점은 비교적 명백하게 7±1개월이다. 이 시기보다 어린 영아는 어머니와 격리되면 불안이나 동요를 나타내지만 대리모에게 쉽게 적응한다. 그러나 7~8개월 이상의 영아는 매우 다르게 행동한다. 따라서 애착은 생후 8개월을 전후로 형성되는 것으로 볼 수 있다.

영아가 어머니에게 어떻게 애착을 형성해 나가는지에 대해 보울비(Bowlby, 1969)는 다음과 같이 4단계로 설명하고 있다(유효순·홍순정, 2006).

① **사회적 반응을 변별하지 못하는 단계(출생 후 2개월)**

이 단계의 영아는 붙잡기, 미소 짓기, 울기, 응시하기 등 다양한 신호로 주위 사람들과 가까운 관계를 유지한다. 그러나 이 단계에서는 자극을 주는 사람들을 변별하지 못하며 아직 애착이 형성되지 않아 전 애착 단계라고도 한다. 따라서 낯선 사람과 혼자 남겨져도 영아는 개의치 않는다.

② **사회적 반응을 변별하는 단계(2~7개월)**

영아는 친숙한 사람과 낯선 사람을 다르게 반응하기 시작한다. 친숙한 엄마와의 상호작용에서는 더 많이 웃거나 미소를 지으며, 옹알이를 더 자주 한다. 따라서 이 시기를 사회적 반응을 변별하는 단계라고 한다.

이 단계의 영아는 자신의 행동이 다른 사람에게 영향을 준다는 것을 알고, 자신이 필요할 때 엄마가 언제든지 반응할 것이라는 신뢰감을 발달시키기 시작한다. 낯선 사람과 친숙한 사람을 구별할 수 있지만 부모가 자신을 혼자 남겨 두고 자리를 떠도 아직 불안을 보이지 않는다.

③ **적극적 접촉 추구의 단계(7개월~2세)**

이제 영아는 애착 대상에게 능동적·적극적으로 접근하고 접촉을 추구한다. 이 시기는 영아가 애착을 형성하였다고 판단되는 단계이다. 이 단계에 이르면 영아는 다른 사람보다 애착 대상을 더 좋아하고 다른 대상에 대해서는 배타적인 태도를 보인다. 또한 애착 대상과 격리되거나 낯선 사람을 보면 불안해한다. 정상적 가정에서 자라는 영아는 특별한 문제가 없으면 7개월을 전후로 주양육자, 즉 엄마에게 애착을 형성하기 시작하여 12개월쯤에는 확고하게 애착을 갖는다. 또한 드물지만 엄마 이외의 대상, 아빠나 가족 중 한 사람과 애착을 형성하기도 한다. 따라서 낯선 상황에서 엄마가 자리를 뜨면 불안을 나타내며, 엄마가 돌아올 경우 적극적으로 접근하고 접촉을 추구한다.

④ **목표 수정·조합의 단계(2세 이후)**

이제 유아는 자신의 욕구를 충족시키기 위하여 보호자의 행동을 적당히 변화시키려는 전략을 사용한다. 이전 단계에서 영아는 애착 대상과 가까이 있으려고만 하였지만 이 단계에 이르면 엄마의 행동의 의도나 목표, 그리고 그것을 충족시키기 위한 계획을 예상하고 이해할 수 있다. 그러므로 이 단계의 유아는 애착 대상이 없을 때에도 그 대상의 행동을 상상할 수 있어 격리 시에도 불안을 보이지 않는다. 뿐만 아니라 엄마와 협상하고 자신이 원하는 대로 엄마의 행동을 수정하고자 한다.

3) 애착 유형

에인스워스 등(Ainsworth, Belhar, Waters & Wall, 1978)은 낯선 상황(strange situation)이라는 실험 상황을 만들어 낯선 상황에서 엄마와 격리되었을 때의 영아의 반응을 토대로 애착의 질을 다음과 같이 세 유형으로 나누었다(유효순·홍순정, 2003).

① 안정 애착(secure attachment)

이들은 낯선 상황에서 주변을 탐색하려고 엄마로부터 쉽게 떨어졌다. 엄마와의 격리에 대해 불안을 나타냈으나, 엄마와 재결합되었을 때는 반갑게 맞이하고 접근이나 접촉을 유지하려는 행동이 고조되었으며 쉽게 안정되었다. 이들은 엄마에게 긍정적인 행동을 보였으며 부정적 행동을 나타내지 않았다. 이들에게는 엄마의 존재가 안전의 기반이 되었다.

② 불안·저항 애착(anxious-resistant attachment)

엄마와 격리되기 전부터 불안해하고 엄마 옆에 붙어 탐색을 하지 않았다. 엄마가 방을 나가자 심한 불안을 보였다. 엄마가 돌아오자 접촉하려는 시도는 하였으나 안아 주어도 엄마로부터 안정감을 찾지 못하고 밀쳐 내는 이율배반적 행동을 보였다.

③ 불안·회피 애착(anxious-avoidance attachment)

낯선 상황에서 엄마가 방을 나가도 울지 않고 엄마가 돌아와도 접근이나 접촉 시도를 하지 않고 무시하거나 회피하였다. 엄마와 친밀감을 추구하지 않고 낯선 이에게 엄마한테와 비슷한 반응을 보였다.

영아의 애착에 왜 이러한 차이가 나타나는가? 영아의 애착 형성에 영향을 주는 변인으로 어머니의 양육 태도를 들 수 있다. 에인즈워스(Ainsworth)는 영아의 애착에 영향을 주는 요인으로 부모의 민감성·비민감성, 수용·거부, 협동·간섭, 접근 가능성·무시 등을 들었다. 그녀의 연구 결과에 따르면 안정 애착 영아의 어머니는 자녀에 대해 민감하고 수용적이며 접근 가능성이 크다. 그러나 불안·회피 애착 영아의 어머니는 자녀에 대해 민감하지 않고 거부적이었다. 불안·저항 애착 영아의 어머니는 거부적이거나 간섭을 하는 것도 아니면서 자녀에게 민감하거나 접근 가능성도 적었다.

4) 유아 발달과의 관계

애착의 안정성은 유아가 어머니를 주위 환경의 탐색을 위한 안전 기반으로 삼는 능력과 관련된 것으로, 안정 애착 유아는 안전 기반에 대한 확신을 가지지만 불안 애착 유아는 이러한 확신이 결여된 유아이다.

유아의 애착 안정성 여부는 여러 발달과 밀접한 관련이 있다고 지적된다. 인지 발달 측면에서 보면 안정된 애착을 형성한 유아가 불안한 애착을 형성한 유아보다 효율적인 문제 해결자라고 한다.

애착의 안정성은 유아의 사회성 발달과도 밀접한 관련이 있다. 보울비는 유아에게 안정성이 결여되면 불안하고 불안정하며 과잉 보호적 특성을 보이고, 일반적으로 미숙하게 자란다고 하였다. 이들은 긴장 상태에서는 신경증적 증상이나 우울증 또는 공포증을 유발하기 쉬우며, 긴장이 증가된 상태에서는 정신적·신체적 증상을 나타내기도 한다. 실제로 유아의 애착의 안정성과 사회성 발달에 관한 연구 결과를 보면, 안정 애착이 형성된 유아가 불안 애착이 형성된 유아보다 동조적이고 협동적이며 어머니의 지시나 제한을 더 잘 따랐다. 일반적으로 안정 애착의 형성은 유아의 사회성 발달에서 긍정적 측면과 관련됨을 여러 연구들(유효순, 1992; Troy, 1987)이 지적하고 있다.

영아의 애착의 질은 유아기뿐만 아니라 성인이 되었을 때의 대인 관계, 즉 친구 관계나 사랑하는 사람과의 관계와도 깊은 관련성이 있다고 보고된다(You & Malley-Morrison, 2000; Hazen & Shaver, 1987). 보울비(1973)는 영아의 애착 대상의 표상을 '표상적 모델(representational model)' 또는 '실행 모델(working model)'이라 부르면서 영아가 애착 대상인 어머니를 내적 실행 모델로 삼아 이 세상에서 일어나는 일을 해석하고 예측한다고 주장하였다. 보울비에 의하면 영아기의 부모와의 경험은 이후의 일반적인 대인 관계에 영향을 준다. 즉, 영아기의 안정된 관계는 이후의 안정성, 자신감, 신뢰감, 협동 등의 태도를 발달시킨다(유효순·홍순정, 2000).

4. 이타적 행동

1) 정서와 이타적 행동

이타적 행동에는 다른 사람을 돕고, 위로하고, 구해 주며 또한 방어해 주고 나누는 행동 등이 포함된다. 유아가 음식이나 장난감 등을 나누어 갖는 것이 기본적으로는 자기중심적이고 순간적이라 하더라도 아주 어린 시기부터 이타적 행동이 나타나고 있다. 사회 조망 능력이 아직 발달하지 못한 2~3세의 유아가 상대방의 감정을 이해하는 듯한 행동을 보인다면 무엇이 그를 이타적으로 행동하게 만드는 것일까? 이것은 인지적 조망 능력이 아닌 다른 측면을 바탕으로 친구의 감정을 공감할 수 있음을 말해 준다. 특히 어린 시기의 이타적 행동의 기초가 되는 개념으로서 감정이입(empathy)을 들 수 있다. 유아기에 나타나는 이타적 행동을 살펴보고 감정이입과 이타적 행동의 관계, 이타적 행동의 훈련 등에 대해 알아보기로 한다.

(1) 유아기의 이타적 행동

15~24개월의 유아가 다른 사람의 분노, 두려움, 슬픔, 아픔, 피로 등의 고통스러운 감정에 대해 어떻게 반응하는지를 관찰한 결과, 자신이 그런 나쁜 결과를 일으켰을 경우 상대방을 위로하고 도와주고 장난감을 주는 등의 행동을

보였다. 이러한 이타적인 행동은 전체 사건에서 30% 정도 나타났는데, 본인이 포함되지 않은 경우에도 이타적 행동의 비율은 거의 같았다(Zahn-Waxler etc, 1979).

이타적 반응은 유아에 따라 많은 차이를 보였는데 이것은 어머니의 반응이 유아에게 영향을 미치기 때문으로 지적되었다. 어머니가 정서적인 설명을 많이 사용하는 경우 유아의 이타적 행동이 더 많았다. 정서적인 설명의 형태로는 ① 도덕적 표현(네가 친구를 울렸구나, 때리는 것은 좋은 일이 아니다 등), ② 설명과 함께 금지하는 것, 원칙에 대한 언급(다른 사람의 눈을 절대로 찔러서는 안 된다 등), ③ 애정의 중단 등이 포함되었다.

또 다른 어머니들은 "네가 친구를 밀어서 그 아이가 우는구나" 등과 같이 비교적 중립적으로 설명하는 반응을 보였고, 일부는 설명 없는 금지, 신체적 제한, 신체적 벌을 가하기도 하였다. 또한 몇 가지 기술적인 방법을 사용하는 어머니도 있었다. 가장 강력한 효과를 가져온 형태는 도덕적 언급과 원칙에 대한 언급이었다. 반면 설명 없이 금지하는 것(하지 마, 안 돼 등)과 신체적 벌의 경우는 어린이가 이타적 행동을 보이는 비율이 매우 낮았다. 중립적인 반응은 어떤 쪽에도 크게 영향을 주지 않았다.

이처럼 이타적 행동은 2세를 전후해서 이미 나타나며 행동의 빈도는 어머니가 다른 사람의 좌절에 어떻게 반응하는가에 따라 달라짐을 볼 수 있다. 즉, 어머니의 정서적 반응은 유아가 다른 사람과 물건을 나누어 쓰거나 도와주거나 위로하는 행동에 크게 영향을 미친다. 이타적인 행동을 많이 보이는 유아의 어머니는 다른 사람의 좌절에 대해 단순히 인지적 규명만을 하는 것이 아니라 강하게 감정적으로 반응하고 사회적으로 책임 있는 행동이 기대됨을 일깨운다. 그들은 또한 자녀의 요구에 민감하게 반응하고 위험이나 어려움을 잘 예측하는 '감정이입적 관심과 보살핌'의 특성을 보였다.

이타적 행동에 대한 모델링의 영향에 대해서는 이타적 행동의 빈도와 모델링의 빈도는 직접적인 상관이 별로 드러나지 않았다. 직접적인 명령이나 금지보다는 유아로 하여금 다른 사람의 감정적 상태를 감지하고 동정심이 일어나도록 해 주는 것이 이타적 행동을 보다 효과적으로 유발시킬 수 있다.

(2) 감정이입과 이타적 행동

감정이입(empathy)이란 무의식적으로 때로는 강하게 다른 사람의 정서적 상태를 경험하는 것이다(Hoffman, 1976).

아주 어린 유아도 다른 사람이 느끼는 감정을 함께 느끼는 것으로 보인다. 18개월이 된 유아는 다른 아이가 넘어지는 것을 보면 울거나 겁이 나서 손가락을 빨기도 한다. 이러한 반응을 원초적 감정이입(primitive empathy)이라고 부른다. 이런 반응은 다른 사람의 상황에 대한 이해를 바탕으로 하기보다는 조건화에 의한 반응으로 설명될 수 있다.

아론프리드(Aronfreed, 1969)의 연구에 의하면 초등학교 2학년 어린이의 경우 자신과 상대방이 동시에 좌절의 느낌을 가질 때 이러한 경험을 공감하며, 상대방이 고통스런 표현 등을 통해 좌절이나 고통의 상황을 겉으로 드러냈을 때 위로하고 풀어 주려고 한다. 단순히 상대방의 좌절을 아는 것만으로는 그에 합당한 이타적 행동을 유발하기에 충분치 않다는 것이다.

공감적인 반응은 또한 다른 사람이 경험하는 것에 대한 계속적인 관심과 주의 집중이 있는가에 따라 좌우된다. 일상생활 속에서 우리는 다른 사람의 정서를 간접적으로 공감하는데, 이러한 공감의 반응은 다른 사람의 반응을 예측하고 나눌 수 있는 대인 관계의 경험을 바탕으로 한다.

감정이입 외에도 이타적 행동에 영향을 주는 또 하나의 요소로 기분(mood)을 들 수 있다. 사람은 의기소침할 때에는 자기중심적이 되고 자신의 문제로만 머리가 가득 차며, 따라서 다른 사람의 욕구에 대해 적극적으로 생각하지 않게 된다. 낙관적이고 자신감이 있는 사람일수록 다른 사람의 상태에 관심을 가지고 기회가 되면 그들을 도와주려고 노력한다.

기분이나 분위기와 이타적 행동에 관한 연구들은 유아가 행복하다고 생각할 때, 어떤 과제에서 성공했을 때 상대방의 요구에 더 잘 응하거나 도와주려는 경향이 있다고 보고한다.

이타적 행동이나 이타심이 훈련을 통해 강화되고 더 발달될 수 있는가? 약간 독점적이며 협동적인 놀이를 잘하지 못하는 유아들을 대상으로 싸움의 부정적인 결과를 강조하고 협동적이고 함께하는 활동의 좋은 점을 강조하는 인형극을 활용하여 몇 주간 훈련 프로그램을 실시한 결과 협동적 행동의 양이 증가하였다(Chittenden, 1942). 다른 사람을 도와주는 행동 역시 칭찬과 보상, 모델링으로 크게 증가되리라는 가정하에 이루어진 연구를 보면 어린이의 동정적 경향은 훈련 후 증가하였으나 실제 상황에서의 이타적 행동 경향은 유아가 그곳의 참여자와 좋은 관계를 가지고 있는 경우에만 참여자의 좋은 행동을 모방하는 것을 볼 수 있었다. 유아와 모델과의 좋은 관계는 유아가 얻은 지식을 행동으로 옮기는 데 영향을 주고 있었다. 즉, 정의적인 요소(affection)는 성인과 동일시하는 과정에 영향을 준다.

다른 사람의 역할을 조망하는 훈련도 이타적 행동을 위한 훈련으로 사용되고 있다. 대부분의 연구가 상호 호혜적 역할 조망 훈련을 받은 유아가 그렇지 않은 유아보다 다른 사람을 더 도와주는 경향을 보였다고 보고하고 있다(Staub, 1971).

또한 책임감을 부여하는 것도 바람직한 결과를 가져온다. 이와 반대로 유아들 사이의 경쟁을 조장하는 것은 이타적 행동을 감소시킨다.

이타적 행동 훈련의 문화 간 비교 연구를 보면 유아에게 많은 일을 하도록 책임을 맡겼을 때, 특히 어린 동생을 돌보는 일이나 음식을 만드는 일에 참여하는 경우에 보다 높은 이타적 경향을 보였다. 이와 함께 대가족일 때, 어머니가 밖에서 상당한 양의 일을 해야 하는 경우 유아들이 보다 높은 이타적 행동 경향을 가지고 있었다(Whitings, 1973·1975).

이러한 친사회적 행동은 아주 어린 시기부터 애착의 과정과 정서적 의존성, 역할 조망 능력의 발달을 통해 나타나고 발달해 간다. 어머니를 중심으로 한 부모의 반응 성향, 양육 태도, 사회적 경험, 친사회적 성향을 유도하는 교육 프로그램 등도 친사회적 행동을 증가시키는 데 영향을 준다.

9장. 감성과 자아 개념

1. 자아 개념의 의미와 특성

부모나 교사들은 일반적으로 어떤 독립적인 행동이나 의존적 행동이 그 나이에 바람직한지에 관해 혼란스러워한다. 많은 사람들이 의존 욕구가 나중의 독립성을 위해 필요한 전제임을 깨닫지 못하고 있다. 유아의 의존 욕구가 즉각적으로 수용되고 존중되면 유아는 안정감을 발달시키고, 점차 혼자서 할 수 있는 능력과 욕구가 생겨난다. 만일 부모가 인내심을 가지고 활동을 지시하고, 유아가 그 시기에 수행할 만한 활동을 선택하도록 유도하며, 유아가 실수를 바로잡도록 도와주고 잘한 일에 대해 칭찬을 아끼지 않는다면 유아는 점차 독립적이 될 것이다.

심리학자들은 자아란 개인을 독특하게 만드는 특성, 동기, 가치관, 행동에 대해 자신이 갖는 인상이라고 정의한다. 구체적으로 자아란 인지 구조 또는 인지 추론의 하나로 경험적으로 유도되는 경험의 산물이라고 지적한다(Sarbin, 1959). 자아는 인지 구조이므로 다른 인지 구조와 마찬가지로 지속적으로 변화하며, 하위 수준의 추론에서 복잡한 고위 수준의 추론으로 변화해 간다. 이러한 설명에 따르면 자아는 경험에 의해 지속적으로 변화해 가는 인지 구조의 하나라고 볼 수 있다.

1) 자아 개념의 구성 요인

자아 개념은 개인이 자기 자신에 대해 가지고 있는 관점의 총체이다(Felker,

1974). 즉, 자아 개념은 자신에 대한 지각, 개념, 생각, 태도를 포함하고 있는 고유한 경향성이라는 것이다. 각 개인이 자신에 대해 가지고 있는 관점은 고유한 것이며 다른 사람이 그에 대해 가지고 있는 것과는 여러 측면에서 다르다. 자아 개념의 이러한 고유성을 구성하는 요인으로 지각, 아이디어, 태도의 세 측면이 있다.

① 자아 지각(self-perception)의 측면이다. 우리는 자신을 둘러싼 주변으로부터 오는 냄새, 소리, 맛, 촉감 등의 감각적 정보를 지속적으로 받고 또 흡수한다. 대부분의 감각적 정보는 그들 자신에 대한 것이며, 그것이 그 자신에 대한 것일 때 그것은 그 개인에게 고유한 것이다. 눈을 감고 자신의 모습을 떠올려 보자. 자신을 실제보다 더 뚱뚱하게 생각하는가? 아니면 더 날씬하게 보는가, 아니면 있는 그대로 보는가? 각 개인은 자신을 각기 다르게 생각한다. 각 개인은 감각적 정보를 그것 그대로가 아니라 받아들이는 사람에 의해 걸러지고 해석된 것을 그의 독자적인 방법으로 받아들인다. 이는 모든 감각적 지각에서 다 그러한 현상을 보이는데 두 사람이 똑같은 냄새, 맛, 촉각을 경험하지 못하는 것이다. 이와 같이 개인이 그들의 지각을 통해 갖는 경험은 자아 개념의 기초를 형성한다. 이들 감각적 경험은 고유하며 개인이 자신에 대해 갖는 개념과 태도의 기반이 된다.

② 자아 아이디어(self-ideas)의 측면이다. 자아는 고유한 개념과 특성의 경향을 내포하고 있으며, 이 아이디어는 자아 개념이라는 용어의 중심 요인이라고 할 수 있다. 사람들이 자신에 대해 가지고 있는 일련의 아이디어는 그들이 누구이며 무엇을 하는 사람인지 규정해 준다. 감각적 정보를 흡수하고 그것에 의미를 붙이게 된다.

③ 자아 태도(self-attitude)의 측면이다. 지각과 개념의 측면과 함께 개인은 자신에 대한 일련의 태도 성향을 발달시킨다. 태도는 어떤 대상에 대해 선호하거나 반대하는 등 정서적인 색채를 띠는 것이다(Morse & Wingo, 1969).

자아 태도는 내적인 것이기 때문에 이러한 태도에 의해 일어나는 감정은 특히 강력한 힘을 갖게 된다. 외적인 태도는 그것이 부정적이거나 고통스러운 경우 피할 수 있지만 부정적인 자아 태도는 피할 수가 없다. 자아 태도는 쉽게 통제되지 않기 때문에 더욱 강력한 힘을 갖는다. 자아 개념은 인간의 발달과 성장에 매우 강한 영향력을 미치는 요인인 것이다.

번스(Burns, 1980)는 특히 태도의 측면과 관련하여 자아 개념을 규정하였다. 자신에 대한 묘사, 즉 자아상과 자신에 대한 평가의 두 요소를 포함하고 있는 자신을 향한 태도로서 보는 것이다. 태도는 다음의 세 가지 필수적인 요소를 지니고 있다. 첫째 어떤 대상에 대한 생각, 둘째 그 생각에 관한 감정적·평가적 의미, 셋째 그것에 대한 특정한 반응 또는 행위이다. 이와 같은 태도의 기본 요소는 자아 태도에도 나타난다(홍순정, 1998).

2) 자아 개념의 발달 과정

(1) 자아의식의 기초로서의 신생아의 역량

신생아는 감각적 정보를 해석하고, 환경의 반응에 대응하며, 타인과의 관계를 시작할 수 있는, 초기의 심리학자들이 믿었던 것보다 훨씬 많은 능력을 지니고 태어난다. 신생아의 시각적 능력은 자신을 둘러싼 사회적·물리적 환경과 상호작용을 하게 만든다. 형태나 빛깔을 식별할 수 있는 시각적 능력은 자아의 정의(self-definition)를 확립하는 사회적 반응 능력의 시작이다.

표면상으로 신생아는 몇 개의 기초적인 반사 기능 외에는 성장에 필요한 것들을 제대로 갖추지 못한 것처럼 보인다. 그러나 신생아는 대부분의 시간을 수면으로 보내는 수동적이고 반응이 없는 개체가 아니다. 그들은 손발과 눈의 움직임을 통해 다른 사람들과 관계하고 그 후 환경과도 관계를 맺는다. 라인골드(Rheingold, 1969)는 아기가 어머니-자녀 간의 관계에서 능동적인 상대일 뿐 아니라 미소나 울음 등의 사회적 신호를 통해 주된 역할을 한다고 주장한다. 아기가 부모에게 자신을 만족시켜 주기 위해 어떤 보살핌을 해야 하는지 가르치면서 부모는 아기에게 길들여진다. 바로 이런 초기 사회적 관계가 아이의 사회적·감성적 발달, 특히 그의 자아 개념 발달에 영향을 미친다.

모든 아기들은 특정한 사람, 특히 그들을 돌보는 어머니와의 가까운 관계를 원하는 경향이 있다. 보호를 받게 해 주는 이 관계를 애착(attachment)이라고 한다. 이 보호는 음식을 주는 어머니의 역할뿐 아니라 아이가 받는 접촉, 편안함, 애정으로부터 생긴다. 자아 개념의 발달을 위한 인식 능력과 사회적 관계의 기초는 탄생하자마자 생긴다. 신생아는 텅 빈 존재가 아닌 성인으로의 성장과 자기인식(self-awareness)을 할 여러 가지 준비가 되어 있는 존재이다.

3) 자아존중감

자아존중감(self esteem)이란 유아가 자신에 대하여 주는 가치라고 정의된다. 자아존중감에 대하여 윌리엄 제임스(William James)는 "인간은 자신이 성취하고자 하는 영역에서만 자신감의 수준을 설정하고 판단한다"고 하였다. 따라서 우리가 갖는 만족도는 우리가 성취하고자 정한 것을 얼마나 성취했는가에 달린 것이다.

쿠퍼스미스(Coopersmith, 1967)에 의하면 자아존중감의 발달에는 다음과 같은 두 가지 요인이 중요하게 작용한다.

① 유아의 성공과 실패의 역사, 즉 유아가 성취한 객관적인 지위이다. 개인의 성취와 실패란 주관적인 준거에 의하여 평가된다.

② 삶에서 중요한 타인으로부터 유아가 받은 존경심과 수용, 대우의 양이다. 즉, 유아가 얼마나 인간적인 대우를 받았는가에 따라 자아존중감의 발달이 다르게 형성된다.

유아에게 중요한 인물은 부모이다. 쿠퍼스미스는 부모의 양육 방식이 자아존중감 형성에 중요한 영향을 준다고 하였다. 그에 의하면 자아존중감이 높은 유아의 부모는 낮은 유아의 부모에 비하여 다음과 같은 점에 차이를 보인다.

① 자아존중감이 높은 유아의 부모는 자녀에게 자주 애정 표현을 하며, 관심을 갖고 친구로 대하는 경우가 많았다.

② 이들은 높은 기준을 설정해 놓고 자녀가 이를 달성하도록 엄격히 통제하였다.
③ 체벌을 하거나 사랑을 주지 않는 벌은 가급적 사용하지 않았다. 훈육의 필요성이 있는 경우에는 유아의 특혜를 제한하거나 고립시키는 방법으로 벌을 주었으며, 어떤 행동이 좋고 어떤 행동이 나쁜가를 토론하는 민주적 태도를 취하였다. 부모는 유아의 사회적 거름이나 마찬가지이므로 유아가 부모를 애정 있는 사람으로, 존경과 신뢰를 받을 만한 사람으로 본다면 유아도 자신을 애정과 존경과 신뢰를 받을 가치 있는 사람으로 생각하게 된다.
④ 엄격한 통제를 하였다. 엄격한 통제는 유아가 견고한 자아 통제를 할 수 있게 도와주었으며, 명확하고 확고한 규율은 명확한 자아 정의를 하게 하였다. 이렇게 부모가 제한, 금지를 한다는 것은 유아 자신에게 관심을 가지고 있다는 증거가 되기 때문에 중요성을 갖는다.

4) 자아존중감의 발달 및 영향

유아의 자아존중감의 발달은 2세쯤부터 나타나는 자조 기술(self-help skill)의 발달과 더불어 시작된다. 밥 먹기, 옷 입기, 세수하기, 대소변 가리기 등의 발달 과업을 성공적으로 수행하면서 유아는 자신의 능력에 대해 신뢰감을 가지며, 이러한 신뢰감은 자아존중감의 중요한 기초가 된다.

취학 전 연령에서는 유아가 자신에 대해 관찰한 것에서 자아존중감이 형성되며, 취학 연령이 되면 자아존중감에서 점점 주위에 있는 중요한 인물들의 평가가 중요시된다. 이것은 유아의 탈중심화가 이루어지면서 타인에 대한 역할 조망 능력이 발달하기 때문이라고 볼 수 있다. 즉, 취학 연령이 되면 자아존중감의 근원은 쿠퍼스미스가 지적한 바와 같이 자신의 평가와 주변의 중요한 인물, 또래의 평가가 된다. 또래의 평가는 아동 중기에 들어서면서 중요한 변인이 되는데, 이때가 되면 아동은 또래의 평가와 관련하여 자신에 대한 판단을 한다.

일반적으로 자아존중감이 높은 아동은 학교에서 공부도 잘하고 친구도 많다. 자아존중감이 높은 집단과 낮은 집단의 아동을 비교한 결과, 높은 집단의 아동은 지각과 판단에서 확신이 있으며 새로운 과제에 대해 성공을 예상하였다. 또한 자신이 다른 사람에게 영향을 줄 수 있다고 기대하였으며 의견 발표도 잘하였다.

2. 자아 개념 발달과 감정의 지도

온전히 작용하고 살아 움직이는 사람들은 방황하고 여기저기 기웃거리며 무의미한 시간들을 보내는 사람과는 큰 차이가 있는데, 그들은 자신에 대한 스스로의 태도, 자기 존중감의 정도에서 크게 다르다는 점이 많은 연구들에 의해 지적되고 있다. 이러한 자아존중감은 또한 우리의 정신건강의 가장 핵심적인 요인임을 부인하기 어려울 것이다.

높은 자아존중감은 두 가지의 주요한 확신, 즉 '나는 사랑받고 있다', '나는 가치 있고 보람 있는 사람이다'라는 안정된 정서와 확신을 근거로 형성되어 간다. 이러한 욕구의 충족은 정서적 평안을 위해서 필수적이라고 본다.

쿠퍼스미스(S. Coopersmith, 1967)의 연구에 의하면 자아존중감은 가정의 사회경제적 수준, 교육, 지역, 부모의 직업, 전업주부 여부 등과 관련되어 있기보다는 개인의 생활에서 의미 있는 역할을 하는 사람과의 사이에 존재하는 관계의 질로부터 오는 것이라고 보고되고 있다. 자아감은 사회적 성취 결과이며 다른 사람과 함께 살아오는 과정에서 학습된 것이라는 점이 강조된다. 부모 또는 주위에서 받는 말없는 메시지, 언어적 메시지, 평가, 숙련감과 성취감 등이 영향을 주게 된다.

호지슨(T. Hodgson, 1981)은 개인의 성장, 발달에서 자아 개념의 핵심적인 역할을 강조하면서 자아 발달의 원리로서 20항목을 제시하였다. 특히 내적 지각, 창의적 통찰, 자기주도성, 적절한 외적 도전 등을 중요하게 다루고 있다.

펠커(Felker, 1974)는 부모의 반응, 소속감, 능력감, 가치감과 함께 현실적인 목표 설정과 평가, 자신과 타인을 칭찬하는 법 등이 유아기, 아동기 어린이의 자아 개념의 발달에 도움을 주는 요소라고 지적하였다.

번스(Burns, 1980)는 개인 능력에 대한 강한 의식의 발달을 꾀하기 위해서는 미리 가정하거나 미리 해 주는 것, 지시, 높은 기대 수준, 성인 중심 등의 저해 요인들을 제거하고 점검해 보고 탐구하고 격려하고 칭찬해 주고 존중해 주는 것이 필요하다고 강조하고 있다.

먼저 낮은 자아존중감을 가진 사람의 행동 특성을 간략히 정리해 보면 다음과 같다. 이는 정서와 자아 개념 간의 관계에 대한 이해와 구체적인 지도 원리의 구안에 많은 시사를 줄 것이다.

1) 낮은 자아존중감을 가진 사람의 행동 특성

(1) 비난, 불평, 불만

다른 사람을 비난하고 불평하는 것은 우리에게 일어난 모든 것에 우리의 책임이 있다는 사실을 받아들이는 것을 거부하기 때문이다. 다른 사람을 비난하는 것은 "문제를 가진 사람은 나다, 또는 변해야 할 사람은 나다"라고 말하는 것보다 훨씬 쉽다. 습관적으로 불평하고 다른 사람을 비난하는 사람은 다른 사람을 비하함으로써 자신을 추켜세우려고 하는 것이다.

(2) 결점(실수) 찾기

우리는 다른 사람들이 우리 자신의 가치관을 받아들이지 않거나 동의하지 않기 때문에 다른 사람들의 결점을 들춰낸다. 우리는 우리의 부적합함을 우리 자신은 옳고 다른 사람은 잘못이라고 함으로써 보상하고 있다. 우리 자신에게 우리가 가장 싫어하는 일을 할 때 우리는 좋아할 수가 없다. 우리가 그들 행동의 결점을 발견할 때 사실 우리는 다음과 같이 말하고 있는 것이다. "그가 벌을 받지 않도록 할 수 없는 내 자신이 싫다"라고.

우리는 대부분 잘못한 실수나 허점으로 다른 사람들을 싫어하는 경향이 있다.

(3) 주의집중과 인정의 욕구

많은 사람들이 주의집중과 인정에 대한 강한 욕구를 가지고 있다. 그들은 그들 자신을 가치롭고, 필요하며 중요한 개인임을 인지하지 못하고 또한 감사하지도 못하고 있다. 그래서 그들은 그들이 괜찮고 다른 사람들이 그들을 인정하고 수용해 주는 지속적인 확인에 대한 강한 욕구를 가지고 있는 것이다.

(4) 친한 친구의 부족

자긍심이 낮은 사람들은 보통 친한 친구가 없다. 그들은 그들 자신을 좋아하지 않기 때문에 다른 사람과 동떨어져 사는 고립자가 되거나 아니면 공격적이고 권력을 부리고, 비판적이고, 심한 요구 등 반대의 행동 유형을 표출하게 된다.

(5) 승리에 대한 공격적인 욕구

우리가 언제나 이기려고 하는 강박을 가지고 있다면 우리는 우리 자신을 주변 사람들에게 인정받고자 하는 절박한 욕구에 시달리게 된다. 우리는 이를 우리의 성취를 통해 하려고 한다. 우리의 동기는 항상 수용과 인정을 받고자 하는 것이다. 생각의 전부가 옆에 있는 사람보다 어떤 면에서든 더 나아야 한다는 데 있다.

(6) 지나친 탐닉

자신의 특성을 싫어하기 때문에 그들 자신과 살 수 없는 그런 사람들은 보통 그들의 욕구를 대치의 형태를 통해 만족하고자 한다. 빼앗기고 상처받은 감정을 가지면 그들은 고통을 둔화시키는 정신적·신체적 마취제를 찾는다. 그들은 그들의 정서적 고통과 자아 인정의 절박한 욕구를 감추기 위하여 일시적·감각적 만족을 얻기 위해 과식을 하고, 마약을 먹고, 과음, 과도한 흡연을 한다. 지나친 탐닉은 자아로부터 감정들을 보상해 준다. 이것은 그들에게 현실을 대면

하는 것과 변화를 위한 욕구를 일시적으로 이룰 수 있게 해 준다.

(7) 우울

우리가 우리 자신에 대해, 그리고 우리가 원하는 무엇인가를 해낼 수 없는 우리의 무능력에 완전히 절망하게 될 때 우울증에 빠지게 된다. 우리가 해야 된다고 생각하는 것, 다른 사람이 우리가 해야 하는 것으로 느끼도록 만드는 것을 성취하지 못했기 때문에 부적합함과 무가치함을 느낀다. 우리 자신의 기대와 다른 사람들의 기대에 부응하고자 하는 데서의 불안과 좌절이 우리에게 심하게 낮은 자아 자긍심을 갖도록 하는 것이다.

(8) 이혼

많은 경우, 이혼은 한쪽 또는 양쪽 당사자들의 낮은 자아 자긍심의 직접적인 결과이다. 일반적으로 그들은 한 사람이 상대를 통제하고, 지배하고 소유하려는 강한 욕구를 가지고 있을 때 어떤 관계에서든 일어난다. 지나치게 결점을 지적하는 것은 슬픔과 원한, 원망을 낳게 되며 이들은 보통 부적합함, 불안정, 사랑하고 사랑받기를 원하는 강한 욕구와 결합된다.

(9) 탐욕과 이기심

탐욕과 이기심에 찬 사람들은 과도한 부적절감을 가지고 있다. 그들은 그들의 부족한 자아 가치감을 보상하기 위해서 어떻게든 충족해야만 하는 자신의 욕구와 욕망에 가득 차 있다. 그들은 다른 사람에 대한 관심과 흥미를 갖기 어렵다. 그들을 사랑하는 사람에게조차도 그러하다.

(10) 우유부단과 질질 끌기

낮은 자아 자긍심은 실수에 대해 비정상적인 두려움을 함께 보여 주는 경우가 많다. 그가 해야만 하는 것, 다른 사람이 그가 하기를 기대하는 것을 하지 않는 데 대한 두려움으로 보통 아무것도 하지 않거나 최소한의 가능한 어떤 일만을 하게 된다. 자신이 올바른 결정을 할 수 없다고 느끼기 때문에 결정하기를 주저한다.

이 형태의 또 다른 유형은 완벽주의자이다. 항상 올발라야 한다는 욕구만을 가지고 있는 성격이다. 기본적으로 불안정하고 비판을 받지 않고자 한다. 이를 통해 그는 그의 기준에서 덜 완벽한 사람보다 자신이 더 낫다고 느낄 수 있다.

(11) 가식적인 행동(false front)

가장된 행동을 하는 사람은 그들 주변의 다른 사람들보다 부족하게 느낀다. 이것을 보상하기 위해서 그들은 때로 유명한 사람을 친구처럼 들먹이고, 큰 소리나 강요된 웃음과 같은 신경질적인 습관을 과장하고 떠벌린다. 또한 다른 사람들에게 인상을 깊게 하기 위해서 문건의 소유를 이동한다. 그들은 누구도 그들이 자신에 대해 진정으로 어떻게 느끼고 있는지를 알아내지 못하게 한다. 그들의 열등감을 감추기 위해서 그들의 실제 모습을 보지 못하도록 가식적인 행동을 계속한다.

(12) 자기동정

자기동정의 감정 또는 '불쌍한 나' 증상은 우리의 삶을 책임질 수 없는 우리 자신의 무능력의 결과이다. 우리 자신을 다른 사람들의 자비, 상황, 조건 등에 맡긴다. 그리고 항상 이쪽저쪽으로 밀려다닌다. 우리는 사람들이 화내고, 상처주고, 비난하도록 놓아 둔다. 그리고 우리를 화나게 만들도록 한다. 왜냐하면 우리는 기대고 의존적인 성격을 가지고 있으며 주의집중과 동정을 좋아하기 때문이다. 우리가 아플 때 다른 사람들이 우리가 바라는 주의집중을 주고 우리를 위해 무엇인가를 하고자 한다.

(13) 자살

이것은 가장 심각한 자기비판의 형태이다. 자살을 기도하는 사람은 세상으로부터 피하려 하지 않고, 그들 자신으로부터 도피하고자 한다. 그들이 거부해 온 자신, 경멸해 온 자신으로부터의 도피이다. 그들은 문제의 근원이 되는 상황에 직면하는 대신에 상처를 받고, 원망하고 모든 것을 끝내고 싶어 한다. 물론 그들의 문제는 낮은 자아존중감이다.

낮은 자아존중감의 공통적인 정서적·신체적·심리적 특성을 정리해 보면 정서적 특성으로 공격적, 소심함(겁 많음), 가장된 웃음, 허풍, 안절부절(참을성이 없음), 다른 사람보다 더 나으려고 애씀, 경쟁적, 건방짐(거만함), 아첨, 유명인사 사칭, 비판적, 권위에 대한 반항, 완벽주의자, 오만함(권력을 휘두르는 횡포), 지배적인 대화, 질질 끔, 실수를 인정 못함, 강박적인 음주, 흡연, 이야기, 취미 등이 지적된다. 신체적 특성으로는 단정하지 못한 외모, 약한 손 떨림, 흐리멍덩한(게슴츠레한) 눈, 지나친 과체중, 처진 입, 긴장과 불안, 축 처진/맥없는 자세, 약한 목소리, 다른 사람의 눈을 보지 않음 등이 나타난다.

2) 부정적 감정의 지도

부정적 감정을 잘 다루고 해소하는 것은 정서 발달과 자아존중감 발달에 매우 중요하다고 본다. 몇 가지 기본적인 지도 원리들을 살펴보기로 한다(홍순정, 1998).

(1) 감정을 표현하도록 한다

우리들 대부분은 우리 스스로 싫어하는 방법으로 아이들의 감정을 다루고 있음을 볼 수 있다. 우리가 개인적인 감정들을 나눌 때 우리는 판단이나 논리, 이유, 충고 등을 원치 않는다. 거부당하거나 가볍게 취급되는 것을 원치 않는다. 그러나 감정을 다룰 때 우리가 스스로 원하는 대로 아이들에게 해 주지 못하는 경우가 대부분이다. 무엇보다 이와 같은 모순된 행동을 돌아볼 필요가 있다.

우리들 대부분은 우리의 감정을 우리 문화에 만연하는 전통적인 방법으로 다루어 왔으며 우리 아이들에게도 같은 방식으로 반응하게 된다.

우리는 나쁜 감정들을 갖지 않아야 한다고 배워 왔다. 그런 감정들이 우리 안에 차 있다면 우리는 미성숙하고 부족한 것으로 인식하고 있다. 그러나 사람들은 갈등 없이 살기 어려우며 갈등은 감정을 유발하게 된다. 부정적 감정을 없애는 좋은 방법은 그러한 감정을 표현하도록 하는 것이다. 표현되고, 받아들여진 부정적 감정들은 그 파괴적 힘을 잃게 된다.

(2) 감정은 신체적인 변화를 가져온다

감정은 우리 신체를 활동하도록 만든다. 강한 정서로 인한 스트레스 하에서는 일련의 땀샘이나 호르몬이 즉각 움직이고 주요 생리적인 변화가 일어난다. 심장박동이 증가하며 소화기 체계에 집중된 혈액이 대근육으로 확산되며 간으로부터의 당은 과외 에너지를 제공하기 위해 혈액의 흐름을 강하게 한다. 아드레날린이 분비되고 호흡이 빨라지고 땀샘이 활발히 움직이며 대근육이 활동을 위해 긴장한다. 강한 정서들은 우리를 화학적으로 다른 사람으로 만들어 버린다.

그러한 순간에 누군가 침착하라고 말하는 것은 전혀 도움이 되지 못할 것이다. 우리가 겉으로 동의한다 해도 우리의 내면은 다르다. 우리 귀는 요구를 듣지만 우리의 내분비선은 그렇지 않다. 감정들을 건설적으로 다루기 위해서는 이러한 생리적 변화들이 감정에 의해 발산되는 것이지 명령에 의해 바뀌는 것이 아님을 인식해야만 한다. 사실 감정을 중지하라고 말하는 것은 오직 좌절을 더하고 내분비선들을 더욱더 강하게 작용하도록 만든다.

우리가 정말 화났을 때 스스로에게 이런 감정을 갖지 않아야 한다고 말하는 대신 무엇인가를 해 보도록 한다. 부엌 바닥을 닦거나 격렬하게 테니스를 하거나 골프를 치거나 아니면 이해 많은 사람에게 감정을 쏟아붓거나 단순히 울어버리거나 할 것이다.

감정이 격렬한 신체적 활동으로 표현될 때 또는 미술, 드라마, 음악, 말 등을 통해 표현될 때 감정에 싸인 에너지는 해소된다. 그때 신체는 그 전의 평정 상태로 돌아간다.

"감정을 표현하게 되면 정서적 에너지는 약화된다."

(3) 억압의 해소

부정적 감정들이 억압되면 신체는 긴장 상태로 남아 있게 된다. 상당한 정도의 압력이 형성되면 외적인 방법으로 분출된다. 감정의 분출은 자신에 대항하며 나타나기도 한다(몽유병, 과잉활동, 손톱 물어뜯기, 머리 흔들기, 신체 기질적 요소들). 또한 다른 사람과 사회에 대해 직접적인 적대감으로 밖으로 표출된다. 어린이의 정신 능력이 활동할 수 있는지의 여부는 그가 정서적으로 어떻게 연결되어 있는지에 달려 있다. 억압은 지적 활동의 폭을 좁게 만들고 겨우 물방울이 똑똑 떨어지듯이 약화시키는 댐과 같은 역할을 한다.

어린이들의 관심사가 내면에 집중되어 있을 때는 책이나 외부자극으로부터 무엇인가를 받아들일 수 없게 된다. 억압에 얽혀 있는 에너지는 건설적인 목적에 활용되지 못한다. 지속적인 내적 혼란은 신체적 피로를 가져오며 신체적 질병에 대한 저항력을 낮춘다.

(4) 자아존중감에 대해 미치는 억압의 영향

억압은 자아존중감을 파괴한다. 부정적 감정들을 다루는 우리의 전통적인 방법들은 어린이들을 우리로부터 멀어지게 만든다. 그들 스스로의 진정한 모습은 받아들여지지 않는 것이라고 말해 주고 있다.

자아존중을 위해서 어린이는 그들 스스로에게까지 그러한 감정들을 숨기려고 하고, 그들을 양심으로부터 차단하려고 할지도 모른다. 그때 그들은 그들의 인간성의 충만함으로부터 소외되기 시작하며 진정한 그들의 모습으로부터 벗어나기 시작한다. 어린이가 스스로에게 숨겨진 감정을 부인하지 않고 단지 그들을 숨겨진 채로 둘 때 그는 "나는 이러한 나쁜 감정을 가진 고약한 사람임에 틀림없다"고 결론짓게 된다. 그리고 자아존중과는 멀어지는 것이다.

(5) 건설적으로 감정을 다루기

부정적인 감정을 건설적으로 다루는 것은 우리 모두의 직접적인 관심사이다. 감정을 건설적으로 다룰 때 중요한 것은 감정이 생겼을 때 그것이 긍정적인 것이든 부정적인 것이든 감정이입의 자세로 듣고, 감정을 수용해 주고, 받아들여질 수 있는 표현 방식을 제공하는 것이 건전한 방법이다. 적극적으로 듣기가 중요하다. "진정한 이해는 적극적으로 들어주는 것에서만 올 수 있다."

적극적으로 들어주기란 ① 어린이의 언어적·비언어적 표현에 민감하게 주의를 기울이는 것이며, ② 전체적인 표현을 감정이입으로 반영해 주는 것이다.

어린이가 의사소통할 때 그는 말하고자 하는 것이 전달되었는지 구체적인 증거를 원한다. 수동적으로 들을 때와 적극적으로 들을 때에는 커다란 차이가 있다.

(6) 감정을 수용하기

감정의 수용은 평가됨이 없이 아이가 자신의 감정을 경험하도록 허용하는 것을 의미한다. 수용은 가장으로 꾸며댈 수 없다. 진심어린 것이어야 한다. 감정 수용의 중요한 부분은 '좋다, 나쁘다'의 구분에서 벗어나도록 하는 것이다. 감정은 존재하며 그것은 있는 그대로 다루어야만 한다.

(7) 수용할 수 있는 배출구의 제공

8세 정도의 어린이들에게는 그들의 감정을 밖으로 말하게 하는 것이 좋다. 그리고 감정이입적 적극적인 청취가가 되어 주도록 한다. 더 어린 아동은 항상 그들의 감정을 말로 표현할 수 없다. 특히 아주 강한 정서 상태에 있을 때는 더욱 그러하다. 그럴 때는 그들의 동작 표현에 반응하고 그것을 말로 대신해 주도록 한다.

때때로 어린이들의 감정은 그것이 강할 때에 특히 더욱 행동으로 표출될 필요가 있다. 누구에게도 해를 주지 않고, 가치 있는 물건을 상하게 하지 않는 그러한 배출구를 제공해 주는 것이 중요하다. 물감, 종이와 크레용, 진흙, 인형 등을 주고 또한 대리 대상, 즉 동물 인형, 비싸지 않은 놀잇감, 권투백, 베개 등을 제공한다.

물론 가능한 배출구가 없는 상황에 처할 수도 있다. 그럴 때는 그 외 감정들을 말로 대신해 주고 행동을 조금은 자제하고 집에 가서 그것을 풀 기회를 주도록 한다.

모든 부정적 감정들이 단순한 그림, 짧은 문장, 끄적거림 등에 의해 해소될 수 있는 것은 아니다. 때로는 그런 감정들을 씻어 내기 위해 훨씬 긴 시간이 필요하다. 특히 그것이 누적되었을 때는 더욱 그러하다.

(8) 감정의 절제

어린이들이 그가 분출할 것을 가지고 있음을 알고 있는 한 그는 일시적인 통제력을 활용할 수 있다. 감정이입적으로 들을 수 없는 그러한 시간들이 있다. 그 순간에 다른 것을 해야 할 때, 아니면 충분한 주의집중을 하기에는 너무 피곤하거나, 너무 화가 났거나, 걱정이 심할 때, 불안할 때 등이 있다.

우리가 내적 외적 긴장으로 솔직하게 들을 수 없을 때에는 어린이들이 감정을 털어놓도록 시도하지 말아야 한다. 가장된 감정이입보다 더 나쁜 것은 없다. 이것은 깊이 있는 관계의 기초가 되는 신뢰를 없앤다. 자녀가 들어 주기를 원할 때, 그러나 그 순간에 그것이 어려울 때 한계를 설정하도록 한다. 다음과 같이 말하는 것이 도움이 될 것이다.

"네가 지금 말해야 되는 줄 알아. 그러나 그것을 듣기에는 너무 화가 나 있어. 내 감정이 평정되는 대로 너를 도와주겠다."

그러한 약속과 계획은 가능한 한 빠를수록 좋다. 어린이들이 현실적으로 감정을 다루도록 돕는 것의 또 한 측면은 해소가 적절한 사람, 시기, 장소의 한계 안에서 이루어져야 함을 그들에게 가르쳐 준다는 것이다.

(9) 감정에 대한 두려움

우리들 대부분은 부정적 감정은 억압되어야 하며 그것을 표현하지 않고 수용하지 않아야 한다고 믿고 있다.

부정적인 감정을 씻어 낼 때는 적극적으로 들어 주어야 할 것이다. 무엇, 왜

등을 증명하려는 시도를 피하고 사실을 밝혀내는 사람, 증거를 평가하고 판단하기보다는 감정의 해소자로서 자신을 간주하는 것이 필요하다.

대부분의 어린이들은 그들이 얼마나 강하게 그들 스스로를 표현할 수 있는지 곧 알게 된다. 단지 가벼운 감정들만이 받아들여진다면 여러분의 자녀들은 그들의 강한 감정들은 그들 혼자 다룰 수밖에 없게 된다. 그 결과는 낮은 자아긍정감(그들은 무엇이 내면에 숨겨 있는지 안다), 자아소외(그들 스스로에게도 그러한 감정을 부인한다) 또는 위장된 해소를 가져온다.

어린이들이 감정을 건설적으로 다루도록 가르치는 데에는 감정의 분출에 있어 자신과 다른 사람, 그리고 가치로운 것을 해치지 않는 방법으로 분출되어야 함을 강조하는 것이 포함되어야 한다.

(10) 감정 해소의 이점

부정적 감정을 받아들이는 것도 정서적 안도감을 주고 억압을 피하며, 아동이 그의 감정 때문에 비하되지 않음을 가르쳐 준다. 그는 진정한 자신의 모습을 느끼며 다른 사람의 인간성을 받아들인다. 감정의 해소는 어린이들이 그들의 문제를 고조된 감정을 통해서 보다 현실적으로 보게 해 준다.

감정을 표출하게 하고 이해해 주는 것은 진짜 문제가 무엇인지 규명할 수 있게 해 준다. 그리고 자기 스스로 해결할 수 있게 된다. 그것은 또한 자신감을 강화시켜 준다. 내적으로 힘겨운 아동은 최소한의 자극에도 폭발하게 되고 작은 문제를 큰 장애로 보게 되며 그의 시각과 전망을 잃어버리고 만다. 그 자신과 지속적으로 투쟁하고 있을 때에는 어린이들은 다른 사람들과 잘 어울리지 못한다. 공감적 이해와 수용 가능한 배출 방식을 통해 부정적 감정들을 해소하는 것이 바람직하다.

(11) 나의 감정을 전달하기

부모들은 단지 듣고 반응하기만 하는가? 그들의 관점에서 반응할 수는 없는가? 의사소통은 쌍방향적인 것이다. 부모와 아동 모두 주고받을 필요가 있다.

들어 주는 것이 문제를 가라앉히지 않으면 부모는 이야기를 해야 한다. 아이가 흥분했을 때 말을 하는 것은 증기가 가득 찬 방에 벽지를 바르려고 하는 것과 같다. 벽지는 붙지 않을 것이다. 증기를 없앨 때까지 벽지는 붙지 않는다. 감정도 이와 같다. 감정으로 휘저어 있을 때에는 말을 들을 수가 없다. 어린이가 감정에 차 있을 때 우리는 우리의 말을 하려고만 한다. 그때 그런 말들은 소 귀에 경 읽기이다. 지도하고, 설득하고, 합리적이고, 반응을 나누기에 적합한 시간이 있기에 시기가 중요하다.

도움이 되는 한 가지 방법은 내일도 이야기할 수 있다는 것이다. 할 말을 잠시 접어 두고 단지 잘 들어 준다. 그리고 다음 날로 넘긴다. 그러면 더욱 잘 듣게 될 것이다. 너무 긴 것 같으면 최소한 30분이라도 늦추도록 해 보자.

해 주고 싶은 말을 진실로 존중하는 마음으로 한다면 보다 잘 전달된다. 아이가 문제를 가지고 있을 때 우리가 할 수 있는 것은 그가 다양한 대안들을 생각해 보도록 가능성을 제공해 주고, 과거에 도움이 되었던 경험들을 이야기해 주는 일이다. 결국 해결해야 할 사람은 어린이 자신이기 때문에 그들 스스로 아이디어를 생각해 내도록 도와줄수록 그들의 독립성과 자기존중감을 더욱 길러 줄 수 있다.

(12) 일반적으로 주의할 점

감정을 다룰 때 주의해야 할 점으로 무엇보다도 어린이가 이미 표현한 감정을 가지고 어린이들을 대하지 않도록 하는 것이다.

표현한 감정이 부모의 손에서 무기가 된다면 아무도 얘기하지 않을 것이다. 감정을 들어 줄 필요에 대한 공통적인 반응은 너무 시간이 많이 걸린다는 것이다. 듣는 것이 많은 시간이 소요된다고 생각된다면 부정적인 행동을 다루는 데 보내야 할 시간들을 생각해 보자. 인간행동에 관한 기본 원리는 부정적 행동 전에는 부정적 감정이 존재한다는 점이다. 바람직하지 못한 행동을 없애기 위해서는 먼저 감정을 다루어야 한다. 감정의 무시는 부정적 행동을 다루는 데 바람직하지 못하다.

3) 분노에 숨겨진 의미 해독하기

두려움, 좌절, 질투, 피로, 당황, 굴욕(창피를 줌) 등의 감정은 분노를 일으키게 된다.

일반적으로 당혹감(창피함)은 화가 되고 굴욕감은 심한 분노로 변한다. 반복적으로 우리 인간은 기본 감정을 화에 숨기고 있다. 그것이 우려, 죄의식, 실망감, 거절, 부정의, 충격, 불확실, 혼란이든 문제는 이것이 아니다. 이 두 번째 감정을 우리 주위의 사람들에게 전해 준다는 것이다. 화는 거의 모든 경우 먼저 생기는 감정이 아니다.

(1) '화가 나는 것'은 정상적인 것이다

우리들 대부분은 화를 내는 것도 나쁜 것이며 분노를 느껴서는 안 되는 것으로 배웠다. 우리는 어린이들에게 그것은 수용될 수 없는 것으로 가르치고 있다. 그래서 그들이 화가 났을 때 가치감이 저하됨을 느낀다. 화는 일상의 또 다른 말이다. 인간이 가지고 있는 많은 감정들 중의 하나이다. 받아들이기 가장 어려운 적대감은 우리 자신을 향해서 주어지는 것이다. 친구나 형제자매, 상황, 교사들을 향한 화나는 감정을 이해하면서도 우리 자신은 예외여야 한다고 믿고 있다. 그러나 자신의 관점과 함께 아이들의 관점을 이해할 필요가 있다.

(2) 분노의 이유

모든 부정적인 감정이 분노로 변할 수 있다. 그러나 삶의 각 단계에서 다른 감정보다 분노를 일으키는 구체적인 상황들이 있다.

영아기에서 적대감은 신체적·정서적 욕구가 채워지지 않는 것과 관련되어 있다. 배고픔의 고통, 젖은 기저귀의 불쾌감, 흔들어 주기를 바라는 욕구 등이 아기를 울게 만든다. 그의 욕구가 신속하게 제대로 채워지면 더 이상 좌절하지 않는다. 영아의 좌절이 최소한으로 될 때 화나는 경우는 분명 줄어들게 된다.

유아기의 힘, 완성감, 독립성에 대한 추구는 그를 둘러싼 사람들과 환경과의 충동을 일으킨다. 그의 생활은 너무나도 많은 좌절들로 차 있다. 어린 아동은 대근육 활동이 필요하기 때문에 신체적 제한은 강한 좌절을 가져온다.

분노의 시간을 줄이기 위해서는 어린이들이 성장 단계나 외부 상황 때문에 주심리적 적응을 할 때 가능한 한 많은 좌절을 없애 주도록 한다.

갈등을 줄이도록 그들의 욕구를 충족시키는 환경을 만들도록 한다. 그가 혼자 있기를 원하지 않는 한, 화가 난 아이를 격리시켜 놓는 것은 피해야 한다. 아이를 방으로 보내는 것은 부정적인 감정들이 복합된 거절당하는 감정을 갖게 한다.

항상 강한 좌절 속에서 지내는 아이는 장애에 민감하게 된다. 아주 작은 상처에도 큰 소리로 떠들게 된다. 모든 연령층에서 적대감은 비현실적인 기준이나 비건설적인 양육 및 지도, 위협적인 상황, 과도한 경쟁, 남과의 지속적인 비교 등에 의해 생겨난다. 우리가 분노를 유발하는 모든 상황을 제거할 수는 없다. 그러나 그 수를 줄이도록 노력할 수는 있을 것이다.

어린이들이 화가 났을 때 할 일은 그들이 화를 직접적으로 표현하게 도와주는 것이다. 이는 적극적으로 들어 줌으로써 감정이입적 이해를 보여 주고, 감정을 받아들이고, 안전한 배출구로 화를 풀 수 있도록 해줄 때 가능해진다.

(3) 자신 안에 있는 분노 다루기

적개심을 효과적으로 다루기 위한 첫 단계는 자신 안에 있는 이 감정을 받아들이는 것이다. 너 자신을 부끄러워하거나 너의 증오를 부인한다면 아이들의 분노를 다루는 것이 거의 불가능하다. 그의 공격적인 충동이 네 자신의 숨겨진 감정들을 폭발하게 한다.

분노가 생겼을 때의 두 번째 단계는 이것이 무엇을 위한 것인가를 보는 것이다. 무엇 때문에 화가 났는지 그 전의 감정을 알아보는 것이다. 화가 났을 때 그 기저의 감정을 찾아보자. 자신의 감정을 알아내고 그것을 나누도록 한다. 가장된 감정의 해결 방안을 찾는 것은 어렵기 때문이다. 이 습관은 어린이에게도 좋은 모델이 될 수 있다. 이와 함께 사전의 감정을 나누는 것은 평가적이라기보다

나라면 어땠을까와 같은 반응을 보내는 것이다.

(4) 분노의 신호

아이들은 화가 났을 때 그것을 부모에게 전달한다. 유아들은 깨물고, 때리고, 소리 지르고, 치고…… 의심할 여지 없이 그 아이는 화가 나 있다. 아이가 흥분했을 때 발끈하고 울화를 표현한다. 그것은 강한 의사소통의 표출이다.

"너무 참을 수 없다. 너무 절망을 느낀다" 등과 같이 통제력의 상실을 말해 주는 것이다. 이를 제대로 대해 주지 못했을 경우 그 결과는 상처, 좌절, 무력감, 원망, 공포 등으로까지 발전하게 된다. 표현하지 않고 억압하게 되면 더 나쁜 결과를 가져오는 것이다.

(5) 분노의 간접적 신호

지속적인 놀림, 괴롭힘, 빈정거림 등은 가득 찬 증오의 간접적인 분출들이다. 대부분의 가정에서 이것들은 직접적인 표현보다는 안전하다. 아이들은 "난 아무 뜻도 없어요"라고 빠져나갈 수가 있다. 어린이가 화를 직접 표현하는 것을 두려워할 때 그들은 대치할 대답을 찾게 된다. 엄마에 대한 분노는 교사에게 건방지게 굴면서 해소된다. 또한 형에 대한 적개심을 이웃의 다른 아이에게 퍼붓기도 한다. 동물에게 잔인하게 함으로써 해소하기도 한다. 때로는 부모의 가치관을 공격함으로써 자신의 공격성을 다룬다.

많은 청소년들이 자기 자신에 대한 스스로의 적개심을 기침, 구토, 잦은 사고, 과장된 공포 등으로 나타내고 있다. 너무 착하고 극단적으로 수줍은 아이는 받아들여지지 않는 그들이 가진 강한 공격성을 감추고 있는 것이다. 수줍은 아이는 다른 사람들과 깊게 관계하지 않음으로써 그 비밀이 알려지지 않는 것이다. 적개심이 불인정을 가져옴을 알게 된 아이는 그 자신의 공격적인 충동들에 두려움을 느끼기 시작한다. 적대적 감정과 적대적 행동은 다르다는 것을 가르쳐 주는 것이 필요하다.

우울증은 또 다른 분노의 간접적 표현이다. 이것도 어떤 사람이나 상황에 대한 강하고 표현되지 않은 분노로부터, 그 분노에 대한 죄의식, 그리고 억압으로부터 온다. 이러한 과정은 무의식적으로 일어나며 개인은 단지 우울한 느낌만을 갖게 되는 것이다.

슬픔은 때로 분노를 감추고 있다. 만일 아이들이 적개심을 표현할 간접적인 방안을 사용한다면 그는 분노를 직접적으로 드러내는 것이 불편하다고 느끼고 있음을 말해 준다. 직접적 표현을 위한 사회적으로 수용 가능한 분출구를 찾도록 도와주어야 할 것이다. 어린이들의 분노를 건설적으로 다루는 것은 그들이 부정적인 평가 없이 자신의 모든 부분을 받아들이도록 해 준다. 그리고 이것이 바로 자아존중의 기본이 되는 것이다.

10장. 감성 교육과 연구

1. 감성 교육 연구

감성 교육은 가드너의 다중지능이론이 주목을 받게 되면서 새롭게 관심의 대상이 되었다. 가드너는 여덟 가지 서로 다른 지능을 구별하고 정리하여 이론화하였으며 이것은 언어 지능, 음악 지능, 공간 지능, 논리 수학 지능, 신체 운동 지능, 대인 관계 지능, 자기이해 지능, 자연 탐구 지능으로 흔히 다중지능이라고 말한다. 가드너의 지능 영역 중에서 대인 관계 지능과 자기이해 지능이 감성지능과 매우 깊은 관련이 있다. 감성과 감성 교육 관련 연구들을 살펴보고 감성 교육의 방향에 대해 논의하기로 한다.

1) 우리나라에서의 감성 교육

1990년대 감성지능이 전 세계적으로 알려지게 되면서 우리나라 교육 현장에서도 자연스럽게 감성지능에 대해 많은 관심을 가지게 되었고 아동들의 전인적 발달과의 관련성을 고려해 보게 되었다. 이후 감성지능을 활용한 본격적인 감성 교육 방안들이 모색되고 프로그램이 개발되는 등 활발한 연구로 이어지고 있다. 그러나 유아교육 현장에서 이루어진 내용적 접근의 감성 교육은 아직은 미비한 편이다. 감성 교육에 관한 선행연구를 고찰해 보면 주로 초등학생 이상 청소년 교육 대상으로 하고 있다. 유아를 대상으로 한 프로그램은 부족한 상태임을 알 수 있다. 우리나라의 경우도 감성지능에 대한 관심이 커진 이래로 감성 교육 프로그램이 많이 등장하고 있기는 하지만 명확하게 감성지능에 대한 이론적 체계를 바탕으로 하위 영역들을 추출하여 만들어진 유아 대상의 프로그램은 부족한 편이며, 유아를 위한 프로그램 개발 및 그 효과에 대한 연구 활동도 그리 많지 않다.

(1) 1990년까지 감성 교육에 관한 연구

감성지능과 감성 교육의 필요성에 대한 견해는 최근에 더 많이 부각되기는 했지만 사실 그 근원은 1920년대부터 찾을 수 있다. 이때, 이미 타인을 이해하는 능력, 대인 관계에서 적절하게 행동하는 능력인 사회지능이 지능을 구성하는 한 측면이라고 제한되었다(Goleman, 1995; Zirkel, 2000). 그러나 사회지능에 대한 견해는 그 당시에는 그다지 큰 관심을 끌지는 못했다.

감성 교육 프로그램에 관한 국내 연구로는 곽현주(1995)의 연구를 들 수 있다. 이 연구는 감성 교육의 주요 내용으로 기본 정서의 이해와 표현, 감정이입의 이해와 표현, 정서문제 해결 등에 관련된 유치원의 일상생활 주제들을 선정하여 유아에게 투입한 후 그 효과를 확인한 연구였다. 그 결과 프로그램을 받은 유아가 그렇지 않은 유아들보다 감정이입 및 정서문제 해결 수준이 높은 것으로 나타났다. 이처럼 감성에 관한 연구들은 감성지능이 지적 발달, 사회성 발달의 근간이 되고, 결과적으로 성공적인 삶을 이끈다는 사실과 함께 정서적 불안정이 인지적 성취, 사회성, 또래 수용 등에 부정적인 결과를 가져올 수 있다는 사실을 시사한다. 종합해 보면 EQ에 관한 최근 연구들은 유아기는 감성지능 개발의 결정적 시기이며, 인지적·사회적 제반 발달 측면의 효율성을 위해서 유아의 교육은 반드시 감성에 기반을 두어야 한다는 점이 강조되고 있다(문미옥·임미혜, 1998). 감성 교육 방법에 대해 학자들의 견해를 종합하여 제시한 감성 교육 방법을 간략하게 살펴보면 다음과 같다(정미라 외, 1998).

① 감성적으로 안전한 환경 구성하기

- 일과나 일정 활동, 환경의 지속성 유지

- 아담하고 아늑한 공간
- 실수나 생각에 대한 수용적 분위기
- 유아에 의한 의사결정의 허용 등 반응적 환경
- 미소 짓기와 응시하기, 신체적 접촉, 포옹 등 성인의 표정을 통한 안정감
- 언어를 통한 안정감 구축

② 유아가 감성을 이해하도록 돕기

감성 교육 프로그램을 통해 인지, 지각, 정서 등의 모든 요소를 포함한 전반적인 조망수용 능력을 증진시킬 수 있음을 알 수 있다. 감성 교육은 단순히 발달적으로나 문화적으로 적절한 감정의 표현 방법을 가르치고 타인의 감정에도 민감하고 적절하게 반응하는 것을 가르치는 데만 그치는 것이 아니라 아동이 사고하는 데 감정을 적절하게 이용하여 현명하게 결정하고, 감정에 대해 생각할 수 있도록 하는 데 긍정적인 영향을 미친다. 이로써 감성 교육을 통해 유아의 정서적인 성장뿐 아니라 인지적인 성장도 균형 있게 이룰 수 있음을 알 수 있다.

이영석(1999)은 유아를 대상으로 정서 조절, 자기 확신, 친사회성 증진, 도덕성 증진 등의 하위 영역으로 구성된 단기 프로그램을 유아에게 투입한 후, 그 효과를 확인하는 연구를 하였는데 그 결과 프로그램을 받은 유아들이 그렇지 않은 유아들에 비해 정서 표현, 감정이입 등에서 유의미하게 더 높은 점수를 받은 것으로 나타났다. 이러한 연구 결과로 단기 감성 교육 프로그램을 통해서도 유아의 정서적인 측면뿐 아니라 인지적인 측면에서 교육적 효과와 의의가 있다는 사실을 뒷받침할 수 있다. 이러한 근거들을 바탕으로 유아교육기관에서 감성 교육이 필요한 이유를 요약해 보면 다음과 같다.

① 감성지능이 감정, 학교, 직장 등 사회의 여러 다양한 분야에서 요구되는 능력이라고 주장한다(Bar-On, 2000; Goleman, 1995). 이처럼 다양한 영역에 광범위한 영향을 미치는 감성지능에 대한 가장 큰 관심 중의 하나가 어떻게 감성지능을 높일 수 있을 것인가 하는 것이다(Elias, et al.,

2001). 여기서 강조되는 것은 감성지능은 여러 기능(skill)들의 집합으로 구성되어 있고, 대부분의 기능이 바로 교육을 통해서 증진될 수 있다는 것이다. 따라서 감성지능의 증진을 위한 주된 장소로서 교육기관을 드는 것은 너무나 당연한 일이며, 제 발달 영역의 기초가 형성되는 시기인 유아기의 감성 교육은 필수적이라고 할 수 있다.

② Comer(1994)에 따르면 유아기의 높은 수준의 인지적 기능은 신체, 인지, 언어, 사회 등의 전체적인 발달을 통해서만 가능하다고 하였다. 이것은 아동의 사회, 정서 발달을 포함하여 발달의 모든 측면이 충실화되고 나서야 비로소 분리된 과목을 배울 수 있다는 것을 의미한다. 또한 이영석(1999)은 유아기는 발달 특성상 인성의 기초가 형성되는 적기이므로 이 시기의 감성 교육 프로그램의 개발 및 활용은 그 유용성이 더욱 크다고 하였다. 이러한 사실을 바탕으로 감성 교육이 기반이 되는 통합교육의 필요성을 주장할 수 있다.

(2) 2000년 이후 감성 교육 연구

김명희(2002)는 초등 도덕과 교육에 있어서의 감성 교육의 적용에 대한 연구를 하였다. 여기서 그는 감성은 도덕적으로 이성과 분리될 수 없는 관계를 가지고 있으며, 자신의 인생에 중요한 정보의 원천이기도 하고, 환경에 능동적으로 대처할 수 있는 능력을 길러 주며, 수치심 같은 죄책감을 통해 사회 통제를 이루고 부끄러워야 할 때 부끄러움을 느끼게 하는 도덕적 가치를 지니고 있다고 말한다. 그렇다면 먼저 가정에서의 감성 교육의 도덕적 적용을 살펴보면 다음과 같다.

① 자기 기분을 표현하는 기회를 자주 만들어 준다.

② 분노는 참기보다 건전하게 해소하도록 해 준다.

③ 그림으로 자신의 내면세계를 건전하게 한다.

④ 음악을 들으며 창조성과 예술적인 능력을 기르게 한다.

⑤ 운동으로 아동의 생각을 밝고 건전하게 한다.

⑥ 정보 매체를 적당히 활용한다.

⑦ EQ 프로그램을 사용한다.

그 밖에 자연 속에 있기, 알고 싶어 할 때 가르쳐 주기, 말썽도 수용하기 등의 방법이 있다.

다음으로 학교에서의 도덕적 적용 및 수업 자료를 살펴보면 다음과 같다.

① 미국의 'The Nueva Learning Center'에서 활용한 감성표지판의 이용이다. 이 표지판은 학생이 무엇을 느꼈을 때와, 현재 느끼는 것과, 무엇을 하는가의 차이를 알게 만들어 준다.

② 역할놀이를 통한 감성 교육으로 개인적 딜레마들을 사회 집단의 도움을 받아 해결할 수 있도록 한다.

③ 토의학습을 통해 감성 교육으로 의사소통의 기술을 익히며 규칙을 준수하면서 사고하도록 하는 방법이다.

④ 가치를 다루는 수업 방안으로 다양한 문제에 직면하여 사고하고 논리적인 능력을 기르는 데 도움을 준다.

⑤ 영상 자료를 활용하는 것으로 이 방법은 학생들이 더 행복한 기분으로 '학습하기를 원하는' 정신 상태를 가지도록 해 줄 수 있다.

⑥ 협동학습을 통한 감성 교육으로 자신을 능동적인 존재로 보아 도덕성의 인지적·정의적·행동적 영역을 동시에 포괄할 수 있는 학습 방법이다.

⑦ 나딩스의 배려를 통한 학습 방법으로 다른 어떤 것보다 깊이 있게 타인과 공감하는 학습 형태를 말하는데 거의 몰입의 상태에 이르는, 감성의 가장 높은 수준의 교육이다.

⑧ EQ 출석부를 활용한 프로그램으로 보통 출석부 대신에 감정 조견표를 통한 출석부를 써서 자신의 감성과 친구들의 감성 상태를 확인한 후 감정이입의 과정을 거쳐 수업에 임하는 방법이다.

그 밖에 학교는 전통의 교육 방법과 열린 교육의 장점을 조화시켜 전인적인 교육에 힘써야 하며 교사는 학생이 즐거운 마음으로 공부할 수 있고 건강한 자긍심을 가질 수 있도록 조력자가 되어야 한다.

감성 교육은 인간 본연의 삶과 자아를 찾는 교육이다. 학교에서 감성 교육의 여건이 좋은 것은 아니나 현재의 교육과정에서 전통적 교육 방법과 열린 교육 방법을 조화시켜 재구성한다면 새로운 방향을 모색할 수 있을 것이다. 아울러 이성적 사고 못지않게 감성의 역할이 중요하다는 것을 인지해야 한다. 감성 교육을 하는 가장 중요한 목표는 정보화로 인한 삭막한 현실에서 잃어버린 자아를 찾자는 것과 교육을 보다 효과적으로 하자는 것이며, 무엇보다도 인지교육과 인성교육을 함께 함으로써 전인적 인격을 완성하자는 데 있는 것이다. 그러나 감성 교육을 하는 데는 정확한 감성을 측정할 수 있는 사전 검사 도구가 많지 않고 또한 바로 적용할 수 있는 일반화된 프로그램이 많지 않다는 문제점이 있다. 앞으로 보다 많은 일반화된 측정 도구와 프로그램의 개발이 요구된다.

이혜경(2003)은 감성 교육 활동이 유아의 정서지능 향상에 어떠한 영향을 미치는지 알아보았다. 즉, 감성 교육 활동을 경험한 실험 집단과 감성 교육 활동을 경험하지 않은 통제 집단 간의 정서지능은 유의한 차이가 있으며, 특히 자기 정서 인식과 표현에서 차이가 있었음을 보고하였다.

김문자(2003)는 감성 교육에 기초한 선과 색 체험 활동의 미술 수업 지도 방안 연구에서 초등학교 저학년에서부터 이뤄지는 모든 미술 활동의 기본이 되는 선과 색 체험 활동의 미술 수업은 풍부한 감성 능력과 창조력을 고무시킴으로써 자신의 감정을 잘 이해하고 타인의 감정을 수용하여 더불어 살아가는 유연하고 창조적인 태도를 길러 준다는 것을 알아내었다. 미래 사회에 아름다운 삶을 영위할 수 있는 다양한 미술 체험 활동에 관한 연구가 계속되어야 할 것이다.

강효경(2004)은 유아의 명상활동이 자기 감정 인식 및 표현에 미치는 영향에 대해서 알아보았다. 명상 활동의 영향을 인성 특성 중에서 감성지수 구성요소의 하나인 감정 인식 및 표현에 초점을 맞추어 분석하고, 명상활동이 유아의 다른 교육활동과 유치원 생활에 주는 영향을 알아보며, 또한 유아의 감성지수 향상을 위한 감성 프로그램 개발에 필요한 기초 자료로 명상활동을 제시하고자 하였다. 그 결과는 다음과 같다.

① 명상활동 프로그램을 실시한 실험 집단과 명상활동 프로그램을 실시하지 않은 통제집단 간의 유의한 차이를 보였다.

② 명상활동 프로그램을 실시한 실험 집단 내에서 언어 표현과 관련된 내용을 지속적 비교 방법을 사용하여 내용 분석한 결과, 단계가 진행됨에 따라 다양한 언어 표현과 함께 긍정적인 자기 감정을 표현하였다. 명상활동 프로그램이 유아의 자기 감정 인식 및 표현에 영향을 준 결과와 마음 나누기 표현에 대한 내용 분석에 근거하여, 유치원 교육 활동의 심리적인 측면과 생활적인 측면에서 감성 교육 프로그램으로 명상활동이 유용함과 유치원 교육과정에의 적용을 강조하였다.

이영석·최윤정(2005)은 유치원 교사의 DAP 신념과 DAP 교수활동 간의 일치성 유형이 유아의 감성지능에 미치는 영향을 알아보았다. 그 결과 유아 교사의 DAP 신념과 실제 교수활동 간의 높은 일치를 보일수록 유아의 감성지능 특히 정서 수용 및 적응 능력이 높았으며, 교사의 일치성 유형과 유아 성별 간의 상호작용은 감성지능에 영향을 주지 않는 것으로 나타났다.

김덕임(2005)은 감성 교육 활동 경험이 유아의 유치원 적응에 미치는 영향에 대하여 연구하였다. 그 결과는 다음과 같다.

① 유아의 유치원 적응은 감성 교육 활동을 경험한 실험집단과 감성 교육 활동을 경험하지 않은 통제집단 간에 유의한 차이가 있었다. 유아의 유치원 적응을 하위 요소별로 살펴보면, 친사회적 행동은 감성 교육 활동을 경험한 실험집단과 감성 교육 활동을 경험하지 않은 통제집단 간에 유의한 차이가 없었다. 유치원 환경에서의 긍정적 정서, 또래 유능감, 자아 강도, 유치원 생활에서는 감성 교육 활동을 경험한 실험집단과 감성 교육 활동을 경험하지 않은 통제집단 간에 유의한 차이가 있었다.

② 감성 교육 활동 경험 효과는 실험집단 유아의 경우 감성 교육 활동 경험 후 10주까지 유의한 차이를 보이며 지속되었다.

국승희(2006)는 유치원에서 감성 교육 활동이 유아의 정서지능 향상에 어떠한 영향을 미치는지를 알아보고자 하였다. 즉, 감성 교육 활동을 경험한 실험집단과 감성 교육 활동을 경험하지 않은 통제 집단 간의 정서지능은 유의한 차이가 있는 것으로 나타났다. 또한 정서지능의 구성 요소인 유아의 자기 정서 인식 및 표현, 감정 조절 및 충동 억제, 자기 정서 이용, 타인 정서 인식 및 배려, 교사와의 관계, 또래와의 관계는 실험 집단과 통제 집단 간에 유의한 차이가 있는 것으로 나타났다.

최진아(2008)는 주의력결핍과잉행동 유아를 대상으로 그림책 감성 교육 프로그램을 적용한 연구에서 프로그램 실시 전과 후를 비교했을 때 문제행동이 완화되었고 스스로 자기를 인식하며 정서조절 능력, 자기 동기화 능력 및 대인 관계의 형성을 통한 감성지능의 발달을 이루는 모습을 발견하였다. 또한 감성지능 프로그램 척도와 사회성숙도, ADHD 교사용 평정 척도와 직접 관찰기록(사건표집법) 수준이 눈에 띄게 향상되는 등 감성지능 사전 사후 평가를 통해 학습 습관의 향상이나 주의집중 수준에서 변화를 발견하였다. 그림책을 통한 감성 교육 프로그램은 다음의 두 가지 차원에서 볼 때 교육 현장에서의 적용이 가능하다.

① 타인의 감정을 의도적으로 조절하고 변화시키려는 노력이나 능력을 감성적인 내용이 담긴 그림책을 지속적으로 읽고 탐구하도록 하면서 감성지능 수준을 이루고 실생활에서도 큰 역할을 하도록 재인식을 도울 수 있다.

② 대상자가 갖는 감성을 통해 그림책을 보며 타인의 감정을 이해하고 그 감정을 자신의 내부에서 재경험해 보는 것을 통한 심리적 안정과 감성지능 발달을 도모할 수 있다. 더 나아가서 프로그램 종결 이후에도 지역사회 내 또래집단이 함께 어울리는 활동 공간에서 타인을 배려하는 감성 교육 프로그램을 꾸준히 강화해 나간다면 한시적 개입이라는 사회복지 실천상의

한계를 넘어 개인 차원의 효과적인 원조 체계를 가질 수 있도록 도울 수 있다.

박문희(2011)는 그림책을 통한 감성 교육 프로그램이 만 5세 유아의 정서지능 및 친사회적 행동에 미치는 영향에 대한 연구에서 다음과 같은 결론을 얻었다.

① 그림책을 통한 정서교육 프로그램은 유아의 정서지능을 향상시켰다. 정서지능의 하위 요인인 정서에 의한 사고의 촉진, 정서적 지식의 활용, 정서의 반영적 조절, 정서지능 모두에서 긍정적인 영향을 미치는 것으로 나타났다.

② 그림책을 통한 정서교육 프로그램은 유아의 친사회적 행동을 향상시켰다. 친사회적 행동의 하위 요인인 개인 정서 조절, 대인 관계 형성, 학교 적응 등 친사회적 행동의 모두에서 긍정적인 영향을 미치는 것으로 나타났다. 즉, 친사회적 내용이 담긴 그림책을 접하며 갈등 상황과 인물의 내면에 대해 주의 깊게 관찰하며 주인공을 모델링하거나 감정이입하며 감정조절 능력이 향상되는 것으로 나타났다. 또한 협동적인 활동을 하며 친구들과 상호작용하는 과정 속에서 자신의 감정과 욕구를 조절하고 타인을 배려하고 이해할 줄 알게 되어 개인의 정서 조절 능력, 대인 관계 형성 능력, 학교 적응 능력이 향상된 것으로 나타났다. 본 연구를 통하여 유아에게 친숙하고 흥미로운 그림책을 통해 통합적인 접근법인 형태로 감성 교육 프로그램을 경험하는 것이 유아의 정서지능과 친사회적 행동 발달에 긍정적인 영향을 미치는 것으로 나타났다. 이는 급변하는 사회에서 원만한 인간관계를 갖고, 다양한 상황과 변화에 대응할 수 있는 유아를 기르기 위하여 그림책을 통한 감성 교육 프로그램이 도움이 됨을 시사한다.

2. 정서 중심의 교육과정

유아를 위한 프로그램이나 교육과정이 다양하고 서로 다르지만 정서 중심의 프로그램에서 포함하고 있는 핵심 요소들을 찾아볼 수 있다. 몇 가지 실펴보기로 한다.

1) 정서적 활동(감정의 표현)

정서 중심 프로그램에서는 유아가 학교생활에서 정서적으로 반응하는 것을 격려한다. 이는 모든 유아가 하루 종일 웃는다는 의미는 아니다. 지속적인 재미가 목적이 아니다. 그러나 대부분 유아의 얼굴, 목소리, 신체적 동작에는 정서적 표현이 포함되어 있다. 호기심과 흥미, 집중과 적극적 참여, 과제의 성공적인 완성에서의 만족스러움 등을 볼 수 있다. 정서 중심 프로그램에서 유아는 새로운 자료와 활동에 재미있게 접근한다. 자신의 능력에 낙관적이고 필요할 때 자연스럽게 또래와 성인들에게 도움을 청한다.

2) 따듯한 성인-유아의 관계

교사와 유아와의 관계는 다정하고 매우 친근하다. 유아들은 성인에게 자신감을 갖고 접근한다. 유아들은 웃고, 만지고, 무언가를 보여 주고, 도움을 청하고, 함께 하고, 편안해한다. 또한 교사는 기뻐하고, 유아들의 활동에 자연스럽게 관심을 보이고 그들의 문제와 그 완성에 함께 한다. 이러한 관계는 유아의 연령과 프로그램의 문화적 맥락에 따라 다를 수 있고 다양하다. 그러나 어떤 상황에서도 이들 관계는 상호 호감과 정서적인 유대를 갖고 있다는 점이 특징적이다. 정서 중심의 교사는 유아의 정서 발달을 지원하는 관계를 만든다. 유아의 감정을 받아들이고 인정과 안정과 소속감의 욕구에 대해 반응한다.

3) 감정의 직접적인 표현

유아들은 자신의 감정을 개방적으로 표현한다. 개인의 기질이나 문화적 기준에 따라 유아의 감정 표현에 영향을 미치겠으나 언제나 그들의 감정에 대한 배려가 있다.

4) 개별성

정서 중심 교육과정에서는 유아의 관심과 표현 방식에서 각각의 개성이 중시된다. 정서에 대한 관심이 부족한 프로그램에서는 유아가 하나의 정해진 방식으로 활동하기 때문에 종종 개별성이 무시되기 쉬운데 정서 중심 교육과정에서는 특히 교사가 개별성을 존중하고 격려할 것이 강조된다.

5) 다른 사람과의 조화

개별성의 존중과 함께, 유아는 다른 사람의 흥미, 감정, 욕구 등에 관심을 둔다. 교사들이 이러한 정서적 인식을 격려하기 때문이다.

6) 정서적으로 적절한 행동

정서적으로 적절한 활동을 선택하는 데 유아들은 정서적인 문제에 대해 이야기하고 쓰고 놀이하게 된다. 정서적으로 적절한 활동은 정의적 발달과 인지적 발달 간의 강한 연계를 형성하게 되고 보다 지속적이고 집중적이며 열정적인 학습을 가져오게 된다.

무엇이 정서적으로 적절한지는 유아의 연령, 문화, 개인적 욕구 등에 따라 다를 것이다. 2세의 경우 분리와 재연합, 사라졌다가 다시 나타나는 것들에 강한 호기심을 보인다. 유아들은 플라스틱으로 만든 터널 놀잇감을 좋아하는데 이것은 신체 발달뿐만 아니라 그들의 등장과 사라짐을 조절할 수 있게 하며 좋은 감정과 부정적 감정을 놀면서 경험하게 한다. 문, 열쇄, 작은 사람들이 있는 작은 인형 집에도 역시 유아는 호기심과 흥미를 갖게 된다. 실제로 조작해보는 이런 활동들은 유아에게 즐거운 경험을 준다. 정서적으로 적절한 활동을 통해 유아는 지속적이고 목적적인 탐색을 하고 지적·정서적 발달을 가져올 수 있다.

7) 정서 중심 교육과정(ECC)에서 우려되는 점

(1) 교사 개인의 스타일 무시

ECC 교사라고 해서 새로운 기술적 방식을 채택해야 하는 것은 아니다. 유아가 분명한 감정의 편견과 감정 표현의 방식을 가지고 있고, 감정의 경험들이 다르듯이 교사 역시 그러하다. 개방적이고 표현적인 교사가 있는가 하면 조용하고 표현이 없는 교사도 있다. 기쁨이나 즐거움은 잘 표현하나 분노나 슬픔 등은 표현하지 않기도 한다.

문화, 가정환경, 기질, 개인적 신념체제 등이 교사의 개인적 정서 영역에 영향을 준다. 또한 ECC는 지나친 사랑으로 과잉 표현함을 의미하는 것이 아니다. 유아의 자율성과 지원의 적절한 균형이 지적·정서적 능력의 발달에 도움이 된다.

(2) 학문적 내용의 소홀

ECC가 학문적·인지적 발달을 소홀히 하는 것은 아닌지의 문제가 제기되기도 한다. ECC는 전 교육과정이 정서에 대한 것이어야 함을 요구하는 것이 아니다. 아동 중심이 아동만의 활동이 아니듯이 정서 중심이 정서만을 다루는 것은 아니다. 많은 연구자들이 정서는 모든 발달과 학습의 기본 동기 요인이며 조직 요인임을 믿고 있다. 정서와 인지는 발달 과정에서 밀접하게 연결되어 있으며 특히 유아기에는 더욱 그러하다. 유아들이 지적이고 학문적인 것을 좋아하도록 유도할 필요가 있다. 정서에 대한 강조는 전 프로그램을 보다 효율적으로 진행하도록 도와줄 것이다.

(3) 과잉 자기표현

ECC가 유아들이 아무런 제한 없이 그들의 감정을 표현하도록 하는 것이 아닌가? 유아들은 그들의 감정을 조절할 필요가 있다고 본다. 적절한 감정 조절과 다른 사람의 감정을 이해하고 반응하는 것을 배우는 것은 매우 중요하다. 유아들은 이러한 능력을 자동적으로 습득하는 것이 아니기 때문에 적절한 감정 조절과 정서 인식을 갖기 위해서는 성인 모델을 관찰하는 많은 기회와 타인과의 안정된 관계, 여러 상황에서 여러 기술들을 경험해 볼 수 있도록 애정어린 안내가 필요하다. 그들의 감정이 받아들여지고 있음을 알게 하는 동시에 문화적으로 연령적으로 적합한 감정 표현의 방법을 지속적으로 지도할 필요가 있다.

(4) 다른 교육과정에서의 적용

우리 유아교육과정에는 이미 많은 요소들을 포함하고 있다. 생태교육과정, 새로운 수학 과정, 반편견 과정 등이 포함되어 있다. '정서에 대해 지도할 시간이 있겠는가?'의 문제가 제기되기도 한다. ECC를 새로 첨가되는 프로그램으로서가 아니라 기존의 프로그램에서 정서에 대해 교사가 계획한 내용 단원이나 학급 모임에서 하루에 20분씩 정서 관련 내용을 다루도록 계획하기도 한다. 정서에 대한 독립된 교육과정을 만들기보다는 정서에 대한 관심이 프로그램의 매 측면에 스며들어 있고 지원하는 것이다. ECC 관심은 수학, 사회, 문학, 예술 영역에서 기존의 교육과정을 진행하고 증진시킬 수 있다.

8) 정서에 대한 재조명

ECC를 형성하는 것은 정서에 대한 보다 사려 깊은 강조를 함으로써 재조명하는 작업이다. 교육과정 전반에서 정서적 관심을 통합하는 것이며 교육과정의 목표, 내용, 수업 전략, 평가를 선정함에 있어서 정서 관련 기준을 사려 깊게 고려하는 것이다. 교육과정 개발의 과정은 매우 개별적이다. 각 실행자가 다른 개인적·정서적·전문적 이유들을 가지고 있다. 재조명 과정의 이유가 무엇이든지 간에 다음의 몇 가지 측면을 고려해야 한다.

(1) 목표의 선정

기존 프로그램의 목표들을 검토하고 이들이 기본적으로 ECC 접근과 상반되는지, 유아의 정서 발달을 적절히 지원하는지, 비정서적 목표들을 정서 발달을 위해 다른 목표들과 통합할 수 있는지 등등을 검토한다.

(2) 내용과 수업 전략의 재검토

정서에 대한 재조명을 위해서는 기존 교육과정의 내용과 수업 전략이 어린이들에게 정서 능력을 발달시키고 학습에 정서를 연결시킬 풍부한 기회를 가지고 있는지를 검토할 필요가 있다. ECC 관점에서 볼 때 유아들이 자신감과 자긍심을 갖기 위해 가족들과 함께 작업할 필요가 있다면 이러한 활동의 평가를 위해 가족들이 함께 활용할 수 있는 '가족의 밤'을 계획하기도 한다. 또는 새로운 수학 자료를 접할 때 경험하는 좌절 등을 다루는 전략을 생각하고 어린이의 성공을 최대화하기 위해 그들의 부정적 감정을 다루는 능력을 발달시키기 위한 수학 과정을 사용할 수도 있을 것이다.

(3) 평가 활동의 분석

유아교육 프로그램에서의 평가에 대한 비판이 많아지고 있다. 유아의 성장 발달 과정을 잘 보여 주지 못하는 점, 유아의 자신감을 약화시키고 학습에 대한 부정적 느낌을 갖게 하는 점 등이 지적되었다. 그러나 평가가 꼭 해로운 정서적 결과를 가져올 필요는 없다. 새로운 평가 관점들이 ECC와 잘 조화를 이루기도 한다. 긍정적인 정서적 분위기에서 평가를 진행하며 유아의 두려움, 좌절, 슬픔 등을 최소화하도록 한다. 작업 결과의 수집, 포트폴리오의 작성, 그들 활동에 대해 유아들과 이야기해 보기 등은 유아의 정서 발달을 위축시키기보다는 지원할 수 있는 전략이다.

평가 결과는 인지적 측면은 물론 정서적 측면에서도 도움이 되어야 한다. 유아들의 자존감, 자신감, 자기 충족적 효율성 등을 증가시키도록 한다.

ECC 프로그램에서는 유아의 정서 능력 평가를 위한 절차를 유아의 발달 특성과 각 개인의 문화적 배경, 기질, 가족 상황 등을 고려하면서 진행해야 한다.

3. 감성 기르기

1) 감성과 초기 학습

① 흥미와 지적 발달: 많은 이론들이 특정 감정이 특정 적응 행동을 동기화함을 말해 주고 있다. 흥미와 관심은 탐색과 문제 해결을 동기화하는 기본적인 감정으로 간주되어 왔다. 흥미를 강한 동기의 감정으로 보기는 어렵다. 그러나 분노가 어떻게 저항을 만들고 두려움이 도피를 가져오는지는 보다 쉽게 알 수 있다. 호기심은 새로운 관점에 관심을 갖게 하고 우리가 흥미를 가질 때 각성하고 집중하게 된다. 우리가 매료된 것에 대해서는 탐색하고 보다 더 배우기를 원한다. 호기심은 문제에 도전하고 만족스러운 결과에 도달할 때까지 추진하도록 만든다. 흥미와 관심에 대한 연구들은 이것이 기억, 이해, 선택적 집중을 높인다고 말해 준다. 흥미의 감정은 유아의 지적 발달에서 핵심적인 역할을 한다.

② 기쁨의 근원과 효과: 흥미와 같이 기쁨과 행복 또한 학습과 발달을 촉진한다. 사람들은 그들이 기쁨을 느낄 때 더 동정적이고 너그럽고 창의적이 된다고 한다. 기쁨의 감정은 자신감, 자존감들을 동반한다. 기쁨은 우리의 마음과 가슴을 새로운 경험을 향해 열게 하며 우리의 정신 과정을 보다 창의적이고 유연하게 해 준다. 기쁨을 느낄 때는 우리의 생각과 느낌을 다른 사람과 나누고 싶어 한다. 유아들은 이런 정의적인 나눔을 보이는 데 자신의 보물을 부모와 교사에게 보여 주기도 한다. 놀이는 어린이들에게 기쁨의 근원이 된다. 놀이 연구자들은 유아들의 행복한 얼굴 표정을 보고 이 놀이가 적절한가를 판단하기도 한다. 놀이를 통한 학습이 가능한 것은 놀이가 긍정적 정서 분위기와 집중과 기억, 창의적 문제 해결

등이 일어나는 상황이기 때문일 것이다. ECC에서는 여러 유형의 놀이들, 가장놀이, 조작 놀이, 게임 등을 할 수 있는 기회를 많이 만들어 준다. 가장 많은 경우 기쁨은 어떤 도전이 완성되었을 때 온다. 어려운 기술을 익히거나 중요한 목표에 도달했을 때 깊은 행복을 느끼고 이러한 감정을 가져온 경험을 찾게 된다. 노력을 통해 가진 이러한 기쁨은 다른 과제에 도전하는 데도 도움이 된다.

③ 부정적 감정과 유아의 학습: 긍정적 감정이 학습을 지원하는 것처럼 부정적 학습은 정상적인 지적 발달을 방해하고 붕괴시킬 수도 있다. 흥미를 갖지 못한 어린이들은 탐색과 연습을 위한 정서적 바탕이 부족하므로 기본 기능과 능력을 발달시키지 못하게 될 수도 있다. 두려움의 정서는 두려움 유발 상황에서 도피하고 피하려고 한다. 벌 받기 두려워서 또는 실패할까 봐 과제를 마쳐야 한다고 생각하는 유아는 벌이나 부끄러움을 피하고 싶기 때문에 과제를 수행하게 된다. 또한 불안의 감정은 주의집중과 정보 회상 능력을 제한하기도 한다. 정신 과정도 불안할 때는 비효율적이 된다. 어린이들의 인지 발달 수준은 탐색, 모방, 문제 해결과도 같은 인식론적 활동에 보내는 시간에 크게 영향 받는다(Case et al., 1988). 또한 불안과 같은 부정적 감정들은 인식론적, 지적 능력 형성 활동에의 참여를 현저히 감소시킨다.

④ 감정과 학교에 대한 반응: 교육의 효과를 얻기 위해서는 학습에 대한 긍정적 감정이 매우 중요하다. 대부분의 유아가 좋은 감정으로 학교생활을 시작한다. 그러나 일반적으로 자신의 능력이나 학교생활에 덜 긍정적임을 볼 수 있다. 이는 프로그램에 따라 다를 수 있을 것이다. 발달에 적합한 교육과정 경험은 학교에 보다 긍정적인 태도를 갖게 해 주었음이 보고되었다. 유아교육 프로그램은 지적 과제를 완성함으로써 기쁨을 느끼고 지식과 기능을 다른 사람들과 나누며 학습 과제에 도전하는 성향을 발달시킬 수 있다.

2) 유아의 긍정적 감정 끌어내기

① 변화: 변화는 흥미를 끌어내기 좋다. 유아의 흥미는 다양한 주제를 통해 생겨날 수 있다. 매일 새로운 것들을 제시해 줌으로써 호기심과 흥미를 가져올 수 있다.

② 동작: 움직임과 동작은 유아의 시각적 자극에서의 흥미를 고조시킨다. 움직이는 제시물은 유아들에게 인기가 있다.

③ 얼굴 모습: 사람들의 얼굴 모습은 흥미와 기쁨을 끌어내는 강력한 요소이다. 이는 영아기 때 가장 강하며 표정과 그 표현들이 기쁨과 호기심의 근원이 된다.

④ 완성: 완성감과 조절은 유아와 어린이들에게 관심과 기쁨을 가져온다. 사실상 통제를 해 보는 기회는 불쾌하고 부정적 경험을 긍정적인 것으로 변화시킬 수 있다. 로봇 놀잇감을 겁내던 유아가 그것을 마음대로 조정하고 통제해 본 후 매우 즐거움을 느끼게 되는 경우를 볼 수 있다. '나도 할 수 있어'라는 느낌이 중요하다.

3) 감성 기르기

(1) 감성은 길러지는 것이지 타고난 것이 아니다

감성은 가치가 있는 것에 대해서 빨리 알아차리는 감각 능력이라고 볼 수 있다. 이런 능력이 과연 타고나는 능력일까 아니면 길러지는 능력일까 하는 질문을 해 보고 싶을 것이다. 왜냐하면 어떤 집안 아이들은 모두 눈치가 빨라서 돈도 잘 벌고 출세를 하는데, 어떤 집안 아이들은 영 센스가 없어서 돈도 못 벌고 출세도 못하는 것을 보면 이건 유전적인 것이라고 생각할 수도 있다. 같은 형제 사이에서도 그런 차이가 있는 것을 보면, 이런 감성은 선천적인 능력이라고 생각할 수도 있다. 그런데 감성이 유전적이거나 선천적이라는 근거는 아무 데도 없다.

대체로 유명 작가들(소설가, 시인)의 인생 역정을 보면, 개개인마다 제각기 물리적·정신적 고통을 경험하면서 자란 흔적이 비교적 많은 사람들이란 것을 알 수 있다. 그들은 문제성을 안고 자랐고, 삶이 그리 순탄치 않은 편이다. 예를 들면, 조실부모했다든가, 학업을 중도에 포기했다든가, 이사를 수십 번 다녔다든가, 가난을 면치 못해서 학교에 내야 될 공납금을 못 내고 수업 중에 조퇴를 당해야 했다든가, 부모가 이혼을 했다든가, 중병에 시달렸다든가, 집안이 파산을 해서 가족이 풍비박산이 났다든가, 학교에서 문제 학생으로 낙인이 찍혀서 교무실을 제집 드나들 듯이 했다든가, 일찍이 이성관계로 문제를 일으켜 퇴학이나 정학을 맞았다든가, 학생들을 선동해서 동맹휴학에 앞장섰다든가, 조부모 밑에서 컸다든가, 부모의 직업이 안정되어 있지 않아서 온갖 궂은일을 다 해 봤다든가, 결혼을 여러 번 했다든가 하는 등의 경험 배경을 가진 사람들이 많았다. 그런 경험 배경이 작품의 소재가 된 경우가 많다.

중세기의 이탈리아의 시인 단테도 그랬고, 프랑스의 작가 앙드레 지드도 그랬고, 독일의 극작가이고 철학가였던 괴테도 그랬다. 우리나라의 경우는 소설가 김원일 씨 형제, 윤후병, 공지영, 이문열, 공진옥, 최명희 등과 시인으로서는 정지용, 윤동주, 이장희, 백석, 변영로, 김관식, 강은교, 고은 등의 이력을 보면 작품의 소재가 될 만한 것을 이미 그들의 생애에서 소유하고 있었다. 그러니까 타고난 작가가 아니라 쓰고 싶은 소재를 가지고 있어서 그 쓰고 싶은 충동이 그들로 하여금 글을 쓰도록 부추긴 것이다. 특히 그들은 자기 자신이 겪은 삶의 문제나 질곡들이 왜 인간 보편의 문제가 될 수 있는지를 알아차리는 감성이 특별한데, 이런 감성은 바로 그들의 경험 배경에서 나온 것이라 볼 수 있다. 부잣집, 사회적 지위가 높은 집안, 명문대가, 귀족, 사대부, 고관대작 집안에서는 위대한 작가가 잘 태어나지 않는 이유가 이런 데 있다. 즉, 이들은 인간의 본성이나 보편적 가치 혹은 사회적 갈등과 불평등 등에 대해서 민감한 의식을 지니고 있지 않다. 왜냐하면 그들에게는 그런 문제들이 눈에 띄지 않기 때문인 것이다.

(2) 감성은 '체험'이 풍부하게 만들어 준다

요즘 아이들은 직접적인 체험보다 간접 체험 속에서 산다. 모든 학습이 IT로 가능하기 때문이다. TV, PC, DMB, MP3, Video, IPTV, Cell Phone 등과 같은 기기로 모든 정보를 입수하고 검색하고 접할 수가 있다. 그런데 이러한 사정에도 불구하고 시골에 가면 직접적인 체험이 살아 있다. TV로 고기 잡는 방법을 배우는 것이 아니라 집에서 만든 낚싯대로 시냇가에 나가서 물 속에 드리우고 고기를 낚는 체험을 한다. "행동은 말보다 몇십 배 많이 말한다"는 서양 속담이 있듯이 직접적 체험 혹은 원초적 경험(primary experience)은 수십 마디의 말보다 더 강력하게 사람의 감성을 자극한다.

교육 일각에서는 새삼스레 체험의 중요성을 인식하게 되자 주말 체험 프로그램이 우후죽순처럼 개발되고 있다. 주말 농장, 주말 어장, 주말 산악체험, 주말 연극학교, 주말 음악교실 등등 엄청나게 많은 프로그램이 개설되고 있다. 이런 체험은 우리의 감각기관을 총체적으로 자극한다. 머리뿐 아니라 피부, 운동기관, 가슴, 눈과 귀를 자극해서 대뇌의 저장고에 체험을 기록한다. 학원에서 교사에게 듣고 배우는 것은 귀만 자극하지만 체험은 그 모든 기관을 자극한다. 그것이 중요한 점이고, 소득이다. 흔히 산 체험이라고 말하지 않는가? '산' 체험은 오랫동안 저장장치에 남아 있어서 언제든지 재생을 쉽게 해 준다. 말로만 공부하는 것은 쉽게 잊어버리지만, 체험은 그렇지 않다는 말이다.

초등학생들에게는 애완동물 목욕시키기, 밭에서 김매기, 딸기밭에서 딸기 따기, 문화재 청소하기, 중고등학생들에게는 장애노인들 목욕시키기, 장애아 휠체어 밀어 주기, 레프팅, 트레킹 등 모험적인 프로그램이 다양하게 제공되고 있다. 이런 체험은 아주 소중한데, 그 경험이 일생 동안 영향을 주기 때문이다. '실감나게'라는 말이 있듯이, 체험은 실감나게 하는 경험이다. 몸으로 부딪치면서 학습하는 과정이다. 이런 체험에서 '생명의 소중함', '장애자 복지의 중요성', '인간미의 따뜻함', '배려심', '인권존중', '남녀평등', '다문화에 대한 관용', '인간적 감동', '환경 친화', '경쟁과 협동의 조화' 등을 몸으로 인식하게 된다. 단순한 경험과 체험은 어떻게 다른가? 모든 생활 활동이 경험이다. 그러나 체험은 그런 경험 중에서도 ① 능동적인 경험, ② 몸을 움직여서 주체적으로 참여하는 경험, ③ 타인과의 상호작용하면서 경험하는 것을 말한다. 그런 점에서 경험이 아니라 체험이 더 가치가 있는 것이다.

이런 식으로 체험을 드높여 주는 것이 단순히 경험을 넓혀 주는 것보다는 감성 교육에는 훨씬 더 가치가 있다고 하겠다.

(3) 표현이 감성을 키워 준다

체험을 통해서 감성이 길러지는 것은 말할 것도 없지만, 앞에 든 세 가지 조건에 해당되는 체험일 때 감성은 더욱 빛을 발하게 된다. 그런데 자세히 들여다보면, 체험자가 이때 뭔가 자기를 드러내는 경험을 하고 있다는 것을 알 수 있다. 즉, 자기표현의 체험인 셈이다. 체험을 통한 감성 기르기는 곧 표현을 통한 감성 기르기와 같은 말이 된다.

장애어린이 돌보기 체험, 딸기 밭 김매기 체험, 인형극 놀이 배우기 체험 등등에는 체험자의 표현 활동이 포함된다. 즉 표정, 팔다리, 언어(말), 신체 전체의 움직임 등이 동원된다. 이와 같은 움직임이 있는 곳에는 이미지, 상상, 감정의 움직임이 반드시 수반된다. 이미지는 마음속으로 그리는 그림이고, 상상은 이런 그림을 가능하게 하는 원료이고, 감정은 여기서 유발되는 마음의 변화이다. 어떤 종류의 표현에서도 이와 같은 이미지, 상상, 감정이 수반된다. 그래서 체험에서의 표현은 감성을 한층 확실하게 해 주는 것이다. 표현은 체험과 함께 오기도 하지만, 체험 후의 흔적으로서도 계속 남아서 일기나 그림이나 글로나 몸짓으로나 음악으로 흔적을 남기게 된다.

인간의 표현이란 '자기 자신에게 말 걸기'인 동시에 다른 사람에게도 말을 거는 행위이다. 내가 체험할 때 그 현장에 없었던 다른 사람들에게 내 체험의 내용과 거기에 대한 나의 반응을 말하고 싶은 것이다. 나에 대한 의사소통이고 동시에 타인과의 의사소통인 것이다. 예술이란 원래 자기 표현의 수단이다. 그러나 동시에 타인과의 소통의 한 수단이기도 한다. 표현이 감성을 길러 준다는 말은 상대를 예상한, 상대와 직접적으로 대면해서 하는 소통 활동이다. 여기에는 감성의 활성화가 포함된다. 이렇게 되면 애초의 감성과는 사뭇 다른 감성이 되기도 하지만, 체험 현장에서 맛본 그 놀라움, 경이감, 심상(이미지), 상상, 감정은 생생하게 살아 움직일 수가 있다.

그러나 체험을 나중에 소통하려고 하면 말이나 글로 혹은 그림이나 동작으로 표현해야 한다. 그러려면 언어나 문장의 법칙, 회화의 문법, 각 예술 장르가 요구하는 형식에 맞추려는 경향이 생겨나게 되고, 이성(理性), 인식(認識), 판단(判斷) 등의 힘을 빌리지 않을 수가 없다. 이렇게 되면, 감성은 한층 폭이 넓어지고, 깊어지고, 잡다해져서 애초의 체험과 거리가 먼 내용이 될 수도 있다.

(4) 놀이로 감성을 키운다

체험하면서 동시에 감성이 길러지는 경우는 놀이이다. 놀이만큼 감성 기르기에 적합한 방법은 없다. 놀이는 전방위적인 활동으로서, 그 속에는 지성도 있고, 감성도 있고, 덕성도 들어 있기 때문이다. 또 그 속에는 음악도 있고(노래를 흥얼거리면서 논다), 조형 활동도 있고(땅바닥에 그림도 그리고, 나뭇가지로 뭘 그리기도 한다), 운동-스포츠도 있고(뛰고, 달리고, 몸을 굽히고, 팔을 흔든다), 연극도 있고(병원놀이라든가 장사놀이 등과 같은 것은 모두 극놀이다), 토론도 있고, 허구(소설과 같이 이야기를 꾸미는 것)도 있고, 사회적 조직적 상호작용도 있고(리더십, 팔로워십, 상하관계, 경쟁과 협력 관계 등), 우정과 사랑과 같은 정서적 관계도 있고, 새로운 창조도 있고(놀이 속에 창의성이 빛난다), 종교도 있다(즐거움의 극치, 즉 엑스터시). 그래서 놀이는 감성을 키우는 적절하고도 중요한 매체적 기회이다(즉, 방법적인 매체가 제공되는 기회를 말한다).

거기에다 놀이 속에는 또한 앞에서 말한 이미지 생성 능력, 상상을 불러일으키는 능력, 새로운 놀이 아이디어를 창출하게 되는 창의성이 길러지는 요소가 있다. 감성이 자극받고, 다듬어지고, 길러지는 것이다.

요즘의 어린이들은 컴퓨터나 게임기를 가지고 노는 경향이 있어서, 21세기 어린이들의 새로운 놀이 소재는 바로 컴퓨터 혹은 게임기 속에 들어 있다. 그런데 이 '새로운 놀이'에는 앞에서 말한 체험적 요소(이미지 생성성, 상상성, 창의성)가 없는 데다가 자기 표현과도 거리가 멀다. 어떻게 보면 아이들의 감성을 죽이기까지 할 수 있는 매체라고도 볼 수 있다. 하지만 이들 기기를 자세히 들여다보면 반드시 그렇게 말하기 어려운 면도 있다.

예를 들면, 어린이들이 컴퓨터를 이용해서 기막힌 그래픽을 만들어 냈다든지, 새로운 게임 프로그램을 개발했다든지, 컴퓨터로 소설을 써서 인터넷에 올려 작가가 되었다든지, 새로운 춤사위나 노래 솜씨를 UCC(User Created Contents)로 올린다든지, 여러 가지 게임 프로그램에 나오는 소재로 아주 다양한 새로운 콤비네이션을 만들어 냈다든지 하는 창의적이고 독창적인 작업을 하는 경우를 가끔 목격한다. 그들의 감성은 컴퓨터로 인해서 더욱 커졌지 위축된 것은 아니다. 그러니까 매체 자체에 문제가 있다기보다는 그것을 이용하는 사람에게 문제가 있는 것일 뿐이다.

4) 감성 개발을 위한 기본 지침

어린이들의 감성을 키워 주기 위한 방향에 대한 논의를 바탕으로 세부 지침들을 정리해 보면 다음과 같다.

(1) 현장적 체험의 폭을 넓혀 주라

자연과 사회의 접촉하는 기회를 될 수 있는 대로 크게 넓혀 주도록 한다.

일상적 삶이 자연과 멀어질수록 인간의 감성은 죽기 쉽다. 왜냐하면 자연에는 헤아릴 수 없을 만큼 풍부한 자극이 숨어 있고, 상상력을 자극하는 요소가 많기 때문이다. 자연은 하루에도 수시로 변하고, 일 년에도 계절 따라 변화무쌍하기 때문에 항상 자극적인 요소를 간직하고 있다. 반면에 도시는 항상 한결같이 똑같다. 어느 도시건 비슷하고, 밤과 낮이 똑같고, 어느 계절에도 똑같다. 그래서 얼마 동안만 도시 생활을 하면 금세 싫증이 난다. 그래서 이러한 자극이 풍부한 자연과 접할 기회를 많이 만들어 주는 것이 좋다.

사회 속에서 체험을 쌓도록 한다. 혼자서가 아니라 여럿이 함께, 다른 사람과 더불어 사회의 여러 문물, 문명, 문화와 접촉할 기회를 많이 가질수록 감성은 발달한다. 예컨대, 다른 사람들은 어떤 생각을 가지고 있고, 어떤 느낌을 가지고 있고, 다른 사람들과 소통을 할 때에는 어떻게 해야 하고, 감정의 교감은 어떻게 이루어지고, 친구를 만들려면 어떻게 해야 하는가를 배우게 된다. 이런 능력을 재는 척도를 SQ(사회성 지수)니 EQ(정서지능 지수)니 하고 말하지 않는가? 이런 것도 결국 감성에 속하는 것이다.

이런 능력을 길러 주려면 자연과 사회와 상호작용하는 체험이 필요하다. 체험학습은 결국 상호작용 체험이라고 할 수 있다. 자연과도 주거니 받거니 하고, 삶과도 주거니 받거니 하고, 문화와도 주거니 받거니 하는 것이 곧 상호작용 체험인 것이다.

이런 상호작용 체험을 할 때에는 자발적으로 하는 것이 바람직하다. 굳이 누가 시켜서가 아니라 스스로 하고 싶어서 하게 될 때에 비로소 세련된 감성이 길러진다. 왜냐하면 모든 학습은 본인이 거기에 얼마나 몸과 마음을 바쳐서 참여하느냐에 따라 효과가 결정되기 때문이다.

그뿐 아니라, 이런 활동에 참여할 때에는 행동으로 표현하는 것이 아주 중요하다. 즉, 몸을 움직여서 활동에 참여하라는 것이다. 남이 하는 것을 보기만 하지 말고 그 활동에 뛰어들라는 것이다. 수행(performance)하는 것이다. 눈으로 보기만 한다면 그것은 스포츠가 아니다. 그라운드에 나가서 직접 뛰어야 그게 진정한 스포츠를 하는 것이 된다.

감성을 개발하려면 자연과 인간, 사회, 문화와 적극적·능동적으로 상호작용하는 것이 필요하다.

(2) 적극적으로 자기를 표현하게 하라

아이들의 감성은 무지개를 보고 "아! 아름다워!" 한다거나 서쪽 하늘에 저녁노을이 뜬 것을 보고 무릎을 치며 감동할 때 살아난다. 누구나 이런 감성을 지닐 수 있지만 표현하지 않으면 감성은 죽어 있는 것이다. 체험한 바를 말로, 글로, 그림으로, 몸의 움직임으로, 퍼포먼스로, 노래로, 극으로 나타내게 한다.

말로 나타낼 때에는 자기의 의견, 가정, 생각을 자유로이 말하려는 의지와 동기가 부여되어야 한다. 말로 해 봤자 핀잔만 듣는다고 하면 아이들은 말로 뭔가를 표현하려 들지 않는다. 중요한 것은 표현의 자유를 주어야 한다는 점이다. 글은 또 어떤가? 말보다 글은 좀 더 어렵다. 왜냐하면 말은 일상적으로 매 순간마다 거의 무의식적으로 하는 것이니까 거기에 자기 감정이나 의사를 실어서 내보내면 되는데, 글은 다듬어야 한다는 부담이 있다. 어쨌든 아이들이 글쓰기를 부담스럽게 생각하지 않도록 너그럽게 지도해 주어야 한다. 너무 잔소리를 하고 따지면 아이들이 글로 표현하는 것을 꺼리게 된다. 어쨌든 감성이 높으면 표현하지 않고는 못 배기는 것이 보통이다.

(3) 표현에 감정을 실어라

어린아이들의 경우는 어른의 흉내, 그것도 연예인 흉내를 내면서 재롱을 피우는 경우가 많다. 너무나 흉내를 잘 내는 나머지 방송에 까지 출연하고 연예인 못지않은 인기를 끄는 경우도 있다. 그런데 이런 아이들의 경우, 예컨대 벨리댄스, 테그노 춤, 힙합 춤, 노래, 악기 연주를 할 때에 보면, 재간은 좋은데 감정이 들어가 있지 않은 채 단순히 동작만 흉내를 내는 것을 볼 수 있다. 이것은 진정한 표현이 아니다. 자기의 감정과 생각을 나타내야 하는데, 그런 것이 없다. 감성이란 다분히 정서적인 뉘앙스가 들어가 있는 개념인데, 몸짓만 해서는 별로 의미가 없다. 이럴 때 아이들에게 "몸을 움직이면서 즐거움을 느껴야 해"라든가 "팔을 이렇게 뻗치면서 힘을 느껴 봐"라든가 "이렇게 하면 더 즐거워"라든가 "슬픔을 느끼려면 이 대목에 가서는 소리를 좀 떨어야 돼"라는 식으로 정서 표현을 부추겨 주면 감성은 더욱 세련되게 연마될 것이다.

(4) 컴퓨터나 기타 시청각 기기를 사용할 때, 이것들에 지배당하지 않아야 한다

기기에 너무 의존하게 되면 기계가 감성을 대신하는 경우가 생긴다. 미묘한 차이를 만들어 내는 능력은 인간의 감성이 한다. 그러나 이런 전자 기기도 인간의 체험을 이미지로나 소리로 나타내게 하는 데 큰 도움을 준다. 도리어 감성을 활성화할 수도 있다. 예컨대 디자인을 할 때 미묘한 색채의 차이를 표현할 경우 컴퓨터의 색상표에서 색명, 명도, 채도를 지정해서 번호를 치면 아주 섬세하고 미묘한 색깔을 나타낼 수가 있다. 효과적으로 사용하면 전자 기기는 우리의 감각-지각 능력을 보완해 준다는 점을 이해해야 한다.

4. 감성 교육 및 지도 방안

유아 감성 교육에 적용할 수 있는 바람직한 교수-학습의 원리를 살펴보기로 한다(황희명·박찬옥, 1997).

1) 안정된 정서적 분위기의 조성

유아의 정서적 행동에 대해 교사가 일관된 반응 및 수용적 태도를 계속적으로 보여 줌으로써 유아가 안정된 정서를 유지할 수 있도록 한다.

① 친밀감 있고 일관적인 태도로 유아에게 안정감을 준다.

② 유아의 말에 귀 기울여 주는 교사라는 믿음을 준다.

③ 유아의 모든 표현행동에 대하여 교사가 정서적 반응을 보인다.

2) 온정적인 교사-유아의 관계 형성

교사와 유아는 수직적 관계보다는 서로 도와주고, 나누어 주고, 협력하고, 위로해 주는 수평적 관계라는 신뢰가 형성되도록 한다.

① 미소, 응시, 정서적 어휘 사용 등이 수반된 의사소통을 한다.

② 교사도 유아에게 정서적 도움을 필요로 할 때가 있음을 알려준다.

③ 유아 스스로 사랑받고 있다는 것을 느낄 수 있도록 확신을 준다.

3) 자유로운 감정 표현의 격려

유아의 긍정적인 감정뿐만 아니라 부정적인 감정도 있는 그대로 받아들이며 자유로운 감정 표현을 격려한다.

① 유아에게 일어나는 감정을 표현할 수 있는 기회를 많이 준다.

② 모든 유아가 정서 표현에 참여할 수 있도록 적극적으로 유도한다.

③ 소극적인 유아는 감정 표현 자체에 박수나 칭찬을 해 줌으로써 자신감을 갖게 한다.

4) 유아의 개인성 존중

유아 개인의 독특한 생각과 느낌을 수용하고, 유아들 간에도 서로의 표현을 존중하고 격려하도록 돕는다.

① 자신과 타인의 감정은 다를 수 있으므로, 유아 간에 서로 비교하지 않는다.

② 긍정적 정서뿐만 아니라 부정적 정서라도 유아 개인의 표현을 존중하여 반응한다.

③ 유아들 스스로 서로의 생각과 느낌이 다르다는 것을 인정하고 격려하도록 교사가 돕는다.

5) 유아 정서 발달에 적합한 활동 운영

2, 3, 4세 각 유아들의 정서 발달에 기초하여 적합한 교육활동을 계획하고 수행한다.

① 얼굴 표정 단서 및 상황 단서를 기초로 한 활동은 유아의 정서 이해 및 표현을 돕는 데 효과적이다.

② 3세 정도의 어린 유아들을 위한 정서교육은 유아의 단순한 정서 경험을 이해하고 표현하는 데 중점을 둔다.
③ 4세 이후의 유아들은 정서적 상황을 단서로 한 감정 조절, 감정이입, 문제 해결 등에 중점을 두어 활동한다.

6) 정서 공유의 기회 확대

정서교육 시간을 고정시키기보다는 유아의 감정 상태나 우연히 발생한 정서적 상황 등을 잘 포착하여 유아들이 정서를 공유할 수 있는 기회로 활용한다.

① 일과 중 우연히 발생한 정서적 상황이라도 놓치지 말고 4~5분 정도 유아들이 함께 이야기 나눌 수 있도록 배려한다.
② 인지적 성격이 강한 수·과학 활동을 진행하는 중에도 교사는 유아의 의지나 느낌을 표현할 수 있는 정서적 어휘를 사용한다.
③ 유아가 입학 초와 같은 특정 시기에 가질 수 있는 불안이나 슬픔 등을 소재로 하여 유아들과 이야기 나눔으로써 부정적 감정을 경감시키도록 한다.

7) 주제와 정서와의 통합

어떠한 생활 주제라도 정서 인식, 감정 조절, 동기화, 감정이입, 대인 관계 기술 등의 정서 요소들이 내재되도록 계획하고 운영한다.

① 주제 전개 계획안 작성 시 가능한 한 정서 요소들이 내재된 관련 활동을 포함시킨다.
② 정서 내용 요소에 대한 이해를 높여 생활 주제에 적합한 활동을 연결 지을 수 있는 감각을 교사 스스로 키우도록 한다.

유아의 친구 사귀기를 도와주기 위해서는 다른 태도나 행동을 익힐 때처럼 타인을 잘 관찰하거나 여러 사회적 행동을 연습을 통해 체험함으로써 가능하다. 유아들에게 그러한 체험을 하도록 도울 수 있는 친구 사귀기 지도 지침을 살펴보면 다음과 같다(차경수 외, 1997).

① 유아들이 또래 간 활동을 할 수 있도록 기회를 제공한다. 가능한 한 조직적인 소집단을 만들어 주어 자기들 간에 상호작용이 많이 일어나도록 돕는다. 이때 한 소집단 안에 동질적인 친구와 이질적인 친구들을 같이 넣어야 효과를 얻을 수 있다.

② 유아의 우정을 신중하게 받아들인다. 유아들이 친구에 관해 이야기할 때 관심을 보여 주는 행동은 유아의 친구 사귀기 활동을 충분히 고무시켜 줄 수 있다.

③ 유아가 친구에게 거부당했을 때 격려해 주고 유아를 이해해 준다. 교사는 친구에게 거부당한 감정이 오래 가지 않도록 유아의 슬픔을 공감하고 분노를 해소하도록 도와야 한다.

④ 유아가 친구를 사귈 수 있는 사회적 기술을 배우도록 격려한다. 타인의 기분을 읽는 방법, 자신의 감정을 전하는 방법, 질문에 답하는 방법 등과 같은 기술을 익힐 기회를 역할놀이 등을 통해 제공하고 그러한 기술을 행할 때마다 격려하도록 한다.

학령기 시기는 또래집단에 대한 소속감이 생활을 변화하게 하는 요인으로 작용한다. 가정에서 친구 관계의 발달을 위한 부모의 역할은 아동이 부모나 가정에서 벗어나 집단생활을 하고자 하는 열망을 보이는 시기이므로 야외 캠프 등의 다양한 단체 생활을 경험할 수 있도록 배려해 주는 것도 바람직하다. 새로운 환경에 적응할 때 발생될 갈등 상황을 단체 경험을 통하여 겪고 이를 해결할 수 있는 방법에 대해 생각해 봄으로써 인간관계를 형성해 가는 방법을 학습할 수 있다(김영희 외, 2006).

한편, 친구를 잘 사귀지 못하는 아동들에게는 도움이 필요하다. 친구로부터의 소외는 또래 관계가 중요한 역할을 하는 학령기에 학교에 적응하지 못하는 주요 요인이 된다. 친구 관계가 원만하지 않은 아동은 성격이 내성적이며 자기주관이 강하고 비사회적이며 유행에 둔감한 경우가 많으므로, 부모는 아동이 또래들과 공유하고픈 감정이 생기도록 또래들 사이에 유행하는 언어나 게임 등에 관심을 갖도록 도와야 한다. 또한 친구와 잘 지내려면 때로는 양보, 협상 등과 같은 기술을 사용해야 하는 노력이 필요하다는 점을 아동에게 상기시킬 필요가 있다. 더불어 또래 관계를 형성하는 것도 중요하지만 다른 친구를 소외시키지 않는 사람이 되도록 지도하는 것도 필요하다. 유아가 친구를 사귀고 그 관계를 유지하는 데에는 교사나 부모의 지원이 큰 도움이 된다.

친구는 유아에게 없어서는 안 될 중요한 사회적 발달의 맥락이므로 우정을 형성하는 것이 사회적 발달에 도움이 된다. 하지만 모든 유아가 친구와 우정을 형성하는 것은 아니다(Vandell & Hembree, 1994). 우정을 형성하지 못하는 유아에게 우정을 형성하도록 도와주는 방법이 있는데 그것은 사회적 상호작용 상황에서의 상호적인 관계 기술인 사회적 기술의 획득이다. 우정 형성에 필요한 사회적 기술은 다음과 같다(홍순정 외, 2009).

① 차례 지키기(Morrison & Rusher, 1999)이다. 차례를 지킨다는 것은 자신의 행동을 효과적으로 적절하게 통제한다는 것이다. 또한 또래가 현재 하고 있는 활동을 존중하는 것과 규칙을 준수하여 타인의 권리를 존중한다는 것을 알려주므로 차례 지키는 것은 중요한 자기 조절적 기술이자 사회적 상호작용의 기술이다.

② 장난감을 공유하고 협동하는 것(Honing & Whittmer, 1996; Lamme & Hartle, 1996)이다. 협동과 공유는 우정의 전제조건(Hartup, 1989)으로, 협동하는 것은 그 사람에 대한 사회적 선호도를 형성하고 결국 우정을 형성하는 것이 된다(Smollar & Uouniss, 1982).

③ 긍정적인 의사소통 방법의 사용(Lamme & Hartle, 1996)이다. 긍정적인 방향으로의 의사소통은 효과적인 사회적 상호작용을 낳는다(Guralnick, 1992). 자신의 생각이나 감정, 아이디어를 정확하고 분명하게 상대방에게 알리는 것은 효과적인 의사소통의 기술(Gottman, 1983)이기도 하다.

④ 타협하는 기술이다(Moore & Brown, 1996). 타협하는 기술은 보다 발달된 사회적 기술로 의견 충돌 시 상대방의 의견을 존중하는 것과 자신의 개인적인 목적을 효과적으로 달성하게 하는 사회적 기술이다. 또한 타협을 통해 상대방의 전략이 무엇인지 그리고 의도가 무엇인지 알게 한다.

⑤ 정서적 이해와 지원의 제공이다. 정서적 이해 능력은 타인 감정의 이해 능력으로 중요한 사회적 관계의 기술로서 나의 감정과 타인의 감정을 이해하는 것이 필요하다. 또한 정서적 표현은 긍정적인 것과 부정적인 것 중에서 긍정적인 것으로 표현하는 것이 중요하다.

영유아기의 사랑은 안정된 애착 관계를 형성하고 부모로부터 일관성 있고 자애로운 사랑을 듬뿍 받으며, 원만한 부모 간의 사랑을 본보기로 보고 자람으로써 획득할 수 있다. 이러한 환경에서 성장한 유아는 다른 사람에게 깊은 사랑을 느낄 줄 알 뿐만 아니라 자기 자신도 소중하게 여기고 사랑할 줄 알게 된다. 여기서 말하는 사랑은 이기심이나 자기중심성, 자아도취와는 질적으로 다른 것이며 정신적으로 건강한 사람의 기본 조건이다.

11장. 감성과 예술

1. 창조적 감성과 예술

예술은 창의성과 감성이 만나고 작동하는 영역이다. 시인의 섬세한 감성이 우리의 마음을 흔들고, 음악과 미술로 표현되는 아름다운 세계는 우리의 마음에 감동을 준다. 예술은 그것을 표현하고 만들어 내는 사람은 물론이고 작품을 보고 듣고 감상하는 사람 모두에게 강한 정서를 경험하게 만든다. 예술에 접하면 우리의 안목이 달라지고 인생과 세계와 사물을 보고 느끼는 강도가 달라진다. 인생과 자연과 사물을 보는 눈이 달라지기 시작한다. 한 줄의 시가 사람들에게 감동을 주는 것은 시인의 창조적 감성과 재능에 의한 것이다. 또한 예술을 하면 창의적이 됨을 김재은은 강조하고 있다. 예술과 창의성, 감성과의 관계를 살펴보기로 한다(홍순정·김재은, 2009, 2011).

1) 어떤 예술을 하든 상상력이 동원된다

글을 쓰든 그림을 그리든 상상력이 부족하면 작품이 제대로 되지 않는다. 이 상상력이란 것이 과학과 예술 활동에는 필수적인 조건이다. 19세기 프랑스 작가 쥘 베르느(1928~1905)가 『80일간의 세계일주』와 『해저 2만 리』라는 소설을 발표해서 인기를 얻었는데, 베른느는 이른바 SF(Scientific Fiction—공상과학소설)의 아버지라고 할 수 있다. 그는 순수한 과학적 원리를 소설 속에 도입해서 재미있는 공상모험소설을 만들었다. 비행기나 잠수함이 나오기 40여 년도 훨씬 전에 비행선, 잠수함, 텔레비전, 우주 여행을 소설 속에 등장시키고 있다. 그의 이런 상상력이 오늘날의 과학기술 발전에 자극을 주었는지도 모른다.

소설을 읽고 있으면 늘 감탄하는 것이 '작가라고 해서 저런 걸 어떻게 다 생각해 내지?' 하고 자문하게 된다. 이탈리아의 시인 단테(1265~1321)가 쓴 『신곡(新曲)』이라는 서사시는 그가 지옥, 연옥(煉獄)을 거쳐 천국으로 여행한다는 내용인데, 당시 사회가 너무도 부패해서 그것을 비난하고 비판할 의도에서 쓰여진 것이다. 거기에 나오는 연옥에 관한 언급은 완전히 상상으로 만들어 낸 것이다. 연옥에 대한 개념은 로마 가톨릭 교회의 본산인 교황청의 시스틴 성당에 가면 미켈란젤로가 그린 천정 벽화 '최후의 심판'을 통해 시각적으로 연옥을 짐작할 수 있다. 가히 그의 상상력에 경탄을 보내지 않을 수 없다.

위대한 작가, 화가, 조각가, 건축 들 중에는 그들이 역사에 남을 만한 걸작을 만들 때에 사회의 협력을 받기보다는 도리어 방해받은 경우가 많다. 온갖 반대와 무관심에도 불구하고 그들의 창조는 힘차게 이루어졌다. 그 좋은 예가 미켈란젤로인데, 그는 생전에 네 사람의 교황을 모셨다. 그가 한 분의 교황을 위해서 조각을 만들고 건축을 하고 그림을 그려 놓으면 다음 교황이 그것을 모두 불사르거나 파괴하였다고 한다. 그럼에도 그는 굽히지 않고 계속 창작을 했다. 오늘날 우리가 볼 수 있는 그의 작품은 모두 그렇게 되어서도 살아남은 것들이다.

상상력이란 무엇인가? 한마디로 말하면 "그것은 눈에 보이지 않는 것을 머릿속으로 떠올리는 능력"이다. 물론 눈에 안 보이는 것을 떠올리는 것에는 '꿈'도 있고, '환상'도 있고, '공상'도 있고, '환각'도 있고, '표상(表象)'이란 것도 있다. 이 표상이란 것은 한번 보았던 것을 그것이 현장에서 사라져도 떠올릴 수 있는 것을 말하는데 일종의 기억상과 비슷한 것이다.

그런데 이 상상력이란 것이 얼마나 풍부하냐에 따라서 예술 창작이나 과학의 발명과 발견에는 결정적으로 중요한 구실을 한다. 사람은 눈으로 보고, 귀로 듣고, 손으로 만지고 하는 현실적인 경험 말고도 상상으로 만들어 내는 세계를 마치 절박한 현실인 것처럼 생각하기도 하고 또 믿기도 한다.

상상은 우리의 정신세계를 풍부하게 해 준다. 과거에 한 번 경험한 것을 떠올리는 것은 상기에 불과하지만 미래에 일어날 일을 미리 짐작하는 것은 상상의 힘이다. 예술 창작의 작업에는 상상이라는 정신작용이 큰 역할을 하게 된다.

2) 상상력은 삶에 대한 희망을 일깨워 준다

상상으로 우리는 현실의 궁지를 탈출할 수도 있고, 고난을 이길 힘도 얻을 수가 있다. 오스트리아의 정신의학자였던 빅터 프랭클은 제2차 세계대전 중, 아우슈비츠의 강제수용소에 갇히게 되었다. 그는 유태인으로 강제수용소에서 살아남은 몇 안 되는 소수에 속한다. 그는 강제수용소 안에서의 체험을 책으로 썼다. 『밤과 안개』라는 책인데 우리나라 말로도 번역된 적이 있다. 인간이란 극한 상황 속에서는 얼마나 잔인하고 혐오스러울 수가 있는지 보통 심장으로는 도저히 읽어 내려갈 수 없을 정도로 처참한 이야기가 실려 있다. 그래도 이 책은 사람을 끈다. 그 이유는 이 책이 무엇보다도 인간성의 풍부함을 보여 주기 때문이다. 인간의 추악함, 원시성, 잔인성이 그대로 그려지고 있기 때문이다. 그러한 현실 속에서도 인간 정신의 풍부함을 잃지 않고 있다는 사실에 마음이 더욱 끌리는 것 같다. 수용소 생활에서 프랭클에게 살아갈 목표와 희망을 준 것은 인간 정신의 근본적 기능인 상상력이었다.

3) 내면적인 힘이 되는 상상력

프랭클은 수용소 생활의 고통을 견디기 위해서 가끔 아내를 상기하고 그와 '정신적인 대화'를 교환했다고 한다. 사람은 "자기 속에 간직하고 있는 사랑하는 사람의 정신적 이미지를 상상해서 스스로 충족시킬 수가 있다"는 것이다. 아내가 살아 있는지 아닌지, 눈앞에 있는지 없는지는 문제가 안 된다. 아내와 가졌던 소소한 일상을 생각해 내고 '대화'함으로써 조용한 행복을 되찾을 수 있었다고 그는 적고 있다.

사전에 미리 그런 대상이나 상황을 머릿속에 그려 놓으려면 그것과 비슷한 과정의 경험이 필요하고, 그런 경험이 없을 때에는 다른 사람의 경험을 참고로 하면 된다. 그래야 눈앞의 가혹한 상황을 이겨낼 수가 있다. 프랭클은 수용소에서 한 젊은 여성과 만나면서 그 여성의 상황을 기록한 대목에서 그런 사정을 읽을 수가 있다. 상상력이 내면적인 힘이 되고 고난을 이기게 해 주는 것이다.

4) 상상력은 자유에서 탄생된다

사회주의 국가에서는 이른바 사회주의적 현실주의 또는 '사회주의적 사실주의' 문예 작품을 생산해 낸다. 그러므로 작품의 다양성은 떨어지고 소재나 줄거리가 한결같이 사회주의 승리를 찬양하고 선동하는 내용으로 채워진다. 이런 사회에서는 역사에 남을 명작은 탄생되기 어렵다. 왜냐하면 다른 주제나 줄거리는 허용되지 않기 때문이다. 말하자면 생각의 자유, 표현의 자유가 없기 때문이다. 상상력을 마음껏 발휘하려면 자유정신이 있어야 한다. 소련의 그 무서운 통제 속에서 솔제니친은 스탈린의 정책을 비판했다는 이유로 8년간 시베리아 강제노동수용소에서 감옥살이를 했다. 그가 『데비소비치의 어느 하루』와 『암병동』 등으로 1970년에 노벨 문학상을 받은 것은 그런 정치적 압제 하에서도 표현의 자유를 지켰기 때문이다. 1974년에 추방되어 독일을 거쳐 미국으로 망명한 그는 끝까지 사고의 자유와 표현의 자유를 지켰다.

상상력이란 경험한 바를 나중에 살을 붙여서 만드는 능력이 아니다. 의식이 자기의 자유를 완벽하게 실현했을 때만 가능한 상태이다. 의식이 자유로울 때만이 현실을 초월할 수가 있다. 그것이 바로 상상의 세계이다.

사르트르도 "상상력이야말로 인간이 자기를 실현하기 위한 것이고, 현실의 제약으로부터 벗어나게 하는 것을 가능하게 하는 것"이라고 말하고 있다. 자기를 실현한다는 것은 자기가 가지고 있는 모든 재능과 가능성을 펼치는 것을 말한다. 그렇게 하려면 하고 싶은 것을 해야 하고, 제일 잘할 수 있는 것을 할 때 비로소 자기실현이 이루어진다고 할 수 있다. 여기에 당연히 자유가 개입되어야 한다.

현실의 세계를 벗어날 수 있어야 창작물의 내용이 풍부해진다. 현실, 실재하는 것만 그리고 묘사하고 모방한다면 그것은 사진만으로도 충분하다. 요즘은 3D의 디지털 영상으로 찍을 수 있는 기술이 개발되었기 때문에 현실을 정확하게 그려낼 수가 있다. 그러나 인간의 호기심은 그것만으로 만족하지 않는다. 소설, 시, 회화, 조각, 무용, 연극, 영화 등에는 인간의 환상과 꿈을 그린 것도 많으며, 아직 오지 않은 미래의 허구(虛構)를 만들어 내기도 한다. 사람들은 그런 것을 읽거나 보면서 감동한다. 사실만으로 된 것으로는 인간을 만족시키는 데 한계가 있다.

이렇게 현실의 한계를 벗어날 수 있게 하는 것이 상상력인데, 이런 상상력의 바탕에는 자유가 있다. 이런 상상력을 키워 주는 힘은 교육이고 문화양식이다. 교육은 가정교육부터 시작해야 한다. 어릴 때부터 "잘 생각해 보자", "상상해 보렴", "느껴 볼까?", "마음(머리로)속으로 그려 보자", "어떻게 될 것 같으니?"와 같은 식으로 미래를 예측하는 질문을 할 때 상상력이 길러진다.

5) 창의성이란 새로운 것을 만들어 내는 힘이다

예술과 과학은 특히 창의성이 필요한 분야이다. 과학에 요구되는 창의성은 대개 과학적 원리나 법칙을 찾아내는 데서 발휘되거나 새로운 기술을 개발하는 데 필요하게 된다. 그러니까 과학에서는 문제의식이 비교적 뚜렷하다. 처음에 문제를 발견하거나 필요성을 인지하게 되면 이것저것 헤매면서 정보를 수집한다. 그리고 그 정보를 처리하는 사고활동을 한 후, 가설을 세우거나 해결 방안을 고안해 낸다. 그 다음 그 가설이나 해결 방법이 맞는지를 알아보기 위해서 검증하거나 실험을 한다. 마지막으로 검증이 되면 그것을 새로운 과학적 법칙이나 원리로 확정 짓는다. 이것이 과학에서 하는 창의적 해결 과정이다.

그런데 예술에서는 이런 과정과는 사뭇 다르게 작동한다. 예를 들어보자. 그림을 그리는 데 다른 유명 작가의 작품을 그대로 모방해서 그렸다고 하자. 이 그림은 싼 값에 팔려서 어느 집의 벽에 걸릴 것이다. 하지만 그 그림을 모사(模

寫)한 작가는 작가로서 인정받지 못한다. 다만 모사능력만 인정받을 뿐이다. 창조성이 없기 때문이다. 예술에서는 자기만의 것, 개성적인 것, 독창적인 것, 남다른 것, 유별난 것, 지금까지 없었던 것, 새로운 것을 만들어 내야 가치가 있다. 그래서 예술 공부를 하면 자연히 사람이 창의적이 된다. 자연히 새로운 것을 찾고, 더 가치 있는 것을 추구하게 되다 보니까 사람의 눈과 귀가 그런 쪽으로 쏠리게 된다. 그래서 소설을 쓴다, 시를 짓는다, 그림을 그린다, 조각을 한다, 악기 연주를 한다고 할 때도 자기만의 스타일로 자기만의 멋으로, 자기만의 독특한 것으로 하고 싶어지게 된다. 그것이 바로 창조성이다.

6) 창조적 힘은 인생을 밝게 해 준다

상상력이 얼마나 사람의 삶을 크게 바꾸어 놓을 수 있는가 하는 것은 앞에서 살펴본 빅터 프랭클의 수용소 이야기로도 설명이 된다. 이 상상력이란 바로 창조력의 가장 중요한 바탕이다.

사람이 자기가 가지고 있는 창조적 재능을 발휘해서 문제를 해결해 보려고 시도하면 훨씬 쉽게 문제가 풀린다. 그리고 그런 노력도 하지 않고 문제가 해결되기를 기다리기만 하는 사람들보다는 훨씬 인생을 즐겁게 산다.

미국의 유명한 스티븐스 초급대학은 결혼생활 준비 과정으로 유명하다. 그 대학의 '결혼생활에 관한 문제' 권위자인 한 교수는 "결혼생활의 성공은 창조적 노력의 결과다"라고 학생들에게 가르친다고 한다. 특히 신혼부부에게 있어서는 두 사람의 결혼생활을 성공시키는 데는 창조적 노력이 필요하다는 것을 교육시킬 필요가 있다고 했다.

취미로 하던 일이 사업 아이템이 되어서 돈을 버는 주부 이야기가 TV에 방영되는 것을 가끔 본다. 특수 보자기로 포장하는 이른바 'Wrapping 사업', 취미로 그림을 그리다가 새로운 기발한 디자인의 벽지를 그리는 사업, 요리에 관심을 가지고 있던 차에 아이들 간식용 특별한 과자 만드는 사업, 시어머니에게서 물려받은 특수한 영양된장 만드는 사업, 재활용 인테리어 사업 등으로 성공한 이야기 들이 있었다. 모두 취미로 시작한 것이지만 꽤 많은 수입을 올리고 있고, 이 중에는 특허를 획득하고 공장까지 지어서 사업가로 나선 사례도 있다. 이런 사례들은 모두 창조적 문제 해결력과 관계가 있다. 취미가 부업이 되고, 부업이 본업이 된 예이다.

이렇듯 우리가 창의적으로 생각하고, 창의적으로 문제를 해결하고, 창의적으로 디자인하고 만들어 낼 때 즐겁고 신이 난다.

7) 만화가의 창조력이 세상을 바꾸어 놓는다

요즘은 영화의 콘텐츠를 만화에서 빌려 오는 일이 종종 있다. 만화가 이현세의 『공포의 외인구단』과 만화가 허영만의 『식객』이 영화화된 사실은 다 아는 이야기다. 만화가는 단순히 웃음을 주는 엔터테이너가 아니라 문화 콘텐츠 창조자들이다. 미국의 디즈니 스튜디오에서 만든 '백설공주와 일곱 난쟁이', '판타지아', '피노키오', '밤비' 등등 많은 애니메이션 영화들이 오늘날의 3D 판타지 영화에 밑거름이 되었다. 또한 일본의 순정만화 성장만화나 판타지 만화가 극 영화화된 것이 많다. 그뿐 아니라 만화에 등장했던 각종 무기류가 실제 무기로 개발되기도 하고, 특히 컴퓨터 게임에 등장하는 여러 가지 무기들은 만화가의 상상력에서 나온 것이 많다.

예술을 하면 인간의 상상과 창의력의 한계가 크게 넓어진다. 음악을 하면 무대에서 공연만 하는 것이 아니고, 연극, 뮤지컬, 무용, 상업 광고, 방송, 교육과 같은 많은 영역으로 재능을 사용할 수 있다. 미술 역시 마찬가지 이다. 건축, 공예, 설치, 연극, 음악 연주, 뮤지컬, 무용, 오페라 등의 무대장치와 배경으로 쓰일 수 있고 광고와 홍보, 도시 디자인, 상품 디자인, 시각디자인, 인테리어 등등 그 활동 범위가 넓다.

이와 같이 예술에 접하게 되면 다른 분야나 영역으로도 관심이 넓혀지고 새로운 창조적 아이디어가 분출하게 된다.

8) 달걀 집는 정교한 손을 가진 로봇을 만든 젊은 천재의 상상력

데니스 홍(한국명 홍원서) 이라는 과학자는 재미 교포 2세인데, 1977년 여섯 살 때 로스엔젤레스에서 '스타워즈'라는 영화를 보고 충격을 받았다고 한다. 이 소년의 눈길을 사로잡은 것은 R_2-D_2와 C-3PO라는 로봇이었다. 그는 "'스타워즈'를 보는 순간 내가 평생 로봇을 만들어야 할 것 같은 느낌을 받았다"고 고백했다. 소년은 그 충격에서 힘을 얻어서 세계적인 로봇 과학자가 되었다. 미국 퍼듀 대학교에서 박사학위를 받고 버지니아 공대 기계공학과 교수가 된 데니스 홍 박사는 2009년 10월 15일 미국의 과학 잡지 『포퓰러 사이언스』에서 선정한 제8회 '과학을 뒤흔드는 젊은 천재 10인'의 한 사람으로 뽑혔다.

포퓰러 사이언스는 "홍 교수가 자연을 단순히 모방하는 데 그치지 않고 자연의 원리를 더욱 발전시켜 정교한 로봇을 개발했다"고 선정 이유를 밝혔다. 여기서 중요한 점은 그 꿈같고 허황된 영화 '스타워즈'의 로봇(실제로는 그 속에 난쟁이가 들어가 있었다)을 보고 로봇 과학자가 되겠다고 마음먹었다는 것이다. 환상적인 SF영화가 한 소년의 꿈을 만들어 준 것이다.

서울과 미국 뉴욕을 오가면서 작품 활동을 하고 있는 서양화가 황주리 씨는 어느 기자와의 인터뷰에서 "나는 소설에서 회화적 상상력을 키웠다"고 했다. 그의 작품을 보면 휴대전화, TV, 책, 조깅, 춤, 음악, 카페 등 도시 남녀의 일상이 만화경처럼 그려져 있다.

그의 아버지는 광화문통에 가까운 내수동이란 곳에서 출판사를 경영했다. 그래서 그는 어렸을 때 책과 친하게 지낼 수 있었고, 부친의 출판사에서 번역되었거나 출판된 소설책을 많이 읽었다고 한다. 어려서부터 집에서 책 냄새를 맡으며 자라서인지 지금도 매주 하루 이틀은 책방 순회를 한단다. 어릴 때부터 책을 가까이 한 소설이 그의 회화적 상상력의 밑천인 셈이다.

그의 일과는 그림 그리기, 산책하기, 전시장 찾기, 서점 들르기 등으로 꾸려지는데 잠자리에 들기 전에 꼭 1시간 정도 독서를 한다고 한다. 그리고 여행길에서도 독서를 빼놓지 않는다고 한다. 이런 노력이 그의 회화적 이미지 생산에 큰 구실을 했을 것이다.

미디어 아티스트로 성공한 이이남 씨는 동서양 고전과 현대미술을 LED TV라는 새로운 매체를 이용해서 작품화하여 전시회를 열었다. 그는 그의 예술 창작의 원천은 고향의 자연이라고 했다. 작품 속 풍경은 작가의 추억 속 고향이다. 산과 들, 눈밭, 시내, 개구리 잡기, 꿩 사냥, 겨울 썰매타기, 농사일, 새의 지저귀는 소리 등은 모두 어린 시절 고향의 추억들이다. 작가의 이런 추억은 곧 창작의 콘텐츠가 된다.

그런데 누구나 그와 같은 경험 내지 추억을 가지고 있다고 반드시 작품으로 승화시켜 표현할 수 있는 것은 아니다. 여기에는 표현에 대한 강력한 욕구가 있어야 하고, 또한 표현하는 방법을 학습해야 한다. 말하자면 글쓰기나 그림 그리기는 그냥 하고 싶다고 해서 되는 것은 아니고 연습이 필요한 것이다.

우리가 일상적으로 예술에 빠지면 지금까지 보지 못했던 것이 보이게 된다. 특히, 어릴 때의 체험은 그것이 감동을 줄수록 오랫동안 기억 속에 살아 있게 된다.

2. 예술과 감성 치료

예술을 감성적 치료에 적용한 지는 그리 오래지 않았다. 1980년대까지도 미국에서는 예술치료가에 대한 전문적 훈련 기준이 확립되어 있지 않았다. 우리나라는 아직도 예술치료 전문가를 위한 훈련-교육 기준이 분명치 않다. 대학의 특수대학원에서 석사과정이나 평생교육기관에서 강좌를 개설하고 있지만 공통된 기준이 없어 아직은 초기 단계에 있다고 할 수 있다.

예술치료라는 말은 심리치료법(psychotherapy)의 한 형태로서, 여러 가지 예술적 활동을 이용하는 치료법을 말한다. 그 활동 종류나 사용하는 매체에는 회화, 조형, 음악, 연극, 춤 등이 있다.

여러 가지 예술활동 자체가 심리적 세계의 표현에 적합하다고 믿어지고 있어서, 이런 예술활동을 촉진함으로써 내담자와 치료자 간의 커뮤니케이션을 증대시키고, 내담자로 하여금 자기 성찰이나 현실 인식의 정도를 높여 주게 된다.

심리치료라는 것은 정서적 부적응, 행동적 부적응 혹은 정서적 문제에 빠져 있거나 정신적 혼란에 빠져 있는 사람들을 전문적인 교육을 받고 훈련이 되어 있는 치료자(therapist)가 내담자와의 대인 관계 속에서 불안을 없애고, 문제 행동을 수정하고, 심리적 갈등을 해결하고, 성격을 재구조화하고, 정상적으로 발달하도록 도와주는 것이다. 정신의학과 깊은 관계가 있으나 제일 큰 차이점은 심리치료에서는 약물에 의존하지 않는다는 점이다. 그렇기 때문에 아주 중증 환자일 경우에는 심리치료보다는 정신의학에 의뢰한다.

심리치료법에는 여러 가지 기법이 사용되고 있으나, 이론적 주류로서는 프로이트의 정신분석적 방법(psychoanalysis), 행동이론에 기초한 행동치료법(behavior therapy or behavior modification), 로저스가 제창한 내담자 중심의 카운슬링(client-centered counseling), 융의 분석적 심리치료(analytic psychotherapy), 가족치료(family therapy) 등이 대표적인 이론이다.

구체적인 방법으로는 놀이치료(play therapy), 모래상자치료(sand play therapy), 최면치료(hypnotherapy), 자율훈련치료(autogenic training), 음악치료(music therapy), 미술치료(fine art therapy), 무용치료(dance therapy), 작업치료(work therapy), 문학치료, 싸이코 드라마(psycho drama) 등이 있고, 그 밖에 치료라고 이름 붙은 새로운 시도들이 많다. 예를 들면 원예치료(plant therapy), 애완동물치료(pet therapy), 영상치료(image therapy) 등이 실험적으로 연구되고 있다.

1) 예술치료의 발달 과정

(1) 기분 전환의 일환으로서의 표현

사람들은 누구나 기분이 울적할 때 또는 반대로 기분이 좋을 때 그것을 몸으로 표현하려는 충동을 갖고 있다. 예를 들면 어린아이들은 화가 나면 운다. 이때 운다는 것은 화가 난 감정을 몸으로 표현한 것이다. '화났다'라는 감정은 내적 경험이지만 '운다'는 행동은 외적 표현이다. 이런 감정을 몸으로 표현하는 수단이 승화된 것이 무용이고 연극이다. 또한 섬세한 팔의 운동에 맡기면 그림이 되고, 목소리에 의존하면 음악(노래)이 된다.

자기의 기분을 나타내기 위해서나 기분을 바꾸기 위해서 사람들은 가만히 있지를 않고 뭔가 행동으로 표현한다. 그것을 부정적·반사회적으로 표현하면 폭력이 되고, 자살이 되고, 행패가 되고, 범죄가 된다. 그러나 그 감정을 긍정적·건설적·창의적으로 표현하게 되면 예술적 표현으로 발전하는 것이다.

기분 전환을 하기 위해서 그림을 그린다, 노래를 한다, 춤을 춘다는 행동은 치유적 효과를 수반하는 것이다.

기분 전환의 또 한 가지 형태는 일이다. 표현의 수단으로서의 일, 즉 작업이란 것이 있다. 과거 우리 사회에서는 며느리들이 시어머니에게 구박받고 시누이들한테 시달리면 일을 통해 스트레스를 해소 했다. 길쌈 일, 바느질, 뜨개질, 농사짓는 일을 열심히 하면서 괴로움을 잊었다. 화를 잊기 위해 일한 것이다. 그것마저 없으면 견디기 어려웠을 것이다.

행동상의 문제가 있는 아이들이 강원도 산골짜기의 시골집에 가서 민박을 하면서 농사짓는 체험학습을 하는 경우가 있다. 이것은 다음과 같은 여러 가지 학습 효과가 있기 때문이다. ① 인스턴트식품을 안 먹게 되니까 건강에도 좋고, ② 좀 거친 음식도 먹어 보는 체험은 인내심을 길러 주는 데 도움이 되고, ③ 전자매체와도 한동안 관계를 끊으니까 홀가분한 기분이 되기도 하고, ④ 가족들과 화합하는 기회를 갖게 되어 가족관계 복원에 도움이 되고, ⑤ 일을 함으로써 작업을 통한 심리적 치유 효과를 얻을 수 있고, ⑥ 몸이 어려운 일을 감당해 봄으로써 인내심을 기를 수 있다.

예술치료에 있어서의 표현에는 창조적인 표상(creative representation)으로서 전개되는 과정이 그 속에 포함되어 있다. 표현은 고통을 해방시켜 주면서 창조적 표현 속에서 자기의 개성, 개인적 독창성 등이 동시에 전개되어 나오기 때문에 표현작업이 계속될 수가 있다. 즉, 예술치료는 그 자체가 하나의 치료법이다. 계획적인 치료 과정이 사전에 논의되기 때문에 치료자와 내담자가 치료 과정 전체에 서로 협력하게 된다.

(2) 해독(解讀)으로서의 예술

정신적인 문제를 가진 사람, 어린아이, 정신적인 장애를 가진 사람이 그린 환상적인 그림이나 신비로운 소묘 속에 보이는 병리적 증상, 망상, 꿈, 욕구, 호소, 심적 에너지, 갈등, 콤플렉스, 스트레스 등을 읽어 내는 것은 대단히 큰 의미가 있다.

그림 한 장이 아이의 마음을 읽을 수 있는 아주 좋은 자료가 될 수 있다는 것은 경험을 통해서도 증명된다. 시(詩)도 그런 인간의 마음을 읽을 수 있는 자료로서 중요한 자료가 된다. 특히 상징파 시인들의 시가 그렇다.

프로이트와 정신분석학자들은 작가들의 전기와 관련지으면서 정신분석의 대상으로서 문학작품이나 회화(그림)를 다루었다. 그들은 작가의 창작품 속에서 볼 수 있는 심층의식 혹은 무의식의 문제를 밝혀내려고 노력했다. 프로이트가 쓴 『레오나르도 다 빈치의 유년의 기억』이란 책에서 그런 예를 볼 수 있다. 레오나르도 다 빈치의 예술이나 그의 탐구심을, '독수리 환상'으로써 유추할 수 있는 동성애 감정을 넘어서려고 취한 승화라는 방어기제로 설명하였다. 프로이트는 예술가의 창작적 작업은 성적 욕망에서 출발한 것이라고 설명한다.

예술치료에 관한 이론적 근거는 융(C.G. Jung)에까지 이르게 된다. 융의 업적 중 하나로서의 예술요법 도입을 거론한 엘런버거(H.F. Ellenberger)가 "원형(元型, archetype)이란 … 자발적 묘화를 사용해서도 끄집어낼 수가 있다"라고 한 말과, "무의식적 공상의 묘화를 매개로 해서, 환자는 퇴행할 수 있게 되고, 그래서 무의식을 뚫고 지나가는 여행을 할 수 있게 된다"는 점, "묘화라는 방법은, 무의식의 내용에 접근하기 위해서만이 아니라 그것을 통제하기 위해서도 사용된다. 환자가 특정의 관념에 사로잡혀 있는 경우, 융은 그 관념을 묘화로 표현하게 해서, 그것이 불러일으키는 불안을 서서히 줄이고, 가능하면 그것을 통제할 수 있게 했다" 등을 지적하고, 융의 치료와 묘화의 관련성에 대해서 언급하고 있다(Ellenberger, 1970).

(3) 표현(expression)에서 인상(impression)으로

표현이란 어원적으로 보면, ex는 '밖으로'라는 뜻이고, press는 '밀어낸다'는 뜻이다. 그러니까 표현이란 안의 것을 밖으로 밀어낸다는 뜻이다. 안에 있는 응어리, 욕구불만, 억압된 감정, 콤플렉스, 열등의식, 공격성 등을 뱉어내지 않으면 그것이 장애가 될 소지로 남게 된다. 안에 있는 것을 뱉어냄으로써 왜곡된 자아를 수정하고, 다른 사람과의 소통 관계를 개방하고, 별로 의식하지 않고도 자기 속의 광기를 달랠 수 있는 것이다. 이를 통해 자기 스스로가 치유되는 것을 확인할 수 있을 만큼 변화한다. 이것이 표현을 통한 예술치료의 기능이다.

융은 환자가 그리는 묘화는 단순히 내적 세계를 표현하는 것이 아니라 그 표현 과정을 통해서 영유아기로의 퇴행이 가능해지며, 그런 퇴행이 그 사람의 원형(archetype-인간의 집합적 무의식 속에 있는 원시심상)도 탐지할 수 있게 한다고 했다. 예를 들면, 그림을 그리면 그리는 동안의 팔의 운동이 긴장을 해소시켜 주는 작용을 하며, 그리는 과정을 즐기게 되며, 그린 결과물에 대해서 스스로 평가하고 만족하게 된다. 그것 자체가 치료의 한 과정이 된다.

여기서 재미있는 것은, 표현은 안에 있는 것을 밖으로 내뱉는 구실을 하지만 그 과정에서 표현의 과정과 결과는 새로운 창조적 작업이 되기 때문에 단순한 과거의 흔적이 아니라 가능성의 발현이기도 한 것이다. 작품은 우리들을 변화시키는 동시에 다른 세계로 열려진 사건이기도 하다. 자기를 극복하게 하는 매체가 되는 셈이다. 그런 점에서 표현은 인상으로 남게 되는 것이다. 그것 또한 치료이다.

(4) 매체치료를 넘어선 직접적 치료

앞에서도 말했지만, 예술치료는 주로 매체를 이용한다. 그러나 따지고 보면 몸을 움직인다, 손을 쓴다, 소리를 지른다 등과 같이 직접 자기의 신체를 움직여서 활동하는 것이다. 그러므로 예술치료는 직접적 경험을 통해서 치료하는 과정이고, 매체와 혼연일체가 되어야 치료는 성과를 낼 수 있다. 원래 예술은 치료라는 용어가 있기 전에도 이미 치료법으로 사용되어 온 역사를 가지고 있다.

2008년 10월, 한국의 아이돌 그룹 동방신기(東方神起)가 대만에 갔을 때의 일이 외신 기사에 실린 적이 있다. 동방신기의 팬인 한 십대 소녀가 6개월째 말을 잃어버리고 병상에 누워 있었는데, 동방신기가 대만의 TV 방송에서 공연하는 모습을 보고 벌떡 일어나서 말을 하기 시작했다는 것이다. 의도하든 의도하지 않든 간에 예술 자체는 이미 그런 치유 기능을 가지고 있는 것이다. 예술치료는 대부분 직접적인 경험이기 때문에 아주 호소력이 큰 치유 방법이다.

2) 예술치료의 활용 형태

(1) 문장-자전적 자료(自傳的 資料)

강박관념, 공포, 피하고 싶은 것, 자기에게 상처를 주는 사람이나 대상, 희망이나 이상의 표현을 통해서 자기가 독자적으로 살아가는 지평을 만들어 낼 수가 있다. 자기의 정체성을 획득하고, 쓰는 행동의 내재화(內在化)를 통해서 아이들은 자기 인생의 주인공이 되는 것이다.

'Mail Art'란 것이 있는데 소외된 아이, 장애자, 시설 입소자들에게 편지 형식으로 글을 쓰게 하는 것이다. 시가요법은 시를 쓰게 하고 그것을 낭독하게 하고, 감상을 말하게 함으로써 인간 간의 관계 복원을 꾀한다. 독서요법도 이러한 장르에 속하는 것으로서 책의 내용에 대해 해석하는 과정에서 인간의 변화, 인간의 지속적 창조, 인간의 동시대성(同時代性)을 배우고, 운명에 짓눌렸던 자기를 탐구하게 하고 해방시켜 준다. 그래서 치료란 '일종의 해석이다'라는 말도 있다. 인생을 어떻게 고쳐 보느냐로 문제가 해결되기도 하기 때문이다.

(2) 시각예술과 투사(投射)

그림은 아이들의 언어의 발달, 개념의 수준, 자아개념, 병리적 증상, 무의식의 투사물, 지능의 수준, 환경 인식의 방식, 욕구, 충동, 갈등과 콤플렉스, 꿈과 희망, 정서-성격, 심적 에너지의 발현 정도, 대인 관계 등을 나타내 준다.

"예술에 의한 치료는 작업치료에서 시작된 것이다." 이것은 애드리언 힐의 말이다. 힐이 처음으로 영국의 사나토리움(결핵환자 요양원)에서 미술치료를 시작할 때(1941) 두 가지 규칙을 정했다. 첫째, 나의 흉내를 내지 말 것, 둘째, 그림을 그릴 때 반드시 둘레에 테두리를 칠 것이었다.

"창조하는 사람의 마음에 만족감이 생긴다면 환자의 마음속에 치유에 대한 의욕이 생기고, … 자기의 정신을 지배할 수 있는 사람이면 결핵에서 회복될 수 있다"는 것이 병원 측의 결론이었다.

① 그림

그림은 한 장의 종이에 불과하지만, 그 속에서 그림의 내용(주제), 색채, 형태 등을 통해서 하고 싶었지만 못한 말을 하고, 드러내고 싶었지만 저항을 느꼈던 감정의 응어리를 드러낼 수가 있다. 그것은 비교적 상징적이고 은유적이기 때문에 노골적으로 공격받을 가능성이 적기 때문이다.

융이 말했듯이, 그림을 그리는 과정에서 사람은 자기의 무의식을 드러내게 되는데, 이로 인해서 인간 이해에도 도움이 되지만, 그런 무의식세계의 내용물을 노출시키는 과정 자체가 심리적 치유 효과를 준다는 것이다.

② 조각

조각이란 소재에 타격을 주어도 괜찮은 것이기 때문에 망치질을 하거나 깎고 자르면서 스트레스 해소나 카타르시스를 경험할 수 있다. 미켈란젤로는 "형태를 취해 가면서 만들어 갈 수 있다는 점에서 조각은 회화와 비슷하다"고 했다.

③ 도예와 흙 작업

여기서 흙은 대화자나 마찬가지다. 흙을 이용한 작업은 일반적으로 놀이 감각인 동시에 심각한 분위기에서 행해지는 '파괴-재창조'를 되풀이하는 놀이인 것이다. 왜냐하면 실수해서 작업을 망칠 가능성이 항상 도사리고 있기 때문이다.

④ 사진

사진은 그 사람의 관점이나 눈길과 관련되어 있다. 직관적 인식을 나타낸다. 사진은 시간과 공간과도 관계를 갖는다. 카메라를 통해서 피사체를 쫓는 눈길은 자기 자신의 역사를 만들어 낸다. 내적 상상의 이미지를 형상화하는 것이다. 자기가 찍은 사진 속에 다른 사람이 보는 자기 모습이 나타난다. 자기와 세계를 어떻게 보느냐, 세계 속에 투영된 자기와 내적 자기상의 상호작용을 읽을 수 있다.

⑤ 영화

내담자와 의논해서 시나리오를 같이 만들고, 내담자를 출연시켜서 연기를 하도록 한다.

⑥ 비디오

비디오는 여러 가지 방법으로 치료에 사용할 수 있다. 비디오에 의한 이미지의 직면화(直面化), 즉 자기를 찍게 하고 거기서 자기 자신을 보게 한다. 또 다른 한 가지는 심리극적 비디오이다.

3) 몸으로 표현하기(연극, 콩트, 춤)

(1) 연극과 드라마 테라피

모레노는 사이코 드라마의 창시자, 시인, 의사, 종교철학자, 심리치료사, 연극인 등의 1인 다역을 한 사람이다. 그는 상호 행동, 상호의 존재감, 무대의 근접감, 비언어적 소통의 중요성, 심적 에너지의 표출, 재생을 위한 가면극, 인간관계의 중요성, 행동을 지배하는 감정의 중요성 등을 강조하였다. 사이코 드라마의 목적은 행동에 있어서의 창조적 자아에 형태를 부여하고, 그 공간을 구조화 하고, 인간관계의 이해를 높일 수 있도록 극중의 행동을 전체적으로 조직화하는 데 있다.

① 콩트(짧은 이야기 만들기)

콩트는 꿈을 이야기하는 것에서 시작됐다. 콩트는 가끔 착잡한 현실의 핵심을 은폐하면서 고뇌, 슬픔, 사건, 공포, 욕구불만 등을 토해 내게 하는 것이다. 콩트를 만드는 과정을 통해 갈등을 넘어설 수가 있다.

② 텍스트(연극의 한 부분을 상황에 맞게 선정하는 것)

콩트가 즉흥적인 방법인데 비해서 무대표현 방법이 있다. 정신 증상이나 치료 목적을 고려해서, 무대도 설정하고, 거기에 맞는 텍스트를 선정해서 짧은 연극을 하는 것이다. 이 방법으로 연기를 하면 감정의 카타르시스를 잘 처리할 수 있다. 예컨대 흥부 놀부, 신데렐라, 심청전, 춘향전 등 민속적 이야기도 좋고, 서양의 명작 동화를 이용해도 좋다. 갈등 상황과 거기에 개입되는 감정이 어울리는 텍스트를 이용하면 좋다.

③ 춤-움직임의 의미

댄스, 리듬, 트랜스(trance: 황홀 지경)는 옛날부터 무당이 상투적인 수단으로 사용했던 방법이다. 심신일체가 되게 하면서, 신체의 운동성을 비언어적 커뮤니케이션 기능을 갖도록 하며, 정신적 심상(心像)과 상징적 육체 이미지와 자아의 사회화된 이미지를 연관 짓도록 해야 한다. 몸의 움직임, 즉 동작이나 춤을 통해서 심신의 장애나 문제를 해결하도록 하는 기법이다. 몸속에 흐르는 에너지를 모아서 단순한 리듬으로 번역하거나 음악과 결합해서 표출하면 인간의 근원적인 활동성을 깨우게 된다. 환자의 충동을 각성시키고, 그 결과 해방되는 정서의 양과 방향성, 감정의 흐름의 놀이적·예술적 표현이라는 일련의 움직임을 만들어 내게 된다.

사람이 각자가 가지고 있는 신체적 핸디캡을 출발점으로 해서 생명력을 가진 인간의 움직임을 구석구석에까지 표현하는 시(詩)가 댄스이다. 말하자면 신체의 시적 차원(詩的 次元)의 표현이다. 춤은 신체라는 소재를 가지고 구체적인 신체를 은유적인 신체로 표현하는 작업이다. 치료자는 환자가 자기 자신의 하루하루의 고통을 신체적 움직임으로 표현해서 상징적인 것으로 변환하는 것을 가능하게 해 준다.

4) 사람과 사물로 만드는 것(마리오네트, 가면, 화장, 광대)

(1) 마리오네트

마리오네트는 실이나 철사 등으로 조종하는 인형극으로, 이를 통한 치료는 "무의식의 여러 가지 형상을 등장시켜서, 아마도 지금까지 배제되었던 것을 순간적으로 등장시켰다가 사라지게 하는 방법으로 구현해서, 억압된 것에 말을 걸기 위해서 출현된 것이다."

마리오네트를 사용하는 것의 중요성은 육체와 마리오네트에 생명을 불어넣은 대상을 결합해서 잃어버린 영혼의 노스탤지어라는 육체를 입고, 현대적으로 재탄생되는 신화와 같은 것이다. 종종 정신병 환자는 활력감을 잃고, 상동적(常同的)으로 행동하며, 움직임은 둔하고, 시설에서 만성화되서 살아가고, 시체처럼 단순한 되풀이만 하고, 생생한 감각을 상실해 간다. 이런 경우 마리오네트는 생생한 감각을 불러일으키는 데 도움이 된다.

(2) 가면극

연극 공간은 "혼란, 불화, 분열, 통합, 재통합의 움직임이 충돌하는 정신적 영역"이다. 가면의 도상(圖像)이나 모의행동을 통해서, 일단 악마가 시각적인 것으로 나타나면 나의 악마는 이미 나에게 붙어 있지 못하고, 나는 거기서 해방됨으로 평온을 유지할 수 있게 된다.

(3) 화장

자기 자신이 화장을 하는 것을 말한다. 얼마든지 변용이 가능한 것이 화장이다.

(4) 광대

심리적 취약성을 안은 채 연출되며, 광대를 연출하면서의 경험을 통해 상동 행동이 보였던 자폐증 아동과 깊은 의사소통이 가능해졌다는 보고가 있다.

5) 방사된 것(음악, 소리)

(1) 음악

음악치료는 음악의 특성을 잘 응용하는 데서 시작해야 한다. 음악의 특성은 다음과 같다.

① 음악은 지적 과정을 거치지 않고 정동(情動)에 직접 작용해 간다.
② 음악활동은 자기애적 만족을 가져오기 쉽다.
③ 음악은 인간의 미적 감각을 만족시킨다.
④ 음악은 발산적이다. 정동을 직접적으로 발산하는 방법을 제공해 준다.
⑤ 음악은 신체적 운동을 유발한다.
⑥ 음악은 커뮤니케이션이다.
⑦ 음악은 일정한 법칙성 위에서 구조화되어 있다.
⑧ 음악은 다양성이 있고, 적용 범위가 넓다.
⑨ 음악활동에는 총합적 정신기능이 요구된다.
⑩ 집단적 음악활동에는 사회성이 요구된다.

음악치료의 목적을 정리해 보면 다음과 같다.

① 자아기능을 강화하는 방법이다.
② 욕구충족 수단으로서 음악치료는 효과가 크다.
③ 커뮤니케이션의 수단으로서의 음악치료의 효과가 크다.

음악치료의 형태로는 능동적 음악치료와 수동적 음악치료가 있다. 먼저 능동적 음악치료는 다음과 같다.

① 가창　　　　　② 악기 연주
③ 무용　　　　　④ 게임
⑤ 창작

수동적 음악치료는 다음과 같다.

① 감상
- 실연
- 레코드
- 비디오

② 목적적 선곡(사례)
- 분노를 완화시키는 것: 브람스의 자장가
- 우울을 치료하는 음악: 쇼팽의 야상곡
- 증오·질투를 고치는 음악: 구노의 병사의 합창
- 긴장에 의한 두통치료를 위한 음악: 드보르자크의 슬라브 무곡
- 신경성 위장장애를 고치는 음악: 모차르트의 피아노 소나타 A단조

(2) 소리

소리가 하는 역할은 헤아릴 수가 없다. 음악이 주는 호흡, 창조적 숨쉬기, 성스러운 것을 상기시키는 소리 에너지의 내적 운동은 관심을 불러일으킨다. 스님의 독경 소리는 영혼의 내적 진동과 같은 것으로 울린다. 성당에서 올리는 미사 시의 신부님의 강론 소리는 유별나게 인간을 감동시킨다. 거기서 우리는 인간의 본연의 모습으로의 회귀(回歸)를 경험한다. 인간이 고통을 당하게 되면 우선 땅에 엎드려서 통곡을 한다. 그렇게 함으로써 자기를 극복하려는 것이다. 신체가 스스로 노래를 하고, 소리가 춤을 춘다. 산꼭대기에서 "야호!"를 외치는 것이나, 아름다운 경관을 보고 "야! 와!" 하고 감탄사를 내뱉는 것도 모두 소리의 춤이다. 이때 인간은 무한한 카타르시스적 경험을 한다.

이처럼 예술의 각 영역은 우리의 감성과 조우하며 우리를 변화시킨다(홍순

정, 김재은 외, 2009).

3. 미술과 감성

감성은 개인의 자아실현을 위한 기초일 뿐 아니라 공동체의 삶을 살기 위한 능력에 영향을 미치고, 타인과 타인의 문화와 인격에 대한 존중, 그들의 권리와 안전을 함께 생각하는 능력으로 볼 수 있다. 미술은 인간의 정서를 다룬다는 점에서 많은 사람들의 관심과 호응을 얻고 있고, 감성지수와 미술과의 연관성을 생각하여 볼 수 있다. 감성지수와의 밀접한 연관성을 발견할 수 있는 미술적 접근을 통하여 감성지수를 발달시킬 수 있다면 미술은 또 다른 다양한 가치를 지니게 된다(장은경, 2009).

1) 미술 표현을 통한 심리적 이해

아이들의 자유로운 미술 표현은 언어적인 수단을 사용하는 데서 오는 곤란을 극복할 수 있고 자유롭게 아이들의 지적, 감성적, 신체적 또는 내면의 세계를 관찰할 수 있다는 장점을 가지고 있다. 또한 심리학적으로 아동기의 미술 표현을 통해 아동의 발달적인 관점에서 관찰할 수 있고, 각 연령에 따른 변화를 탐색해서 정신적 구조와 심리적인 특성을 이해할 수 있고 감성적 측면을 향상시킬 수 있다.

어린이의 그림 표현을 통한 특징적 의미를 살펴보고 이를 통해 감성과 미술과의 관련성을 좀 더 살펴보기로 한다.

(1) 그림은 언어이다

뚜렷하지 않고 무의미한 것처럼 보이는 선이나 형으로 긁적거리기(Scribbling)를 시작할 무렵에는 어른들에게는 무의미하게 보이지만 어린이 자신에게는 자연스럽고도 어떤 의미를 가진 행동으로 언어 발달로 보면 '옹알이' 시기에 해당된다. 인물 그림을 단순한 동그라미와 같은 도식적 윤곽으로 표현하는 시기는 '엄마'라는 단어로 표시하는 시기에 해당되는 표현이다. 이 시기부터 어린이의 표현은 단순한 인물이나 물체를 단편적으로 그리는 데서부터 시작해서 배경도 첨가해 가면서 점차적으로 풍부한 그림을 만들어 간다. 마찬가지로 언어생활에 있어서도 풍부한 언어 표현을 보인다. 시기적으로 보아서 어린이의 그림과 언어 사이에는 공통된 요소가 많으며 어린이의 그림은 언어의 역할을 한다.

(2) 그림은 어린이가 습득한 개념과 생활 경험이다

어린이들이 갖게 되는 개념이란 미분화된 개념을 갖는 시기에서 점차 그 개념의 내용이 명료화되고 뚜렷한 한계를 갖는 시기로 발달해 간다. 어린이의 최초의 개념은 부정확하기도 하고 때로는 나타났다가 없어지기도 하듯이 그림에서도 그런 현상을 볼 수 있다. 미흡하지만 형태를 표현하다가도 지속하지 못하고 난화와 혼용하여 표현하는 경우가 있으며, 때로는 인물화 중의 머리카락, 이, 귀 같은 세부적인 표현을 생략하는 예도 볼 수가 있다.

어린이들이 습득한 개념은 처음 논리적으로 보아서 포괄적으로 형성되는 것이 아니고, 오히려 경험 부족으로 인해서 분석하고 총합하는 능력이 부족함을 나타내 주는 것으로 보아야 한다. 아동화도 아동의 생활 경험의 깊이와 폭, 그리고 그 내용을 표시하는 것이라고도 볼 수 있다.

(3) 그림은 자아상(self-image)의 표현이다

어린이의 그림은 그들이 갖는 심상과 관계가 깊다. 단순한 심상에서부터 시작해서 복잡한 심상으로 발달하여 우연한 결합에서부터 창조적인 결합이란 경로를 거쳐 자연스럽게 발달하는 것이다. 어린이들이 그림을 그리려고 할 때는 우선 머릿속에서 그림의 원형(genotype)을 만들어 낸다. 예를 들면, 어떤 대상이나 모델을 보았다 하더라도 어린이들은 그것을 단순히 그대로 묘사하는 것이 아니고 일단 자기 머릿속에서 이를 동화(assimilation)해서 가시적인 심상으로 만들어 내는 것이다. 어린이들의 정신은 눈에 비친 대로의 대상을 그리는 것이 아니라 어린이 자신의 눈에 비친 물체나 인물은 일단 뇌에 전달되어 마음속에 일종의 심상이란 것을 형성한다. 어린이의 그림은 어린이의 정신 속에 자리 잡고 있는 모델의 표징(表徵)이라고 할 수 있다.

(4) 그림은 창조적 사고의 표현이다

어린이들이 그림을 그릴 때 처음에는 그의 주의력이 심상을 파악하는 일이나 그림 그리는 일 자체를 지도하는 데까지는 이르지 못하지만 그림을 그려 가는 동안에 점차적으로 의미 있는 주제로 발전해 간다. 더 나아가, 그 주의력이 의지력으로 바뀌어서 단순히 자동적이고 무의미했던 작업이 의식적, 주도적 작업으로 발전해 간다. 이렇듯 표현에 자신을 갖게 되면서 과거의 경험을 넘어서는 힘과 현실에 직면하는 힘이 창조력이라는 형태로 바뀌어 가게 된다. 창조력은 그림 그 자체에까지도 의미를 부여할 정도로 커가는 것이다. 또한 어린이의 성격에 영향을 주고 있던 장애가 어린이의 창조적 작업 속에서 해소되는 과정에서 치유적 접근이 가능하며 창조적인 문제 해결 능력이 향상될 수 있다.

(5) 아동화는 어린이의 욕구 표현이다

그림 표현에는 여러 가지 욕구불만의 모습이 표현되는 경우가 많다. 특히 어린이들의 최초의 욕구가 강하면 강할수록 또 그 욕구충족을 방해하고 있는 장해물의 힘이 강하면 강할수록 아동들은 심리적 긴장이 강화된다. 이 강화된 심리적 긴장이 그림에서는 팔과 손가락의 운동을 통해서 하나의 생리적으로 나타나게 된다.

그림에 나타나는 아동의 욕구는 애정의 욕구, 독립의 욕구, 승인의 욕구, 소속의 욕구, 성숙의 욕구, 영양 및 물질에 대한 욕구 등으로 표현되며, 이를 통해 욕구를 해소하거나 충족할 수 있는 기회가 될 수 있다.

(6) 그림은 환경에 대한 인간의 태도 표현이다

그림이 아동의 창조적인 사고나 욕구의 표현인 것처럼 아동의 그림 속에는 어린이가 환경에서부터 받는 심리적 현상들이 전달된다. 이 시기에는 가족 안에서의 감정적 반영, 사회에 첫 관계를 갖게 되는 또래 등의 영향에 의해 그림의 내용과 표현 형식이 달라지게 된다. 이와 같이 환경에서 받은 심리적 상황들을 호소하기 위해서 아이들은 그림 속에 각기 독자적인 표현을 시도하게 되는 것이다.

(7) 그림은 성격 특징의 투사이다

아동화 연구자들은 아동화가 아동의 욕구(needs), 정서(emotion), 성격(personality)의 투사라는 점에 관심을 갖고 연구하게 되었다. 이들에 의하면 아동의 그림이란 충동의 기능, 감정, 애정의 욕구, 자기표출(自己表出)의 수준, 여러 가지 욕구불만 등을 표현한다. 즉, 그림을 그린다고 하는 창조적 작업을 통해서 그 안에 숨겨져 있는 어린아이들의 감정생활의 성질이나 정도를 이해하는 단서가 되며, 선이나 형태보다는 색채 면에 더욱 그 특수한 가치가 있다고 했다. 그리고 선이나 형태에는 아동이 보존하고 있는 에너지, 아동이 사용한 통제력의 정도, 그 통제력이 작용한 방향 등이 나타난다고 했다. 기타 공간의 사용법, 공간의 형 등도 성격 표현과 관계가 있다는 견해이다.

(8) 그림은 무의식적 세계의 투사(投射)이다

아동의 정신적 세계를 의식화된 외부에서만 직접 관찰할 수 없으므로 숨겨져 있는 내면의 정신세계를 투사된 그림을 통해서 관찰할 수 있다. 머레이(Murray)도 행동을 '나타나 있는 행동과 나타나지 않는 행동'으로 구분하고 이와 같은 세계를 지배하는 힘을 욕구(needs)라고 했다. 그는 이 욕구를 세 가지로 구분하고 있는데 '객관화된 욕구, 반객관화된 욕구, 주관화된 욕구'로 구분하였다.

이 중에서 반객관화와 주관화된 욕구를 잠재적 욕구로 보고 이들이 바로 숨겨져 있는 세계라는 것이다. 따라서 이러한 숨겨져 있는 세계가 그림 속에 잘 투사된다고 보는 것이다. 그림의 해석이 보편성(普遍性)이나 타당성(妥當性)이 적다는 지적도 있지만 인간의 동기(動機)나 욕구라는 것이 개성적이듯이 그 표현 방법도 개성적이다. 어린이가 그리는 그림은 어린이의 놀이와 언어와 마찬가지로 어린이의 감정, 욕구, 세계관(현실의 이해), 자아상(自我像) 등을 찾게 해 줄 실마리를 보여 준다는 점을 지금까지 설명해 왔다. 요즘은 아동화를 단순히 기술 면의 성장이나 지각(知覺)의 구조나 지능의 정도나 기억 내용의 변용(變容)이라는 관점에서뿐 아니라 좀 더 심층심리의 세계에까지 파고들어 가서 들여다보고 이해하려는 노력과 접근이 활성화되고 있다.

(9) 그림은 정신세계의 병리적 징후(徵候)의 표현일 수도 있다

욕구 불만에 의해서 일어나는 행동들은 공격적 반응, 도피적 반응, 퇴행 반응, 방어적 반응, 보상 반응 등으로 나눌 수 있고, 이와 같은 반응기제(反應機制)가 극도로 습관화되면 이것이 심한 심리적 갈등으로 발전하며 여러 가지 신체적 증상까지도 수반하게 된다. 어린이의 경우 문제행동이란 이와 같은 반응기제가 습관화되어서 나타나게 되는 경우가 많다. 그래서 그림의 분석에 있어서 이와 같은 문제행동을 탐색해 내는 연구가 필요하다. 예를 들면 학습에 대한 두려움을 보이는 아동, 난폭한 아동, 말이 없는 아동, 고집이 센 아동, 침착하지 못한 아동, 거짓말을 잘하는 아동 등을 들 수 있다. 미술 작업을 통하여 문제행동에 대한 심리적 요인을 관찰할 수 있으며 치료적인 개입이 적절하게 이루어지고 있다.

미술은 인간의 내면을 시각적, 공간적, 조형적으로 표현하고 그것을 이해하며 감상하게 하는 미술 교육적 측면으로의 접근과 심리학적으로는 미술 표현을 통해 발달적인 관점에서 관찰할 수 있고, 각 시기에 따른 변화를 탐색해서 정신적 구조와 심리적인 특성을 이해할 수 있도록 하여 감성적 측면을 향상시키는 등 인간이 살아가면서 다양하게 접속하고 소통할 수 있는 기회를 제공하는 데 크게 역할을 할 것이다.

2) 미술과 감성지수

인간의 이상을 표현하는 것이 미술의 큰 목적이 될 수 있으며 이로 인해 아름다움과 즐거움을 줄 수 있다. 쉴러(Schiller)는 미술을 심미적 놀이로 설명하였고, 인간의 기본적 성향을 신체적 성질인 감성적 본능과 지적인 성질인 형식적 본능으로 나누고 이들의 조화를 이루어야 한다고 주장하고, 인간에게 본능적으로 놀이 또는 유희에 대한 욕구가 있으며 미술은 이러한 욕구를 차원을 높여 해소해 줄 수 있다는 것으로 설명하였다(이규선 외 6인, 2004). 미술을 통한 미적 체험, 이해, 감상을 기초로 하여 감성적 수용과 변화를 체험하고 이를 통해 삶을 윤택하게 해 준다.

(1) 감성지수와 미술적 이해

① 자기 동기화 능력과 미술의 이해

인간의 마음을 담고 있는 미술 표현은 감성지수에 있어 '자기 동기화 능력'과 같은 의미를 지니고 있다. 미술 표현을 통해 자신의 감성 상태를 형태, 색채로 투영시킨다는 사실은 미술 '표현' 영역과 '자기 동기화 능력'의 깊은 관련성을 말하는 것이다. 또한 심리적인 욕구나 직관, 감정을 감성에 의해 미술 표현이 가능하고 간접경험을 갖게 하여 기존의 정서를 통해 자신의 의지를 동기화하고 추진하는 새로운 인식을 가능하게 하는 중요성이 있다.

② 자기 감정 조절 능력과 미술의 이해

미술의 이해가 직관적인 느낌에서 시작되듯이 감성지수도 감정에 기초한 정서의 인식에서 시작된다. 이러한 정서의 출발점에서 시작되는 미술의 이해와 감성지수도 상호 유사한 성질이 있음을 알 수 있다. 다양한 감정은 점, 선, 면, 색 등의 조형 요소에 해당하며 '자기 감정 조절 능력'은 조형 요소를 조절하여 조화를 꾀하는 조형 원리와 같은 것이다. 이렇듯 미술과 조형에 대한 이해는 감성지수의 '자기 감정 조절 능력'과 매우 밀접한 관련이 있으며 조형 원리에 대한 이해는 자신의 정서를 조절하는 능력을 잠재적으로 또는 의식적으로 기를 수 있게 한다.

③ 대인 관계 능력과 미술적 이해

미술사를 통해 작품의 이해를 포함하여 그 시대의 문화와 환경을 이해하고 작가의 삶을 배울 수 있는 것이기 때문에 우리는 미술사를 배우면서 작가와 그의 인간관계를 알게 되고 인간을 향한 작가의 시각을 배우게 된다. 미술사의 '이해'는 대인 관계 능력에 해당하는 정서 지능에 영향을 준다. 감성지수에 있어 '대인 관계 능력'은 상대의 감정에 공감하고 어루만져 주면서 깊은 인간적 밀착감을 갖게 하는 인간 결합 능력이나 사람들이 갖는 미묘한 감정, 동기, 관심 따위를 알아차리는 감식력과 사회적 분석력에 해당된다. 이러한 미술의 이해는 '대인 관계 능력'에 도움을 준다.

(2) 감성지수와 미술의 감상

① 자기 감정 인식 능력, 감정이입 능력과 미술 감상

우리들은 미술 작품을 대할 때 자신의 기억이나 감정을 무의식중에 찾으려고 한다. 미술 작품 속에서 과거에 보았거나 느꼈던 것과 유사한 이미지가 나타난다면 감상자는 그것이 자기의 기억과 어떻게 다른지 또는 어떻게 같은지 비교하게 된다. 만일 작품 속에서 느껴지는 감정이 자신이 느꼈던 것을 실감나게 표현한다고 생각될 때 감상자는 보다 의미 있는 것을 보고 있다는 느낌을 받는다.

② 자기 감정 조절 능력과 미술 감상

미술의 '감상'과 '자기 감정 조절 능력'은 풍부한 정서 상태를 지니고 있어야 하며, 정서 표현에 대한 객관적인 판단과 부정적인 정서를 아름다운 정서로 승화시키는 것을 의미한다는 점에서 공통점을 지니고 있다. 미술 감상이 다양한 감정이 표현된 미술 작품을 보면서 풍부한 정서를 기를 수 있고, 감상 후에 갖게 되는 미적 정서의 고양은 심리적 만족감과 안정감을 갖게 하여 자신의 부정적인 감정의 전환을 가능하게 한다.

3) 미술 표현을 통한 감성지수의 향상 방안

미술 표현은 자신의 자아 표현의 도구로 사용될 수 있으며 이러한 자유로운 표현으로 창의력을 향상시킬 수 있다. 따라서 감성지수를 발달시킬 수 있는 방법을 크게는 두 가지로 나눌 수 있다. 표현기술을 가르치는 외적인 지도와 표현에 대한 의욕을 고취시키는 동기 부여의 과정이나 표현해 나가면서 지속적으로 작품에 자신의 감정을 이입시키도록 하는 내적인 측면에서 찾아볼 수 있다.

(1) 외적인 표현

외적인 표현은 감성지수 발달에 영향을 주게 된다. 따라서 미술활동에 관련하여 자신의 정서 표현에 주의를 기울여야 하며 다음과 같은 태도를 지니도록 한다.

① 확산적 사고(Divergent thinking)의 과정을 거친다

확산적 사고는 창의적 사고의 기본이 되는 융통성, 유창성, 자발성, 독창성을 동시에 발달시킨다. 실수가 부끄럽지 않은 분위기가 조성되어 여러 가지 방법과 가능성을 시도해 볼 수 있게 하여 그들의 지식이나 이해, 기술들을 미술활동으로 전환할 수 있는 상황이어야 한다. 또 한 가지 특정한 방법보다는 여러 가지의 방법이 용납되는 분위기이어야 한다.

② 긴장 해소의 과정을 거친다

창작의 과정은 긴장을 해소할 수 있는 기회이므로 동기 유발 단계에서는 긴장 해소가 선행조건이 되어야 한다. 미술활동이 자신의 감정과 사고를 표현하기 위한 것뿐만 아니라, 어떤 것을 창조하는 데 대한 만족감을 경험하게 되어 내적 긴장 완화에도 도움을 준다. 자신의 느낌이나 생각을 자유롭게 그림으로

표현할 수 있는 분위기와 환경을 준비해야 하는데 다양한 재료를 준비해 주고 이 재료들을 미리 탐색해 볼 수 있게 초기에 미술활동의 자료를 준다.

③ 개방적 분위기를 조성한다

모든 아이디어를 수용적인 자세로 받아들여 활동 과정을 중요시한다. 심지어 어리석고 이상한 아이디어조차도 창조적인 발견의 시초이며 창의성을 발달시키려고 한다면 이를 받아들여야 한다. 탐구할 수 있는 분위기가 허용되어 작업의 결과보다는 과정이 중요하게 다루어져야 한다.

(2) 내적인 표현

내적인 표현은 작품 제작 동기를 부여하거나 학습자의 의욕을 고취시키는 것, 작품 속으로 감정을 이입하도록 하는 것 등으로 감성지수의 자기 동기화 능력 및 감정이입 능력과 매우 밀접한 관련이 있다. 이러한 내적인 표현을 통한 감성지수의 향상을 돕는 방법을 몇 가지 찾아보면 다음과 같다.

① 주제와 관련된 경험에 관한 여러 가지 예를 들어 보이는 방법이다. 이때 몇 가지의 예시를 준비하도록 하고 예시 작품을 통해 발상을 가능하게 한 후 자신의 생각을 말하게 한다.
② 각자의 주제를 설정한 후 주제에 대해 어떻게 느끼는지 구체적으로 인식하게 한다, 예를 들어 소풍이나 견학을 그림의 소재로 삼았다면 어떤 것을 보았고, 어떤 경험을 하였는지 상기시키고 그때의 느낌을 되살려 구상해 보도록 한다.
③ 착상 과정에서 가졌던 감정을 재인식하여 표현할 수 있도록 한다. 즉 대상을 볼 때 어떤 것이 연상되는지, 그 사물에 대한 자신의 기분은 어떠한지, 그 감정은 어떤 색을 연상시키는지 생각하도록 만드는 것이다.

이러한 방법들은 자신의 작업에 애착을 갖고 표현하는 데에 도움을 주며 자신의 감정을 미술로 표현하면서 억눌린 정서의 해소와 더불어 안정된 정서를 갖게 하며 결과적으로 정서지능의 요소로서 자기 감정 인식 능력과 정서 표현의 발달을 가져오게 된다.

4) 감성지수 계발을 위한 미술적 접근

미술을 통해 EQ을 향상시키기 위해서는 자신의 감정을 소중히 하여 감정을 표현하도록 격려하고 격한 감정을 미술 표현을 통해 해소할 수 있도록 해야 한다. 또한 미술 감상을 통해 타인의 감정을 읽을 기회를 부여하여 다른 사람들과 함께 표현할 기회를 많이 주어 다양한 정서 함양과 정서를 순화하여 감성지능을 향상시킬 수 있도록 한다.

(1) 감성지수 계발을 위한 미술활동 접근 방법

① 감정에 따라 선을 긋거나 색을 선택하도록 한다.

② 다양한 경험에 대한 느낌을 구체화시켜 표현하게 한다.

③ 체험적인 동기 부여를 통해 자기 동기화를 갖도록 한다.

④ 자신의 감정을 표현한 후에 그것에 대해 말이나 글로 객관화시키는 활동을 한다.

⑤ 자신의 표현 작품을 다른 사람에게 설명하는 기회를 주고 타인의 느낌과 생각을 이야기한다.

⑥ 작품 감상을 통해 작업 의도를 읽을 수 있는 기회를 준다.

⑦ 공동 작업을 통해 대인 관계 능력을 향상시킨다.

⑧ 미술 감상을 통해서 작가의 의도와 정서적 표현의 기회를 갖는다.

⑨ 다양한 재료와 표현 방법을 제시하여 자발적인 선택으로 인한 성취감을 갖도록 한다.

⑩ 작업 후에 자신의 작업에 대한 의도와 감정을 풍부하게 표현하도록 한다.

(2) 감성지수 계발을 위한 미술 감상 방법

① 관찰: 두 가지 이상 작품의 주제, 형태, 표현 기법 등을 비교 관찰하는 방

법. 작품을 같은 종류별로 분석하거나 비교 분류하는 방법.

② 토론: 미술 작품에 대해 살펴보고 결과를 발표하거나 의견을 교환. 서로의 상이한 점과 장점을 명료화하는 방법을 통해 유연한 감상 안목과 비평 정신을 육성할 수 있다.

③ 문장 표현: 작품에 대한 느낌을 문장으로 표현하는 방법. 미술에 대한 용어와 어휘를 개발할 수 있다. 과정으로는 쓰기→발표→감상 능력, 태도 평가→심화 보충→신문, 작품집 제작이 있다.

④ 모의 미술관: 아동 작품을 미술관처럼 전시하고 발표하는 방법이다. 아동 작품을 경매하는 방법도 유용하다.

⑤ 제작: 표현학습 유형에 속하는 적극적인 감상법으로 실제 작품이나 도판을 보고 작품의 특성을 살려 새롭게 제작하는 방법이다(응용-모방). 작가의 의도에 가깝게 접근해 보고, 명작을 나름대로 변형시키거나, 인상적인 것을 강조해 본다.

⑥ 신체적인 감상: 역할놀이에 의한 감상 능력의 향상을 말한다. 감상 작품을 대할 때 작품에서와 비슷한 복장을 하고 같은 포즈를 취하는 등 그 작품에 등장하는 역할을 재현해 보는 방법을 통하여 감상력을 향상시키는 방법이다. 작가의 시선, 몸의 움직임, 붓의 움직임 등까지 체험하는 것도 직접적인 신체적 감상이라 할 수 있다. 어느 정도 한계는 있겠지만 원작에 가까운 크기의 작품을 그리거나 만드는 경험은 축소, 복제된 작품만을 보는 것과는 또 다른 감동을 갖게 해 준다.

(3) 감성지능 향상을 위한 활동의 예

① 친구의 표정과 감정 그리기

친구의 표정과 친구가 어떤 감정을 가지고 있는지 생각하면서 그리도록 하는 프로그램이다. 어린이들에게 느낌이 있고 감정이 살아 있는 그림을 그릴 수 있도록 표정에 관심을 갖게 하고 자신의 감정뿐 아니라 친구의 감정을 알 수 있도록 하는 것이다. 다른 사람의 감정을 알고 다른 사람의 비언어적인 표정, 몸짓, 분위기 등을 읽는 것은 감성지능의 아주 중요한 부분이다.

① 친구의 여러 가지 표정에 대해 이야기한다.
② 서로 '화날 때, 즐거울 때, 신날 때, 무서울 때' 등의 표정을 지으면서 관찰한다.
③ 표정에 따른 감정을 알아맞히는 놀이를 한다. 어린이들에게 감정을 갖게 하고 그 표정을 보고 감정이나 느낌을 알아맞히게 한다.
④ 친구의 어떤 표정이 가장 인상에 남는지 결정한다.
⑤ 표정에 따른 감정을 생각한다.
⑥ 친구의 표정과 감정을 살려 그림을 그린다.
⑦ 서로의 작품을 보면서 어떤 표정일 때의 감정인지 이야기한다.

② 나와 함께 하는 사람들

표현을 통해 자신의 정서 상태를 형태, 색채로 투영시켜 '표현' 영역과 '자기 동기화 능력'을 도모한다.

① 여러 가지 포즈를 취한 5명의 사람 그림을 제시한다.
② 각 포즈에 대해 이야기하고 자신이 자주 취하는 포즈에 대해 이야기한다.
③ 제시된 그림을 상황 설정하여 표현한다(장소, 사람들의 관계, 공통 주제 등).
④ 추가하고 싶은 재료와 설정 상황에 대해 이야기 나누고 추가하여 작업한다.
⑤ 완성된 작업을 나열하여 이야기 나누고 공동 작업으로 재구성한다.

③ 자신의 마음속 그리기

자신의 마음속에 있는 가장 큰 생각을 떠올리게 하고 그것을 그림으로 표현하는 프로그램이다. 의외로 어린이들이나 성인들은 자신의 감정이나 마음을 잘 모른다.

자신이 무엇을 갖고 싶은지, 지금 화가 나 있는지, 지금 누구를 가장 미워하는지 등 그것을 생각해서 자신의 마음을 알게 하고 그것을 표현하여 욕구를 완화시키는 것이다. 자신의 마음속을 읽고 자신의 감정을 알 수 있게 하는 것은 감성지능의 첫 출발점이기 때문이다.

① 자신의 마음속에는 무엇이 들어 있는지 이야기한다.
② 자기가 가장 가지고 싶은 것을 생각해 본다.
③ 자기가 화가 나 있는지 즐거운지 생각해 본다.
④ 지금 가장 하고 싶은 일이 무엇인지 생각해 본다.
⑤ 자기의 마음, 가장 갖고 싶은 것, 가장 하고 싶은 일 등에서 주제를 정하여 그림으로 그린다.
⑥ 자기의 마음에 대해 친구들에게 그림을 보여 주면서 설명한다.

이 외에도 찰흙을 가지고 표현해 보는 활동들도 도움이 된다.

미래 사회는 창의성을 기초로 한 감성지수가 높은 인재의 요구가 많아질 것이다. 종래에는 감성이 기질적인 성향으로 생각되기도 하였으나 감성지수가 향상될 수 있다는 연구들이 이루어졌고 감성지수의 향상을 위해 다양한 예술 접근과 연구가 이루어지고 있다. 정서의 표현이나 타인과의 정서적 교류는 선천적이기보다는 다양한 감성적 수용과 변화를 체험함으로 인해 향상될 수 있다고 본다. 문화와 사회에 맞는 정서적인 의사소통 방식을 학습하며, 대인 관계에서 상대방의 기분을 파악하고, 적절한 순간에 자신의 감정을 표현하기 위해 어떤 상황에서 무엇이 필요한지 관찰이나 경험을 통해서 습득하여 감성지수를 높여 줄 수 있는 기초를 마련할 수 있을 것이다.

4. 문학과 감성

문학의 장르와 책을 주로 하는 감성 교육과 치료로서 독서치료를 들 수 있다. 독서치료는 안전한 문학작품을 통해 대상자에게 좀 더 쉽게 다가갈 수 있고, 대상자는 문학작품을 통해 자연스럽게 자신의 내면에 접근할 수 있다. 즉, 책에 등장한 주인공을 통해 자신의 실제 마음을 표현해 낼 수도 있고 주인공이 해결해 가는 건강한 모습을 살펴보고 자신의 문제를 해결하는 데 공감을 얻기도 한다. 시시각각 일어나는 다양한 정서, 감정을 다루는 방법으로 문학을 통한 독서치료, 이야기 치료, 글쓰기, 시의 활용 등을 살펴보기로 한다(전방실, 2011).

1) 독서치료의 이론적 이해

(1) 독서치료의 정의

독서치료(bibliotherapy)란 말의 어원은 'biblion(책, 문학)'과 'therapeia(도움이 되다, 의학적으로 돕다, 병을 고쳐 주다)'라는 그리스어의 두 단어에서 유래되었다. 그러므로 독서치료란 말은 문학이 치료적인 특성을 가졌다는 기본 가정에서 출발한다고 볼 수 있다. 따라서 독서치료가 무엇인지 단순하게 정의내린다면, 책을 읽음으로써 치료가 되고 도움을 받는다는 의미이다(김현희, 2008).

1960년대에 이르러서는 독서치료에 대한 정의가 심리치료에서 임상적으로 사용되는 것과 학교에서 교사나 상담자가 교육적인 목적으로 사용하는 것으로 구별되기 시작하였다.

독서치료는 독서 자료를 읽거나 들은 후에 토론, 역할놀이, 책과 관련된 활동을 함으로써 독서 자료로부터 문제에 대한 통찰력을 이끌어 내도록 돕는 것이다. 또한 상호작용을 강조한 하인즈와 하인즈 베리는 "상호작용적 독서치료에서 훈련된 치료자는 임상적 또는 발달적 독서치료 참여자의 감정과 인지적 반응을 통합하도록 도와주기 위하여 선택된 문학작품(인쇄된 글, 시청각 자료, 참여자 자신의 창의적인 글쓰기 작품 등)에 대한 토론을 유도하고 이끌어 나간다"고 하였다(김현희, 2008).

이들 정의들을 종합해 보면, 독서치료란 대상자에게 적합한 문학작품－인쇄된 글, 시청각 자료, 대상자 자신의 창의적 글쓰기 작품, 시, 대중가요의 노랫말 등등－을 통한 토론, 독서치료자의 전문적인 치유적 발문과 구체적인 다양한 활동을 통해 당면한 여러 문제들을 해결하고 극복해 나가는 데 도움을 줄 수 있는 상담기법으로 정의할 수 있겠다.

독서치료사는 책/글의 내용과 내담자의 상태, 즉 정신적, 육체적, 감정적 상태를 먼저 알아야 한다. 이때 독서치료사는 내담자와 신뢰로운 관계를 형성하고 있어야 하며, 독서치료자는 선택한 책과 글의 수준이 내담자의 수준에 적절해야 한다. 억압이 아닌 상태에서 책을 읽을 마음의 준비가 돼 있어야 한다.

독서치료의 수단이 될 텍스트를 분류해 보면 다음과 같다(정선혜, 2009).

① 문학성 있는 작품들(시, 콩트, 단편소설, 장편소설, 동화, 드라마 등)
② 개인적인 글(위기 극복이나 체험이 든 수기, 논픽션 드라마)
③ 교육 목적으로 쓴 극복 방법에 관한 책(문제를 어떻게 극복하였는지 구체적 사례와 방법을 제시한 책들, 암 투병기, 술·담배 끊기, 마약 극복 등)
으로 나눌 수 있다.

(2) 독서치료의 목적과 가치

대체적으로 놀이와 미술활동과 음악을 통해 자신의 내적인 정서를 자유롭게 표현하듯이 문학작품은 자기 방어를 가장 적게 하면서 자신을 표현할 수 있게 하는 매개체이다. 왜냐하면 문자언어는 덜 공격적이고 대답을 강요하지 않는 자연스러운 방법으로 참여자의 경험과 생각들을 이끌어 내기 때문이다. 이처럼 독서치료는 참여자가 문학작품들을 통하여 다양한 경험을 함으로써 부담 없이 자연스러운 방법으로 참여자의 경험과 생각들을 이끌어 내기 때문이다.

이러한 치료는 참여자들의 심리적인 문제와 발달해 가면서 겪는 어려움을 돕기 위해 계획된 것이라고 할 수 있다.

2) 독서치료의 방법

(1) 독서치료의 유형

① 대상에 따른 유형

독서치료의 대상을 누구로 볼 것이냐에 대해서도 여러 의견이 있어 왔다. 하트(Hart, 1987)와 번스타인(Bernstein, 1989)은 책을 읽음으로써 도움을 받는 모든 사람을 그 대상으로 했다.

파덱(Pardeck, 1989)은 독서치료의 대상을 다음의 세 가지로 설명하고 있다. 즉, 정서적으로 문제를 가지고 있는 사람들, 적응을 잘 못하는 사람들, 성장하고 발달하면서 누구나 가지는 전형적인 요구를 가진 사람들이 그 대상이 될 수 있다고 했다.

독서치료 활동의 종류와 참여자의 특성에 따라 발달적 독서치료와 임상적 독서치료로 구분할 수도 있다(Lack, 1985). 발달적 독서치료는 사람이 정상적인 일상의 과업에 대처할 수 있도록 하기 위하여 문학작품을 활용하는 것이다. 따라서 읽기 자료와 토론 활동이 일반적인 인성 발달을 강조하게 된다. 그러나 임상적 독서치료는 정서적으로나 행동 면에서 심하게 문제를 겪고 있는 사람들을 도와주는 개입의 형태로서 특별한 문제에 초점을 두게 된다.

② 상호작용의 정도에 따른 유형

독서치료 중에 이루어지는 상호작용의 정도와 유형에 따라 반응적 독서치료(reactive bibliotherapy)와 상호작용적 독서치료(interactive bibliotherapy)로 나누기도 한다(Gladding & Gladding. 1991).

반응적 독서치료는 최소한의 상호작용이 있는 독서치료로, 참여자에게 독서자료에 대한 과제를 주고 그 과제에 대하여 긍정적인 반응을 주는 정도다. 그러나 상호작용적 독서치료는 그 과정 중에서 참여자 개개인이 문학작품들을 읽은 후 상호작용을 잘하도록 안내하며, 성장과 치료를 위한 촉매로서 문학작품을 활용하고 작품을 읽은 후의 반응을 창의적으로 쓰게 한다.

③ 상황에 따른 유형

독서치료 상황이 치료자와 참여자 사이에 일대일로 이루어지는지, 아니면 일대 집단으로 이루어지는지에 따라 그 유형이 나누어질 수 있다. 집단으로 이루어지는 독서치료는 비슷한 정도와 유형의 문제를 가지고 있는 사람들이 모여서 시나 동화 등의 인쇄된 글 혹은 시청각 자료를 읽거나 들은 후에 토론을 하는 형태다. 집단에서 이루어지는 상호작용의 효과가 널리 알려지면서 요즘에는 거의 집단으로 독서치료를 하고 있는 추세다. 실제로 나이가 어린 유아나 어린이, 그리고 자기 방어를 많이 하는 참여자들은 일대일로 독서치료를 했을 때 상호작용의 양이 적다. 그러나 특히 유아의 경우, 4~5명의 작은 집단이 모여서 이야기를 나눌 때 상호작용을 훨씬 많이 한다는 연구 결과들은 소집단으로 이루어지는 독서치료의 효과를 입증하고 있음을 알 수 있다.

(2) 독서치료의 자료

독서치료의 자료로 도서만을 사용할 것이라고 생각하기 쉽다. 하지만 도서와 더불어 영화, 슬라이드, 일기, 녹음테이프, 시, 잡지, 사진 등 대상자와 이야기 나눌 수 있는 자료는 무엇이든 가능하다. 때로 아동이 책 선택에 직접 참여할 때도 있다. 집이나 도서관에서 자신이 원하는 책을 고르거나 상담자가 선정해 놓은 몇 권 중에서 고르게도 한다. 아이의 현재 관심사와 상황을 파악할 수 있고, 선택과 결정권을 키워 줄 때 좋다.

① 독서치료를 위한 자료의 선정 기준

- 주제(작가가 표현하고자 하는 의도)

  명확하고 단일한 주제가 좋으며 새로운 발견, 이해, 기쁨을 제공하는 흡입력 있는 이야기가 대상자로 하여금 생생하게 기억될 수 있다. 직접적인 도덕적 교훈의 서술은 피하고, 자아 개념, 두려움, 환상과 모험, 유머 등의 아동의 내적 세계에서부터 가족 세계, 사회적 세계, 자연적 세계, 입양, 이혼, 환경보전 등 현대의 사회적 문제를 다룬 책이나 문제 상황에서 성공할 수 있는 해결책을 제공하는 내용이 주제면 적합하다.

• 플롯(그림책 속의 이야기, 사건들을 통일성 있게 짜는 기법)
통일성 있는 이야기, 단순하지만 발상이 신선해서 책을 본 후 머릿속에 줄거리가 떠오르는 이야기, 명확한 시작, 절정, 결말 등 해결되어야 할 갈등에 초점이 있는 줄거리가 적합하다.

• 등장인물
어린이의 감정을 잘 나타내고 있어 어린 독자가 쉽게 동일시하고 공감할 수 있는 어린이다운 성격의 생생한 인물이어야 하고, 아동이 즐겨 머리에 그리는 구체적인 인물을 그려 놓은 책이 좋다. 인간관계와 감수성 자각, 심성 인식에 도움이 되는 모델이 될 만한 등장인물이 적당하다.

• 문체(언어표현력-작가가 선택한 단어의 총체)
어린이를 좌절시키지 않으면서도 적당히 도전적인 글로 쉽게 읽히는 문체여야 한다. 어린이들이 이해할 수 있는 어휘로 쓰여지되 언어 경험을 확장시킬 수도 있다는 것을 염두에 두어야 한다. 번역 책인 경우는 번역 기법에 어긋나지 않는 원작에 충실한 내용이어야 한다.

• 글과 그림(문화적 적합성과 발달적 적합성, 책의 디자인 등)
예술적 기교가 탁월한 훌륭한 미술 작품, 어린이의 심미안을 발달시키는 훌륭한 미술 작품이 좋다. 다양한 매체와 기법을 시도한 작품으로 이야기의 주제, 개념, 분위기를 잘 나타내는 그림, 작가의 독자적 세계가 표출된 독창성과 표현(글 자체, 제본 상태, 종이의 질) 등을 고려해야 한다.

• 선정에서 배제해야 하는 책
– 불필요한 성폭력, 공포, 폭력, 신비주의 등을 과도하게 강조한 책

- 기존 의식 등에 반항하거나 권위에 반하도록 부추기는 것
- 상투적인 표현의 조잡한 책 등은 삼가는 것이 좋다.

각 발달 연령의 세대에서 현 시대의 공감하는 대중가요나 영화, 잡지, 사진, 시 등의 다양한 문화 매체 또한 독서치료 도입 부분의 자료가 될 수도 있다.

3) 독서치료의 과정

(1) 독서치료의 단계

① 준비를 위한 단계

- 아동과 신뢰 관계를 형성한다.
- 문제의 정도와 정확한 특성을 찾아낸다.
- 필요한 경우 아동의 상태에 대하여 심리검사 등의 부가적인 평가를 실시한다.

② 자료 선택

- 아동의 독서 수준과 흥미에 맞고 문학적으로나 예술적으로 질이 높은 책을 선택한다.
- 아동이 현재 이해할 수 있는 책을 선택한다.
- 아동의 문제 상황에서 성공할 수 있는 해결책을 제공하는 자료를 선택한다.

③ 자료 제시

- 아동의 흥미를 촉진시킬 수 있는 방법으로 책을 제시한다.
- 아동의 이해를 돕기 위하여 계획된 활동들을 중간에 넣음으로써 읽는 것을 중지할 수도 있다.
- 책에 대하여 정서적으로 건강하지 못한 반응이나 심각한 걱정거리를

보이면 조정해 주고 완화시켜 준다.

④ 이해의 조성

- 아동이 책에 나오는 주인공들과 중요한 문제들을 검토하는 것을 도와준다.
- 주인공이 어떤 방식으로 행동하도록 이끄는 그 동기에 특별한 관심을 기울이게 한다.
- 아동이 책 속에 나오는 등장인물과 자신, 그리고 그가 아는 사람들 사이의 비슷한 점을 볼 수 있도록 도와준다. 이해를 조성할 때 책을 읽은 후 토의를 하며 때로는 쓰기활동과 미술활동, 역할놀이나 극화활동을 하기도 한다.

⑤ 추후 활동과 평가

- 아동이 적절한 활동을 할 수 있도록 결정을 내리게 격려한다.
- 아동이 성공 가능한 합리적인 계획을 발전시킬 수 있도록 도와준다.
- 효과를 보기 위해 필요한 만큼 행동 계획을 자주 바꾸고 재시도를 한다.

(2) 독서치료의 과정에 따른 관련 질문의 유형

자신의 문제에 대한 이해와 통찰을 얻은 이후 문제를 해결할 수 있게 되는 독서치료의 네 과정에 따라 관련 질문을 만들 수 있다.

관련 질문 및 활동에서 질문의 유형은 하인즈와 하인즈 베리의 독서치료 단계를 토대로 4단계로 구분하였다(김현희 외, 2003). 각 단계에 대한 설명과 구체적인 예는 다음과 같다.

① 전반적인 인식을 돕는 질문의 유형

책에 대한 전반적인 주제와 책에 대한 이해 및 개인적인 가정을 파악하는 질문이다.

- 등장인물, 사건에 대한 인식과 느낌에 대한 질문
- 책의 전반적 인상에 대한 질문
- 전에는 인정하지 않았던 자신의 느낌에 대한 인식
  - 『무지개 물고기』 책을 보고 난 느낌이 어떠니?
  - 가장 기억에 남는 부분이 어디니?
  - 다른 물고기와 무지개 물고기의 다른 점이 있다고 생각하니?

② 이해 및 고찰을 돕는 질문의 유형

책의 내용을 구체적으로 살펴보고 사건들 간의 관계, 책 내용과 자신의 생각을 더욱 심도 있게 연결 지어 보는 단계, 대상 아동의 문제와 관련 있는 특정 부분의 이해를 도와주는 질문 유형이다.

- 등장인물이 지닌 문제에 대한 질문
- 등장인물이 한 행동과 동기에 대한 질문
- 책에서의 문제 해결 방법에 대한 질문. 보통 '왜?', '어떻게' 형태의 질문 유형
  - 문어 할머니를 찾아가면서 무지개 물고기는 무슨 생각을 했을까?
  - 비늘을 나눠 주면서 무지개 물고기의 마음은 어땠을까?

③ 기존의 해결 방법에 대한 다각적인 평가와 새로운 접근을 시도해 보게 하는 질문 유형

본문에서 일어나지 않은 사건이나 일어났음직한 다양한 사건을 생각해 보고 그 결과를 예측해 보는 단계, 등장인물이 책 속의 이야기와 정반대로 해결했다고 생각하고 결과를 예측하면서 해결 방법을 평가해 보는 질문 유형, 가능한 다른 해결책을 생각해 내고 비교해 보면서, 새로운 대안도 만들어 보기.

- 무지개 물고기가 처음부터 비늘을 주었다면 어떻게 되었을까?
- 무지개 물고기에게 은빛 비늘이 없었다면 상황은 어떻게 되었을까?

④ 자기 적용을 돕는 질문 유형

책을 통해 얻은 느낌이나 인식한 감정이 실제 자기에게 어떤 의미가 있는지 탐구하는 과정으로 등장인물이 지닌 문제와 자신의 문제 사이의 유사성을 발견하도록 돕는 질문 유형, 통찰과 자기 적용을 돕는 질문 유형이다.

- 너에게 무지개 물고기처럼 소중한 물건이 있니?
- 너에게 있는 소중한 것들 중에 다른 사람들과 나누고 싶은 것이 있니?
- 친구의 부탁을 거절한 후 너의 마음이 어떨까?

독서치료의 일반적인 기법으로 자서전 쓰기, 이야기 완성하기, 창의적 글쓰기, 미술활동, 역할놀이와 토의 등이 포함될 수 있다.

4) 이야기 치료

(1) 이야기 치료의 정의 및 목적

이야기 치료의 목적은 우리 삶의 저변에 깔려 있는 문제를 내담자의 정체성에서 분리해 내어 객관화시킨 다음 대안적 이야기들을 개발하여 자신의 삶을 긍정적으로 재구성하도록 돕는 것이다. 즉, '이야기'란 인간 발달을 다른 형태로 풀어낸 인간 정체성 찾기의 새로운 방법인 것이다.

(2) 이야기 치료의 기본적인 가정

① 사람이 문제가 아니라 문제 자체가 문제이며 관계 맺고 있는 방식이 문제다

- 문제로부터 분리하기(객관화시킬 수 있도록 돕는 것)

② 사람들은 저마다 자신의 삶에 대해 전문성을 가지고 있다

- 이야기 치료의 상담자는 내담자를 가르치려고 하기보다 촉진자로서 역할을 해야 한다.
- 자신의 삶에 대해서 자신이 가장 전문가라는 신념을 키워 준다.

③ 누구나 자기 삶에 대해 작가가 될 수 있다

- 사람들은 누구든지 자신의 서사의 주인공으로 살아간다는 것이다. 심지어 타인에 의해 조정당하는 삶을 살아간다고 믿는 사람일지라도 그렇게 각본을 쓰기로 결심했기 때문이다.

④ 문제의 영향력 분석하기

- 내담자는 문제가 되는 핵심 이야기를 해석하려는 경향성이 있고 또 그 시각에 적절한 사건만 모아서 '문제 이야기'를 구성하는 경향이 강하다. 때문에 그 문제 사건들과 반대되는 창조적이고 긍정적인 사건들이 중요하게 취급되지 않거나 가려지게 된다. 치료자는 바로 그러한 사건에 주목함으로써 대안적 이야기를 개발해 나갈 가능성을 촉진하는 자료로 활용한다.

⑤ 문화적 맥락 안에서 고찰하기

- 이 맥락들은 인종, 계급, 성적 선호, 성, 불리한 입장 간의 권력 관계를 포함한다.

⑥ 풍부한 이야기로 만들기

- 이야기를 자신의 정체성과 분리하여 객관화시켜 풍부한 이야기로 만들어 보도록 돕는다.

⑦ 대안적 기술이나 경쟁력, 지식의 활용

- 문제의 영향에서 벗어날 때 자기 경쟁력 활용이 가능해진다.

⑧ 새로운 이야기 만들어 가기

- 문제에서 벗어난 대안적 이야기를 개발해 보도록 한다.

5) 글쓰기 치료

(1) 글쓰기 치료의 이해

감정 표현과 반성적 글쓰기(reflective writing)가 동시에 이루어지는 글쓰기인 저널이 치료적 힘을 갖는 이유는 아무도 비난하지 않는 자유롭고 안전한 글쓰기이기 때문일 것이다. 저널 쓰기는 어떤 검열자/비난자도 없는 상태에서 안심하고 자유롭게 내면의 소리를 해방시킨다. 이때는 문법, 글씨체 등을 문제 삼지 말아야 한다. 또한 저널 쓰기를 통해 분노, 두려움, 슬픔, 사랑, 상실감, 미완성의 관계, 이별/사별 스트레스 등의 해결되지 못한 채 저장된 감정들을 자신의 생각과 감정을 글로 표현하며 정리함으로써 거울로 보듯 문제를 명료하게 바라볼 수 있게 된다. 장기간 지속되는 심한 정신적 충격의 치료에 도움이 된다(이봉희, 2009).

저널 테라피(Journal Therapy), 즉 일기 쓰기 치료란 정신과 육체, 감정의 건강과 행복을 증진시키기 위한 목적을 가지고 쓰는 성찰적 글쓰기 행위를 말한다.

일반적인 일기 쓰기를 치료법으로 변형시킨 저널 쓰기는 매일매일 일어나는 일과 사건을 객관적으로 또는 외부에서 보는 관점에서 기록하는 기존의 전통적인 일기(다이어리)와 달리 자신이나 인생의 여러 문제들에 대한 보다 깊은 성찰과 이해를 위해 생각과 감정을 글로 표현함으로써 글 쓰는 사람의 내적인 경험, 반응, 그리고 인식에 초점을 맞춘다.

문자 그대로 '자기 자신의 마음을 읽는 행위'를 통해서 저널을 쓰는 사람은 자신의 경험을 더욱 명확히 인식할 수 있으며 그럼으로써 긴장을 해소시킬 수 있고, 자아의 성찰과 성장을 가져오게 되며 궁극적으로는 정신적, 육체적 건강에 유익함을 가져오게 된다.

저널 쓰기에는 규칙이 없다. 날짜를 적는 것이 유일한 규칙이라면 규칙이다. 남에게 보이는 글쓰기가 아니며 스스로를 검열하지 않는 글쓰기를 한다. 문법, 맞춤법, 글씨체 등은 전혀 신경 쓰지 말고 감정과 직관에 충실하여 펜이 이끄는 대로 쓴다. 쓰면서 멈춰서 검열하지 않는다. 처음의 의도와 전혀 다른 이야기로 글이 전개되는 일은 흔히 있는 일이며 그것은 많은 경우 문제의 근본적 핵심과 치료, 해결로 가는 길이 될 수 있다. 감정을 표현하여 해소하는 여러 예술치료 중에서 특히 글쓰기를 통한 치료가 최근 더욱 주목을 받는 이유는 종이 위에 사고와 느낌을 적는 행위가 자신을 거울에서 보듯 들여다보게 하기 때문이다. 또한 글로 표현하는 과정에서 거대한 감정들이 다루기 쉬운 작은 부분들로 나뉘면서 우리에게 감정적인 그리고 정신적인 명료함을 가져다준다. 그뿐 아니라 글쓰기를 통해 나만의 목소리를 찾아내는 것은 자아 확립과 창의성 개발의 한 과정이 된다.

6) 시 치료

(1) 시 치료의 이론적 배경

치료에서 시를 사용하는 것에 대한 이론적 근원의 중요한 부분은 정신분석적 문학에서 볼 수 있다. 프로이트 이론에서는 무의식적이고 본능적인 소망들과 갈등이 판타지와 문학작품을 만들어 내도록 한다고 본다. 시와 치료는 둘 다 내적인 갈등을 해결하려 하는 것이다.

융은 프로이트 개념의 많은 것을 재조정했으며, 본질적으로 치료 모형에서 성장 모형으로 바꾸어 갔다. 융은 상징을 기호(sign)와 구별했는데, 기호를 사물에 대한 직접적 표상으로 보았다. 융은 모든 사람이 시인이며 다양한 창의적인 요소를 통해서 체계와 세계에 대한 독특한 의미를 발전시킬 수 있다고 보았다.

심리학에서 시 치료의 위치는 낭만주의 철학, 전통적인 또는 현대 심리학 이론들, 여러 학문에 걸쳐 통합적으로 이루어진 연구들, 독서치료, 그리고 글쓰기의 치료효과에 대한 연구 등과 다양한 근거들에 의해 설명될 수 있겠다(김현희, 2005).

(2) 시 치료 방법

시 치료의 요소들은 다양한 치료 상황에서 다른 방식으로 사용되어 왔다. 문학작품의 이용, 내담자의 글쓰기, 이야기 들려주기, 그리고 상징적 활동들이 임상 실제에서 모두 사용되어 왔다.

① 수용적/처방적 요소

㉠ 기존의 시를 활용: 개인이나 단체들에게 시(노래 가사나 노래를 들려준다)를 읽어 준다. 그리고 그 반응을 유도한다. 이때 어떤 문학작품을 선택하느냐가 가장 중요한 관건이다.

– 상응의 원리: 내담자의 감정 상태와 잘 어울리는 시를 선택하는 것이 좋다.

이 기법의 변형된 형태로서 대중가요의 가사나 노래 테이프를 틀어 줄 수도 있다. 시나 노래를 선정하는 것은 처방적일 수 있으며, 내담자의 분위기와 밀접한 시를 선정하지만 긍정적인 결말로 된 시를 선택하여야 한다.

② 표현적/창조적 요소

㉠ 창의적인 글쓰기

창의적인 글쓰기(시, 일기, 이야기, 가사)는 내담자가 감정을 표현하고 질서감과 구체성을 얻을 수 있는 수단이 된다. 그 작품은 주제나 형식 면에서 자유로이 쓰여도 좋고 "내가 혼자일 때~"와 같이 미리 구조화되어 주어진 글을 토대로 쓰도록 하여도 무방하다.

㉡ 댓구시

이 기법은 부부를 위해 개발되었는데 적절한 노래나 시를 부부에게 나누어 주고, 그 다음 부부에게 시나 노래의 의미에 대해 두 줄로 이루어진 서술이나 시를 쓰게 한다. 이때 한 사람이 한 줄씩 쓰도록 한다. 예를 들면, 내가 바라는 것은 ________, 예전에 나는 ________ 그러나 지금은________ 등인데, 이때의 반응은 1) 두 행은 서로 보완적인가? 2) 누가 먼저 시작했나? 3) 시의 어떤 한 부분에 어떻게 접근하는가?

㉢ 공동시

집단상담을 할 때 집단의 참여자가 모두 참가한다. 이 방법은 종종 회기의 종반으로 향할 때 시행되고 보통 현재 상황이나 집단을 주도하는 화제를 반영한다. 공공시는 집단의 응집력을 높여 주고 그 집단의 관계 발전 단계를 반영한다.

가족시의 한 사례를 살펴보면 다음과 같다. 가족의 구성원이 한 구절씩 시를 짓는다.

나는 집에서 가장 행복을 느낀다(치료자)
나의 감정이 존중될 때(딸, 14세)
나의 가족이 내 말을 관심 있게 들을 때(아들, 17세)
우리가 함께 일을 할 때(아빠, 40세)
우리가 모두 함께 있을 때(엄마, 39세)

③ 상징적/의식적 요소

㉠ 은유: 치료적 역량이 있는 은유는 정서나 행동, 그리고 믿음에 대한 상징 혹은 이미지이다. 은유는 또한 말의 표상으로 여겨질 수 있다. 내적 실제와 외적 실제 사이의 연결은 은유의 사용으로 쉬워질 수 있다. 예를 들어, "나의 삶은 청룡열차다"와 같은 은유가 있을 수 있다.

㉡ 의식: 의식은 내담자들의 독특한 요구들이나 배경에 따라 치료적 역량이 다르게 사용되어 왔다. 의식의 예는 크리스마스카드를 쓰는 것과 같은 기념일 활동을 포함하며, 고인에게 송덕문을 낭독하는 것, 쓰고 나서 태우는 것 등을 포함한다.

㉢ 이야기하기: 내담자가 판타지나 현실에 기반을 둔 이야기를 만들거나 듣는 것으로서 치료적으로 다양하게 사용될 수 있는데, 이야기들은 갈등 해소 기능의 중심이 된다. 일, 가족, 놀이 등과 같은 우리의 모든 경험을 이야기로 만들 수 있다.

문학작품과 다양한 형태의 글들은 아동과 상담자의 상호작용을 돕는 매우 훌륭한 촉매제가 된다. 성장해 가는 아동들이 겪어 나갈 어려움 등을 이해하기 쉽도록 하는 청소년 소설 등의 독서치료용 책들을 활용하는 것도 좋다. 성인들은 이야기 치료나 글쓰기 치료, 시 치료 등을 통해 현재 자신의 정서를 명료화하고 주기적으로 정리하는 기회를 가짐으로써 심리적 안녕을 얻을 수 있다. 좋은 문학작품들을 활용하여 성장하면서 겪는 일들을 건강하게 극복해 나가고 지난 상처도 치유될 수 있는 기회를 마련할 수 있다.

참고문헌

강문희·이혜상(1998). 아동문학교육. 서울: 학지사.

게리제프컨(2006). 5가지 사랑의 언어. 서울: 생명의 말씀사.

고은지(2003). 감성능력 증진을 위한 유아 미술 교육: 독일 자유 발도르프 유치원 미술 교육을 중심으로. 숙명여대 교육대학원 석사논문.

구현주(2011). 생태유아교육 프로그램이 유아의 정서조절능력에 미치는 영향. 숭실대학교 교육대학원 유아교육 석사논문.

국승희(2006). 유치원에서 감성교육 활동이 유아의 정서지능에 미치는 영향. 배제대학교 대학원 유아교육학과 유아교육전공 석사논문.

김경미(2003). 아동의 감정 존중에 내재된 교육적 의미. 이화여자대학교 석사논문.

김경희·천인옥(2009). 초등학교 감성교육연구에 대한 비판적 고찰. 교육이론과 실천, 제18권. 경남대학교 교육문제 연구소.

김득란·유효순·이영애·홍순정(2010). 인간과 심리. 서울: 한국방송통신대학교 출판부.

김명숙(2001). 창의성개념 모형에 대한 탐색. 교육심리학회 학술세미나 발표논문.

김선 역(1995). 교육과 창의성. 서울: 집문당.

김성숙 역(2001). 교육은 치료다. 서울: 물병자리.

김성애(2012). 생태 사진을 활용한 이야기나누기 활동이 유아의 정서 지능에 미치는 영향. 중앙대학교 교육대학원 석사논문.

김아영 외 5인 공역(1997). 교육심리학(Anita E. Woolfolk 저). 서울: 학문사.

김영옥(2010). 유아 감성교육의 의미와 중요성 탐색. 한국생태유아교육학과. 생태유아교육연구, 9(4).

김유숙·박승호·김충희·김혜련(2007). 자기실현과 정신건강. 서울: 학지사.

김재은(1987). 그림에 의한 아동의 심리진단. 경기: 교육과학사.

김재은(1991). 천재, 그 창조성의 비밀. 서울: 교보문고.

김재은(2007). 창의성과 무용교육. 서울: 한학문화.

김재은 외 2인(1995). 인지이론. 서울: 한국방송통신대학교 출판부.

김재은·이연섭·홍순정(2003, 2009). 인지와 창의성 교육. 서울: 한국방송통신대학교 출판부.

김재은·주희정(1989). 창조성을 흔들어 깨워라. 서울: 꾸밈.
김정섭(2008). 한국 창의성 연구의 동향과 쟁점. 교육심리연구, 22(4).
김중술(2007). 사랑의 의미. 서울: 서울대학교 출판부.
김춘경·배선윤 역(2011). 이야기로 치유하기-치료적 은유 활용 사례집. 서울: 학지사.
김춘일(1999). 창의성교육: 이론과 실제. 서울: 교육과학사.
김향숙(2010). 발도르프 유아교육의 라이겐 활동이 유아의 정서지능에 미치는 영향. 한국교원대학교 교육대학원 유아교육 석사논문.
김현희 외(2003). 독서치료의 실제. 서울: 학지사.
김현희 외(2004). 독서치료. 서울: 학지사.
김현희·이영식 역(2008). 감정 다스리기를 위한 글쓰기. 서울: 학지사.
대한사고 개발학회(2004). 창의력과 학교교육. 연차학술발표 논문집.
대한사고 개발학회(2005). 창의성의 발달. 연차학술발표 대처논문집.
로웬펠트(2002). 인간을 위한 미술교육. 서울교육대학교. (미술교육연구회 옮김).
류분순(1994). 무용치료입문. 서울: 중앙적성출판사.
말키 A 캐시오디(2000). 미술치료. 조형교육. (최재영·김진연 옮김).
명창순(2008). 독서치료의 첫걸음. 서울: 푸른책들.
문기숙(2005). 도덕성 발달을 위한 감정교육의 의미와 방법 연구. 서울: 연세대학교 출판부.
문정화·하종덕(1999). 단 하나의 교육, 창의성. 서울: 학지사.
박권생(1993). 창의적 사고의 본질, 한국심리학회지, 일반 12(1), 19-45.
박근희(2007). 유아의 감성지능 향상을 위한 신체표현 프로그램 개발. 명지대학교 일반대학원 체육학과 박사논문.
박문희(2011). 그림책을 통한 감성교육 프로그램이 만5세 유아의 정서지능 및 친사회적 행동에 미치는 영향. 경기대학교 교육대학원 유아교육전공 석사논문.
박병기(2007). 한국창의성연구의 조망. 교육심리연구, 21(1).
박병춘(2002). 배려윤리와 도덕교육. 서울: 울력.
박상현(2010). 몬테소리 교육에 기초한 평화교육활동이 유아의 정서기능에 미치는 영향. 서울교육대학교 교육대학원 초등유아교육 석사논문.
박선희·김현희(2008). 유아문학. 서울: 한국방송통신대학교 출판부.
박순희(2009). 시와 독서치료. 한국독서치료학회 전문가과정 강의안.
박유미(2008). 걸음마기 영아의 정서 조절: 연령, 애착, 행동 억제의 관계를 중심으로. 이화여자대학교 대학원 석사학위논문.

박현주(2005). 어머니와 교사가 지각한 유아 감성지능이 차이. 성균관대학교 유아교육 전공 석사논문.

송명자(1995). 발달심리학. 서울: 학지사.

신명신(2008). 전래동화를 통한 통합적 교육활동이 유아의 사회 정서 발달에 미치는 영향. 조선대학교 교육대학원 유아교육 석사논문.

신종호 외 6인 공역(2007). 교육심리학(C Paul Eggen & Don Kauchak 공저), 서울: 학지사.

안호범(1988). 미술을 통한 교육. 서울: 보육사.

양유성(2002). 이야기 치료. 서울: 학지사.

엄경희(2007). 올바른 시 교육과 감성교육의 상관성. 숭실대학교 논문.

원종철(2000). 감성과 이성. 카톨릭대학교 인간학 연구소. 인간연구, 45-47.

유가효·정옥분·조복희(1997). 인간발달. 서울: 교문사.

유효순·최경숙(2006). 아동발달. 서울: 한국방송통신대학교 출판부.

유효순·홍순정(2003, 2006). 유아사회교육. 한국방송통신대학교 출판부.

윤운성·정정고·가경신 공역(2003). 변화하는 사회속에서의 자기 효능감(Albert Bandura 저). 서울: 학지사.

윤종건(1994). 창의력의 이론과 실제. 서울: 정민사.

이규선 외 6인(2004). 미술교육학. 한국미술교과교육학회, p.30.

이봉희(2008). 감정 그리고 글쓰기, 독서치료와 감정다루기, 독서치료학회 학술대회자료집 vol 6, 55-63.

이수원 외(1992). 심리학: 인간의 이해. 서울: 정민사.

이승은·이영석(2004). 유아용 감성교육프로그램 개발 연구, 아동학회지, 25(6).

이승은(1999). 유아를 위한 감성교육프로그램이 유아의 조망수용능력에 미치는 효과. 성균관대학교 대학원 석사학위논문.

이영숙(2010). 이영숙박사의 행복을 만드는 성품 - 창의로운 인성을 위한 성품이야기. 서울: 두란노.

이영식(2009). 감정치유를 위한 독서치료. 한국독서치료학회 영남지회 강의안.

이재환(2007). 감성놀이 교육이 유아의 창의성에 미치는 영향에 관한 연구. 고려대학교 교육대학원 평생교육전공 석사논문.

이재환·고민경(2007). 21세기 유아를 위한 Wiz 감성교육학. 서울: 공동체.

이종각(2009). 어머니의 긍정적 정서표현성, 명령적 언어통제유형 및 유아의 정서표현성, 또래 유능성간의 경로분석. 대구카톨릭대학교 일반대학원 아동학과석사학위 논문.

이지예·김은경 저(2009). 또래와 함께 하는 사회·정서 프로그램이 ADHD성향 유아의 정서조절전략 및 친사회적 행동에 미치는 효과. 유아특수교육연구. 한국유아특수교육학회, 9(3), 123-151.

이찬숙(2006). 감성프로그램이 유아의 감성지능 및 도덕적 판단력에 미치는 영향. 한국유아교육보육행정학회, 한국유아교육보육행정연구 학술저널 제10권 1호.

임선하(1993). 창의성에의 초대. 서울: 교보문고.

장은경(2009). 감성과 미술. 감성과 예술교육 세미나. 한국방송통신대학교 유아교육과.

전방실(2011). 문학과 독서치료. 인성과 감성 세미나. 한국방송통신대 유아교육과 세미나 자료집.

전성수(1999). 감성지능계발을 위한 미술교육방안. 한국초등교육, 10(1), 261-281.

정경원(1998). 전래동화를 활용한 창의성 워크북. 서울: 창지사.

정대현 외(1996). 감성의 철학. 서울: 민음사.

정미숙(2005). 유아의 정서 지능과 가정환경 변인 연구. 동아대학교 교육대학원 유아교육전공 석사논문.

정미애(2012). 가정과 연계한 유아 정서교육 프로그램의 개발 및 효과. 배재대학교 대학원 유아교육과 박사논문.

정범모(2001). 창의력. 경기: 교육과학사.

정여주(2003). 미술치료의 이해: 이론과 실제. 서울: 학지사.

정옥분(2002). 아동발달의 이해. 서울: 학지사.

정윤경(2010). 아동의 정서 이해의 발달: TEC를 중심으로. 가톨릭대학교 대학원 석사학위논문.

정지은·김민태·오정요·원윤선·전재국(2009). 아이의 사생활. 서울: 지식채널.

조성연·이정희·천희영·심미경·황혜정·나종혜(2005). 아동발달의 이해. 서울: 신정.

진성수(1999). 감성지능계발을 위한 미술교육방안. 한국초등교육, 10(1), 261-281.

최도형 역(2005). 건강한 가정을 꿈꾸는 사람들이 꼭 알아야 할 15가지(돌로리스 큐란 저). 인천: 엘맨출판사.

최명옥(2009). 홀리스틱 교육 관점에서의 유아 감성계발을 위한 교육활동 개발. 영남대학교 교육대학원 유아교육 석사논문.

최소영(2008). 시치료를 통한 핵심감정 다루기, 독서치료와 감정다루기. 독서치료학회

학술대회자료집 vol 6, 91-100.
최인수(1998). 창의적 성취와 관련된 제 요인들: 창의적 연구의 최근 모델인 체계모델 (Systems Model)을 중심으로. 미래유아교육학회지, 5(2), 133-166.
최정화(2010). 타인의 마음읽기 훈련이 유아의 정서지능 및 기본생활습관에 미치는 효과. 동아대학교 대학원 유아교육전공 석사논문.
하정혜(2008). 감정인식과 표현을 통한 심리적 안녕감. 독서치료와 감정다루기 한국독서치료학회 학술대회 vol 6, 63-90.
하주현(1999). 아동기에서 청년기까지의 창의적 인지와 창의적 인성의 발달경향연구. 성균관대학교 대학원 박사학위 논문.
허경철 외(1998). 인지이론 TV 강의 프로그램. 서울: 한국방송통신대학교 출판부.
홍경자(2004). 청소년의 인성교육-나는 누구인가. 서울: 학지사.
홍순정(1987). 어린이의 사회·도덕성 발달. 서울: 창지사.
홍순정(1998). 유아의 자아개념과 정서발달에 관한 연구. 한국방송통신대학교 논문집 제26집.
홍순정(1999) 진흥과 창의성. 서울: 양서원.
홍순정(2007). 평화교육 탐구. 서울: 에피스테메.
홍순정·김재은 외(1999). 창의성과 유아교육. 한국방송통신대 유아교육과 세미나 자료집.
홍순정·김재은·김군자·전방실·박은선(2011). 인성과 감성: 음악, 미술, 문학교육과 치유. 한국방송통신대 유아교육과 세미나 자료집.
홍순정·김재은·유분순·장은경(2009). 감성과 예술교육. 한국방송통신대 유아교육과 세미나 자료집.
홍순정·김희태(2010). 유아사회교육. 서울: 공동체.
홍순정 외 5인(2011). 인성교육의 기초: 유아품성지도. 서울: 창지사.
홍순정·임선하·손영숙 외(2006). 두뇌발달과 창의성. 한국방송통신대 유아교육과 세미나 자료집.
황태호역(1996). 감성지능 EQ. 서울: 비전코리아.
황희명·박찬옥(1997). 유아를 위한 감성교육프로그램. 서울: 양서원.
황희숙·이희영·이경화·이정화·신경숙·윤경미·강승희·윤소정·황순영(2008). 아동발달과 교육. 서울: 학지사.

Albert, R. S.(1983). *Genius and eminence*. New York: Oxford University Press.

Amabile, T. M.(1982). Childrens's artistic creativity: Detrimental effcets of competition in a field seting. *Personality and Social Psychology Bulletin, 8*, 573–378.

Amabile, T. M.(1983). *The social psychology of creativity*. New York: Springer-Verlag.

Amabile, T. M.(1986). The personality of creativity. *Creative Living, 15*(3), 12–16.

Arnheim, R.(1962). *Picasso's Guernica: The genesis of a painting*. Berkeley: University of California Press.

Babara M. Byrne(1996). *Measuring self–concept Across the life Span*. Washington DC: APA.

Baer, J.(1991). *Creativity and divergent thinking: A atask-specific approach*. Hillsdale. NJ: Erlbaum.

Barron, F.(1965). *The psychology of creativity, In New Directions in psychology, II*. NY: Holt, Rinehart and Winston.

Barron, F.(1988). Putting creativity to work. In R.J. Sternberg(Ed.). *The Nature of Creativity*. Cambridge: MA: Cambridge University Press.

Barron, F., & Harrington, D. M.(1981). Creativity, Intelligence, and Personality. *Annual Review of Psychology, 32*, 349–376.

Barron, F., & Harrington, D. M(1981). Creativity, Intelligence, and personality. *Annual Review of Psychology, 32*, 439–476.

Bernis, J.(1975). Imagination. Presses Universitaire de Frence.

Boden, M.(1991). *The creative mind*. New York: Basic Books.

Boden, M.(1994). Agents and creativity. Commun. *ACM, 37*(7), 117–121.

Case, C., & Dalley, T.(1995). *The Handbook of Art Therapy*. Routledge.

Choe, I. S., Nakamura, J., & Csikszentmihalyi, M.(1996). The Values of creative individual, unpubblished manuscript. The University of Chicago.

Csikszentmihalyi, M.(1975). *Beyond Boredom and Anxiety*. San Fransisco: Jossey-Bass.

Csikszentmihalyi, M.(1988). Society culture, and person: a systems view of Creativity. In R.J Sternberg(Ed.). *The Nature of Creativity*. Cambridge: MA: Cambridge University Press.

Csikszentmihalyi, M.(1996). *Creativity: Flow and the psychology of discovery and invention*. New York: HarperCollins.

Greenspan, S. I.(1991). *Infancy and early childhood: The practice of clinical as-sessment and intervention with emotional and developmental challenges. Madison*. CT: International Universities Press.

Damasio, A. R., Damasio, H., & Tranel, D.(1990). Impairments of visual recognition as clues to the processes of memory. In G.M. Edelman, W. E. Gall, & W. M. Vowan(Eds.). *Signal and sense: Local and flobal order in perceptual maps*. New York: Wiley.

Damon, W.(1977). *The social world of the child*. San Francisco: Josey-Bass.

De Bono, E.(1985). *Six thinking hats*. London: Penguine Book.

Deci, e. & Ryan, R.(1985). *Intrinsic motivation and self-determination in human behavior*. New York; Plenum.

Dudek, S. J.(1974). Creativity in young children: attitude of ability?. *Journal of Creative Behavior, 8*, 282–292.

EBS 제작팀(2009). 아기성장보고서. 위즈덤 하우스.

Feldman, D. H., Csikszentmihalyi, M., & Gardner, H.(1994). *Changing the world; A framework for the study of creativity*. Westpor. Conn: Praeger.

Finke. R. A., Ward T. B., & Smith S. M.(1992). *Creative cognition*. Cambridge. MA: MIT Press.

Fischer, K. W., Shaver, P. R., & Carnochan, P.(1990). How emotions develop and how they organise development. *Cognition and Emotion 4*, 81–127.

Frensch, P. A., & Sternberg, R. J.(1989). Expertise and inerlligent thinking : When is it worse to know better? In R, J. Sternberg (Ed.,). *Advances in the psychology of human intellingence* (Vol. 5). HIllsdale, NJ: Erlbaum.

F. Phillp Rice(2009). 청소년 심리학(정영숙·신민섭·설인자 역), 서울: 시그마 프레스.

Gallup(1994). *Survey #22–00807–024*. New York: The Gallup Institute.

Gardner, H.(1993). *Multiple intelligences: The theory and practice*. NY: Basic Books.

Gardner, H., Mindy L. Kornhaber & Warren K. Wake (1996). *Intelligence: Multiple Perspectives*. NY: Harcourt Brace College Publishers.

Gardner, H.(1993). *Creating minds*. New York: Basic Books.

Getzel. J. W., & jackson, P.(1962). *Creativity and intelligence: Explorations with gifted students*. New York: J. Wiley and Sons.

Getzels, J. W., & Csikszentmihaly(1972). In J. M. Hunt(Ed.). The Creative Artist as an Explover.

Glover, J. A. et al ed.(1989). *Handbook of Creativity*. New York : Plenam Press.

Gowan, J. C.(1972). *Development of creative individual*. San Diego, California: Robert R. Knopp Pub.

Greenspan, S. I.(1991). *Infancy and early childhood: The practice of clinical as-sessment and intervention with emotional and developmental challenges*. Madison, CT: International Universities Press.

Greenspan, S. I., & Greenspan, N. T.(1985). *First feelings: Milestones in the emotional development of your baby and child*. New York: Viking.

Guilford, J. P.(1950). Creativity. *American Psychologist, 14*, 502–208.

Guilford, J. P.(1956). Structure of intellect. *psychological Bulletin, 53*, 267–293.

Guilford, J. P.(1986). *Creative talents ; Their nature, uses and development*. Buffalo, NY: Bearly Limited.

Hayes, J. R.(1989). Cognitive Processes in creativity. In J. A. Glover, R. R. Ronning, C. R. Reynolds (Eds.). *Handbook of creativity*. New York: Plenum.

Henley, D.(1989). Stereotypes in Children's Art : Art Therapeutic Inerventions using Lowenfeld's Motivational Techniques. *The American Journal of Art Therapy, 27*, 116–125.

Hennessey, B. A., & Amabile, T. M.(1988). The role of environment in creativity. In R.J. Sternberg (Ed.). *The Nature of Creativity*. Cambridge: MA: Cambridge University Press.

Hyson, M. C.(1994). The Emotional Development of Young Children : Teachers College New York and London.

Hyson, M. C.(1994). *The emotional development of young children building an emotional centered curriculum*. NY: Teachers college, Columbia University Press.

Kellogg, R.(1987). 유아미술(이인태 옮김). 서울: 보육사.

Kostelnik, M., Whiren, A., Soderman, A., Stein, L., & Gregory, K.(2005). 유아를

위한 사회 정서지도(박경자·김송이·권연희 공역, 2005). 서울: 교문사. (2002년 원저 발간).

Kramer, E.(1993). Art as Therapy with Children. Magnolia Street Publishers.

Krysia Yardley & Terry Honess(eds.)(1987). *Self and Identity: Psychosocial Persperctives*. N.Y: John Wiley & Sons.

Lafreniere, P. J.(2000). *Emotional Development: A Biosocial perspective*. U.S.A : Wadsworth.

Lowenfeld, V., & Brittain, W. L.(1987). *Creative and Mental Growth*. Prentice-Hall Inc.

Mark Forster(2002). *시간관리? 인생관리!*(형선호 옮김). 서울: 중앙경제평론사.

Marion Dowilng(2005). *Young Children's Personal, social and Emotional Development*. UK: Paul Chapman Publishing.

Mednick, S. A.(1962). The associative basis of the Creative process. *Psychological Review, 69*, 220-232.

Nicholas Mazza(2005). *시치료 이론과 실제*(김현희 외 역). 서울: 학지사.

Noddings, N.(1984). *Caring: Feminine Approach to Ethics an Moral Education*. L.A.: University of California Press.

Panla J. Caproni(2005). *Management Skills for everyday life*. N.J: Prentice Hall.

Peter Barnes(ed.)(1995). *Personal, Social and Emotional Development of Children*. UK: Blackwell.

Robert B. Burns(1982). *Self-concept Development and Education*. New York: Holt, Rinehart & Winston.

Robert J. sternberg(2002). *사랑의 기술*(류소 역). 서울: 사군자.

Rusell, P.(1990). *The Brain Book*. London: Routledge.

Selman, R. L.(1980). *The Growth of interpersonal understanding*. Orlando. FL: Academic Press.

Shank, R.(1988). *The creative attitude*. New York: Macmillan.

Snow, R. E., & Yalow, E.(1982). Education and intelligence. In R.J. Sternberg(Ed.). Handbook of Human Intelligence.

Sternberg, R. J.(1994). Intelligence. In R. J Sternberg(ed.). *Thinking and Problem Solving*. NY: Academic Press.

Sternberg, R. J.(1988). *The nature of creativity*. New York: Cambridge University Press.

Sternberg. R. J.,(ed.)(1996). *Cognitive Psychology*. NY: Itarcourt Brae College Publishers.

Torrence, E. P.(1979). Scientific Views of Creativity and affecting its Growth. In J. Kagan(ed). *creativity and learning*. Boston : Beacon Press.

Torrence, E. P.(1979). *The Search for Creativity*. NY: Bearly Limited.

김 재 은(金在恩)

서울대학교 사범대학, 서울대학교 대학원 졸업
미국 휴스턴 대학원 연구
이화여자대학교 문학박사
1959~1996년 이화여자대학교 심리학과 교수
교육심리학회장, 한국가족학회장 역임
이화여자대학교 명예교수
(현) 블루닷 창의성연구소 소장

[저서]
『한국인의 의식과 행동양식』 외 100여 권 집필

홍 순 정(洪淳貞)

이화여자대학교 사범대학, 대학원 졸업
미국 하와이대학교 대학원 철학박사
미국 동서문화센터 연구
영국 런던대학, 캐나다 토론토대학 교환교수
(현) 한국방송통신대학교 유아교육과 교수

[저서]
『지능과 창의성』, 『사회 도덕성 발달』, 『유아품성지도』 외 다수

창의성과 감성교육

초판 1쇄 인쇄 2012년 7월 16일
초판 1쇄 발행 2012년 7월 23일

지은이 | 김재은 · 홍순정
펴낸이 | 김기섭
편집인 | 오경미
펴낸곳 | 창지사 www.changjisa.com
153-802 서울시 금천구 가산동 345-13 파트너스타워 1차 (9F, B1F)
전화 (02) 719-2211~3
팩스 (02) 701-9386
등　록 | 1977년 4월 28일 · 제1-421호

ISBN 978-89-426-0658-0 (93370)

값 20,000원